中世熊本の地域権力と社会

工藤敬一編

高志書院刊

はじめに

本書は熊本中世史研究会の五十周年記念として企画された論集である。巻末の座談会にもあるように、本会は私が熊本大学に着任後、しばらくしての阿蘇品氏との出会いから始まった。とくに目的や会則もなく、中世史に関心を持つものが定期的に集まって勉強会をしようということだった。その折「八幡宇佐宮御神領大鏡」（到津文書）が『大分県史料』として刊行され、それを読むことで「中世史料講読の会」として出発した。

そのころ九州では『佐賀県史料集成』・『大分県史料』・『熊本県史料』それに九州大学の竹内理三先生のもとで『九州荘園史料叢書』が刊行中で、みんな史料探訪の欲求が高く、定例の史料講読とともに、県内や近県の中世史料の採訪・調査を頻繁に行った。

会発足から五・六年、偶然に『筑後鷹尾文書』と出会い、その整理・翻刻出版を機に「熊本中世史研究会」と称することになった。またそのころから九州自動車道の建設等と関連して、八代・球磨の地域研究に会として関わる機会が多くなり、かねて輪読していた『八代日記』を鷹尾文書に続き、青潮社の高野和人氏の理解を得て刊行した。ともに本会の成果として評価されるものと思う。

八〇年代半ばからは、会として中世史年表を作ろうと史料検索をすすめ、その成果は「肥後国中世関係編年史料総合目録」として一応の完成を見ている。そしてこのころから自治体史の編さんが盛んとなり、八〇年代後半には

『新・熊本市史』の編さんも始まり、その中で関連史料の蒐集も大幅にすすんだ。一方地方を見る眼も変化し、中央に対する地方＝辺境といった見方ではなく、東アジア世界の中の九州、「境界」領域としての九州あるいは熊本といった視点が重視されるようになった。それは地域に伝わる寺社や仏神像等への関心を喚起するものだった。早くから中世資料の保存・管理に尽力してきた県立美術館の諸活動に、本会メンバーが関わることも多くなっていった。日本古文書学会二〇〇六年度大会に併せて開催された、重要文化財阿蘇家文書の修覆完成記念「阿蘇の文化遺産展」は大きな反響を呼んだ。そして現在、今秋開催が予定されている「中世球磨の文化遺産」（仮称）の準備が進行中である。

本書所載の各論文は、特に主題を定めて編集したものではないが、自然本会の歴史や現状を反映するものとなっていると思う。便宜「武家権力の地域的展開」「地域のなかの村・都市・神仏」の二部編成とし、各四編の論文とコラム一編を配した。以下簡単にその要旨を紹介し、編者の責を果たしたい。

第1部　武家権力の地域的展開

小川弘和「府官系武士団の展開と肥後国」　府官系武士団の活動で特色づけられる中世の九州は、大宰府の影響を強く受ける筑肥、宇佐宮領が広域に広がる東九州、そして摂関家領島津荘が圧倒的な薩隅の三地域に区分されることは大方の共通認識となっている。その中で唯一、生えぬきの在地勢力菊池氏が、守護大名・戦国大名になっていくという肥後の特質は、大宰大弐として赴任した平頼盛による、府官系武士団菊池氏と結んだ広域な平家領安富領の設定に始まることを指摘している。九州中世成立史の新段階を予感させる論文である。

柳田快明「鎌倉期肥後国野原荘の名体制と小代氏」　本論文は鎌倉期東国御家人小代氏の西遷入部による地域社会の変化を、一部筑後にまたがる肥後国野原荘の八幡宮祭礼役負担者との関係から考察したものである。同荘の当初の名体制は、大半が広大な領主名で有明海沿岸部の要衝を占め、祭礼役の負担者は、荘内外の名主や地侍層で、その一部は矢部川流域にいたる有明海沿岸部にまでも及んでいたという。蒙古襲来を期に入部した惣地頭小代氏は、一族全体で統制を強め、名体制を再編し領域支配を強化したとする。内海沿岸部の境界域にある荘園や村落の存在形態を示す論稿としても興味深い。

山田貴司「文禄・慶長の役と加藤清正の領国支配」 本論文は文禄・慶長の役における豊臣政権の「際限なき軍役」=軍夫・船子・諸職人・町人にいたるまでの総動員体制の実相を具体的に論じ、加藤領国特有の軍事的性格の強い支配体制の継続が、村・百姓の疲弊を生み、加藤氏の近世大名への転換を困難にした、とする。近年大きくすすんだ清正および清正文書の研究にもとづき、二〇一二年県立美術館での「加藤清正展」を主宰した山田の最新の研究成果である。

稲葉継陽「近世初期細川家臣団起請文にみる熊本藩「国家」の形成」 ここ五年余にわたり熊大文学部の永青文庫研究センターの中心として、細川家関係文書の整理・研究に当ってきた筆者の最新論文である。細川家では豊前時代以来の当主忠利と隠居三斎(忠興)の対立は、肥後入封後「御家騒動」の域まで深刻化していた。本論文は、忠利の死去、光尚の襲封そして正保二年(一六四五)の三斎の死去にいたる時期、家老衆以下多くの有力家臣が、相互に誓い合って提出した一〇〇通におよぶ血判起請文の考察から、幕藩制下細川家の「御国家」体制を確立させる武士たちの意識の変化と苦渋にみちた歩みを活写している。

〈コラム〉中村一紀「筑紫の乱における菊池隆直と阿蘇惟泰」 治承四年秋、平家支配の大宰府を攻めて敗れた、菊池隆直・阿蘇惟泰らは、一旦追討使貞能に従って上京、寿永二年八月平家一門とともに大宰府に下った。その時、「隆直は平家を通すため大津山の関を空けると称して帰国してしまい召しても来なかった」という『平家物語』等の記述は、隆直ではなく、肥後で鎌倉初期にも存在が知られる惟泰の動きを示すものと見る。

第2部　地域のなかの村・都市・神仏

春田直紀「中世肥後国における「村」と「浦」」　本論文は十二世紀から十六世紀までの肥後国における「村」と「浦」の初見史料を網羅的に検出し、その位相を史料類型別に析出し、サトとムラを立体的に復元することを目指す。荘園・公領の所領単位の基盤となるのは「私領」の形成であった。荘園制下のそれは「名」等の収納単位となるが、「村」と「浦」は「簡単に離合集散できない生活体」をふくむものとして把えられ、その認識が、サト・ムラの制度的な位置付けの歴史的条件となった、としている。

青木勝士「中世後期菊池氏による港湾都市「高瀬」統治」　中世高瀬津は、有明海沿岸の菊池川河口の港湾都市として古くから注目されて来た。本論文は、中世の高瀬と周辺の状況を詳論し、さらに南北朝期以降の惣領家と庶家高瀬家が交替する菊池氏による高瀬津支配の変遷を、関連史料を挙げて通時的に考察している。前半の叙述はやや煩瑣であるが、筆者長年の研究を総括した本論文は、中世の高瀬についてのトータルな知見を得る上で有益である。

有木芳隆「熊本・東禅寺の正平二五年「院□」銘・釈迦三尊像について」　本論文は、体内銘文によって、正平二五年（一三七〇）の造立で、当初から同寺の本尊であったことが分る御船町東禅寺の釈迦三尊像について、造立の歴史的環境や仏師の作風等を総合的に検討し、それは九州の南北朝期の仏像の基準例とし得るものであるとしている。中世における地域社会のトータルな把握には、仏神像や金石資料の研究は欠かせない。本論文の収載は、近年の本会の研究活動の一面を示すものでもある。

阿蘇品保夫「阿蘇下野狩と下野狩史料の形成」　阿蘇品はかつて『神道体系 神社篇 阿蘇・英彦山』で、中世阿蘇社の神事下野狩の最重要史料として、同社所蔵の「下野狩集説秘録」を紹介した。これに対し、近年飯沼賢司は、永青文庫所蔵の「下野狩日記　上・下」や「下野狩日記抜書」等を収める『阿蘇下野狩史料集』（思文閣出版）を刊行、「集説秘録」は「狩日記」などの抄本で、史料的な価値は劣るとした。本論文は、両者を詳細に比較検討し、下野狩は、南北朝期以降の二つの大宮司家の対立を克服した惟忠の時代、政治的デモンストレーションとして始められたものとみられ、狩奉行の下田権大宮司家に伝えられた「延徳三年記」などをもとに編さんされた「集説秘録」の史料的価値が高いことを主張している。

〈コラム〉工藤敬一「『片寄』再考―関東御領永吉荘の存在形態から」　荘園史上「片寄」とはいかなる状況をいうものか、球磨御領の再編で成立した永吉荘のあり方から再考した小論。

本会発足以来の会員中村一紀氏は、昨年十一月二十七日急逝された。享年七十七歳。本書に寄せられた論考の最後の仕上げを進められている最中であった。痛恨の極みである。謹んでご冥福を祈りたい。本書所載のコラムが、遺稿となってしまった。本稿は中村氏が準備した論文の一部を柳田快明氏が整理したものである。

本会は細々ながら半世紀にわたり、熊本における中世史研究の中心として一定の役割を果たして来た。この間様々のお世話になった方々は数知れない。この機会に厚くお礼申し上げたい。

また会の運営については、阿蘇品・柳田・青木の三人のお世話役の苦労に負うところが大きい。そして本書の企画・刊行については、小川・柳田・山田三氏に御尽力いただいた。

本書の刊行が、本会の新たな出発点となることを願っている。

二〇一五年一月

工藤敬一

目　次

第2部　地域のなかの村・都市・神仏

第1部　武家権力の地域的展開

府官系武士団の展開と肥後国

小川弘和

はじめに

本稿の課題は、中世九州の形成を概観しつつ、そのなかに肥後国を位置づけることである。中世九州は、東アジア海域交通・交易の勃興という激動を直接うけとめながら形成された。まず、その枠組を規定した大宰府は、交易の活発化と海域の治安悪化を背景に、博多を窓口とする交易管理と域内の統制強化を目指して、十一世紀前半に再編されたものであった。また、それから程ない万寿年間(一〇二四~二八)日向南部に成立し、南九州全域にモザイク状にひろがっていく摂関家領・島津荘は、南西諸島との交易拡大にともなう諸勢力の入植・紛争を、大宰府が制御しきれず、ときの関白・藤原頼通の権威を推戴して成立したものだった。一方、豊前・豊後と日向北部には、九州最大の寺社権門・宇佐大神宮とその神宮寺・弥勒寺の所領が稠密に分布していく。その神威の高揚も、東アジアの激動のなかで「日本」の枠組を思想的に担保するために、神仏習合の装いをまとった中世的な「日本の神仏」が編成されていく際に、「日本」を異国・夷狄から守護する軍神としての性格が重視されたからであった。

このように中世九州には、対外情勢に規定されて、大宰府を基軸としつつも、その影響が強く及ぶ筑・肥の九州北西部、宇佐宮の基盤・九州北東部、島津荘の枠組のもとに南西諸島と向きあう南九州という、地域的な大枠ができていく。保元三年（一一五八）に平清盛が都督となると、肥前の日向通良・薩摩の阿多忠景が鎮圧されて、院・平氏の肥前支配がさらに深化するとともに、南九州にもその楔がうちこまれる。博多・五島列島から有明海を経て薩摩沿岸部、そして南西諸島へといたる交通体系は、院・平氏に掌握された。それは西側外延を軸線に九州の南・北をつなぎつつ、東アジアに向きあうというものであったといえる。そのもとで、筑・肥を中心とする巨大王家領の立荘も急速に進み、そこでの勢力配置や所領秩序は、中世九州の骨格を定めるものとなった。

ところで、はやく白河院政期に成立した王家領が有明海沿岸部、特に肥前に集中をみせるように、中世荘園の設定・分布と交通体系には密接な関係が看取される。しかも近年では、その歴史的前提として、十一世紀前半の所領配置にすでに、交通体系との有機的連関があったこと。その背景に受領・国府による方向づけがあったことを推定できる状況となっている。九州の固有性に即せば、諸国府を統べる大宰府に規定された府官系武士団の所領展開が、検討対象として浮かびあがる。

そこで本稿ではまず、府官系武士団の所領配置を、海上・河川双方の水上交通との関係に留意して、俯瞰的に整理してみたい。府官とは、十一世紀の大宰府再編で中枢機関とされた政所の構成員として、九州域内の有力層が編成されたもので、「大宰府の長官になるような中央権門への従属を軸に」「九州の中世世界は主として府官によって準備された」とまで評される。九州の主要武士団の大半は、この府官系で占められた。

しかし彼ら府官系武士団は、その勢力ゆえに平氏の九州支配のもとに編成され、鎌倉幕府の占領軍政下で所領の多くを没官された。滅亡を免れた場合も相当に勢力を削られ、以降の表舞台での活躍には乏しい。ところが、肥後の菊池氏は、異国合戦や南北朝内乱での活躍を経て、戦国大名へといたる特異な例である。ここに特に肥後国の位置を問う理由がある。結論を先取すれば、肥後には平頼盛との特殊な関係が推定される。それが中世肥後国のあり方を規定したのではないか。かかる問題を、菊池氏の勢力展開や幕府による占領行政の様相などをとおして検討したい。

一　府官系武士団と海上交通

院政期から内乱期にかけて目立った活動がみられる九州武士団には、豊前の大宮司宇佐氏、やはり宇佐宮の神官家である大神氏系の豊後の緒方氏などもいるものの、そのほとんどが府官系であった。その勢力の基礎は大宰府との関係のもとに形成されていくが、その展開は先述の地域差に規定されていた。大宰府の支配が強く及ぶ北西部では、大蔵氏系・肥後の菊池氏をはじめとする藤原氏系・肥前平氏などが、それぞれ複数の家にわかれて多様な展開をみせた。これに対し北東部では、豊前に在庁として入りこんだ大蔵一族の板井氏がみられるのみである。宇佐宮・弥勒寺とその所領群の展開が、府官系武士団の進出を制約したと考えられる。

一方、南九州では、薩摩平氏の盤踞が際立つ。彼らは十世紀に肥前に植民した坂東平氏の一流が十一世紀前半に府官となり、それを媒介に南九州へと進出してきた一族である(8)。それはときの都督で関白・藤原頼通の近臣だった藤原惟憲と連携して、南九州への大宰府の介入を目指したものだったが、その不調から頼通を担ぎ出した島津荘の立荘へといたる。その後の薩摩平氏の展開は、地域紛争への介入・調停をとおして、自らの勢力扶植と島津荘の拡大とを一体的に進めていくというものであった(9)。薩摩平氏の勢力は、府官の地位を端緒としながらも島津荘・摂関家との密接な関係にあり、それは他の府官系武士団の進出を阻むものだった。

この薩摩平氏と唯一連携し得た府官系武士団が、肥前の藤津郡から彼杵郡にいたる沿岸部に勢力を展開した、同族の肥前平氏である。十一世紀末頃、島津荘の拡大が種子島まで及ぶとともに南島交易が秩序化されると、ほぼ同時に、高麗の技術と南九州諸領主の資本を導入して、奄美諸島の徳之島でカムィヤキの生産がはじまるが、これは肥前平氏と薩摩平氏とを結ぶルートに沿って実現したものだ。藤津荘をはじめとする肥前沿岸部の王家領の立荘がはじまるのはこの頃であり、後白河院政期の肥前・薩摩制圧による当該ルート掌握は、その延長にあった[10]。ここでは、すでに十一世紀に府官系武士団による所領形成をとおした交通編成がはじまっており、それを前提に、院・平氏による王家領立荘をとおした介入・再編が展開したという構図が、明瞭に看取される。

一方、藤原純友の追討に活躍した大蔵春実を祖とする、最有力府官系武士団の大蔵一族は、筑前国内の各地に根を下ろして、原田氏・秋月氏・筑後三原氏などを出した。このうち原田氏の拠点となった怡土郡から志摩郡にかけては、天承元年(一一三一)頃、この年に落慶した仁和寺法金剛院領として、他領・国領を包摂しつつ広大な怡土荘が立荘された[11]。当該期九州の仁和寺領は王家領のなかでも、肥前の藤津・杵島・彼杵各荘のように交易・交通への関与を特徴としており[12]、怡土荘も外港として、日宋貿易の一拠点だった今津を擁している。ただし今津が重要性を増すのは、仁平元年(一一五一)に交易利権をめぐる衝突で生じた、府目代・府官たちによる追捕事件[13]によって、博多・筥崎各港湾の機能が低下したのをうけてとされる[14]。よってこの場合は、院権力と府官層との結合のもと、新たな交通拠点が整備されていった例と捉えられる。

二　遠賀川水系の府官系武士団

1　大蔵一族・板井氏の展開

これに対し同じく筑前でも、その東部を貫き豊前にいたる遠賀川流域では、大蔵一族の板井氏と、肥後菊池氏の同族である山鹿・粥田両氏が連携して勢力を展開した。山鹿秀遠の山鹿荘、その父・粥田経遠の粥田荘、そして大蔵一族の板井種遠が有したと思しき伊方荘・柿原名の地頭職は、浅野慎一郎氏の詳細な検討によれば、鎌倉幕府による没

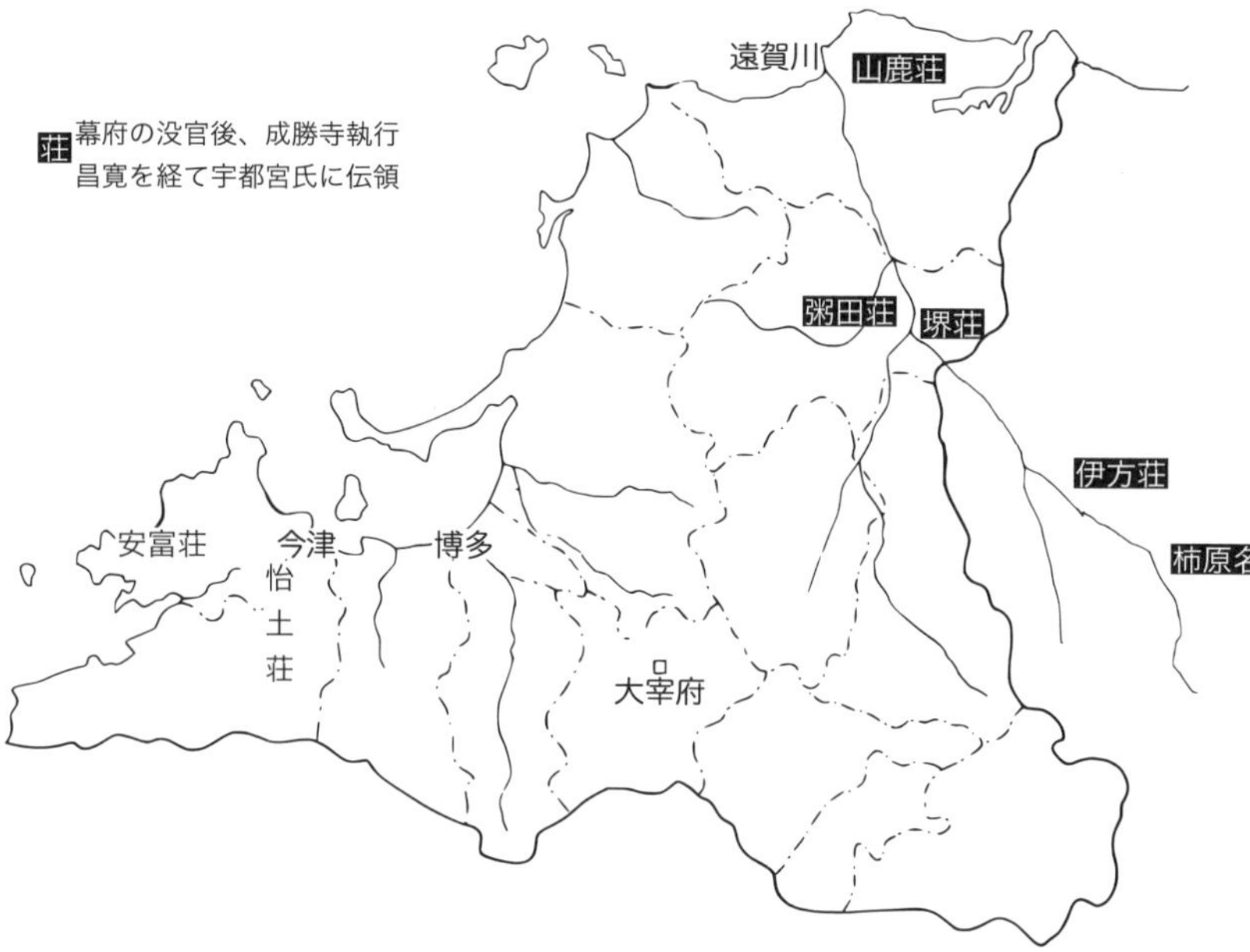

図1

官後、いずれも宇都宮信房に給与された[15]。その遠賀川水系に沿った一体性は明らかだ(図1)。

これらの所領は後述の山鹿荘を除けば、幕府の没官措置のなかで「平家没官領。種直種遠秀遠等所領。原田板井山鹿以下所処事。被定補地頭之程者。差置沙汰人。心静可被帰洛之由[16]。」、「種直。隆直。種遠。秀遠之所領者。依為没官之所。任先例。可置沙汰人職之由雖令存候[17]。」と、荘名が明示されないかたちで初見する。

うち「粥田荘」の荘名の初見は「貞清子息等」に替えて「時員」(宇都宮時貞)を「粥田庄・羽生庄内貞清所領」の地頭職に任じた、建久三年(一一九二)十一月十一日「将軍家政所下文案[18]」。そしてやや後世の史料では、頼朝の菩提を弔うために建立された高野山金剛三昧院に、北条政子によって「当庄預所・地頭両職」が寄進されたとされ[19]、現に貞応三年(一二二四)以降は、金剛三昧院領としてたびたび所見する[20]。このように粥田荘の立荘時期や領主は史料的には不明だが預所職まで没官されたことから、平氏が深く関与したと推察される。後白河院政期に立荘の王家領であろう[21]。

また「柿原名」は延慶二年(一三〇九)六月十二日「鎮西下知状[22]」に、「当職(地頭職)者、頼房高祖父大和前司入道々賢右大将家御代、為板井兵衛尉種遠之跡令拝領」とみえる。種遠は豊前国税所職を有した在庁官人でもあるから柿原名は在庁名だろう。「板井」の名乗りは筑後国の板井荘[23]に由来するらしい。その故地は現・小郡市大板井・小板井に比定され、国境をはさんで大宰府の所在する筑前国三笠郡に接する地域である。十一世紀をとおした大蔵一族の展開のなかで、豊前・筑後への進出と拠点形成もなされたのだろう。

一方「伊方荘」の初見は建久三年(一一九二)、宇都宮信房の地頭職補任状[25]で、建長五年(一二五三)十月二十一日「近衛家所領目録[26]」には「豊前国伊方伊賀利康重法師」とみえる。内乱前から摂関家が荘務権・預所補任権を有した所領だろう。柿原名が十一世紀中の成立とすると、伊方荘もすでに板井氏のテリトリーだったところが立荘されたのではないか。

このように、これらの所領群は荘園領主も成立時期もまちまちだ。ではその一体性はどのように生まれたのか。史料的制約から不十分な考察となるが、その点を、山鹿氏と山鹿荘との関係をとおして検討しておきたい。

2　菊池一族と筑前山鹿荘

筑前国遠賀郡山鹿郷を名の由来とする「山鹿荘」には、大宝三年(七〇三)施入された塩焼山を淵源とし弘仁九年(八一八)の公験がある観世音寺領の山鹿荘[27]と、天永二年(一一一一)から永久四年(一一一六)の間の都督・藤原顕季のもとで、白河院の命により後三条天皇皇女・一品宮領として不輸の手続が行われた王家領の山鹿荘[28]とがある[29]。

筑前観世音寺は東大寺末寺となり、山鹿荘の収益も東大寺に上納されたが、長承二年(一一三三)に年貢米百石[30]や、仁平元年(一一五一)に年貢代として華厳会舞人楽人禄物料[31]の進上がみられるから、王家領の成立後も観世音寺領は存続していた。両荘が地域をわけて併存したのか、観世音寺領を包摂して王家領が立荘されたのかは不明。山鹿氏所領として没官されたのがどちらかも不明だが、平氏との関係を考えると王家領山鹿荘の可能性が高いだろう[33]。

ところで菊池氏は、十一世紀初頭の大宰大監・藤原蔵規と、その息子で、寛仁三年(一〇一九)の刀伊襲撃事件鎮圧を指揮した都督・藤原隆家の郎等であった則隆が、肥後国菊池郡に定着したものと推定される。しかし長久元年(一〇四〇)に国運上物押領使として上洛していた正隆が、肥後前司藤原定任暗殺事件をおこしたこと[34]をきっかけに大宰府から遠ざかる[35]。

一方、一族のうち最初に山鹿荘との関係がみえるのは系図類で「山鹿大夫」とされ、『宇治拾遺物語』巻九ノ五「恒正が郎等、仏供養の事」に「筑前国やまがの庄といひし所に住みし」とある経政だ[36]。彼は世代からみて十一世紀後半から十二世紀前半の人物だが、菊池氏の祖・蔵規は、長和三年(一〇一四)には筑前国高田牧司としてみえ[37]、十一世紀初頭には筑前東部と関係をもっている[38]。その筑前のテリトリーは、府官の立場を利用できた十一世紀のうちに形成されたのだろう。

なお、治承四年後半(一一八〇)頃に菊池隆直が蜂起して一時は大宰府にまで迫ったものの、養和二年(一一八二)四月頃には鎮圧されて、平氏への従属が決定的となった養和の乱[39]では、隆直と行動をともにしたのは木原次郎盛実法師・南郷大宮司惟安・合志太郎などの肥後国内の一族縁者で、山鹿・粥田など筑前の同族はみえず[40]、両者の族的結合は希薄だ。山鹿荘は山鹿大夫経政から甥の粥田経遠に継承されたと推定されるが[41]、粥田経遠は一方で「詫摩四郎」とも称される。彼は若い頃は肥後国詫麻郡に住したが、筑前の経政の所領を継承して、ここから筑前の山鹿・粥田氏と肥後の菊池氏の分岐が進んだのではないか[42]。

一方、河口域の山鹿荘と上流域の板井氏所領とを媒介する位置を占める粥田荘は、先述のように後白河院政期に平氏が関与して成立した可能性が高い。よって十一世紀のうちに山鹿氏・板井氏がそれぞれ遠賀川交通を意識して形成したテリトリーを前提に、院・平氏の交通体系への志向が絡むことで、その所領群の一体性が醸成されていったものと考えておきたい。

三　菊池氏の展開と肥後国

１　安楽寺領と菊池川

十一世紀には大宰府自身による博多の掌握と、肥前・薩摩両平氏の連携による西岸部の編成によって、東シナ海域に相対する九州外延の交通体系が担保・編成されていった。一方、それを内陸へと接続する河川交通も、遠賀川水系でみたように、山鹿氏や板井氏のような府官系武士団のテリトリー形成を媒介に、その編成が志向された。その類例に筑後川水系の大蔵一族も加えることができる(43)。

ところで、遠賀川水系・筑後川水系はともに、大宰府の支配の強く及んだ九州北西部を流れる。先述のように府官系武士団の展開が、その大枠に規定されていた以上、それは当然の帰結ではある。ただ一方、大宰府権力を背景とした十一世紀の府官系武士団の展開の背景には、各勢力の放埒な勢力拡大志向のみを想定すべきではあるまい。そこには大宰府による方向づけもあったのではないか。この点も念頭に、肥後菊池氏についての検討をはじめよう。

菊池氏は摂関・院政期をとおして肥後北部に勢力圏を形成して国府も押さえ、それを梃子に益城郡や球磨郡・天草郡などにまで支族を展開した。一方、九州北西部に集中する安楽寺領については、港湾をはじめ交通の要衝を押さえる傾向から、交易・交通への関与が推定され(44)、菊池氏の拠点地域・肥後北部での勢力展開と、菊池川左岸部に集中する大宰府安楽寺領と連動した交通支配との関係が指摘されている(45)。

ただし、安楽寺領の多くが成立した十一世紀は、近年では大宰府による交易管理体制が機能していて、権門の自由な交易は展開しえなかったことが明らかにされている。[46] そのなかでの安楽寺の交易・交通への関与については、再検証が必要である。[47]

安楽寺領を網羅的に示すのは鎌倉中期成立とみられる『天満宮安楽寺草創日記』[48]と、大宰府を制圧した足利直冬に、南朝方による押領排除を要求するために作成されたと思われる、観応三年(一三五二)二月書写「天満宮安楽寺領目録」[49]である。両者を詳細に比較・検討した正木喜三郎氏は、「目録」中の所領類別のうち「一円・半不輸・雖為当宮根本御領地頭御家人甲乙輩押領地」が『草創日記』成立までに形成されていた所領群、「将軍家寄進地・当御代御寄進」がそれ以降のものであることを明らかにした。また「むかしの宰府の□帳共也」という端裏書から、前者の所領群を大宰府の権限で保証されたものと推測した。[50]

かかる権限を大宰府が十分行使できたのは、院政期までだろう。工藤敬一氏は肥後国玉名荘について、同国合志荘とともに正暦三年(九九二)の肥後守・平惟仲施入という、『草創日記』の万寿四年(一〇二七)に先行する所伝もある[51]ことから、『草創日記』の寄進時期を成立の端緒とはみなせない例があることに注意を喚起した。[52] ただし成立時期のおよその傾向をつかむことはできるので、重出は初見を成立に近いとみなして寄進時期の明記されるものをみると、十世紀後半は八、十一世紀前半は十一・後半は八、十二世紀前半は四・後半は二、十三世紀前半は五例である。また寄進時期不明の三例も、それぞれ永承元年(一〇四六)に二季勧学会料所や延久四年(一〇七二)に食堂料所とされるまでには成立している(表1)。正木氏は「十一世紀後半以降」が多いと評したが、これは「中世的所領の成立時期以後」という検討当時の枠組に引き摺られている。むしろ十世紀後半から十一世紀にかけて、大宰府機構の再編・強化と歩調をあわせて、歴代都督の関与のもとに、安楽寺領は設定されていったとみることができる。

そしてその所領が交通の要衝を多く押さえるのであれば、そこに大宰府の強い規制下にあった安楽寺を外郭団体の如く位置づけて、交通編成を担わせようとした大宰府の志向を想定してよいのではないか。[53] それは府官系武士団の勢

表1　『天満宮安楽寺草創日記』にみえる安楽寺領

No.	年	所領	国	寄進者	目録	備考
①	延喜19（970）	小中荘	筑前	崇尼観算		
2	天徳4（960）	櫛原荘	筑後	大監紀有頼	○	
3	康保1（964）	高比（樋）荘	筑後	大弐藤原佐忠	○	延久4（1072）年建立の食堂料所
4	天禄1（970）	中浜荘	壱岐	御廚殿		
5	永観2（984）	小倉荘	肥前	円融院御願	○	
⑥	寛和2（986）	栗田荘	筑前			
7	寛和2（986）	上座郡内治田	筑前	大弐藤原共政		
8	長徳4（998）	綾野荘	筑後	一条院御願	○	
⑨	長保3（1001）	博多荘	筑前			
10	長保3（1001）	大浦寺荘	筑前			
11	長和4（1015）	阿志岐封	筑前			延久4（1072）年建立の食堂料所
12	治安2（1022）	紫田	筑前	後一条院		
13	治安3（1023）	得飯荘	筑後	後一条院	○	万寿2（1025）年とも
14	万寿1（1024）	土師荘	筑前	大弐藤原惟憲		延久4（1072）年建立の食堂料所
15	万寿4（1027）	玉名荘	肥後	大弐藤原惟憲	○	延久4（1072）年建立の食堂料所
①	長元5（1032）	小中荘	筑前			
16	長元5（1032）	大肥荘	豊後		○	
17	永承2（1047）	下妻荘	筑後	後冷泉院御願	○	延久4（1072）年建立の食堂料所
18	永承2（1047）	副田荘	豊前	後冷泉院御願	○	
19	永承2（1047）	神辺荘	肥前	後冷泉院御願	○	
20	康平1（1058）	吉田荘	筑後		○	
⑥	承保3（1076）	栗田荘	筑前			
21	永保2（1082）	佐嘉荘	肥前	権帥藤原資仲	○	
22	永保2（1082）	蠣久荘	肥前	権帥藤原資仲	○	
23	永保2（1082）	長尾荘	筑前	権帥藤原資仲		
24	永保3（1083）	石動荘	肥前	白河院	○	
25	永保3（1083）	長田荘	筑後	白河院	○	
26	永保3（1083）	鳥栖荘	肥前	白河院	○	
27	永保3（1083）	幸津荘	肥前	白河院	○	
28	康和3（1101）	桑原荘	筑前	権帥大江匡房		
29	康和3（1101）	田嶋荘	筑後	権帥大江匡房		
30	康和3（1101）	香薗		権帥大江匡房		「目録」所見の筑前香薗寺か
31	康和3（1101）	本木別符		権帥大江匡房		
㉜	応保2（1162）	牛島荘	肥前	平清盛	○	
㉜	承安3（1173）	牛島荘	肥前		○	
33	治承1（1177）	早良郡	筑前			
⑨	元暦1（1184）	博多荘	筑前	惟憲		
34	建永1（1206）	鹿児島	薩摩			
㉟	建永1（1206）	青木荘	筑前	七条院		延久4（1072）年建立の食堂料所
36	建永1（1206）	兵馬田・寺辺	筑前	七条院		
37	建永1（1206）	基肄中山	肥前	七条院	○	
38	承久3（1221）	米多荘	肥前	惟慶	○	
㉟	寛喜2（1230）	青木荘	筑前			
39		楽得別符	筑後		○	永承1（1046）年開始の二季勧学会料所
40		夜須荘	筑前			延久4（1072）年建立の食堂料所
41		河江荘	筑後			延久4（1072）年建立の食堂料所

〔備考〕複数回所見の所領はNo.を○で囲い同一No.とした。また「目録」覧は「天満宮安楽寺領目録」での所見。

図2

力展開と相補的なものだったのだろう。

　では菊池川流域の安楽寺領を具体的にみてみよう(図2)。『草創日記』に寄進時期があるのは玉名荘のみだが、これは先述のように合志荘とともに、端緒は十世紀末に遡る。他はほとんどが史料的初見は「目録」を遡らないが、まず大路曲荘については、寛治六年(一〇九二)頃に白河院によって、山鹿郡・玉名郡をまたがり、国領・他領を包摂しつつ、広大な醍醐寺無量光院領・山鹿荘が立荘されたこと[54]が決め手となる。大路曲荘の比定地は、山鹿荘の推定範囲に包摂されており、山鹿荘立荘後の成立は考えにくい。その成立は十一世紀末より前に遡る。

　また赤星荘については、平安期の開発遺構や唐物の出土といった比定地の考古学的検証を踏まえて、十・十一世紀頃の菊池氏による開発の進展と、菊池川水系と有明海による物資の搬出入が推定されている。[55]それがただちに安楽寺領の成立を意味はしないが、合志荘の端緒が十世紀末にあり、山鹿大夫経政の弟・経明が「合志五郎」とされるように、菊池氏の合志郡での展開も十一世紀には想定される。合志荘の安定には菊池氏との連携が不可欠で、それは十一世紀のうちには成っていたと考えてよい。すると菊池郡の赤星荘も安楽寺と菊池氏の連携による、十一世紀中の成立の可能性が極めて高い。

なお合志郡には、安楽寺領が最も集中する。うち片俣領では安楽寺と大友氏が争った神領興行訴訟において、大友方から大友能直以来の知行が主張されている。[56]大友氏は菊池氏所領の没官によって権益を得た可能性が高く、その菊池氏との連携のもとでの成立が暗示されよう。他の安楽寺領の初見は「目録」まで降るものの、同じく菊池氏との連携による十一世紀頃の成立ではないか。

このように、菊池川流域の安楽寺領群はおおむね十一世紀に形成されたものであり、そのうち上流の菊池郡・合志郡では菊池氏との連携がほぼ明らかだ。それでは、より下流の玉名荘や大路曲荘にも、菊池氏が関与したのだろうか。換言すれば、菊池氏の勢力は菊池川下流部にまでひろがったとみてよいのだろうか。次にこの点を検討したい。

2　肥後国北部の荘園制と菊池氏

工藤敬一氏は、無量光院領山鹿荘が山鹿郡のほぼ全域から玉名郡東部にわたり、玉名郡西部の郡衙域を含まぬことから、その成立の前提に、山鹿郡を支配する勢力が菊池川に沿って玉名郡に進出してきた状況を想定し、その勢力を菊池氏系の山鹿氏と推定した。[57]しかし山鹿経政や秀遠の「山鹿」は筑前国山鹿荘のそれであるから、菊池氏と山鹿荘との関係の当否は、別の角度から検証せねばならない。

そこで着目したいのは、山鹿・玉名両郡では、内乱期に幕府の没官措置が大規模に実施された形跡があることだ。まず山鹿郡の北東で菊池郡と近接する泉新荘内山井名は、寛元元年（一二四三）の時点で、相良宗頼が父・頼景から継承して「四十余年知行」といわれている。[58]相良氏が平家没官領とされた球磨郡を得て鎌倉時代初頭に入部・定着した東国御家人であることは著名な事実だが、山井名の獲得も同時期で、泉新荘は元暦二年(一一八五)に将軍家から石清水八幡宮に寄進された山鹿北郷[59]の立券荘号とみられるから、山鹿北郷は上・下両職が没官されて下職が相良氏に与えられたといえる。[60]また頼景は玉名郡南西の山北郷も得ており、山井名と山北郷は旧主が同一人であった可能性が高い。[61]山鹿・玉名両郡をあわせた地域の両端に、同一人のものと思しき所領が存したことは、その勢力がひろく両郡にまたがっていたことを示唆し、うち泉新荘が菊池郡に近接することは、その勢力が菊池氏であったことを強く思わせる。

一方、山鹿荘の西に位置する大野別符の尾崎村は、貞応三年(一二二四)以前に大友能直から次男・能秀に譲られているが、[62]平安期以来の大野別符の領主・紀氏は「ふちの御下文」「けむきう四年の御下文」を得て鎌倉期にも存続した。[63]幕府の九州占領軍政は天野遠景を軸に行われたが、実際の没官行為は東国御家人らに地域分担されていた。遠景自身は肥前・筑後・原田氏跡などを担当したが、建久年間に任を解かれ、その所領の多くは、中原親能に継承された。[64]これを踏まえると、玉名郡域では天野遠景による占領軍政のもとで、文治年間の在来勢力の安堵と、建久年間の国御家人認定が行われるとともに、没官措置と自身の権益獲得がはかられ、それが中原親能とその養子・大友能直に継承されたとみることができる。

そして山鹿荘は、すでに久安元年(一一四五)には鳥羽院により、得分の半分が仁和寺仏母院に割かれていたが、[65]建久三年(一一九二)には仏母院領・玉名荘に「地頭」が置かれたことが所見し、[66]玉名荘と山鹿荘とに分割・再編されたことが知られる。[67]また地頭の存在は、玉名荘の現地の権益が没官されたことを示す。

以上から、山鹿・玉名両郡は菊池氏の勢力圏であったため、大規模な所領没官・再編が展開したと判断できる。よってその勢力圏は菊池郡を拠点に菊池川水系を下りつつ、安楽寺との連携のもとに形成されたとみることができよう。また、府官系武士団・菊池氏と安楽寺の背景に、ともにあるのは大宰府だ。正木喜三郎氏は、菊池川河口部の玉名荘と矢部川支流飯江川上流域の筑後国飯得荘の二つの安楽寺領の立券の背景に、安楽寺との共同による貿易利益獲得という、ときの都督・藤原惟憲の志向を想定する。(68)この惟憲は、平季基と連携して島津荘の成立を実現した人物でもあった。そして玉名荘は、肥前・薩摩両平氏の連携によって整備されていく海上交通を、菊池川を導線に内陸に接続する位置を占める。ここには、府官系武士団の勢力展開を基底に、それと安楽寺領の設定とを関連づけつつ、海上・河川の水上交通を編成しようとした、都督・大宰府の志向をみることができよう。

かかる安楽寺領大路曲荘などを包摂しつつ、広大な王家領山鹿荘は立荘された。その立荘を現地で支えたのが菊池氏という工藤氏の推定は、結論としては支持できる。そして山鹿荘は、白河院政期のうちに有明海沿岸部に成立した王家領群(69)の一角をなす。ここでも、府官系武士団による交通編成を前提に、院権力が介入・再編に乗り出し、自らの権益強化を目指す府官系武士団もそれを受けとめたという構図を確認できる。

この頃の菊池氏の当主は世代的に経頼と思われるが、かかる院権力との結合を契機に、続く経宗・経直は、二代にわたって鳥羽院武者所となっている(系図参照)。一方、大宰府のあり方も院政の開始とともに変容する。摂関期の大宰府では、ほぼ摂関の近臣に占められた都督が、在府して現地機構を独占的に掌握し、九州を統治した。(70)かかる構造が摂関家領島津荘の成立と、宇佐宮神宮寺弥勒寺と石清水八幡宮との一体化(71)を例外として、当該期における九州の地域勢力と京・奈良の諸権門との直接的結合と権門領の形成を阻む。府官系武士団や、太宰府安楽寺・観世音寺など大宰府規制下の寺社などの、いわば大宰府系所領が九州北西部に、宇佐宮・弥勒寺領が北東部に、そして島津荘が南九州に分布するという、当該期九州の地域的構造は、そのもとで形成された。

しかし院政期には、都督はほぼ院近臣で占められて在京し、院権力に包摂されつつ現地機構を指揮するようになる。そしてそれは白河院政期の、少弐を「目代」のように位置づけるあり方から、鳥羽院政期の、院庁実務官人層である大江国兼・国通父子を、長期にわたって府目代としたあり方へと展開していく。またそのもとで、九州北西部では、

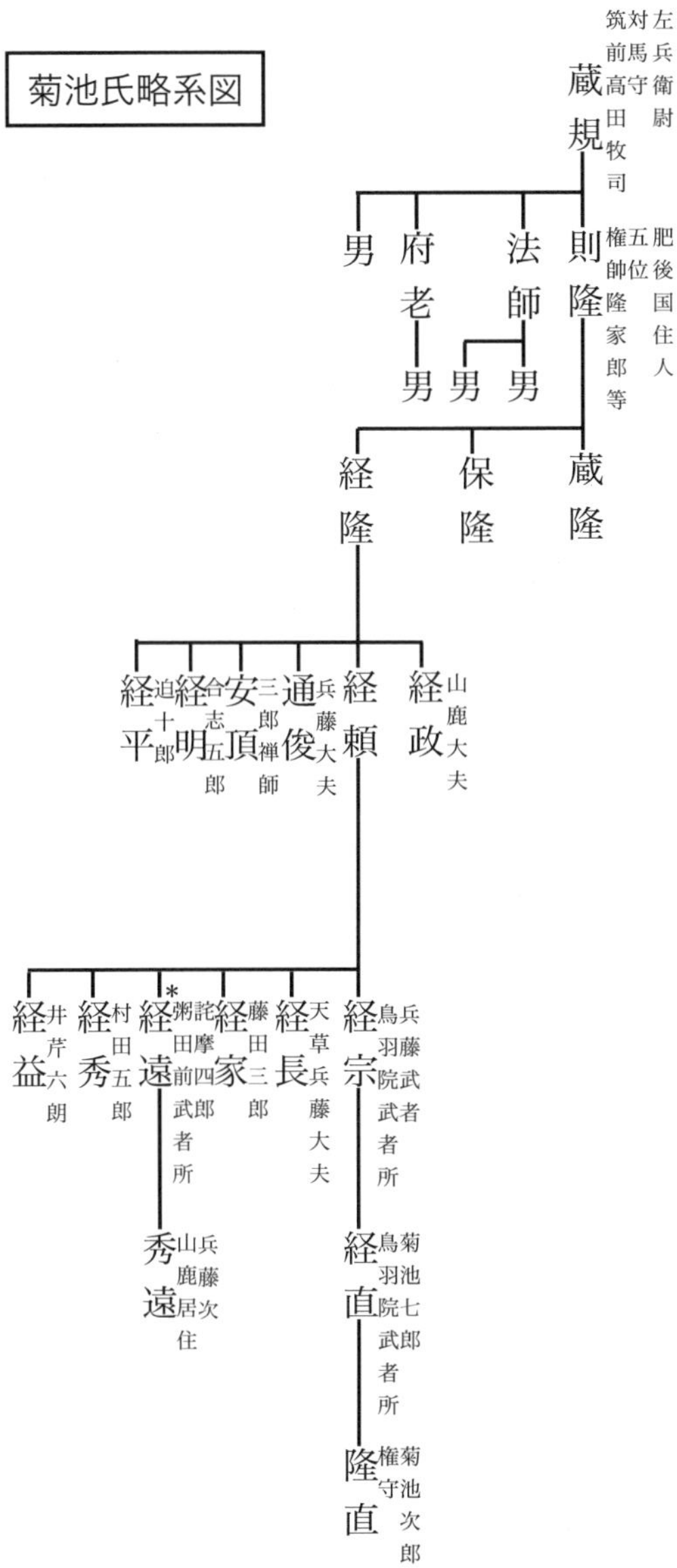

＊薩摩平氏の系図によれば、良道女子（阿多忠景の姉妹）を娶る。

志方1959・菊池系図（『続群書類従』）などをもとに作成

在京都督による在京受領の権限吸収と、地域社会での人的編成・王家領を中心とする諸権門領の立荘が進められていった。そのなかでも肥後については、藤原忠兼が少弐と肥後守とを兼ねた一一一〇年代後半に、ひとつの画期があったと思われる。(72) 経宗・経直が鳥羽院武者所となるのも、かかる流れのなかに位置づけられる。

　鳥羽院政期になると菊池氏は、菊池川水系を軸とする肥後北部にとどまらず、緑川中流域での一族・田口氏や、後の養和の乱に際して菊池隆直との与同が明らかな源姓木原氏の、緑川下流域での所領形成と国府との衝突にみられるように、肥後中央部でも活発に活動して勢力を展開する。[73]続く隆直は系図類で「権守」とされ、これは現地国府機構への強い影響力を持つ、一国棟梁級の武士団の形成を示唆する。その過程を具体的に跡付けることは困難だが、鳥羽院による大宰府―肥後支配のもと、鳥羽院やその近臣との人的結びつきを背景に、その勢力拡大が図られ、国府との衝突もそのなかで止揚されて、院権力との連携のもとで国府を押さえる地域権力としての自己を確立していったものとみられよう。

3　平頼盛と肥後国

かかる院権力による地域社会の掌握は、平氏との連携のもとで後白河院政期に強化されていくが、それは平頼盛と肥後国とを深く結んだ形跡がある。筑前・肥前・肥後には安富領と総称される頼盛の半不輸所領が散在しており、それは彼が都督の立場にあった仁安年間(一一六六～六九)に設定されたと推定されている。[74]安富領関係史料を整理した表2は、安富領が北部・中部・南部と国内各地に広範に設定されたのは肥後国のみであったことを示す。しかもそのなかには、後に幕府によって人吉荘・関東御領・公領に分割・再編される広大な蓮華王院領・球磨御領[75]のなかに設定されたものもある。球磨御領の立券と安富領の設定は、頼盛の都督としての権限のもと、連動して行われたのだろう。蓮華王院領は八条院の管轄下にあり、球磨御領も後進の人吉荘が建久図田帳に「領家　八条女院」とあるから、[76]成立当初からその管理下にあったと思われる。八条院は反平氏派の温床となり、膨大な八条院領は以仁王挙兵の財源となったともされる。頼盛も八条院と極めて近い関係にあり、それが平氏の都落ちに同道せず、幕府に保護されることにつながっていく。[77]

都督時代の清盛は、日向通良・阿多忠景の鎮圧をとおして肥前・薩摩を押さえ、特に肥前では所領秩序の大規模な再編を含む支配の深化を実現した。これを踏まえ頼盛の都督時代には、院・平氏の九州支配が確立するが、[78]そのなかで頼盛は、八条院と連携して、肥後を自身の基盤にしようとしたのではないか。他にも山本荘・豊田荘・丘牟田荘と、八条院領は少なくない(79)。これらの荘園と頼盛との関係は史料を欠くが、山本荘の地頭職は大江広元が得ており(80)、没官されたことが確実。また豊田荘の領家職は源頼朝が得ており(81)、これも没官領だと思われる。頼盛の実像を丹念に掘りおこした田中大喜氏は、清盛に対して自立性を保っていた頼盛は、都督任中に府官の家人化、宇佐宮との提携、王家領の創出を進めつつ、そのなかに自己の勢力基盤を築いており、仁安三年(一一六八)十一月の頼盛一派の都督以下解官は、それを脅威とみた清盛が主導したものとする(82)。そのなかでも、肥後国における動向は重視されるべきだろう。

表2　平頼盛所領・安富領の分布

国	所見	備考	年	典拠
筑前	安富領	頼盛所領	1184	『吾妻鏡』寿永 3.4.6
肥前	安富荘	宣揚門院領	1224	鎌 3274
	安富荘	関東御教書により元 567 丁余から 240 丁余に定む	1292	鎌 17984
	（佐賀郡）山田東郷…加礼里十三坪内五段是ハ安富領歟、		1318	鎌 26545
	上佐賀郡安富荘和泉村	仏像願文	1326	鎌 29479
肥後	球磨臼間野荘	頼盛所領	1184	『吾妻鏡』寿永 3.4.6
	安富領内山鹿北郷（泉本荘・新荘）	頼朝から石清水宮に寄進	1185	鎌 4430
	球磨荘安富領内三善幷西村		1192	鎌 14898
	本荘　安富荘	詫麻西郷荘々		詫摩文書
総称	肥前肥後国安富荘地頭職		1277	『建治三年記』

かかる肥後国との関係を頼盛が築く際には、肥後北部を拠点に各地に勢力を展開した菊池氏との連携が不可欠だったと思われる。それは頼盛や八条院と菊池氏との権益の重層が想定される所領が、山鹿北郷・山北郷（表2および後述）・山本荘(83)・詫麻荘(84)と、広範囲にわたることからも明らかだ。そして菊池氏にとっては頼盛との関係が、その後の命運を左右した。

菊池隆直とほぼ同じ頃、反平氏の挙に出た豊後の緒方惟能の本拠は宇佐宮領緒方荘であるから、平氏と結んで豊前・豊後の主導権を握った宇佐大宮司公通との対立が、その挙兵の要因という説明が可能だ。ところが菊池隆直については従来、九州の一国棟梁級武士団には平氏への従属か反抗かの道しかなかったという一般論にとどまり、原田・板井など大蔵系や、筑前山鹿・粥田などの同族と袂をわかって挙兵した理由の具体化は、実は困難だった。だがその背景には、深い関係にあった頼盛・八条院あり、といえまいか。少なくとも、平氏与同の一国棟梁級武士団として多くの所領を没官されながら、名字の地・菊池郡は維持し得た背景に、幕府の、頼盛および彼とつながる勢力への配慮を想定してよいだろう(85)。

また相良氏は、安富領をうちに含む球磨御領と、安富領のうちの山鹿北郷の双方に権益を得た。その本貫は蓮華王院領の遠江国相良荘であり、工藤敬一氏は、摂関家の家司経験のある惟宗忠久が島津荘に送り込まれたのと同様の事情が、相良氏と八条院・頼盛との間にあった可能性を示唆している(86)。山鹿北郷とセットで相良氏が得た山北郷も、安富領だろう(87)。十一世紀以来、九州北西部には府官系武士団が多様に展開し、彼らが平氏に編成されたために、その所領の没官が大規模に展開する場ともなった。肥後もその一角を占めるが、一方で頼盛・八条院との関係も深かった。ゆえに幕府による秩序再編には、天野遠景・中原親能だけでなく、相良氏も関与したと考え得る(88)。

頼盛が菊池氏と結んで肥後国の掌握をはかったことは、幕府の没官措置にも影響を与え、他の多くの平氏与同の大武士団と異なり、菊池氏が逼塞せずに存続して戦国大名へといたる道を開いた。一方、頼盛との関係から球磨郡域に入部した相良氏は、中世を生き抜き近世大名となる。かくして頼盛との関係は、その後の肥後国の中世史を規定したのだった。

おわりに

中世九州は域内への統制を強めた大宰府を軸に形成されたが、東アジアの激動に規定されて、大宰府の直接支配が強く及ぶ北西部、宇佐宮の影響が強い北東部、摂関家領島津荘に覆われた南九州という地域的大枠が生じることになった。大宰府の九州支配を各地で支えたのは府官系武士団であり、肥前・薩摩両平氏の連携による西岸部の海上交通編成で、日本の「鎮西」として東シナ海域に相対する外郭が担保される。また、そこから内陸への導線は、遠賀川・筑後川・菊池川などの各水系での府官系武士団の勢力・所領展開によって編成された。ただしその展開は、先述の地域的大枠に規定されて、九州北西部に集中したものだった。院政期に展開する中世荘園の立荘は、ふつう第一義的には諸権門の財源確保の観点から捉えられる。しかし、かかる摂関期のあり方を前提とし、それに規定された九州の場合には、交通体系をはじめとする地域秩序の掌握・編成としての性格も、強く併せ持つこととなった。(89)

このうち肥後国の菊池川水系は、菊池郡を名字の地とする菊池氏が、太宰府安楽寺と連携しつつ掌握していった。そこへの院権力の介入は、白河院政期の山鹿荘立荘からはじまり、続く鳥羽院政期には院と菊池氏との人的結合のもと、院権力の肥後への浸透と、菊池氏の勢力拡大・一国規模の地域権力化とが相即的に展開する。さらに、それを前提に後白河院政期には、肥後における王家領の立荘が大規模に展開していく。(90)そのなかで、肥前・薩摩を押さえた平清盛に対し、平頼盛は八条院と連携しつつ肥後国の掌握を目指して、菊池氏と結びついていく。

肥後国に頼盛の安富領や八条院領が広範に形成されたことは、鎌倉幕府による占領軍政・所領没官措置にも影響を与えた。平氏与同の一国棟梁級武士団でありながら、菊池氏が本拠・菊池郡を維持し得たことや、球磨郡に相良氏が入部したことは、その結果である。頼盛との関係は、その後の肥後国の中世史を規定したといえよう。(91)

以上が本稿の考察結果であるが、最後に、それを近年の武士団形成史研究に照らして、九州武士団の位置づけに向けた展望を得ておきたい。最近、高橋修氏は、東国における武士団の形成を、摂関期までの交通・流通拠点の広域的ながら点的な掌握にとどまった「兵」的段階から、私領形成とそれにともなう紛争調停を媒介に主従制組織をそなえた地域権力になるとともに、国制・荘園制のなかに位置を占めていく院政期への展開過程として整理した。(92)氏は、畿内近国・西国との比較のうえで、「東国における領主支配を基盤とする武士団の成長は、列島における特殊な事態というべきかもしれない。」とみる。確かに、府官系武士団の多くは治承・寿永の内乱で縮小・没落し、鎌倉期の九州社会は幕府と東国御家人の規制のもとに展開する。その過程で摂関・院政期の史料も多く失われただろう。これが関東と九州のその後を分かつとともに、東国武士団について進められている「在地領主論」的視角での考察を、平安期の九州では困難にする史料的制約ともなっている。しかし本稿でみた摂関・院政期の九州の状況は、東国に十分に対置可能であろう。摂関期の府官層による交通拠点掌握は、安楽寺領肥後国大路曲荘が王家領山鹿荘の立荘に際して、そのなかに包摂された小規模所領だったように、概して点的なものにとどまる。その点で東国との共通性がみいだせるが、それらが大宰府の交通編成に導かれて一定の有機的連関をもつことで、大宰府を掌握した院や平氏のもとで、ある程度の連続性を保ちつつ荘園制下に再編されて、大規模な府官系武士団の確立をもたらした。

その過程では、源義朝の大庭御厨介入事件に比すべき、大江国通の筑後鷹野荘介入事件も発生しているが、大江国兼・国通父子が長期にわたって大宰府目代を務めたことを梃子に地域権力化をはたしていったところにも、九州の武士団と所領形成に対する、大宰府の規定性が窺える。(93) また、南九州の島津荘では、薩摩平氏が地域紛争への介入と調停をとおして、当事者とのあいだに姻戚関係などを形成して主従制を設定し、地域権力化していくという、東国武士団と同様の状況があったことが、史料的にも確認可能である。(94) 特にここでは、その調停が係争地の島津荘寄郡・府領・国領への分割・再編とも結びついていたらしきことがみのがせない。大規模中世荘園の嚆矢にして最南端の島津荘では、武士団の形成と荘園制の展開とが、かくも直接に連動した。その過程で府領も産み落とされていくことは、成立契機以外での具体的な関与は不明なものの、大宰府の規定性が、島津荘の展開過程にも何らかの作用を及ぼしていたことを示唆するだろう。

このように東国に比すべき九州における武士団の形成・展開を直接に規定していたのは、大宰府という、九州固有の存在である。ただし大宰府の存在は古代からの所与の前提ではなく、その再編のうえでの存続は、東アジアの激動に規定された、〈境界〉地域ゆえのものであった。これに対して東国も、特に北関東は、平安期にはいまだ「俘囚の地」としての両義性を保っていた奥羽に臨む〈境界〉地域であった。かつて南九州と関東とは、〈辺境〉の後進性ゆえに大規模所領と武士団の形成が進んだ地として対比された。しかし農業開発中心史観の相対化の一方で、〈境界〉社会研究の著しい進展をみた今日、武士団・領主制研究においても、〈辺境〉を〈境界〉と読み替えての比較検討は無益ではないだろう。(95)

なお本稿のほとんどは、希少な史料の丹念な検討によって導かれた先達の成果を、再検証・再構成しつつ、そこに推測を加えたものにすぎない。とはいえ、これまでほぼ摂関・院政期にとどまっていた私なりの中世九州の検討に、ようやく鎌倉期への展望を開くことができた。当該期の研究には厚い蓄積があるが、近年は手薄になっている。それらに学びつつ、中世九州の展開を追究していきたい。(96)

註

(1) 大宰府では長官＝帥・上級次官＝大弐という令制本来の職位が変容し、十一世紀前半には権帥＝二位以上・大弐＝三位相当で、両者が長官として同質化する状況が確立する。そこで本稿では両者を「都督」と総称する。また『平安遺文』『鎌倉遺文』からの引用は「平(鎌)番号」のように表記する。

(2) 以上の論述は、拙稿「大宰府の再生—十一世紀における公卿長官制の成立と対外関係—」(羽下徳彦編『中世の地域と宗教』吉川弘文館、二〇〇四年)、「摂関家領島津荘と〈辺境〉支配」(熊本学園大学論集『総合科学』一三—一、二〇〇七年)、「白河・鳥羽院政期の大宰府と府目代」(熊本学園大学論集『総合科学』一六—一、二〇〇九年)、「西の境界からみた奥羽と平泉政権」(入間田宣夫編『兵たちの時代Ⅰ兵たちの登場』高志書院、二〇一〇年)、「院政期の肥前社会と荘園制」(『熊本史学』九五・九六、二〇一二年)による。それぞれの論点の前提となる膨大な研究史については、ここですべてを列挙はできないので、これらの論考を参照されたい。

(3) 工藤敬一「九州における荘園公領制の成立と内乱」(同『荘園公領制の成立と内乱』思文閣出版、一九九二年。原型は一九七七年初出)。なお宇佐宮および九州北東部については、清盛の異母弟・頼盛が、都督として現地赴任をはたす、仁安年間(一一六六～六九)に、宇佐大宮司公通を「府目代」的な位置に据え、彼が平氏の後ろ盾を背景に宮内を掌握して、院・平氏の影響下におかれた(工藤敬一「内乱期の大宮司宇佐公通」前掲同著。初出一九七二年)。

(4) 拙稿前掲「院政期の肥前社会と荘園制」。

(5) まず東国武士団の勢力展開と交通拠点との関係は、高橋修氏が包括的に論じている(「武士団と領主支配」『岩波講座日本歴史』第6巻中世1岩波書店、二〇一三年)。また木村茂光氏は、著名な十一世紀前半の藤原実遠の所領について、伊賀国に広く分布するその中核は、国衙所在地の伊賀盆地にあり、それは陸上交通・河川交通の掌握も含む意図的・有機的な結合のもとにあったと評価した(「藤原実遠の所領とその経営—私営田領主論の再検討—」同編『日本中世の権力と地域社会』吉川弘文館、二〇〇七年)。そしてその所領経営には、受領に規制された国務の請負という性格があった(拙稿「藤原清廉・実遠の官物請負と受領制—十一世紀における一国統治構造の一断面—」『日本歴史』七一〇、二〇〇七年)。

(6) 川添昭二「九州の形質」(同『中世九州の政治と文化』文献出版、一九八一年。初出一九七七年)。

(7) 水崎雄文「鎌倉初期における九州政治情勢」(『九州史学』三〇・三一、一九六五年)。

(8) 野口実「薩摩と肥前」(『鹿児島中世史研究会報』五〇、一九九五年)。

(9) 拙稿前掲「摂関家領島津荘と〈辺境〉支配」。

(10) 拙稿前掲「院政期の肥前社会と荘園制」。

(11) 正木喜三郎「筑前国」「怡土荘」(『講座日本荘園史』10四国・九州地方の荘園、吉川弘文館、二〇〇五年)。

(12) 拙稿前掲「院政期の肥前社会と荘園制」。

(13) 文治二年八月十五日「中原師尚勘文」(宮寺縁事抄、鎌一五七)。

(14) 川添昭二「古代・中世の博多」(前掲『中世九州の政治と文化』。初出一九七五年)。

(15) 浅野真一郎「平氏与党人「山鹿兵藤次秀遠」跡の処分について—下野宇都宮氏の西遷と関連して—」(『高円史学』八、一九九二年)。なお図1・2は、同論考および前掲『講座日本荘園史』10をもとに作成した。

(16) 『吾妻鏡』元暦二年七月二十一日条。

(17)『玉葉』文治元年十二月六日条。
(18)大宰管内志宇佐宮記、鎌六三七。
(19)宝治元年八月十七日「関東御教書案」(金剛三昧院文書、鎌六八六〇)。
(20)同年九月十八日「関東下知状」(金剛三昧院文書、鎌三二八四)など。
(21)正木喜三郎氏は、『八幡宇佐宮神領大鏡』宮吉名の項に、保元元年に粥田経遠が「嘉麻・穂波郡内合屋・平恒・潤野三箇村」を近衛天皇御願寺の延勝寺に寄進・立券しようとして宮領を妨げ、下野に配流されたとあることなどから、粥田荘を中心に広くその周辺にテリトリーを形成していたとみる(「府官系在地領主の存在形態―粥田経遠考―」同『大宰府領の研究』文献出版、一九九一年。初出一九六三年)。後白河・平氏との結びつきも、この寄進の延長に考えられるかもしれない。
(22)肥後佐田文書、鎌二三七〇〇。
(23)正和元年十二月二十三日「鎮西下知状」(豊前到津文書、鎌二四七五七)。
(24)貞和七年二月十八日「散位某奉書」(修学院文書、『佐賀県史料集成』第五巻)。
(25)同年三月二十八日「源頼朝下文写」(豊前佐田文書、鎌五八一)。
(26)近衛家文書、鎌七六三一。
(27)延喜五年十月一日「筑前国観世音寺資財帳」(東京美術学校所蔵、平一九四)。
(28)仁平三年六月二日「東大寺諸荘園文書目録」(守屋孝蔵氏所蔵文書、平二七八三)。
(29)年欠六月五日「藤原顕季請文写」(壬生家文書消息類、平補二九六)など。
(30)正木前掲「筑前国」。
(31)同年六月八日「筑前国観世音寺運上米支配状」(東大寺文書四ノ三十二、平二二七六)。
(32)同年二月十二日「東大寺花厳会禄物送状」(成簣堂所蔵東大寺文書、平二七一八)。
(33)延応元年二月八日「太政官牒」(高野山寂静院文書、鎌五三八九)に「関東故右大将軍、惣信一山、別帰当院(一心院)、以鎮西山鹿・粥田両庄所当二百石、厳永代配置護摩用途、毎年無懈怠令運送当院、已及四十年」とある。先述のように頼朝の死後に粥田荘の預所・地頭両職は同じく高野山の金剛三昧院に寄進されたが、この所当寄進はその前提をなす。

粥田荘と同様、山鹿荘でも幕府が荘務権を没官・領有したと考えられ、それには東大寺・観世音寺領よりも平氏の関与が想定される王家領のほうが相応しい。

(34)『春記』同年四月十一・十三日条。

(35)志方正和「菊池氏の起源について」(同『九州古代中世史論集』志方正和遺稿集刊行会、一九六七年。初出一九五九年)。

(36)浅野前掲「平氏与党人「山鹿兵藤次秀遠」跡の処分について」。

(37)『小右記』同年六月二十五日条。

(38)高田牧の位置は従来、明確な比定は困難ながら遠賀川水系内住川の中流域にあたる現・飯塚市高田のあたりにあてられてきたが、最近、服部英雄氏は、これを宗像郡・遠賀郡・糟屋郡などに分散した大宰府管下の広大な牧と推定した(「宗像大宮司と日宋貿易—筑前国宗像唐坊・小呂島・高田牧—」九州史学研究会編『境界からみた内と外』下、岩田書院、二〇〇八年)。いまその当否を検討する準備はないが、いずれにせよ遠賀川水系とかかわる筑前東部ではある。

(39)工藤敬一「鎮西養和内乱試論—その実態と意義—」(前掲同著。初出一九七八年)。

(40)『吾妻鏡』治承五年二月二十九日条。

(41)浅野前掲「平氏与党人「山鹿兵藤次秀遠」跡の処分について」。

(42)正木喜三郎氏は、粥田経遠と府官系武士団原田一族の三毛季実・岩戸種平との姻戚関係を推定している(前掲「府官系在地領主の存在形態」)。大宰府から離れることになった肥後菊池一族と、府官との地縁・血縁関係を積極的に求めた筑前山鹿・粥田氏との、院政期における戦略の違いを窺わせる。なお正木氏は「詫摩四郎」の詫摩を、粥田荘内境郷の琢摩にあてるが、系図類にみられる菊池一族各人の名字は、ほぼ荘・郡に由来しているため、本文のように考える。

(43)康治三年の大宰府目代・大江国通による、筑後国生葉郡薦野郷の皇后宮領としての立券に際して生じた、観世音寺領大石・山北への侵攻事件は、有明海と内陸部とを筑後川によって結ぶ水・陸交通の要衝の掌握をめぐるものと評価されている(藤本頼人『中世の河海と地域社会』高志書院、二〇一一年)。一方、大江国通は父・国兼と連続して長期にわたって大宰府目代を務め、鳥羽院による九州支配のエージェントとして活動した人物で、この際、筑後だけでなく肥前武士団や他国の府官たちが動員されたことは、そのもとでの社会編成の展開を示す(拙稿前掲「白河・鳥羽院政期の大宰府と府目代」および「院政期の肥前社会と荘園制」)。そしてその筑後勢には、大蔵一族の三毛(三池)氏も含まれていた。また御原(三原)郡には板井氏も存したが、両者を媒介するのは筑後川水系だ。服部英雄氏は大蔵一族・筑後三原氏の「郡内・筑後川から有明海を通じて、東シナ海域や日本海域・玄界灘を掌握する志向」を指摘する(服部前掲「宗像大宮司と日宋貿易」)。ここでも十一世紀に遡る府官系武士団の展開を歴史的前提に、院や平氏による交通体系への介入・再編がなし得たものという可能性を考えられるだろう。また筑後川水系では、後述する菊池川水系における安楽寺領の位置を、観世音寺領が担っている可能性が高い。後考を期したい。

(44) 正木喜三郎「大宰府と寺社(一)―中世における天満宮安楽寺―」(前掲同著。原型初出一九七五年)。

(45) 恵良宏「安楽寺領について」(『史創』九、一九六六年)、森山恒雄「中世の政治・社会と菊池川」(『熊本県歴史の道調査―菊池川水運―』熊本県文化財調査報告書九一、一九八七年)。

(46) 山内晋次「日宋の荘園内密貿易説に関する疑問―十一世紀を中心として―」(同『奈良平安期の日本とアジア』吉川弘文館、二〇〇三年。初出一九八九年)。

(47) 菊池川では、河口部の令制水駅の八世紀末頃の氾濫による廃絶と、室町期以降の港町・高瀬の繁栄の間の、交易・交通機能に関する徴証は文献・考古両面にわたって乏しい。しかし九世紀末の「新羅賊」が肥前松浦郡を経て肥後飽田郡を襲撃していること(『日本紀略』寛平五年五月二十二日条)などを踏まえると、その河口部港湾が直接の外港であったかはさておき、有明海沿岸部の大河川が、平安・鎌倉期にも外洋から内陸への導線であったこと自体は疑いない。

(48) 『大宰府太宰府天満宮史料』各巻に分載。

(49) 太宰府神社文書、『大宰府太宰府天満宮史料』巻十一。

(50) 正木前掲「大宰府と寺社(一)」。

(51) 『天満宮託宣記』(『大宰府太宰府天満宮史料』巻四)。

(52) 工藤敬一「肥後北部の荘園公領制―山鹿荘と二つの玉名荘―」(前掲同著。初出一九八五年)。

(53) 拙稿前掲「藤原清廉・実遠の官物請負と受領制」では伊賀国を例に、十一世紀の国務が中・下級貴族や寺社による請負構造のうえに存立していたことを論じた。ここでは、大宰府務の関連寺社による請負を考えている。

(54) 天仁二年十二月二十二日「白河院庁牒案」(醍醐雑事記十三、平一七一四)。工藤前掲「肥後北部の荘園公領制」。

(55) 森山前掲「中世の政治・社会と菊池川」。
(56) 正和二年九月十六日「鎮西下知状」(太宰府神社文書、鎌二四九九九)。
(57) 工藤前掲「肥後北部の荘園公領制」。
(58) 同年十二月二十三日「関東下知状」(相良家文書、鎌六二六六)。
(59) 「石清水八幡宮文書目録」(石清水璽御筥事裏文書、鎌四四三〇)。
(60) 工藤敬一「文献から見た山北相良氏について」(『肥後国西安寺五輪塔群』玉東町教育委員会、二〇〇七年)。
(61) 前掲「関東下知状」。
(62) 同年五月二十一日「関東下知状」(詫摩文書、鎌六二六六)。
(63) 弘長元年八月一日「紀有隆証文請取状」(深江家文書、鎌八七〇〇)。
(64) 清水亮「初期鎌倉幕府の九州支配における没官領地頭の意義—九州における天野氏の地頭職獲得過程—」(同『鎌倉幕府御家人制の政治史的研究』校倉書房、二〇〇七年。初出二〇〇一年)。
(65) 同年閏十月六日「皇后宮大夫源雅定書状」(醍醐雑事記十三、平二五六五)。
(66) 同年八月二十七日「守覚法親王御教書」(仁和寺文書、鎌六一三)。
(67) 工藤前掲「肥後北部の荘園公領制」。
(68) 「大宰府官長による荘園立券について　筑前国垣崎荘の成立」(前掲同著『大宰府領の研究』。初出一九九〇年)。
(69) 拙稿前掲「院政期の肥前社会と荘園制」。
(70) 拙稿前掲「大宰府の再生」。
(71) 飯沼賢司『八幡神とはなにか』(角川書店、二〇〇四年)。
(72) 拙稿前掲「白河・鳥羽院政期の大宰府と府目代」。
(73) 工藤敬一「鳥羽院政期肥後の在地情勢—肥後国訴状写の分析—」(前掲同著。初出一九七七年)。
(74) 筧雅博「関東御領考」(『史学雑誌』九三—四、一九八四年)。
(75) 工藤敬一「相良氏の肥後球磨郡支配」(前掲同著。初出一九八九年)。
(76) 建久八年閏六月日「肥後国図田帳写」(相良家文書、鎌九二九)。

(77) 石井進「源平争乱期の八条院周辺―「八条院庁文書」を手がかりに―」(同編『中世の人と政治』吉川弘文館、一九八八年)など。

(78) 拙稿前掲「院政期の肥前社会と荘園制」。なお、前田英之氏は、宇佐宮領常見名の不輸化等の推移が、平氏の都督としての大宰府の制度的把握や、本家としての摂関家掌握の有無と連動していることを具体的・実証的に示して、旧来の理解を、治承三年クーデター前の平氏の九州への影響力を、漠然と過大評価してきたものと批判する(「平氏政権の成立と宇佐宮領」『鎌倉遺文研究』三二、二〇一三年)。趣旨は理解するが、平氏の権門化・立荘主体化を重視するあまり、クーデター前からの、都鄙間関係・地域社会編成の担い手たる武士団としての側面を捨象した、もう一方の極論になってはいまいか。

(79) 安元二年二月日「八条院領目録」(内閣文庫蔵山科家古文書、平五〇六〇)。

(80) 工藤敬一「肥後国山本荘における大江広元の権限―売りたて目録掲載の一史料から―」(前掲同著。初出一九九〇年)。

(81) 『玉葉』文治元年九月二十五日条。

(82) 田中大喜「平頼盛小考」(同『中世武士団構造の研究』校倉書房、二〇一一年。初出二〇〇三年)。

(83) 明証は欠くが、山本郡は菊池氏の本拠・菊池郡と菊池氏所領=安楽寺領が濃密に分布する合志郡に隣接しており、その勢力圏と考えられている。

(84) 工藤敬一氏は、後白河院政期に立荘された郡荘・詫麻荘(安富御領)が、安富荘(詫麻本荘)と神蔵荘(詫麻新荘)とに分割・再編されたことを明らかにしている(工藤敬一「肥後中央部の荘園公領制おぼえがき」前掲同著。初出一九八九年)。神蔵荘の名主には「菊池入道」がみえ(後欠「神蔵荘田代荒熟幷地頭名主等注進状」『熊本縣史料』第五巻詫摩文書第二四六号)、託麻荘は菊池氏所領であったが没官され、菊池氏は惣地頭大友氏のもとに小地頭として位置づけられたと思われる。

(85) 筧雅博氏は、文保元年十二月二十一日「将軍守邦王家政所下文」(薩摩藤野文書、鎌二六四七五)が島津道義に「菊池庄領家職」の替地として九州各地の諸所領所職を与えたものであることから、菊池荘を関東御領と判断している(筧前掲「関東御領考」)。すると菊池氏は、当然ながら幕府の規制・監視のもとに菊池郡を維持できたことになろう。また幕府が上職をも没官したことから菊池荘も頼盛所領だった可能性が高く、立荘自体が頼盛と菊池氏との連携の産物かもしれない。一方、球磨郡内にひろく散在する永吉名の領主・平河師高は、「謀反他人に勝るの由」により処断されたが、「冤罪」であったとして安堵を受けた(弘安六年七月三日「関東下知状案」平河文書、鎌一四八九八に所引の文治三年六月十六日「遠景・盛時奉書」)。ただしその後の平河氏は、球磨郡に入部してきた相良氏の規制を受けていく。その経緯は菊池氏と似通っており、頼盛は肥後北部・中部では菊池氏と、南部では平河氏と連携することで、肥後国を掌握したと思われる。

(86)　工藤前掲「相良氏の肥後球磨郡支配」、「文献から見た山北相良氏について」。

(87)　工藤敬一氏は寿永三年四月五日「源頼朝下文」(『吾妻鏡』同月六日条)にみえる頼盛所領の「球磨臼間野庄」を「くまのくまのしょう」と解して、球磨御領の安富領を指すとみる(工藤前掲「相良氏の肥後球磨郡支配」)。しかし文保二年に「肥後国臼間野上長田地頭」が初見し(同年五月二十六日「木当行信和与状」肥前河上神社文書、鎌二六六八五)、現・南関町に比定される「臼間野荘」は、山北郷に隣接する。玉名・山鹿郡域には菊池氏の勢力が展開し、そのなかに安富領が散在しており、ゆえに幕府の没官措置も大規模に行われたことを考慮すると、この臼間野荘も安富領であったのではないか。この所領注文では肥後の所領名は「球磨臼間野庄」、筑前分は「安富領」と頼盛が領家職を有した蓮華王院領の「香椎庄」しか現れない。あるいは「球磨臼間野庄」は「球磨荘と臼間野荘」の意で、臼間野荘は玉名・山鹿郡内の安富領を総称し、球磨荘とあわせて安富領肥後分をほぼ総称したものなのかもしれない。

(88)　玉名郡域では天野遠景が没官した所領が中原親能に継承されたとみたが、合志郡片俣領も大友能直が得た。飽田郡鹿子木荘・詫麻郡神蔵荘でも惣地頭職が遠景・親能・能直と継承されたらしい(工藤前掲「肥後中央部の荘園公領制おぼえがき」)。また平河師高の安堵が「遠景・盛時奉書」によるように、遠景は球磨郡にも関与した。清水亮氏は幕府の没官措置の地域分掌を子細に検証して、遠景は平氏の影響が浸透した肥前・筑前西部の原田氏跡・筑後などを担当し、筑前・豊前・肥後については一括して「種直種遠秀遠等所領、原田板井山鹿以下所処」・「種直・隆直・種遠・秀遠之所領」＝「府官系武士団根拠地」と捉えて、他の人々によるものとみた(清水前掲「初期鎌倉幕府の九州支配における没官領地頭の意義」)。だが肥後も遠景が担当したとしてよいだろう。なお豊前の板井種遠所領は遠賀川水系に沿った筑前の山鹿・粥田氏所領との関係で捉えるべきもので、豊前全域を府官系武士団根拠地とみることは躊躇われる。一方、遠景の担当地域のうち肥前は確かに、府官系武士団・肥前平氏などが院政期をとおして抑圧されていき、当該期には弱小武士団割拠の状況となっていた。しかし筑後には、筑後川水系に沿った府官系武士団・大蔵一族の展開があった。没官措置の地域分掌は、むしろ九州北西部・北東部・南九州という大枠に沿いつつ、遠賀川流域は筑前西部も北東部に含めて処理され、遠景は北西部を担当したとみることもできる。

(89) 西谷正浩氏は、薩摩・大隅を除く九州各国に散在した宇佐宮領の常見名についての検討にもとづき、九州における開発のピークは十一世紀頃で、その担い手は地方の公権力につらなる者たちであったが、その一族に相伝されつづけるとは限らず、流動的状況であったとしている(西谷正浩「八幡宇佐宮神領大鏡にみる平安後期の開発—九州のばあい—」『七隈史学』一一、二〇〇九年)。府官系武士団による勢力展開・所領形成が院・平氏による介入・再編の前提となるとみる本稿の理解とも符合しよう。なお西谷氏は、かくして開発された宇佐宮領には鎮守社として八幡神が勧請されて、その教線拡大・浸透を担ったことも指摘する。また飯沼賢司氏も弥勒寺領の形成や九州各地の寺社の末社化が十一世紀に進んだことを論じている(飯沼前掲書)。かかる八幡信仰の扶植と交通体系編成とが連動して、十一世紀には九州の「日本」への定位が進められたとみることができる。ただし境界性の著しい南九州には宇佐・弥勒寺領は直接展開することはできず、大隅正八幡宮という現地拠点を設営して、その所領を形成するというかたちをとる必要があり、それは島津荘の枠組と対抗的かつ相補的に機能した(拙稿前掲「西の境界からみた奥羽と平泉政権」)。

(90) 山鹿荘のやや西に位置する菊池川河口部の高瀬近辺では、筥崎宮領大野別符・宇佐宮領伊倉別符・安楽寺領玉名荘がそれぞれ港湾を有し、それらが複合して機能したと思われるが、各領主間の権益調整と所領秩序の確立も、頼盛による可能性が高い(拙稿「筥崎宮領大野別符の成立とその性格」『岱明町史』古代・中世編、二〇〇五年)。森山恒雄氏は、上・中流部諸荘の年貢等が安楽寺領玉名荘内の津留・大倉付近で集積、積み替えられて有明海へと搬出された可能性を論じる(森山前掲「中世の政治・社会と菊池川」)。川港・安楽寺領玉名荘と海港・高瀬近辺との機能分掌・連携も想定すべきか。かかる地域秩序が整理されるうえで、王家領山鹿荘は楔となっただろう。

(91) 守田逸人氏は、伊勢・伊賀平氏が平重盛家人の平家貞・貞能らと、頼盛家人の柘植氏・服部氏らに分かれており、鎌倉幕府が前者を排除する一方、後者は鎌倉期伊賀国の地域秩序の中心となったことを論じている(「治承・寿永の内乱と地域秩序の再編」同『日本中世社会成立史論』塙書房、二〇一〇年)。頼盛との関係が鎌倉期の地域社会を規定した可能性は、肥後国にとどまらないといえよう。なお、菊池氏が菊池川水系を軸に勢力をひろげて国府にも影響を及ぼしていく十一世紀は、阿蘇社と阿蘇大宮司家の中世的体制が形成される時期でもある(阿蘇品保夫『阿蘇社と大宮司　中世の阿蘇』自然と文化阿蘇叢書2、一宮町、一九九九年)。菊池氏と阿蘇大宮司家とは中世をとおして対抗的連携とでもいうべき関係を保つ。鎮西養和の乱の菊池隆直への与同者に「南郷大宮司惟安」がみえるのこそ、その史料的初見だ。阿蘇品氏が阿蘇郡の自立的な世界の形成として鮮やかに描き出した過程を、当該期の二十二社・諸国一宮体制の形成のなかに位置づけ、読み替えを試みれば、菊池氏・大宮司家それぞれの勢力形成と連携の媒介としての、肥後国府の位置がみえてくる。中世肥後の国衙体制については史料的制約が大きく不明な点が多い。だがその形成・展開のなかに菊池氏とともに阿蘇社と大宮司家を位置づける作業は、肥後国の中世社会の全容を把握するうえで欠かせない。道のりは遠いが、今後の課題としたい。

(92)　高橋前掲「武士団と領主支配」。

(93)　拙稿前掲「白河・鳥羽院政期の大宰府と府目代」。

(94)　拙稿前掲「摂関家領島津荘と〈辺境〉支配」。

(95)　東国武士団の形成を奥羽問題との関連で検討する視角には、斉藤利男「軍事貴族・武家と辺境社会」(『日本史研究』四二七、一九九八年)、山本隆志『東国における武士勢力の成立と展開』(思文閣出版、二〇一二年)などがある。

(96)　そのなかで、井上聡「神領興行法と在地構造の転換」(佐藤信・五味文彦編『土地と在地の世界を探る』山川出版社、一九九六年)、清水前掲書、徳永健太郎「鎌倉期の地方神社と幕府―河上社における高木氏と神社興行―」(『年報中世史研究』三六、二〇一一年)、中村翼「鎌倉中期における筑前国宗像社の再編と宗像氏業」(『九州史学』一六五、二〇一三年)などは貴重な成果である。

鎌倉期肥後国野原荘の名体制と小代氏

柳田 快明

はじめに

西国地域のなかでも、とりわけ九州の荘園公領の社会は鎌倉幕府惣地頭体制に伴う東国御家人の入部・移住によって大きな影響を受けた。こうした御家人の西遷によって生じた地域社会の変化を、鎌倉期（十三―十四世紀初頭）の肥後国野原荘の八幡宮祭礼役負担者たちと小代氏との関係を事例として、村落史的観点から検討することが小稿の目的である。その際、次の二点にとくに留意したい。

一つは、名あるいは名体制と村落の関係である。今日の名をめぐる研究は、稲垣泰彦氏による名は複数の農業経営の組み合わせから構成される年貢収取（徴収）の単位であるという見解が定説になっている。[1] これを、廣田浩治氏は、「名体制とは荘園支配の骨格をなす編成原理である」と総括している。[2] 一方で、大石直正氏は、年貢収取（徴収）の単位であると認めつつも「名と農業経営や村落生活との関係をまったく否定するのは誤り」と指摘されている。[3] また、名の景観を重視する海老澤衷氏は、豊後国田染荘の名体制の変遷を分析し、平安末期の別名的な開発によって領域的に大規模な名が形成されたことを明らかにしている。[4] このように名体制については様々な評価がみられ、近年も長谷川裕子氏による研究史の整理と問題提起がある。(5) ここでは大石氏の指摘にある名と農業経営や村落生活との関係を念頭におきたい。

二つには、領主型村落と近年の惣村論との関係である。海津一朗氏は「東国・九州の郷と村」において、東国に多い領主型村落は御家人の西国移住により九州にも波及したと指摘する。(6) 具体的には、中世成立期に東国社会に蓄積された沖積低地開拓の技術と経験による移住対象地での開発の再編成、地頭職の分割とすべての所領の「屋敷」化、および領内の荘官・百姓との婚姻を介して服従させる縁者型村落の形成が特長であり、こうした東国型村落秩序の形成は、鎌倉期以降の政治的な帰結であるという。また、領主の館を示す堀之内は水陸交通の要衝である村落の境界に位置していること、在地領主の同族支配による縁者型の村落を形成していることなど、村境の重要性がその後の研究で指摘されている。こうした東国の影響を受けた村落は、畿内近国にあっては入部する御家人との緊張関係が惣村あるいは惣的な村共同体の形成に大きく影響したと、海津氏は指摘している。近年では十五世紀後半以降、北部九州でも惣村あるいは惣的な村共同体＝「百姓中」の成立が指摘されているが、これと領主型村落との関係も検討課題であろう。(7)

以上を踏まえて、本稿は、まずは鎌倉期の野原荘名体制の抽出を通してその原初的ありかたと変容をさぐる、次に野原荘における惣地頭の入部支配と地域社会との関係を祭礼役のありようから分析する、この二点に重点をおいて考察する。なお、『野原八幡宮祭事簿』の引用については、必要な時にのみ『祭事簿』と略記することをお断りしておく。(8)

一　鎌倉期の祭礼役の賦課形態と名体制

（一）野原八幡宮祭礼役の賦課形態（基準）について

野原荘は、本家を石清水八幡宮寺、領家を宇佐八幡宮弥勒寺喜多院（神宮寺）とする。初見史料は、建仁元年（一二〇一）十一月の「高良宮上下宮幷小社等造営所課荘々田数注文案」（歴史民俗博物館所蔵田中穣旧蔵文書）で、このなかに「野原庄加納三毛南郷六十町」の記載があり、肥後・筑後国境にまたがる荘園であることが明らかとなった（現熊本県荒尾市・長洲町および福岡県大牟田市の一部）。公田面積は、七〇〇町あるいは八〇〇町で（年月日不詳「宇佐弥勒寺喜多院所領注文」、石清水八幡宮文書）、弥勒寺喜多院領最大規模の荘園である。[9] 野原八幡宮はこの野原荘の荘鎮守で、現在荒尾市野原に所在する。

野原八幡宮祭礼役の賦課のありかたついて、杉本尚雄氏は、武士・名主が頭人を勤めたが、南北朝期には名主層が成長し彼らが全般的に勤仕した。そして、永正年間（一五〇四—二一）に惣村制が成立すると、祭祀がこれまでの地侍中心から屋敷単位に、惣村組織による農民の祭祀へと変わり、近世になると高請農民が主体へと変化したとし、中世から近世を見通した指摘をしている。[10] ただ、人的な基準の指摘はあるが、名についての言及はない。これに対して、名が差定の対象であり名役として行事などを勤仕したと明確に指摘したのは、高牧実氏である。[11] 氏は、隅田八幡宮と同じ名の頭役制であり、野原荘では八幡宮が勤仕賦課の既得権を下地中分以後も保持して、東西両郷から仏神事祭礼に参加したとした上で、得並、妙成、益永、同丸、岩丸は「名」の名称であるとする。高牧実氏の指摘には、下地中分以後八幡宮が祭祀の主導権を掌握し、東西両郷から仏神事祭礼に参加したとする論点も重要であるが、名そのものについての分析はなく、また荘外の人物をどのように考えるかという問題点が残されている。以下、あらためて野原荘の名を抽出し、名体制について確認しておきたい。

（二）鎌倉期野原荘の名の抽出

野原荘は史料的制約もあって名についての詳細な研究はない。その一方で、近世の史書や絵図に記された地名や村名が、史料が乏しいためにか名からそのまま村に転化したものとして理解されているきらいがある。例えば、八木田政名が天保十二年(一八四二)に著した『新撰事蹟通考』「郷荘沿革」(『肥後文献叢書』第三巻所収)に「以上皆野原荘領邑」と記された三十の村名はその代表的な例であろう。

腹赤・平原・清源寺・上沖須・下沖須・折地・金山・樺・府本・河登・野原・菰屋・宮崎・永方・高浜・水嶋・長須・牛水・蔵満・一部・増永・荒尾・宮内・万田・原万田・大島・井手・中井手・下井手・平山

ここに見える村々は、井手・中井手・下井手に示されるように十九世紀半ばのかなり分村化が進んだ時点のものである。後述するように、蔵満・一部・増永のように名として史料に現れるものもあるが、そうでないものも多い。『新撰事蹟通考』よりも二百年前の寛永十年(一六三三)に書写された慶長九年(一六〇四)の慶長肥後国絵図(以下、慶長国絵図と略称)は、郡の石高・田畠面積・物成(年貢)数などが朱書され、村名は、たとえば「千三百九石余　井手」というように、小判形の村形のなかに村名が、村形の右端を縦断するように村高が記されている。想定される荘域に存在したと確認できる村名は、井手・萬(万)田・大嶋・荒尾・宮内・増永・一部・蔵満・水嶋・蘆ヤ(菰屋)・川上(河登)・高濱・野原・椛(樺)・平山・符(府)本・金山・長洲の一八村で、『新撰事蹟通考』所載の村々ともかなり異なっている。

では、具体的に中世史料に見える野原荘の名はどうなのだろうか。史料的には次の三通りに分類できる。

(A)　文書・『祭事簿』の双方で確認できる名

(B)　『祭事簿』で確認できる名

(C)　『祭事簿』に名という記載はないが、名と判断されるもの

名の名称は、伝統的なそれと実在する名主の名前が混用されている傾向があるという指摘もあるので[12]、限れた史料からは峻別が難しい面もあるが、以下、(A)から順次検討し、簡単な説明を加えたい。なお、抽出する名は『祭事簿』の場合は鎌倉期から存在を確認できるものに限り、抽出順に通し番号をつけた。

(A)文書・『祭事簿』の双方で確認できる名

①同丸名

名と明記するのは、『祭事簿』に「正和五年・文保元年於二ヶ年者、総領与同丸名地頭依□(頭)役相論、被止御放生会畢」とあるのが初見で、元亨元年(一三二一)にも「同丸名乙王次郎」と名主の一人と思われる人物もあわせてみえる。『祭事簿』には、文永三年(一二六六)の「同丸乙太郎」以降、十四世紀まで地名あるいは名として頻出する。正和五年(一三一六)・文保元年(一三一七)の記事の内容については後述する。

文書での初見は、康暦元年(一三七九)六月一日の詫磨寂祐譲状(詫磨文書)にみえる「肥後国大野別符上ついちかりつかの村の田畠屋敷幷同国野原のさいかうとみまろ名内あうをの田畠屋敷等事」である。これは、応永八年(一四〇一)十月の詫磨満親本領所々注文(詫磨文書)に「玉名郡大野別符尾崎村南北・同符内狩塚村・野原庄内荒尾号同丸名」とあるので、「あうを」は「あらお」(荒尾)の誤記であり、「とみまろ名」は同丸名のことだとわかる。ここには同丸名は本来荒尾とは異なる独立領域であったが、荒尾と同様かもしくはそのなかに包摂されていることがわかる。

その後も、文明八年(一四七六)「小行事 同丸名隈部山城殿御きんし候」とあるように独立的な名としての表現もみられるが、宝徳三年(一四五一)「小行事あらお童丸名持候によて水落の源二郎打申候」あるいは文明五年(一四七三)「小行事 あらお分同丸名依買地中尾大膳方被勤候」というように、荒尾の表記が冠せられるようになり、明応九年(一五〇〇)以降は荒尾の童丸とか荒尾村童丸と表記されるようになった。このように同丸が荒尾に所在し、中心的位置を占める地域であったことは確かだが、その位置を特定することはできない。なお、荒尾という地名の文書的初見は同じく上掲詫磨文書である。

②益永(増永)名

現在の荒尾市増永一帯を遺称地とする名である。『祭事簿』には、文永三年(一二六六)「正月二日 益永」とあるのをはじめとして文永六年(一二六九)・同八年(一二七一)と頻出する。

文書的初見は、貞和六年（観応元・一三五〇）十一月九日、小代孫次郎隆平に宛てた足利直冬下文（小代文書／東京大学史料編纂所影写本）で「肥後国野原庄西郷益永名内迫村内地頭職」とあり、迫村という村名もみえる。翌貞和七年の龍造寺家平申状案（龍造寺文書）にも「肥後国野原郷益永名内田畠屋敷地頭職」とある。龍造寺氏と野原荘との関わりは、すでに康永三年（一三四四）三月二十日に、龍造寺上円が孫子家平に宛てた譲状（「龍造寺上円譲状」龍造寺文書）に「野原西郷増永内田畠屋敷等事」とあって、内乱初期の段階から龍造寺氏が益永名に知行地を有していたことが知られる。

『祭事簿』に見える益永名表記は、永徳三年（一三八三）に国方「小行事益永名浦殿分」、明徳三年（一三九二）に宮方「小行事益永名役浦殿分」、つづいて応永十年（一四〇三）に国方「小行事益永名浦殿分鬼次郎」とあるもので、内乱後半である。その後、高瀬武国が一四〇〇年ころに野原預所に宛てた書状の中に、「肥後国野原東郷内増永名事、依江田次良五郎申之、不可有子細之由、菊池殿被仰候、忩々江田次良五良方へ可被付沙汰候、恐々謹言」（年欠九月十二日「高瀬武国書状」小代文書）とあり、野原東郷内増永名を菊池氏の裁可によって江田次郎五郎が領知していたことがわかる。

ここで注目されるのは、「野原東郷内増永名」である。下地中分後、増永名は西郷にあり、小代氏の庶子家が本拠としていた。宛名が野原預所とあるので、東郷は西郷の誤記とは考えられず、増永名は東西両郷にまたがって存在していたことになる。そうなると、下地中分に際して名の分割がなされた可能性が高い。先の貞和七年正月の龍造寺家平申状案（同前）に西郷ではなく「野原郷益永名」とあるのはこのためかもしれないが、断定はできない。なお、『祭事簿』では増永の表記は十六世紀後半までは見えず、益永という表記で統一されている。

③綿丸名

【史料1】正和五年（一三一六）の野原荘書生道蓮請文（菊大路家文書）に次のようにみえる。

請申　條々

一、肥後国野原庄検断事　(中略)
一、當庄図師職并綿丸名間事
右、所職并綿丸名田畠等者、本所御進止也、而綿丸兵衛尉重政、或未進神用米違背本所、或致殺害重科之間、所被収公也、爰道蓮代々奉為領家、依無不忠、被仰付當庄検断之間、彼所職名田等、為検断之沙汰□□(所被)補佐(任)、於有限御年貢以下御公事等者、任先例、無未進懈怠、可致其沙汰候也、(中略)

正和五年七月　日　　野原庄書生沙弥道蓮(花押)請文

これは、荘官の一人である書生の沙弥道蓮が提出した三箇条からなる請文(起請文)で、史料で示した以外に「当庄旧政所敷地事」という項目がある。野原荘の荘官組織は、預所や惣検御使のような在京の上司と、書生・公文・図師といった現地荘官で構成されていて、給田は、書生の一町五段、公文の一町に対して、図師は七段二丈百八十歩であった。

図師職と綿丸名田畠がともに本所の支配下にあるということは、綿丸名が本所の直轄地であり、いわば図師職とセットになった給田的な土地(給名)であったと考えられる。名主の綿丸兵衛尉重政は、姓名からして百姓身分的な名主ではなく、本来綿丸名の開発領主の系譜を引き、特別な権益を有する侍身分の領主である。野原荘の名のなかで開発領主を明白に確認できる唯一の例である。図師職と綿丸名がセットで記されているのは、この時の重政は、それまでの菅原氏にかわって図師職に任じられていたのではないかと推定される。だが、重政は神用米未進と理由不明の殺人罪で図師職を解任され名田を没収された。本所権力とりわけ預所と結託した道蓮のような古参の荘官によって重政は図師職と名田を奪われたことがわかる。

ところで、綿丸氏については、【史料1】よりも四十年前の『祭事簿』文永十一年(一二七四)の項に「六良丸・綿丸和与、宮師・上座・権大宮司鳥井屋形口」の記載がある。文字通り綿丸氏と六良丸の間で原因は不明ながら相論があり、和与(和解)が成立したこと、それが宮師・上座・権大宮司といった供僧・神官らの立ち会いのもとに鳥井(鳥居)の屋形口でおこなわれたことがわかる。六良丸は建長四年(一二五二)・文永七年(一二七〇)に宮方大行事を勤めた人物と同一と判断され、かれもまた古くからの有力な名主の一人であったと思われる。綿丸氏は野原荘で勢力をふるっていたが、正和五年(一三一六)に失脚したのだろう。応安三年(一三七〇)に国方小行事役が中止になっている、その原因は預所教阿弥と綿丸重覚の相論と記されている。綿丸重覚は「重」の字から綿丸兵衛尉重政と同族であろう。図師職や名田を失ったものの、依然として勢力は保持していたようである。『祭事簿』には、名としての明記はないが、名の存在は確かであるといえよう。

④倉光(満)名

有明海沿岸から東に細く帯状に広がる地域で、現在の蔵満が遺称地である。名としての初見史料は、応永十四年(一四〇七)五月十四日の片山親行去渡状(小代文書/東京大学史料編纂所影写本)で、鎌倉期よりも時代が下り、しかも唯一の史料である。これには、「肥後国野原之西郷倉満名内永代去渡申三町分之坪付之事、同屋敷三ケ所」とあって、三町分の坪付の具体的な内容、屋敷三ケ所の名称が記されている。野原荘関係史料のなかでは、作人関係の記述をふくめ、めずらしく名の様相をうかがうことができる。例えば、からおさき、大手はた、古河、くさは(草葉)、ひへた(稗田)、みつしまの下、なわてそい、ふへたう、といった下げ名や、犬丸、からまつ、としたま、といった屋敷名がそうである。名を記すのは片山親行去渡状だけだが、『祭事簿』の倉光も名として考えてよいだろう。その初見は、文永七年(一二七〇)の「倉光弥太郎」で、以後頻繁に登場する。『祭事簿』での倉光表記は時間的な変遷に特徴がみられる。すなわち、十六世紀半ばまでは一部かな表記がみられるものの倉光が基本表記である。その後、蔵光や倉満、十七世紀から蔵満となってくる。

(B)『祭事簿』で確認できる名

⑤得並名

建治三年(一二七七)に「(正月)七日得並名」、翌弘安元年(一二七八)に「正月二日得並名」とあるのが名としての記録である。得並名と明記するのはこの二ヶ年だけだが、得並と単独での記載も多い。また、文永三年(一二六六)の「小行事得並上藤二」を筆頭に特に一二八〇年代にかけてしばしば記載されており、有力な名の一つであったと推定される。十四世紀以降も現れるが、応永二十年(一四一三)には「国方大行事得並八町分立林二郎兵衛」とあり、珍しく面積が記録されている。得並は八町以上の広さを有する領主名であったことがわかる。得並は、十五世紀後半まで確認できるが、明応元年(一四九二)には「節頭 万田のとくなミの山鹿」とあって、万田のなかに包摂されたと推定される。場所の特定はできない。

⑥一分(部)名

現在の一部は、北を増永、南を蔵満に挟まれ、有明海沿岸から東に細長く帯状に広がる地域で港がある。名としての表記は、永徳二年(一三八二)、「小行事一分名猫宮ノ重阿」とあるのが唯一である。だが、一分あるいは一部として、文永二年(一二六五)の「国方一分弥藤別当」をはじめとして一二六〇年代以降頻出しており、有力な名の一つであったと思われる。元亨二年(一三二二)には「一分方猫宮三郎太夫」が小行事を勤仕しており、猫宮一族は小代氏一族一分氏の有力被官であった。

⑦妙成名

至徳三年(一三八六)に「宮方大行事 妙成名次郎丸」とあるのが、名表記唯一の例であり、妙成の記録の最後である。妙成は、文永三年(一二六六)に「五月五日　妙成四良入道」をはじめとして鎌倉期を中心に散見するが、所在地域は不明である。

⑧山鹿名

文永六年(一二六九)「小行事山鹿太郎」とみえるのが初見で、鎌倉期唯一である。それ以後は、「得並山鹿」として十四世紀末以降にしばしば見え、明応八年(一四九九)には「節頭山か名之分万田の田二郎丸仕候」とある。本来は得並名のうちであったと推定される。

(C)『祭事簿』に名という記載はないが、名と判断されるもの

以下に掲げる地名は、名と断定できるか否か判断に迷うものもあるが、列挙してみたい。なかには『祭事簿』が唯一の手掛かりであり、不十分なものもあるが一応の目安にはなろう。

⑨井手

康元元年(一二五六)「小行事　井手船津太郎」とあるのをはじめとして、正嘉元年(一二五七)・文永六年(一二六九)などにみえ、十四世紀以降も間断なく記載がある。現在の井手が遺称地で、国境に位置し三宮が鎮座する。

⑩岩丸

岩丸(名)は、文永二年(一二六五)の「正月十七日　岩丸八郎別当」を皮切りに後掲のように頻出する。ただし、十三世紀後半の記録のみで十四世紀以降は確認できず、いわば消滅した名の典型的な例である。場所の特定も困難である。ただ、弘安六年(一二八三)十二月「野原荘惣検注目録」(石清水八幡宮文書)に「岩丸神田参段」とあり、これは領家方が支配する領域(野原東郷)に存在したと推定される。

⑪平山

文永十一年(一二七四)の「御放生会大宮司平山仁藤入道」とあるのを初見に一二七〇—八〇年代に四例みえる。だが、一三〇〇年代の記録はなく、一四〇〇年代も稀で、一五〇〇年代後半から頻出するようになる。

⑫水嶋

弘安二年(一二七九)の「水嶋源三別当」を初見として、中世を通じて頻出する。

以上、三つの類型に分け、史料で確認できる名、『祭事簿』で推定される名を列挙した。これからわかるように、中世文書および『祭事簿』で確認できる名はわずかに八つで、その他は推定である。このように限定的ではあるが、いくつかの特徴を整理しておこう。

一つは、鎌倉期の名のすべてが、中世を通じて存続してはいないということである。例えば、岩丸名・同丸名・得並名などがそうであり、『新撰事蹟通考』や慶長国絵図だけでは名の全貌把握ができないことがあらためて確認できる。二つは、個々の面積は不明なので名の規模は不詳だが、「得並八町」(以上)などから想定できるように大半は広大な領主名の可能性があることである。三つめは、確認できる名の多くは、有明海沿岸部の交通・軍事上の要地に位置していることである。これは、『祭事簿』の記録が本来野原西郷内に限定されることにもよる。同時に残存史料が少ない下地中分の際の地域分割の具体的ありようを示唆している。四つには、史料頻出度が高い割には現在地を確認できない名が多いことである。こうしたこともあって、一円、散在、浮免など名の多様な存在形態を想定できることである。そのほかに、時代は下るが十五世紀末から十六世紀初頭にかけて名のなかに新たな名(名の分割による新名)がみられる。

二　鎌倉期の祭礼役負担者の検討

それでは次に、祭礼はどのような人々に担われていたのかを、『祭事簿』の記録から検討したい。鎌倉期の記録で具体的な記載があるのは、建長四年(一二五二)から嘉暦三年(一三二八)までである。このうち、正応三年(一二九〇)から正和三年(一三一四)までの二十五年間の欠落がある。したがってこの欠落期間を境に、建長四年(一二五二)から正応二年(一二八九)までと、正和四年(一三一五)から嘉暦三年(一三二八)までの、二つの期間に分けることができる。す

表Ⅰ－1　鎌倉期 名・名主・領主など祭礼負担者数

	名・名主・領主など	13世紀	14世紀	計
1	一　分	11	2	13
2	井　手	5	3	8
3	岩　丸	20	0	20
4	牛　水	1	0	1
5	宮　内	0	3	3
6	倉　光	5	1	6
7	同　丸	16	2	18
8	得　並	19	0	19
9	平　山	6	0	6
10	益　永	11	2	13
11	水　嶋	14	2	16
12	妙　成	5	0	5
13	山　鹿	1	0	1
14	有力名主カ	39	1	40
15	荘内領主	1	0	1
16	大野別府	6	0	6
17	荘外領主	2	0	2
18	筑後関係	8	0	8
19	(不詳)領主	7	0	7
20	今　永	6	0	6
21	真　益	2	0	2
22	久　万	2	0	2
23	肥前入道	2	0	2
24	法橋御房	2	0	2
25	「舟」姓の人	3	0	3
	小　計	194	16	210

なわち、鎌倉期の記録は、十三世紀後半と十四世紀前半に大別することができる。ついでに述べれば、鎌倉末期の動乱から建武政権の成立、内乱勃発から観応の擾乱後の延文四年(一三五九)までの記録は、年号のみで具体的な記載はない。

そこで作成したのが表Ⅰ-1および表Ⅰ-2である。表Ⅰ-1は、鎌倉期の記録(十三世紀—十四世紀)にみえる祭礼役ごとの勤仕者(負担者)の数を、名や地名あるいは名主や領主などに区分して一覧にしたものである。表Ⅰ-2は、表Ⅰ-1の具体的な勤仕者(負担者名)を祭礼役ごとに示したものである。ともに先述した建長四年(一二五二)から正応二年(一二八九)までを十三世紀、正和四年(一三一五)から嘉暦三年(一三二八)までを十四世紀というように、二つの期間に分けて示した。この二つの期間の負担者合計は二一六名である。このなかには祭礼名のみで負担者名が欠け、意味不明なものもあるので、把握できる数は二一〇名となる。表Ⅰ-1および表Ⅰ-2をあわせて一つの表と認識していただきたい。以下、この両表から全体的および個別的に注目されることを概括的だが述べてみたい。

(一)全体的な特徴

全体的な内訳をみると、建長四年(一二五二)から正応二年(一二八九)までの祭礼頭人・負担者が一九二名と二一〇名中の約九一%を占めているので、十三世紀後半の野原荘の様相をかなり反映した内容であると評価することができる。

このうち荘内関係が約八五―九〇%で、その他は荘外および判別不能(不明)である。荘内関係では岩丸二〇名・得並一九名・同丸一八名と三つで小計五六名、約二五%を占めており、十三世紀の野原荘を代表する名であった。また、十四世紀以降も名として確認できる水嶋関係が一六名、一分・益永が各々一三名とこれまたかなりの数をかぞえ、倉光・妙成なども一定の存在を示している。そして、全体の約四分の一を占める、所属名の不明な名主層と判断される人々や、今永・真益・久万のような分類判断の不能な有力な人々の存在である。名前の検討など近年の研究成果を援用しての細かな作業は今後の課題としておきたい。

次に、前稿でも述べたことだが、荘内外の地侍クラスの領主層によって祭礼役が負担されていることがうかがわれる。その一つは、野原荘が属する玉名郡およびその周辺の領主である。山田弥藤や庄山紀太郎は、南境の筥崎八幡宮領大野別符の人々である。山北三郎は玉名郡山北郷を本拠とし、頼平三男頼房であろうか。かれは筑後にも所領を保有していた。また合志郡の合志次郎は菊池系であろう。二つには、筑後国関係者が散見することである。三池南郷の米生次郎や、藤田別符の藤田物太や得並萩尾四郎丸、瀬高荘の瀬高随念や、鷹尾別符の高尾、高柳舟三入道、上妻荘かと推定される上妻三郎などがそうである。(13) 井手船津太郎も本貫地は三池南郷かもしれない。かれらは関川(=諏訪川)に沿った国境の人々であり、瀬高荘・鷹尾別符といった矢部川流域の人々である。矢部川流域から有明海沿岸部に沿って野原荘をふくめた海上交通ネットワークの存在を想定できる。その具体的ありようも今後の課題だが、肥筑二国にまたがる野原荘の特質を反映している。

(二)個別的な特徴

次に野原荘を代表するいくつかに名について、関連事項もふくめて個別的に考察してみたい。なかでも表Ⅰ－1に

15	荘内領主	13世紀	1									
		人名など	永方弥三郎									
16	大野別符	13世紀		1							3	2
		人名など		山田弥藤別当							庄山紀太郎	山田高五郎/山田庄山五郎
17	荘外領主	13世紀				2						
		人名など				合志次郎/山北三郎						
18	筑後関係	13世紀		1	1	2					3	1
		人名など		瀬高弥太良別当	米生次郎	上妻三郎/随念瀬高入道					上妻三郎/藤田物太別当/(高柳ヵ)舟三入道	随念(瀬高入道ヵ)
19	(不詳)領主	13世紀	2	2		1	1					
		人名など	田崎六郎/宮丸藤原助俊	保佐五郎別当/久幸三郎		久奈小源次	延力弥三郎				鶴尾藤九郎	
20	今　永	13世紀						2		2		2
		人名など						今永2		今永2		今永2
21	真　益	13世紀		1								1
		人名など		真益								真益
22	久　万	13世紀										2
		人名など										久万2
23	肥前入道	13世紀						1			1	
		人名など						肥前入道			肥前入道	
24	法橋御房	１３世紀										2
		人名など										法橋御房2
25	「舟」姓の人	13世紀	1				1				1	
		人名など	舟藤五郎				舟石三				舟三良	

みるように関係人物が二〇名想定される岩丸・同丸・得並についておもに触れたい。

先述したように、岩丸に関する記録は十三世紀後半のみで十四世紀以降は消滅した。また、東郷と深いつながりが考えられる。だが一方で、表Ⅰ-２に示されるように岩丸の人々は、宮方行事および三月三日・七月七日を除き広範囲な役を担っている。

人名をみると注目されることがいくつかある。一つは、岩丸野原太郎である。建治三年(一二七七)と弘安六年(一二八三)の二度登場する。野原はいうまでもなく荘名の故地であり、荘政所が所在し、かつ現在の野原八幡宮が所在する地である。かれは、おそらく東郷に居住あるいは所縁を有しつつ、岩丸に名田を所有していた人物と考えられる。二つは、海三郎・海藤三・海藤次など「海」のつく人々の存在である。これを海(あまの)と呼ぶことができるならば、かれらは岩丸名に給免(職能)田あるいは得分を有し、海浜に居住あるいは海運・漁業に従事する人々であったと想定することが許されよう(14)。三つは、岩丸城権次郎・同城権二郎入道二郎や岩丸八龍弥次郎のような侍的な身分の人々である。あくまで推定でしかないが、かれらは必ずしも荘内に本拠を持っていない人々であったのではないか。これらのことから岩丸は、海岸部や荘政所・鎮守の近隣など数か所に

表Ⅰ－２　鎌倉期(13～14世紀)　名・名主・領主など祭礼役ごとの負担者数(上)と人名など(下)　＊推定含む

	名・名主・領主など	祭礼役時期	宮方(大小行事)	国方(大小行事)	正月二日	正月七日	正月十七日	三月三日	五月五日	七月七日	放生会大宮司	冬御祭
1	一分	13世紀	3	4					4			
		人名など	一部/一分小次郎丸/一分弥三郎	一分小二郎丸/一分草二郎/一分方/一分弥藤別当					一分2/一分草二郎/一分定			
		14世紀	1	1								
		人名など	一分方猫宮三郎太夫・	一分笠綴								
2	井手	13世紀	2	2	1							
		人名など	井手乙丸/井手海藤次	井手船津太郎/井手六郎八郎別当跡	井手上三郎子息鼻丸							
		14世紀	2	1								
		人名など	井手三郎丸/惣領方井手乙丸	惣領分井手毛田次郎								
3	岩丸	13世紀		4	4	4	2		1		3	2
		人名など		岩丸山内八郎丸/岩丸城権次郎/岩丸八郎/岩丸牟礼	岩丸清藤次/岩丸八龍弥次郎/岩丸八龍弥二郎/岩丸野原太郎	岩丸米生二郎/岩丸太郎丸荒坂/岩丸牟礼/岩丸野原太郎	岩丸海藤次/岩丸八郎別当		岩丸海三郎		岩丸権次郎/岩丸物太入道/(岩丸)城権二郎入道	岩丸海藤三/岩丸与一
4	牛水	13世紀									1	
		人名など									牛水小法四郎	
5	宮内	14世紀	1	2								
		人名など	宮内方美野法橋	宮内分満田龍得/宮内方八段十郎丸								
6	倉光	13世紀			1	1	1					2
		人名など			倉光高三郎	倉光弥五郎	倉光弥太郎					倉光海三郎入道2
		14世紀		1								
		人名など		倉光橘三郎								
7	同丸	13世紀	1	6			4			3	1	1
		人名など	同丸	同丸紀三五郎/同丸久奈太郎/同丸宮内三郎別当/同丸三郎2/同名？四郎別当			同丸乙太郎/同丸定/同丸藤尾太郎/同丸得三郎			同丸今永勤/同丸定/同丸弥三郎	同丸乙太郎	同丸海入道
		14世紀	1	1								
		人名など	同丸名又太郎	同丸名乙王次郎								
8	得並	13世紀	1	2	8	4	1				3	
		人名など	得並上藤二	得並小二郎丸/得並上藤丸	得並5/得並名/得並弥四郎丸/得並萩尾四郎丸	得並上藤二/得並武永/得並名/得並木下源太郎	得並				得並笠八/得並市屋太郎/得並新二郎三郎	
9	平山	13世紀	1	1	2						2	
		人名など	平山仁藤入道	平山仁藤三郎	平山中四郎/(平山)大蔵教智法師						平山賀庭太郎/平山仁藤入道	
10	益永	13世紀		4	1	1		5				
		人名など		益永鬼別当/益永諸太郎/益永清五郎/益永藤三太郎	益永	益永藤三郎		益永/益永紀太郎/益永鬼王三郎/益永源次郎/益永預？太郎				
		14世紀		2								
		人名など		益永源次郎・益永福丸								
11	水嶋	13世紀	4	3	1	1			1		2	2
		人名など	水嶋海次郎/水嶋大宮司/水嶋彦太郎/(水嶋)朔幣大宮司	水嶋源三別当/(水嶋)楽行師子入道/(水嶋)朔幣大宮司	水嶋新源太	水嶋船太郎			(水嶋)楽行		水嶋楽行乙次郎/水嶋源三太郎	御内代　水嶋大宮司/水嶋太郎丸
		14世紀	1	1								
		人名など	水嶋一阿弥陀仏	水嶋方								
12	妙成	13世紀	2	2					1			
		人名など	妙成浦四郎/妙成源太郎	妙成宮太郎/妙成藤太次郎					妙成四良入道			
13	山鹿	13世紀		1								
		人名など		山鹿太郎								
14	有力名主ヵ	13世紀	18	4	3	4					3	7
		人名など	清五良/太郎左近/自在丸/得丸/入道丸/藤尾野/三良丸/乙丸/鬼王丸/弥法師丸/小太郎丸2/三郎火寸/三郎火寸子息十郎/六良丸3/藤次良丸	清六郎別当/草次別当/高四郎別当/小次良丸	三郎火寸/(弁分)所司入道/(弁分)高尾	六郎丸次郎/をい二郎/紀太郎別当/(弁分)紀三別当					権太郎/源三入道/(弁分)太郎丸	三郎太夫入道/藤次郎丸/兵衛四郎殿/又三郎/中五郎入道/弥法師丸入道/小太郎丸
		14世紀		1								
		人名など		惣領方二頭丸								

またがる散在名であった可能性が高い。おそらく岩丸のような散在的な名は複数存在したと思われる。

「海」を有する人物に関しては、井手海藤次や倉光海三郎入道、同丸海入道、水嶋海次郎など、岩丸だけでなく倉光・同丸・水嶋などにも存在する。これらの地域はすべて海岸地域である。また、舟藤五郎をはじめ舟石三・舟三良など「舟」姓の人々および水嶋船太郎なども海姓の人々と似たような職業に従事した人々であろう。海藤次・海三郎入道など複数の名にまたがっているのも特徴的である。

そこで海に関して、鎌倉期に野原荘から直接の海路、すなわち乗船をうかがえる史料が一点ある。長文なので該当個所を中心に掲げる。

【史料2】野原荘預所代坂上助光申状(石清水八幡宮文書)(傍線柳田)

成實代官坂上助光謹弁申

欲早被停止四郎丸資継無道越訴、且云御下知違背罪科、且云條々不當狼藉、一々罪科露顕上者、
為傍輩向後被召禁其身子細事

(中略)

以前七箇條者、資継既以日來已犯之罪科也、而不顧是等之重科、資継今捧申状云、参洛遅引事者、惣検使眞佛下向之間、乍懐恐惶所捧愚状也云々、(中略)實懐恐惶者、眞佛下向以前者、依何事不隨召乎、眼前之虚言、是一、(中略)、同状云、其後早速擬企参洛之處、惣御検使下向之間、于今致遅参云々、取詮、此條定佛下向者、眞佛上洛數月之後也、其間盍参洛乎、而奉掠上、今申子細之條、罪科不可遁、是四、参洛存早速之儀者、定佛上洛之時、何不同船乎、是五、定佛上洛之後數箇月者、依何事令遅留哉、是六、已上、此六箇條、資継申状併虚誕之間、故立條々所言上也(中略)

弘安二年八月　日

これは四郎丸資継を野原荘預所成實が訴えた時に、預所代官坂上助光が提出した申状の一部である。資継は再三にわたり上洛を要請されていたが、何かと口実を設けてこれを拒否していた。ここに示したなかで惣検使として眞佛に続いて定佛が下向したことがわかる。この二人は、弘安六年(一二八三)十二月の「野原荘惣検注目録」(石清水八幡宮文書)作成に関わったのであろう。

この申状で定佛は、「上洛之時、何不同船乎」と資継を問責している。ここから船を使って帰京したことが明らかだが、はたしてどこから出航したのか港名の明記がない。資継の上洛を迫る文脈と船を交通手段としてわざわざ記していることからすると、途中で他の手段に変えたにせよ野原荘の港から出航した可能性は大きいといえよう。とすれば、多くの舟運従事者がいたことはまちがいない。

次に同丸名である。注目されるのは、同丸および同丸定の表現である。正月十七日や七月七日など固定的な役を賦課され勤仕していた。また同丸宮内三郎別当の表現は、小代一族の宮内氏が同丸内に所領を有していることをうかがわせる。そして何よりも『祭事簿』の「正和五年・文保元年於二ヶ年者、総領与同丸名地頭依□(頭)役相論、被止御放生會畢」の記事は注目されるが、これについては後述する。

続いて得並名であるが、得並あるいは得並名とあるだけの記載が多いが、そのなかで上藤二と市屋太郎が目立つ。とくに市屋の地名は現存し、海岸部に近く交通の要地にある(現、荒尾市荒尾)。市が示すとおりに市立と物資の集散が想定されるが関係史料はまったくない。また、市屋が得並名内であったという断定もできないが注目される。

さらに水嶋だが、現在の水嶋は、倉光・牛水・菰屋・小野に囲まれた地域にあり、朔幣大宮司を世襲する人物がいた。かれは、野原八幡宮の神官職とは異なる専任の神職と推定される。文永元年(一二六四)には、水嶋入道なる人物が理由は不明ながら行事の衣装を破損し腹巻を押し取るという狼藉行為を働いているが、処罰された様子はない。後には、水嶋方の表記があり(例えば、元亨元年)、独立的立場を保持したのであろう。そのほか平山には賀庭太郎、大蔵教智法師などがいる。賀庭太郎は、野原荘東郷内にあって、十二世紀の創建と伝え今日多数の五輪塔や宝塔・板碑あるいは仏神像が残る賀庭寺跡の賀庭を苗字とする人物である。

(三)放生会大宮司役を勤めた人々

放生会大宮司役は野原八幡宮では十三世紀末に廃絶し再開されることはなかったが、国家的な危機に直面した段階で重要な職務であったことはよく知られている。これを勤めた人々は二四人いるが、それを示したのが表Ⅱである。

表Ⅱ　放生会大宮司人名一覧

	年　紀	人　名	荘内	荘外	備　考
1	文永3(1266)	同丸乙太郎	○		
2	文永4(1267)	源三入道	○カ		
3	文永5(1268)	庄山紀太郎		○	大野別符
4	文永6(1269)	岩丸権次郎	○		二郎太郎預かり
5	文永7(1270)	弁分上妻三郎	○		
6	文永8(1271)	弁分太郎丸	○		二郎丸預かり
7	文永9(1272)	庄山紀太郎		○	大野別符
8	文永10(1273)	舟三入道		○	鷹尾別符カ
9	文永11(1274)	平山仁藤入道	○		
10	文永12(1275)	肥前入道	○		
11	建治2(1276)	得並市屋太郎 藤三火寸	○		
12	建治3(1277)	弁分舟三郎	○カ		
13	弘安1(1278)	平山賀庭太郎	○		
14	弘安2(1279)	岩丸物太入道	○		
15	弘安3(1280)	得並笠八	○		
16	弘安4(1281)	得並新二郎三郎	○		
17	弘安5(1282)	権太郎	○カ		
18	弘安6(1283)	水嶋楽行乙次郎	○		
19	弘安7(1284)	牛水小□四郎	○		
20	弘安8(1285)	水嶋源三太郎	○		
21	弘安9(1286)	城権二郎入道	○		
22	弘安10(1287)	藤田物太入道		○	
23	正応1(1288)	鶉尾藤九郎			不詳
24	正応2(1289)	庄山紀太郎		○	大野別符

　かれらを出身地別にみると、荘内の岩丸・得並各三名、水嶋・平山各二名、同丸・牛水各一名に、有力名主三名の計一五名である。これに対して荘外は大野別符・筑後関係各三名の計六名で、なかでも大野別符は庄山紀太郎が一二六八・七二・八九の三度とも勤仕している。その他不明が三である。

　注目されるのは、荘内で名を早期に確認できる一分・倉光・益永の人々は担当していないことである。これは、後述とも関わるが、小代氏一族庶子による勢力拡大地域からは輩出していないということを示している。また、太郎・二郎の名前や入道成の人々が多いことも注目される。

三　惣地頭の入部支配と野原荘

本節ではこれまでの考察を踏まえて、こうした名体制や祭礼役のシステムに対する惣地頭の対応について述べることにする。東国御家人の九州への入部状況は、当然のことながら移住の契機や対象地の条件により異なるし、また与えられた惣地頭職が、例えば千葉氏の肥前小城郡惣地頭職のような郡全体におよぶ場合と、いわゆる荘郷単位での場合とでは、権限も地域社会との関わりも変わってくる。その上補任された御家人の幕府内での地位も関わってくるであろう。

肥後国では、球磨郡の相良氏や詫磨郡神蔵荘に入部した詫磨氏がいる。詫磨氏は中原親能（「掃部頭殿」）が恩賞として給与された地頭下司職を相伝して入部し、さらに惣別当職・田所職などの荘官職とともに荘鎮守日吉山王十禅師宮神主職を分割した正禰宜職を入手して、村落を支配下に置き一円的支配を貫徹した。(15) 中原氏の場合は、そもそも幕府の有力御家人であり、強力な権限と軍事力を兼備していた。

ここで考察の対象とする東国御家人は、いわば中小の御家人であり、史料上で確認できる武士たちである。かれらは、承久の乱やモンゴール戦争という対外契機によって本格的に移住した武士たちであり、領主型村落の概念に適合する。野原荘の場合は、京下りの軍事貴族的な系譜に位置し幕府の中枢を担う毛利季光と、普通の御家人小代氏という、ふたつのタイプの惣地頭による支配をみることができる。まずは毛利氏と野原荘について略述する。

(一)毛利季光による支配

毛利季光は、大江広元の四男で相模国を本拠とする。かれは、三浦義村と姻戚関係を有し、三代将軍実朝に仕えた。そして、実朝が暗殺されると出家して西阿を号し、天福元年(一二三三)には北条泰時から評定衆に抜擢されている。かれが野原荘惣地頭職を得た時期は定かでないが、自身は下向せず代官支配をおこなった。その様相をうかがえるのが次の関東御教書案である。

【史料3】関東御教書案(宮内庁書陵部所蔵八幡宮関係文書)

造宇佐宮用途催使等申状遣之、如状者、為地頭代引率四五百人之勢、追懸火長使部、刃傷蹂躙之間、殆擬及死門云々、子細見于状、事若實者、狼籍之至、過法乎、雖須被改地頭職、先宥御沙汰候也、且為償過怠、且為懲傍輩、米五百石進納造宮所、可被取進返抄、其上於代官者、早可令改易給之状、依仰執達如件、

嘉禄三年二月十五日　　武蔵守(時房)在御判
　　　　　　　　　　　相模守(泰時)同

毛利入道殿

これは、嘉禄二年(一二二六)の宇佐八幡宮造営費用賦課徴収のために入部してきた使節(火長使部)に対して、季光の代官(地頭代)が暴行を加え、支払いを拒否した事件に対する幕府の裁断を示す内容である。この事件で注目されるのは、「地頭代引率四五百人之勢」という表現である。誇張した表現だが、八幡宮造営役拒否の示威行動に地頭代からの命令とはいえ相当数の荘民が動員・参加していたというのは事実であり、支配の一端がわかる。

結果は、地頭代の更迭と造営所へ科料五〇〇石の納入というもので惣地頭側の敗訴で、この裁定は後の類似の争いでの基準となっている(文永十年五月八日大隅正八幡宮大神宝官使重申状案/関東御教書案〔同前〕参照)。宇佐八幡宮造営に関して本来幕府は無関係だったが、建久造営(一一九三年)から関与しはじめ、この嘉禄造営からそれが強化されており、こうした政策の変化を如実に示す裁定内容であった(16)。

(二)小代氏による支配

宝治元年(一二四七)六月の三浦泰村の乱(宝治合戦)に与同した毛利季光にかわって、惣地頭に補任されたのが小代重俊である。惣地頭小代氏とその一族が野原荘や地域社会とどのように関わったのだろうか。

小代氏の支配も、当初は毛利氏と同様に代官によるもので、荘園領主との軋轢は存在した。弘長二年(一二六二)の下地中分はその象徴的な出来事で東西両郷に分割された。[17] その後モンゴール戦争へ向けて「且令致異国之防禦、且可鎮領内之悪党」のために移住を命じる関東御教書が下され(小代文書)、これを機に惣領家の下向が促されたのであった。『祭事簿』建治元=文永十二年には「五月廿八日地頭殿御下向蒙古人沙汰ノタメ也」とあり、建治元年(一二七五)の五月に惣領家は本貫地である武蔵国入西郡小代郷から移住してきた。ただ、時の惣領重俊は高齢のため小代郷にとどまり、嫡男重泰が一族庶子を率いて下向してきた。

前述したように、祭礼役の範囲内ではあるが、荘内だけでなく荘外の地侍クラスの領主層によって負担保持がなされていた。こうしたいわば内外の在地勢力との関わりのありようが、モンゴール戦争へ向けての軍事動員体制の構築ともかかわる重要課題であったといえる。

これまでの研究では、惣領家が下向する前に一族庶子による支配が進行していたと推定されている。[18] その根拠は、前掲『新撰事蹟通考』所収の小代氏略系図であり、ここには重泰弟の政平が「増永村」を領知して増永氏の祖に、同じく泰経が「荒尾村」を領知して荒尾氏の祖に、また弟資重が「一分村」を領知して一分氏の祖になったとある。そして重泰に続く惣領伊重の代には、伊重弟の重行が中分氏の祖、同重高が宮内孫二郎を称して宮内氏の祖に、同行高が「蔵満村」を領知して蔵満氏の祖になったとする。これを肯定あるいは否定する十分な証左はない。だが、少なくとも『祭事簿』をみる限りこれを肯定することはできない。というのも荒尾という地名は鎌倉期の史料にはなく、系図には時間的な混乱がある。

小代氏略系図（『肥後續史総覧』一九八三年所載による）

- 行平
  - 俊平
    - 重俊
      - 重泰
        - 伊重
          - 伊忠
          - 重行（中分二郎三郎）
          - 重高（宮内孫次郎）
          - 行高（蔵満村ヲ領ス）
      - 政平（増永村領知）
        - 伊平
      - 泰経（荒尾村領知）
      - 資重（一分村領知）

このように不明な点はあるものの、菩提寺浄業寺の建立は、下向した小代氏一族が当初本拠をどこに構えたかという問題とも絡んできわめて重要である。とりわけ近年の東国武士団研究では、武士の館はその初発から寺院施設とともに存在していたことが明らかにされている。(19) 小代氏の場合も本貫地である正代地区の館跡近傍には多くの社寺があり、なかでも世明寿寺と青蓮寺は創建年代や縁起不明だが菩提寺として建立されたものと推定されている。青蓮寺の弘安四年（一二八一）七月一日銘の重俊の板石塔婆があることはよく知られている。また、宇毛塚には香仏寺という地名があり、これは行平が建久四年（一一九三）に菩提寺として創建した興仏寺に因むとされる。(20)

したがって野原荘下向後すぐに居館の近傍に菩提寺を建立したことは十分に想定できる。浄業寺には多数の五輪塔が残り、現存する最古の在銘宝塔（浄業寺宝塔五七号）は弘安四年（一二八一）九月二十七日である。また鎌倉三代の塔と称されるひときわ立派な五輪塔はかつて鎌倉三代の将軍の供養塔といわれたが、現在は行平・俊平・重俊三代の供養塔という考えが支持されている。肝腎の本拠となる館の所在地は、荒尾市荒尾に残る本村居館跡や屋形山城跡のようにいくつか候補となる遺構はあるが、いずれも決定的な根拠を欠いている。ただ、浄業寺の場所は、庶子一族が勢力を扶植したと推定される海岸部地域に近接している。これまでの研究では、惣地頭の拠点を浄業寺の近傍か、それとも筒ヶ岳麓の方かという二者択一的な議論で捉えていたが、ともに重要であり、時代が下るにつれて軍事的比重の高い筒ヶ岳麓の方が重みを増したと考えられる。

地頭職の分割支配が進んだことは、建武三年（一三三六）三月の小代重宗着到状に「野原一分地頭小代長鶴丸代三郎五郎重宗」（小代文書）、同年六月三十日仁木義長宛行状に「野原西郷伍分壱地頭職」（上杉家文書）など多数の史料でわかる。庶子による分割支配を確かめる鎌倉期の史料は乏しいので、ここでは『祭事簿』を手がかりに、小代氏と野原荘や地域社会との関連を探ってみたい。

少々長くなるが、正和四年（一三一五）から嘉暦三年（一三二八）までを全文掲げる（傍線・波線部柳田）。

【史料4】

一、正和四年乙卯
　宮方大行事宮内方美野法橋　小行事井手三郎丸
　正和五年・文保元年於二ヶ年者、総領与同丸名地頭依□役相論、被止御放生會畢、
一、文保二年戊午
　国方大行事惣領方二頭丸　小行事宮内方八段十郎丸
　元應元年・同二年至二ヶ年ハ、依玉名中務沙汰、自宮方被止御放生會畢、
一、元亨元年辛酉
　國方大行事水嶋方大宮司　小行事同丸名乙王次郎
一、元亨二年壬戌
　宮方大行事惣領方井手乙丸　雖當倉光方、依有相論、自惣領勤畢
　小行事一分方猫宮三郎太夫
一、元亨三年癸亥
　国方大行事益永福丸　小行事倉光橋三郎
一、正仲（マヽ）元年甲子

宮方大行事水嶋一阿弥陀佛

但、宮方大行事地頭方ヨリ被充之處、宮方ヨリ不可勤仁と支申之處、

糸圖(ママ)雖立申猶不用、廻廊廿四間ハタ板令造替ノ間、宮方大行事被許畢、

一、正仲二年乙丑

國方大行事惣領分井手毛田次郎

小行事一分笠綴

一、嘉暦元年丙寅　依源藤別當神人奉趣、忠吉関東参上ノ間御放生會止畢、

一、同二年丁卯

國方大行事宮内分満田龍得　小行事益永源次郎

一、同三年戊辰

宮方大行事太郎左近　小行事同丸名又太郎

ここに示した記載内容について、整理すると次のような特徴を指摘できる。

まずは波線で示したように、惣領方や惣領分、宮内方・宮内分、あるいは一分方・倉光方・水嶋方といった小代氏およびその一族を示すと思われる表記が頻出しはじめることである。明らかに野原西郷を中心に荘内への一族庶子を含めた分割知行が進行していることがうかがわれる。惣領分や宮内分の表記は、「〇〇方」の表現よりも惣領家や宮内氏による強固な直轄領域の成立を示唆している。また、元亨二年（一三二二）の「惣領方井手乙丸」の場合は、半世紀近く前の正嘉元年（一二五七）には宮方大行事を勤めており、名主層が惣領の支配下に包摂された事例であろう。

他方で、地頭方と宮方の対立が顕在化している記述が散見する。こうした記載はこれまでにはなく、しかも相論の頻発という特徴とも絡んでいる。わずか十年足らずの間に内容が把握できないものもあるが四件もの相論がおこり、

放生会などの停止を招く事態となっている。祭礼頭役をめぐる相論そのものは鎌倉期に限らず、十四世紀後半以降もしばしば起こっている。しかし、荘内諸勢力間の対立が要因となっているのがこの時期の特徴で、後年のそれとは異なっている。二件ほどとりあげてみよう。

○正和五年（一三一六）—文保元年（一三一七）の惣領と同丸名地頭の頭役をめぐる相論

史料は同丸名の項でも引用したが、これは明らかに同丸名地頭が小代氏惣領家との確執・対立によって放生会が二ヶ年停止になったというものである。入部した小代氏惣領家と現地小地頭が衝突した典型的な事例であろう。同丸名地頭の詳細は不明だが、二年連続して中止という事態はかなり激しい対立があったと考えてよい。

野原荘における惣地頭と小地頭の対立が明らかなのはこの一件だけだが、高橋典幸氏が肥前国長島荘や佐嘉御領の事例で指摘しているように[21]、野原荘規模の荘園では複数の小地頭が存在していた可能性は十分にある。名の抽出で検討した綿丸重政は小地頭であったかもしれない。同丸名はのちに荒尾の一部として編成されていくことになるが、本来同丸はかなり広い面積を有する名であり、荒尾同丸という表現は、小地頭支配を克服した小代氏が意図的に残したとも考えられる。

○正中元年（一三二四）の宮方大行事を水嶋一阿弥陀佛が勤めた時のトラブル

一阿弥陀佛は、地頭方からの差配によって勤めることになった。しかし、宮方から勤仕するに相応しくない人物であるとの抗議があった。そこで、一阿弥陀佛の系図を提出したものの再び拒否された。ところが、廻廊二十四間の端板造替の工事費用を請け負うことで、大行事役を勤めることができたという。

以上、相論の多くは、地頭である小代氏惣領家が絡んでいる。総じて言えば、領域支配や祭礼役への関与を強める小代氏に対して、小地頭や祭礼に強大な権限を依然として保持する宮方が抵抗を示していることがうかがわれる。

ところで、この時の小代氏の惣領は、つとに石井進・大城美知信の両氏が推定しているように、重泰の嫡子伊重と考えられる[22]。かれは、「小代八郎行平注置条々」などを伝える置文の制作者として知られ、法名を宗妙といい、置文を書いた時は七十三歳と記している。これは、およそ一三一〇年代から二〇年代のころと思われる。まさにこの相論の時期に該当する。残念ながら伊重に関する直接の史料は現在のところないので、かれがどのような統治をおこなったのかわからない。建武三年(一三三六)六月三十日の仁木義長宛行状(上杉家文書)は、「野原西郷伍分壱地頭職」を勲功の恩賞として名前不詳の人物に宛行ったものである。大城氏は、「野原西郷伍分壱地頭職」に「壱岐前司入道等跡」とあることに注目し、壱岐前司入道を北条政顕に比定して、「野原西郷伍分壱地頭職」が得宗領の一部になっていたのではないかと推定している[23]。

また【史料4】には、嘉暦元年(一三二六)に、次のような記事がみえる。

依源藤別當神人奉趣、忠吉関東参上ノ間御放生會止畢、

これまた短い記載であり、「依源藤別當神人奉趣」の意味が十分解せないが、忠吉が関東参上したので放生会が中止になったというのである。忠吉も不詳だが、わざわざ関東(鎌倉)へ参上するというのであるから、小代氏一族の人物の可能性が大きいが系図にはみえない。この嘉暦元年は、北条高時が執権を辞し、その後任をめぐって嘉暦の騒動がもちあがった年である。忠吉の関東参上がこの騒動と絡むかも明白でないが、先の大城氏の推定とあわせるならば何がしかの状況を想定できる。

最後に、時期は本稿の対象時期からはずれて南北朝内乱末期になるが、九州探題今川了俊の子息貞臣が隠岐信濃守・初倉兵庫助入道両名に宛てた下文に注目したい。しばしば取りあげられる史料であるが[24]、単発的な史料ということもあって内容の解釈は難しい。ここでは、先述した海姓や舟姓など海浜に居住あるいは海運・漁業に従事する人々の存在と絡めて触れてみたい。

【史料5】　康応元年(一三八九)五月廿六日今川貞臣下文　　(小代文書)

少代（ママ）堀内刑部丞親平申肥後国野原西郷内知行海夫船已下事、輔平就訴訟支申之間、糺明沙汰之處、如先祖譲状者、海儀事、任本證文諫輩相互不可有違乱云々、為惣領背彼銘文申上、近来無相違歟、所詮猫宮平氏入道屋敷儀畔新堀内、於彼通者、親平知行海夫船等可被繋者歟、其段莅彼所、相觸地下可被沙汰候、異儀之子細在之者、重可有其沙汰之状如件、

康応元年五月廿六日　散位（今川貞臣）（花押）

隠岐信濃守殿

初倉兵庫助入道殿

【史料5】は、海儀の利用に関わる訴訟である。本稿の関心でいえば、小代堀内親平や輔平、あるいは猫宮平氏入道屋敷儀畔新堀内の存在である。親平・輔平ともに系図にはみえない人物だが、親平は、堀内と名前の平を手がかりに考えると、益永名に勢力を張った小代氏の庶流であろう。輔平も同族と思われる。ここでわざわざ小代堀内を称するのは、冒頭で触れた海津一朗氏の指摘にあるように、益永名内の交通の要衝に新たに屋敷を構えた小代氏の一族であることを強調しているかのようである。「如先祖譲状者」とあるので、数代前から海儀に関する権利を小代堀内氏は有していたことになる。小代堀内親平が知行海夫船の繋留を認められた猫宮平氏入道屋敷儀畔新堀内の新堀内の意味も深長である。猫宮は一分にあり、【史料4】に元亨二年（一三二二）宮方の小行事として一分方猫宮三郎太夫、また永徳二年（一三八二）には猫宮重阿なる人物がみえる。今日の荒尾市一分には猫宮と称する社があり、一部漁港に近い。とともに、康暦二年（一三八〇）の宮方小行事に「猫宮平子太夫、益永堀内殿分」という記載がある。つまり、猫宮には一分に居住していても益永堀内氏の支配を受ける猫宮一族がいたことになる。康暦二年の猫宮平子太夫は、時期からして【史料5】の猫宮平氏入道と同一人物ではないかと推定される。

知行海夫船や儀畔に関わる権利関係は複雑で[25]、有明海全体での権利慣行とも関連すると思われるので別途検討の要

があろう。(26) ここでは、小代氏の庶流である益永堀内氏が海運や漁業などに従事する人々を配下においていたことを確認するにとどめたい。こうした支配は、内乱期には大きな影響を受けたと考えられるが、その実情は岩丸名に寄留していた人々を配下におき、かれらの権利を徐々に略取することからはじまったのではないか。小代氏一族の本貫地武蔵国正代郷は内陸部にあり海とは縁のない世界である。小代氏は、海運業などに関わる人々を包摂あるいは排除し、かれらの既得権を奪取して支配を強化したと考えられる。

おわりに

冒頭に掲げた課題に迫るにはきわめて貧しい内容だが、簡単に本稿のまとめと今後の課題を整理しておきたい。

㈠　鎌倉期の記録からうかがえる野原荘の名は、中世末から近世初期にかけての村名とはかなり異なっていた。名のなかには、十四世紀から十五世紀前半にかけて消滅したものも少なからずあり、名体制の再編成がなされたと推定され、これは小代氏による領域支配と密接に関わっていた。

㈡　鎌倉期の祭礼役の負担者は、野原荘内外に広がり、惣地頭による支配や下地中分以後もその基本的な形態や権利関係は保持されていたことをあらためて確認できる。とりわけ有明海沿岸部で海上交通や漁業などに従事する人々が、荘内だけでなく筑後国にも多いという特色がみられる。やがてかれらの権益は、おそらくは小代氏一族によって奪われていくことになった。

㈢　モンゴール襲来を機に惣領家が移住した小代氏は、独自の支配と軍事力編成のシステムを構築すべく荘外の領主層の排除と荘内の小地頭クラスの領主層や名主層への統制を強め、旧来の地域社会を徐々に変容させていった。むろん、その過程では様々な軋轢を招いたが、ともに小代氏惣領家と庶子家の一族内で政治・軍事・祭祀などにおける分業化も進行したと思われる。

以上が本稿の要約である。国境を越えて野原荘に権利を有する領主たちと、十一・十二世紀における院政政権・平氏政権との関わりの追究は、三池南郷所在の野原荘加納田ともども、玉名郡における公領の再編成および野原荘形成過程とからむ重要な課題である。また、『祭事簿』の記載欠落に象徴的に示される野原荘や小代領の地域社会における十四世紀内乱の影響をどのように把握するか、現象的には「平民百姓」「百姓」と表現された農民や十五世紀前半以降に出現する名(みょう)の名を冠する村落の形成を近年の村落研究とあわせて検討する必要があろう。文中で述べた諸課題とともに残されている。

註

(1) 稲垣泰彦「中世の農業経営と収取形態」(『岩波講座日本歴史6　中世2』岩波書店、一九七五年)。

(2) 廣田浩治「名体制」(『日本中世史研究辞典』東京堂、一九九五年)。

(3) 大石直正「荘園関係基本用語解説」(『講座　日本荘園史1　荘園入門』吉川弘文館、一九八九年)。

(4) 海老澤衷「中世に於ける荘園景観と名体制」(『歴史学研究』六二六号、一九九一年)。

(5) 長谷川裕子ほか「荘園制研究にみる中世社会論の課題」(『再考　中世荘園制』岩田書院、二〇〇七年)。

(6) 海津一朗「東国・九州の郷と村」(『日本村落史講座2　景観Ⅰ原始・古代・中世』雄山閣、一九九〇年)。田端泰子氏は、『中世村落の構造と領主制』(法政大学出版局、一九八六年)において、在地領主型(国人領主クラスが本拠を構え被官達が居住)/地侍主導型(複数の土豪が主導)/村人型村落の三類型に整理している。

(7) 吉良国光「中世における水利・耕地の開発・村落の形成―筑前国早良郡脇山地方において」(『九州史学』一二〇号、一九九八年)ほか。稲葉継陽「戦国期北部九州における領国支配と村共同体」(『日本近世社会形成史論』校倉書房、二〇〇九年、初出二〇〇四年)。廣田浩治「戦国織豊期の九州北部の村落連合と村落構造―筑前国早良郡五カ村―」(天野忠幸・片山正彦・古野貢・渡邉大門編『戦国・織豊期の西国社会』日本史史料研究会、二〇一二年)。

（8）『肥後国野原荘八幡宮祭礼史料』（二〇〇三年）。『祭事簿』は、荘鎮守野原八幡宮の建長四年（一二五二）から明治三十五年（一九〇二）に至る六五一年間の祭礼記録で中世部分の大半は天文二十三年（一五三四）の書写である。鎌倉期からほとんど定型の様式で記録されているが、内容は全体的にきわめて簡略で史料としての扱いは難しい面がある。『祭事簿』の内容や特長についての詳細は、杉本尚雄「野原八幡宮祭事簿について」（『熊本大学教育学部紀要』九号、一九六一年）および拙稿「肥後国野原荘八幡宮祭礼史料について」（『肥後国野原荘八幡宮祭礼史料』二〇〇三年）を参照。なお、本稿で使用した史料の出典は、とくに断らない限り『荒尾市史　前近代資料集』（二〇〇九年）である。

（9）工藤敬一「高良宮造営役と筑後の荘園公領」（『中世古文書を読み解く』吉川弘文館、二〇〇〇年）。その他に杉本尚雄前掲「野原八幡宮祭事簿について」、同「荘園勧請神から武士団の氏神へ―肥後国野原八幡宮」（『日本歴史』一六七号、一九六二年）。工藤敬一「玉名郡の荘園公領」（『玉名市史』通史編上巻、二〇〇五年）、拙稿前掲「肥後国野原荘八幡宮祭礼史料について」、同「一三世紀から一五世紀の肥後国野原八幡宮祭礼と小代氏」（『熊本史学』第九三・九四号、二〇一一年）。

（10）杉本尚雄前掲「野原八幡宮祭事簿について」

（11）高牧実『宮座と村落の史的研究』（吉川弘文館、一九八六年）。

（12）熱田公「紀伊国隅田荘の在地構造について」（岸俊男教授退官記念会編『日本政治社会史研究』下、塙書房、一九八五年）。

（13）（14）大城美智信「Ⅱ　歴史　古代中世」（『大和町史』通史編上巻古代中世、二〇〇一年）。

（15）阿蘇品保夫「日吉の中世」（『熊本市立日吉小学校創立百周年記念誌』一九九一年）。

（16）田中健二「鎌倉幕府の社寺造営～宇佐八幡宮を中心として～」（『九州中世史研究』第一輯、一九七八年）。

（17）稲吉昭彦・竹中友里代・徳永健太郎「肥後国野原荘関係新出史料の紹介」（『鎌倉遺文研究』二七号、二〇一一年）。

（18）花岡興輝他『浄業寺と小代氏』（一九六五年）。瀬野精一郎『鎮西御家人の研究』（吉川弘文館、一九七五年）。

（19）山本隆志「東国武士論ノート―京・鎌倉と本領―」（高橋修編『実像の中世武士団』高志書院、二〇一〇年）。

（20）東松山市市史編纂調査報告第3集『小代館跡』（一九七五年）

（21）高橋典幸「肥前の武士と鎌倉幕府—長島荘を中心に—」（高橋慎一朗編『列島の鎌倉時代』高志書院、二〇一一年）。
（22）石井進「武士の置文と系図—小代氏の場合」（『鎌倉武士の実像』平凡社、一九八七年、のち『石井進著作集　第五巻』岩波書店、二〇〇五年）。大城美知信「小代氏の惣領制と祭祀権」（『荒尾市史』通史編、二〇一二年）。
（23）大城美知信前掲「小代氏の惣領制と祭祀権」。
（24）網野善彦氏は、「海夫」に注目し、「野原西郷を知行する小代堀内親平は海夫船を支配し(中略)海磯を支配下においており、磯のほとりにあるその館の周辺の、新堀内に海夫の船を繋留していた事がわかります」とされ、天草を含めて海夫の活動が広く展開していたことは間違いないと述べている(「九州をめぐる海上交通」『甦る熊本の中世』熊本地名研究会、一九八九年)。
（25）春田直紀「中世後期の荘郷秩序と漁村」（『年報　中世史研究』十九号、一九九四年）。
（26）中村知裕「中世有明海における港津と水上交通」（『財団法人鍋島報效会研究助成研究報告書』第一号、二〇〇四年）、藤本頼人「筑後川河口の中世世界—河口の湊とその周辺—」（藤原良章編『中世のみちと橋』高志書院、二〇〇五年）、規工川宏輔「中世の海岸線を引く」（前掲『甦る熊本の中世』）。

文禄・慶長の役と加藤清正の領国支配
——「際限なき軍役」の様相とその影響——

山田 貴司

はじめに

中近世移行期における政治・経済・社会構造の史的展開を考える際に、各地で領国を形成した地域権力の支配とその特質は重要な研究対象であろう。豊臣政権の政策と領国支配の関係がとくに注目されるこの研究は、常陸の佐竹領国をフィールドとした藤木久志や山口啓二の仕事を嚆矢とする[1]。両氏によると、文禄・慶長の役に代表される「際限なき軍役」や太閤検地、城下町集住政策などを梃子に、佐竹氏は在地掌握と兵農分離、家臣団の再編を進め、結果的に領国支配の強化に成功したという。また、中近世移行期の城郭論を展開する小島道裕[2]、首都・京都の求心性を論じた仁木宏[3]、豊臣政権の「仕置令」を検討した藤田達生[4]は、同政権の諸政策に「豊臣化」を進める「マニュアル」的意味あいを見出し、それを教育・指導することにより、地域権力とその支配領域に変質を促した側面を強調する。すなわち、中近世移行期の地域権力は、豊臣政権と関係を築くことで領国支配や家臣団に対する統制力を強化し、最終的に幕藩体制を担う「近世大名」へ転じていくとみなされてきた。

ただし、こうした研究動向にはいまだ残された課題も多い。ひとつは、類似の研究テーマというべき中世後期の戦国大名論や近世の藩権力論などと比べて、地域権力のあり様そのものに着目した研究が思いのほか少ないことである。結局のところ当該期の地域権力論は、太閤検地を筆頭とする豊臣政権の政策論に収斂されがちであり、それとの関係を踏まえつつ、領国支配の実態と特質を検証する作業などはまだまだ立ち遅れている。なかんずく、いわゆる豊臣取立大名を対象とした研究にそうした傾向は強い(5)。

また、右の課題と相まって、豊臣政権の諸政策が与える(どちらかというと)ポジティブな影響が強調される嫌いがあるのも、注意すべき現状であろう。大なり小なり領国支配の強化という結果を地域権力に提供したことは、否定しえない事実である。しかし、広島の城下町の都市構造を分析し、豊臣政権の政策に対する毛利領国の自律性を指摘した光成準治の研究(6)や、長宗我部領国をフィールドに地域権力「独自の政策志向」を解明した平井上総の研究(7)が示すように、受容の程度は必ずしも均一ではない。また、地域権力の問題のみに留まらず、領国の人々や地域社会にどういった影響をもたらしたのか、という点にも目を向ける必要がある。

かかる現状に鑑み、本稿では、文禄・慶長の役における加藤清正の軍事動員(とくに、非戦闘員の動員)を検討し、「際限なき軍役」の様相と、それが領国支配に与えた影響について考えてみたい。

文禄・慶長の役における清正の役回りというと、まっさきに想起されるのは戦場における動向と活躍ぶりであろう。この点については、北島万次や中野等により、近世・近代の「清正公信仰」を通じて肥大化した英雄イメージを取り除いた等身大の実像が描き出されている(8)。

その一方で、この間における加藤領国については、年貢収奪の強化と農産物流通・輸送体制の段階的整備を解明した中野の研究(9)や、朝鮮の戦場における陣夫の動員を検討した稲葉継陽の研究(10)、軍需物資と財源確保のために進められた海外貿易に着目する森山恒雄や中島楽章の研究をはじめ(11)、すでに重要な論考を得ており、文禄・慶長の役にともなう動員と領国支配の関係性は、様々な観点から解明されつつある。

ただし、言い換えれば研究の現状は、「際限なき軍役」の様相とその影響を、それぞれ部分的に解明するに留まったままでもある。先学の成果を踏まえつつ、いま少し検討の幅を広げて総合的に捉え直し、冒頭の問題へ立ち返って地域権力の再評価に還元できれば理想的であろう。したがって、さしあたり本稿では、①朝鮮の戦場をはじめ、領国の内外において人々が動員されていた実態と、②そうした動員が領国支配に与えた影響を解明し、最終的には③豊臣政権の「際限なき軍役」に規定されつつ形成・展開した加藤領国の特質について考察することとしたい。

一　初期領国支配の様相と文禄・慶長の役における動向

本章では、加藤清正が肥後熊本で大名に取り立てられた経緯と初期領国支配の様相、そして文禄・慶長の役における動向と立場を整理し、本論の前提となる事実関係を確認しておきたい。

（1）肥後への入国と初期領国支配の様相

本節では、取り立ての経緯と肥後入国直後の領国支配の様相を押さえてみよう[12]。

豊臣秀吉の側近、あるいは「子飼いの武将」に過ぎなかった加藤清正が、肥後熊本の大名に取り立てられ、大陸侵攻のおりにはその一翼を担うこととなったきっかけは、九州征伐の直後に肥後で勃発した「国衆一揆」であった。その鎮圧と戦後処理のために、天正十六年（一五八八）初頭に秀吉は清正や福島正則、小西行長などを「上使衆」として肥後へ派遣。一揆参加者の処分と検地にあたらせたうえ、五月までに、肥後の領主であった佐々成政の更迭と清正・行長両人の取り立てを内定し、閏五月には正式に領地宛行の朱印状を発給した。これ以前における清正の領地高は、わずか四千石程度。秀吉としては、自身の影響力を発揮しやすい環境の確保と、いわゆる「唐入り」（大陸侵攻）への動員を見越し、小禄ながら忠実な「家来」である清正をあえて肥後の領主に抜擢したのであろう。

かかる経緯で取り立てられた清正であるが、一九万五千石を領したとはいえ、その政治的立場は戦国以来の地域権力、いわゆる服属大名とは異なっていた。この点には、注意しておきたい。そのことは、領地高は「准国持」に該当するにもかかわらず、家格は「武家公卿」となった秀吉の従者にあたる「諸大夫」に留まっていた事実に象徴される。[13]これは、他の豊臣取立大名も同様だ。一九万五千石の大名になったとはいえ、その存在はあくまで「秀吉に仕える家来」であった。

したがって、抜擢後に清正がスタートした領国支配には、秀吉の影響が様々な場面でみられた。領国支配に対する秀吉の影響については、「はじめに」でも述べたように、「豊臣大名マニュアル」のごとき存在を指摘する見解もあるけれど、[14]さしあたりここでは一次史料に即して四点指摘しておこう。

一つは、清正自身も携わった「上使衆」による検地結果を踏まえ、支配領域の村高を把握し、年貢や夫役を賦課していた点である。松本寿三郎が指摘するように、「上使衆」検地は恐らく指出にもとづいたものであり、[15]在地の実態を充分に反映していなかった可能性が高い。しかし、石高を用いた客観的で統一的な数値基準の導入により、中世以来、地域や村落が個別に継承してきた負担・賦課のあり方や、重層的で複雑な領有関係が棚上げされるきっかけになったことは間違いあるまい。肥後の地域社会にとって「上使衆」検地は、やはり大きな意味を持ったと考えられる。

二つ目は、領国内の城郭に関する指示である。抜擢にあたって秀吉は、「隈本城」を拠点とし、[16]他の城については、必要なものは普請を進め、必要なければ破却するよう命じていた。[17]九州征伐の頃から「名城」と評価していた「熊本」を領国支配の中心に据え、[18]要所の城郭を普請して防衛拠点を強化し、反乱拠点になりかねない城郭は破却するという狙いであろう。指示を受けた清正は、少なくとも「隈本城」の普請には着手しており、最終的にかかる方針は、慶長五年（一六〇〇）以降の肥後一国統治時代に推進された城郭整備に結実すると考えられる。[19]

三つ目は、家中形成に関する指示である。四千石程度の領主に過ぎなかった清正にとって、領国支配と軍役を担う家中の形成は喫緊の課題であった。このことを見越してであろう、抜擢にあたって秀吉は、小西行長と相談して佐々旧臣を召し抱えること[20]、領地高一九万五千石の内二万石を「国侍」に与え、「合宿」させることを命じている[21]。こうして加藤家中は、①清正の親類や古参家臣を核とする一門・譜代に、②佐々旧臣をはじめとする他家出身者、③肥後の「国衆一揆」に参加せず、取り潰しを免れた国衆(小代氏など)及び肥後へ国替された国衆(原田氏など)を新たに加え[22]、急激に膨張したと考えられるが、その形成に影響を与えたのは秀吉であった。

四つ目は、肥後国内における豊臣蔵入地(直轄領)の設置である。森山恒雄によると、秀吉は河川・海上交通の要所・玉名郡と穀倉地帯・詫麻郡に蔵入地を設置し、清正に代官させた。当初は、「唐入り」に向けた兵站整備を目的とするものであった。しかし、見方を変えると、これらは肥後に打たれた豊臣政権の楔にもなった。朝鮮出兵の長期化により地域社会が疲弊する中、清正は蔵米を運用して財政を遣り繰りするが、豊臣政権が用途を変更して収納を厳密化すると蔵米の確保と返済に追われ、加藤家財政に食い込みかねない状況になっていくのである[23]。

このように、「唐入り」の前線基地となる肥後の領国支配は、豊臣政権の影響を強く受けるものであった。ただし、領国支配にあたり、清正なりに施政方針を策定し、自身の言葉でこれを謳った場面も当然ながらみられた。肥後入国の直後、清正は課税原則と役人の不正防止を記した施政方針というべき「定書」を各地の庄屋・肝煎クラスへ発給し、周知を図っているのである。

〔史料1〕天正十六年閏五月六日付加藤清正定書[24]

(○前略)

一、国中麦年貢之儀、御検地候上を以、三分二召置、三分一ハ百姓ニ可遣候旨被　仰出候、雖然諸百姓迷惑候躰見及候条在之、其立毛之上ニ而、百姓共堪忍続候様可申付事、(○中略)

一、従此方何々儀に申付候上使にて候共、非分之儀申懸候ハヽ、其上使と申事有へからす候、少之儀ニ而候共、
　以目安可直訴候、遂糺明を堅可申付候事、（○後略）
（※以下、本稿に引用した史料中の傍線及び丸数字等は、筆者註）

〔史料1〕は、「定書」の一部である。ここで興味深いのは、最初のひとつ書きの冒頭で「麦年貢は、検地に即して三分の二を徴収するよう（秀吉様から）仰せ出されている」としながら、傍線部では「百姓が迷惑しているようであれば、作柄をみて、堪忍できるように申しつけよ」と述べたり、次のひとつ書きでは、「清正が派遣する役人が無理を申しかけるなら、目安をもって直訴せよ」と述べていることであろう。

すなわち、清正は「秀吉の家来」としてその仰せに従うのみならず、百姓経営に配慮する志向性もあわせ持っていた。当初、打ち出していたのは、戦国乱世と「国衆一揆」により荒廃した肥後の復興を目指す、弾力的で意欲的な施政方針であった。

（2）文禄・慶長の役における動向と立場

ただし、かかる施政方針は、文禄・慶長の役にともなう動員により、とうてい実現しえない状況となっていく。その実態についてはのちのち掘り下げるとして、その前に本節では、文禄・慶長の役における加藤清正の動向と立場を簡単に整理しておこう[25]。

①出兵の経緯と文禄の役

周知のように、豊臣秀吉は天下統一の過程で、早々に大陸侵攻「唐入り」を構想していた。そのシナリオは関東の後北条家を屈服させた頃から具体化されはじめ、天正十九年（一五九一）には侵攻拠点となる名護屋城の普請がスタート。そして、翌年に文禄の役がはじまった。

こうした流れの中で、加藤清正もまた出陣命令を受けた。指示された軍勢の数は一万人である。それでは在陣中に、清正はどのような動向をみせたのであろう。

中国・明への軍勢通過に関する朝鮮王朝との交渉が不調に終わると、清正は天正二十年四月に釜山浦へ上陸。上陸後は朝鮮の首都・漢城を目指し、小西行長とほぼ同時に「一番乗り」を果たす。漢城の占領後に朝鮮八道の分担経略が決定されると、清正は朝鮮半島東北部の咸鏡道を担当。ここへ逃げ込んでいた朝鮮王子を捕縛し、さらには中国東北部「オランカイ」へ攻め入るなどの軍事的活躍を示した。

ただし、中国・明の援軍が到着し、各地で義兵が決起しはじめると、日本勢は戦線を縮小。文禄二年(一五九三)二月、清正も咸鏡道から漢城へ撤退し、行長と中国・明の講和交渉がスタートすると、漢城からも撤退する。こうして戦局は膠着し、同年六月に行われた晋州城攻略が、文禄の役で最後の大規模戦闘となった。日本勢が総動員されたこの攻防には、清正も参陣している。

戦局悪化を受けて「唐入り」を断念した秀吉は、この間に朝鮮南部四道の確保へ方針を転換。行長主導の講和交渉の推移を待つとともに、朝鮮半島南部にいわゆる「倭城」を築かせ、諸将を在番させた。清正は、慶尚道の西生浦に城を築いて在番。講和交渉の進展により西生浦城放棄を命じられた後は、機張城へ移り駐留を続けた。

文禄五年に入ると、清正は秀吉に呼び戻されて帰国する。一般的にその理由は、行長の講和交渉を妨害し、讒訴されたためという。ただし、中野等はその説に否定的で、中国・明使節の来日にともなう帰国指示とみなす[26]。たしかに、日本側の一次史料に讒訴や逼塞の様子はみられない。ともあれ、五月に帰国した清正は上方に逗留。講和交渉が破談となり、再出兵(慶長の役)が命じられると肥後へ下向し、十一月に同地を離れて再渡海した。

②慶長の役における動向

再び朝鮮半島へ上陸した加藤清正は、慶長二年(一五九七)一月十五日に西生浦城へ入った[27]。そして、日本勢の陣容が整うまでの間、朝鮮王朝と中国・明サイドへ講和交渉を働きかけている。その後、同年七月に軍事行動を再開。右軍の先鋒として全羅道と忠清道を転戦し、冬季が近づくと、慶尚道の蔚山に駐留した。

蔚山へ到着した清正は、浅野幸長や太田一吉とともに城の普請に着手。在番の準備を進めた。ところが慶長二年十二月末、未完成で兵糧の備蓄もない蔚山城は朝鮮王朝と中国・明の連合軍の急襲を受け、清正をはじめとする城衆は危機を迎える。落城寸前で救援され、九死に一生を得たものの、この攻防は諸将に戦線縮小を議論するきっかけを与え、戦線維持を指示する秀吉との温度差はより明確化することとなった（戦後、諸将は戦線縮小論を上申するも、秀吉はこれを叱責し、結局は在番体制の継続を指示）。

膠着する戦局に変化をもたらしたのは、慶長三年八月に訪れた秀吉の死であった。秀吉亡き後の豊臣政権は清正を講和交渉の担い手に指名し、諸将へ帰国を指示していく（もっとも、最終的には誰が講和を担ってもかまわない、とも述べている）[28]。

指名を受けた清正は、指示どおりに講和交渉を推進したのであろうか。現時点で、これを積極的に進めた様子はみられない。その理由について李啓煌は、「他の大名とは違って、撤兵・講和交渉に応じるほど窮状に陥っていなかった」「当時の撤兵・講和交渉に疑問を抱いていた」ためと推測する[29]。

ともあれ、秀吉の死を察した朝鮮王朝と中国・明の連合軍は攻勢に転じ、慶長の役の最終局面で戦闘は激しさを増した。こうした中で清正は、連合軍を再び蔚山城に迎え、慶長三年十月初旬にこれを撃破。その後、十一月十八日に蔚山城を放棄して釜山浦へ移動し、同二十四日に日本へ向けて出港、帰国の途についた。

③文禄・慶長の役における清正とその軍勢の位置

以上、文禄・慶長の役における加藤清正の動向を大ざっぱに整理してみた。それでは、この間に清正とその軍勢は、どのような立場にあったのであろう。ここでは、さしあたりポイントを三点指摘しておきたい。

一つは、清正が朝鮮出兵以前から豊臣秀吉の「唐入り」にかかわっていたことだ。他の九州大名とともに、名護屋城普請を命じられていたのである。つまり、肥後における「唐入り」への人的・物的資源の動員は、天正十九年(一五九一)にはスタートしていた。文禄・慶長の役と加藤領国の関係を考えるうえで、見逃せないところである。

二つ目は、文禄・慶長の役における軍事的な立場である。出兵にあたり、清正に課された軍勢は一万人。百石につき五人という、他の九州の大名と同様に重い動員割合である。(30) ちなみに、肥後の諸大名に課された軍勢は、小西行長が七千人、相良頼房が八百人。総勢一万七千八百人は、全国で二番目の動員数であった(なお、動員数のトップは肥前)。軍団編成的には、文禄・慶長の役のいずれにおいても、清正は先鋒ないしそれに次ぐ位置を与えられていた。本節で確認してきたような軍事的動向、なかんずく文禄の役でみせた漢城「一番乗り」や、慶長の役のおり、早々に西生浦へ渡海していた事実などは、そのことを端的に物語っていよう。

在陣期間も長い。休戦期間を含め、文禄・慶長の役における日本勢の朝鮮在陣は約六年半に及んだが、清正は文禄五年(一五九六)の一時帰国を除き、約六年間を陣中で過ごしている。その在陣期間は、諸将の中でもトップクラスであった。

軍勢の数や軍団編成上の位置、そして在陣期間などを勘案すると、清正とその軍勢は、まさに日本勢の中核を担う存在であった。かかる位置づけは、恐らく肥後の地理的な要因や、豊臣取立大名としての政治的立場を反映した結果なのであろう。いずれにしても、彼らは朝鮮の戦場でつねに最前線に居つづけたわけであり、そのことは国許の領国支配にも大きな影響を与えたと考えられる。

二　朝鮮への渡海を強いられた肥後の人々

前章では、加藤清正が肥後熊本で取り立てられた経緯や、その直後の領国支配の様相、そして文禄・慶長の役における動向とその立場を概観してみた。それらの状況を前提に、本章以下では、文禄・慶長の役に際して肥後の人々が動員されていた実態を具体的に確認するとともに、「際限なき軍役」と領国支配の関係に言及することとしよう。

(1) 大名の軍勢とその構成

動員の実態を検討するにあたり、手はじめに加藤清正の軍勢の構成について触れておきたい。前章で確認したように、文禄・慶長の役にあたり清正に課された軍勢は一万人。百石につき五人という動員割合であった。ただし、すでに指摘されているように、諸将の軍勢はすべて戦闘要員で構成されていたわけではない。このことには注意が必要だ。たとえば、三鬼清一郎によると、文禄の役に参加した肥前の五島純玄の軍勢七百余人は、騎馬二七人、歩武者四〇人、足軽一二〇人、小人三八人、下夫二八〇人、船頭水夫二〇〇人で構成された。「小人」は小者、「下夫」は陣夫のことと思われ、これに船頭水夫を加えると、過半数は非戦闘員である。また、池上裕子によると、文禄・慶長の役に参加した島津義弘の軍勢の半数は、やはり「夫丸」や「加子」であったという[31]。

それでは、清正の軍勢はどうであったのだろう。残念ながら、いまのところその構成を具体的に示す史料は確認されない。しかし、右に示した事例をみる限り、恐らくは同様の構成を採り、かなりの割合を非戦闘員が占めていたと考えるべきであろう。そして、そのことは、以下で検証していく動員の実態からも裏づけられる。

（2）軍勢を支えた陣夫の動員

それでは、軍勢を構成した非戦闘員にはどのような人々が含まれ、どのように動員されていたのであろう。まずは、陣夫についてみてみよう。

①陣夫とは？

そもそも陣夫とは、城郭や陣所の設営、軍需物資の輸送などを担った人々である。史料上では、「人夫」「人足」とも表記される。動員に際しては村に対して賦課され、原則として百姓がこれを務めた。

ただし、ここで確認しておくべきことは、そもそも陣夫は領主の都合で際限なく動員できたわけではない、ということであろう。そのことは、「百姓の公事として成立した陣夫役は、百姓が領国の平和を享受しうる限りにおいて」「村請定量の負担として果たされ得るもの」であり、文禄・慶長の役にあたり、豊臣政権が「百姓の現実の生活安全保障とは何ら関係のない対外侵略戦争へと長期動員する論理」を「構築できる歴史的可能性はなかった」という、稲葉継陽の指摘に尽くされている[32]。したがって、加藤清正をはじめ、諸将が出兵にあたり進めたであろう陣夫の動員は、当初から村や百姓との軋轢を孕むものとならざるを得なかったはずである。

②動員の様相

次に、陣夫動員の具体的な様相を確認するとしよう。文禄・慶長の役にあたり、加藤清正は村に対してどのような割合で陣夫動員を賦課したのか。残念ながら、管見ではこの数値を示す史料は確認できていない。参考までに、出兵直前に進められた名護屋城普請への「人足」動員の状況をみてみよう。

〔史料2〕（天正十九年ヵ）十月十六日付加藤清正書状[33]

①仍此地へ越候刻、人足千石ニ付て四人つゝ申付候、然者此度召連候人足之残、有次第又左衛門尉者を奉行ニ付、

早々可差越候、②南郷ハ国中並ニ可申付候、阿蘇郡多田茂左衛門尉なと代官所之分者、いつも申付候ことく毛付之分に可申付候、小国之分者、吉左衛門尉召遣候間可差置候、此書状相届候ゟ中二日之間ニ申付、三日めニ国本を可差出候、夫数多可有之候間、不遅之様ニ奉行数を付候て尤候、（○前後略）

〔史料2〕は、現地で名護屋城普請にあたっていた清正が、国許の家臣に対して「人足」動員を指示したものである。傍線部②に「阿蘇郡多田茂左衛門尉なと代官所之分者、いつも申付候ことく毛付之分に可申付候」「小国之分者、吉左衛門尉召遣候間可差置候」とあるように、地域の状況によって差異があったと思われるものの、傍線部①に示されるように、この時には「人足千石ニ付て四人つゝ」の動員が指示されていた。仮に家臣知行地までこの指示が貫徹されたと考えると、およそ八百人の動員である。

文禄・慶長の役に際しても、恐らく同様に石高や村高に即して陣夫動員が指示されたと考えられる。たとえば、文禄三年（一五九四）四月二十九日付の清正書状には「諸給人の百姓夫役、物成ニ応し相定候条」と記されており[34]、村高を前提に把握された生産高（物成）で「夫役」賦課が行われていた様子がみてとれる。そして、清正に課された一万人という軍勢を勘案すると、その動員割合は「千石ニ付て四人つゝ」よりもはるかに厳しい数値となっていたはずだ。

それでは、陣夫動員を賦課された村や百姓は、どのように対応していたのであろう。先ほど稲葉継陽の指摘を引用したけれど、やはり額面通りに指示を受け入れる村ばかりではなかったようだ。

〔史料3〕（天正十九年）十月二十八日付加藤清正書状[35]

態申遣候、仍台所人足之内、古橋新五代官所之夫三人、松下久兵衛夫二人、又左衛門尉夫一人、此下走候、彼者共在所へ帰候て居候者、とらへ籠へ入可申候、其者すくニいつくへもかくれ候て、とらへ候事不成者、縁者・親類・妻子可有之候間、とらへ籠へ入可申候、縁者・親類も無之者候ハゝ、左様之うさんなるもの申付候事、きもいり共曲事候間、庄屋・きもいりを籠へ入可申候、（○前後略）

〔史料3〕は、名護屋城普請に動員された「人足」の逃亡について、その処分を熊本の留守居に指示した清正書状の一部である。注目すべきは傍線部の一文で、逃亡者が縁者も親類もいない「うさんなるもの」であった場合は、彼らを送り込んだ村の「きもいり共」の責任であり、「庄屋・きもいり」を牢に入れよ、と清正が指示している点である。このことは、村が身元不明の代替要員を「人足」や陣夫として雇用・供出していた可能性を示唆する。「現実の生活安全保障とは何ら関係のない」動員に対し、「うさんなるもの」を差し出して対応する村や百姓も存在したわけである。

そして、陣夫として戦場へ赴いた百姓の多くが選択した抵抗手段は、戦場から逃亡することであった。関連史料をみていると、朝鮮からの陣夫逃亡を示す記事は、戦況が悪化する天正二十年(一五九二)後半から文禄三年にかけてとくに頻出する。清正は陣夫逃亡に頭を痛めており、熊本の留守居へ遣わした文禄二年八月八日付の覚書では、陣夫の出身と逃亡日を記録した「人夫はしりたる所かきたて」を送るので、代替要員の供出と、逃亡により生じた欠員期間の「夫銭」納付を日割りで村に要求せよ、と指示している[36]。

また、清正は家臣知行地にも陣夫供出を指示していた。その要求は厳しく、さきほども引用した文禄三年四月二十九日付の清正書状には「彼是ニ無沙汰之族於有之者、荒地ニやく儀を可申付候条、得其意、諸百姓ニ此旨堅可申付事肝要候事」と記されている[37]。役儀賦課の対象地を「荒地」へ拡大するとほのめかし、恫喝しつつ供出の徹底を図っていたのだ。

長期間にわたり在陣することとなった清正にとって、陣夫逃亡の予防と代替要員の確保は、重要な懸案事項であった。そのために、村や百姓との間に摩擦を生みつつも、様々な手段を講じて動員の徹底を図らざるをえなかったのである。

（３）渡海を強いられた人々

陣夫の他には、どういった人々が朝鮮への渡海を強いられていたのであろう。次に、軍需物資と人員の輸送を担った「船子」の動員、そして職人たちの動員に注目したい。

①輸送を担った「船子」

「唐入り」にあたり、当初日本勢は兵糧を現地調達する予定で軍勢を展開していた。しかし、戦況の悪化や朝鮮民衆の抵抗によりその目論みが崩れると、諸将は補給と輸送の体制再編を余儀なくされていく。

こうした中で加藤清正は、朝鮮の陣中から熊本の留守居に対し、領内の船舶と「船子」の所在調査を指示。徹底的な動員を画策する。〔史料４〕に、その様子をみてみよう。

〔史料４〕（文禄二年）四月十四日付加藤清正書状(38)

①次国之舟子之儀、安田善介口上ニ申遣候、船子差越所之田地あれ候てもくるしからす候、②政屋分の者共人質をとり候て、其ものニ上のりをさせ候て可差越候、高瀬・河尻の舟かたかしら付を仕、不残可差越候、高瀬・河尻にても年寄かましきもの人質をとり候て、其ものニ上のりさせ候て可差越候、（〇前後略）

ここで注目したいのは、次の二点である。ひとつは、傍線部①「船子差越所之田地あれ候てもくるしからす候」という発言だ。苦しい戦況の中で、清正は国許の耕作地が荒れ、再生産に影響が及ぶことにかまっていない。急ぐべきは、補給と輸送体制の再編に必要な「船子」の動員であった。

次に注目すべきは、傍線部②で清正が、浦々の「政屋分の者」や高瀬・河尻といった港町の「年寄かましきもの」を人質にとり、彼らに「上のり」させよ、と命じている点である。「政屋分の者」や「年寄かましきもの」は、いうまでもなく浦や港町の指導的立場にあった人々。そうした人々が朝鮮まで「上のり」し、長期不在となれば、地域社会には大きな混乱が生じるはずだ。しかし、清正はそのことを懸念してはいない。彼が重視したのは、指導者層を

「人質」にとることで、船舶と「船子」動員の徹底を図ることであった。

このように、領内の沿岸部に所在した「船子」たちもまた、朝鮮の陣中へ動員されていた。ただし、〔史料4〕は、ちょうど日本勢の戦線が大きく後退し、漢城の放棄も余儀なくされる時期に出されたものである。強引な動員手法は、緊急性の裏返しでもあったのだろう。

なお、この後に清正は、「船子」としての奉仕を「国之くんやく」に位置づけ、動員についての（彼なりの）合理性と継続性を整理。コストカットのために雇用「船子」の削減もすすめ、最終的に「領主主導の運輸体系」を形成していく。その詳細は中野等の研究を参照していただきたいが[39]、たとえば、慶長の役で再渡海するにあたり、清正が「船子」の身分、氏名、在所などを記した「船子改之帳」の用意を指示しているのは[40]、「船子」動員の体制がある程度整備されたことを示すものであろう。

② 動員された職人たち

朝鮮の陣中から国許の留守居へ宛てた加藤清正の発給文書をみる限り、文禄・慶長の役には、肥後の職人たちも数多く動員されている。次頁に掲げた**表**は、動員状況を示す史料を整理したものである。

表によると、動員されたのは大工や大鋸引、鍛冶など、建築を担ったであろう職人、檜物師、塗師、染物師（紺屋）といった生活用品の製作にあたったであろう職人、そして、軍需物資の製作を担ったであろう鞘師や矢作師であった。

時期的な傾向としては、戦況悪化にともない講和交渉がスタートし、在番体制へと移行していった文禄二年（一五九三）から同三年にかけての動員が顕著である。この間に日本勢は在番の拠点、いわゆる「倭城」を築きはじめており、普請を担う技術者の確保と、駐留に必要な生活用品等の現地生産のために、彼らは動員されたのであろう。

ところで、**表**をみる限り、慶長の役の時には関連記事が一気に減少する。ただし、それは職人が渡海しなかったことを示しているわけではなく、前もって動員計画を進めた結果とおぼしい。〔史料5〕をご覧いただきたい。

表　加藤清正発給文書にみえる朝鮮へ渡海した職人等

No.	年	月日	文書名	動員の内容	出典
1	天正19年	10月9日	加藤清正書状	鍛冶5人に「ふいご五つ」を持たせ、名護屋城へ派遣するよう指示。	大東急記念文庫所蔵文書
2	天正20年	3月10日	加藤清正書状	「町之檜物師」と「いくら（伊倉）」の「ひものし上手」を差し越すよう指示。	栗間虎雄氏所蔵文書
3	天正20年	9月21日	加藤清正覚書案	軍勢とともに朝鮮へ渡海し、釜山に留まっていた「おんなとも」の処遇。咸鏡道へ来いと命じたが、通路の状況次第では帰国させてもよいと指示。	西村清氏所蔵文書
4	文禄2年	5月29日	加藤清正書状写	肥後の「かち五人・大工廿人・大鋸十丁」を急ぎ差し越すこと、道具を丈夫に持参することを指示。	武州文書
5	文禄2年	6月6日	加藤清正書状	「檜物師両人」の到着を報じる一方、「まさ（柾）」を持参していないと叱責。	下川文書
6	文禄2年	8月8日	加藤清正覚書	以前指示した「さや（鞘）師・大が引・ぬし（塗師）・諸職人」が到着しないことを叱責。あわせて、材料・道具の持参を指示。	下川文書
7	文禄3年	2月2日	加藤清正書状	朝鮮に紺屋がいないので、隈本町より一人、高瀬より一人差し越すよう指示。	下川文書
8	文禄3年	3月12日	加藤清正書状	①目の病気がはやっているので、目医者・桃庵の渡海を催促。②「いおけ師壱人并いつゝニひ物師壱人」に、道具を持たせて差し越すよう指示。③肥後から大工が到着次第、在陣中の大工を帰国させると通知。	速見真曹氏所蔵文書
9	文禄3年カ	8月16日	加藤清正書状	塗師の与十郎が、仲間の見舞いのために差し越したことを褒賞。	下川文書
10	文禄3年カ	10月26日	加藤清正書状	去々年より在陣中の「大工十三人・大か引五丁」の帰国を報じ、到着後の城中作事を指示。	下川文書
11	慶長2年	正月3日	加藤清正書状写	①「山の上」と「筑地村」に住む「上手」の矢作職人の渡海を指示。②慶長の役に際し、鍛冶や大工、諸職人を国中から差し越したが、「下手」が含まれていることを叱責。	群馬県庁旧蔵下川文書

〔史料5〕（慶長二年）正月三日付加藤清正書状写(41)

一、かち・大工其外諸しよく人、国中より差越候、何も其内下手を越候事、さたのかきりに候、其代官上手・下手を不知事者有間敷候、早々其代官として相改、上手を可差越候、重而下手を指越候代官ハ可行曲言候間、可

得其意候、（○前後略）

〔史料5〕は、慶長の役の最初期に、朝鮮へ渡海する途中で出された清正書状の一部である。傍線部をみると、清正の気に入らない「下手」ばかりではあったけれど、渡海の時点で「かち・大工其外諸しよく人」が「国中より差越」ていた様子がうかがえる。恐らく、文禄の役での経験を踏まえ、出兵の時点で必要な「国中」の「諸しよく人」を計画的に従軍させたのであろう。

以上、本章では、肥後の人々が朝鮮の戦場へ動員されていた実態を検討してきた。簡単に内容を整理すると、文禄・慶長の役に際して、加藤領国からは陣夫、「船子」、職人といった様々な非戦闘員が動員され、渡海を強いられていた。とくにその傾向が顕著になるのは、戦況悪化にともない逃亡者が増加し、戦力の減少が進んだ天正二十年（一五九二）後半から、在番体制へと移行していった文禄二年、同三年にかけての時期である。

そして、戦況の変化に即しつつ進められたかかる「際限なき軍役」への動員は、「領主主導の運輸体系」の整備に象徴されるように、支配の制度設計を促す推進力となり、自律的な営みを形成してきた中世以来の地域社会へ清正権力が（強い摩擦を生じつつも）踏み込んでいくきっかけとなっていた。そういう点では、領国支配の強化に資するものでもあったといえるのであろう。

ただし、いうまでもなく、そのことは肥後の人々にポジティブな意味をもたらすものではなかった。人々にとって「際限なき軍役」は、ただひたすら、かつてない過酷な負担を長期的に強いるものであった。

三　領国内における人々の動員

前章では、文禄・慶長の役に際して動員され、朝鮮へ渡海した肥後の人々についてみてきた。彼らにとってこうした動員は、これまでにない過酷な負担を強いるものであったと思われるが、それでは、領国に留まった人々は動員と無関係に過ごせたのであろうか。
かかる疑問を考えるべく、本章では、領国に留まった人々の状況について検討してみよう。

（1）武器の生産・調達に動員された職人たち

本節では、国許で職人たちが武器の生産・調達に動員されていた様子をみてみたい。

①刀工の動員

まずは、刀剣類について。じつは「唐入り」が具体的な日程にのぼりはじめた頃から、加藤清正は領内の刀工を動員し、刀剣類の確保を目論んでいた。名護屋城の普請中に国許へ送った清正書状の一部〔史料6〕に、そのことを確認しよう。

〔史料6〕（天正十九年）八月十三日付加藤清正書状(42)

一、長刀五十えた、もちやり百本、堂田貫・木ノ下・伊倉両三人ニ申付、まへのやり६すこしかろく候やうニうたせ可申事、来三月已前こしらへたて可置候、若なるましきと申候ハヽ、本をして豊後へも可遣候事、（○前後略）

ここで清正は、「長刀」を五〇枝と「もちやり」百本を、少し軽量化した格好で「堂田貫・木ノ下・伊倉」に製作させるよう命じている。「堂田貫・木ノ下・伊倉」は、いずれも玉名郡で活動していた刀工集団。納期は「来三月已前」、すなわち「唐入り」の直前であった。刀工集団の規模次第ではあるけれど、恐らく容易に製作できる量ではなかったのであろう。刀工たちが「なるましきと申」たならば、「本をして」すなわち見本を遣わして豊後にも発注するよう指示を加えている。このように、領内の職人たちは戦前から出兵とかかわりを持ち、動員されていた。

なお、文禄の役がスタートした後も、刀剣類の製作指示は引き続きみられた。時期的には文禄二年(一五九三)に集中しており、やはり朝鮮における戦況悪化及び在番体制への移行との関係性が想起される。

ちなみに、刀剣類の製作について、清正はかなりこと細かな指示を下している。たとえば、〔史料7〕をご覧いただきたい。

〔史料7〕(文禄二年)六月六日付加藤清正書状[43]

一、①かたなの本并注文を相添遣候、念を入うたせ可申候、②次此比うち候て差越候かたな、地のほりすぎ候、惣別かたな共そさうニ仕儀、沙汰之限候、此あとうち候て越候かたなの分、うちちん其外白さやぬりちんまて、かち共ニ出させ可申候間、其段きと可申付候、③かさねてうち候かたな、そさうニ候ハヽ、可令成敗候間、得其意堅可申付事、(○前後略)

傍線部①で清正は、注文とともに「かたなの本」を遣わす、と述べている。「かたなの本」とは、見本のことであろう。次いで傍線部②では、最近送られてきた刀は「地のほりすぎ」たものである、刀に「そさう」があるとはけしからん、この次に納品される刀については、製作費から鞘の塗代まで刀工に負担させよ、と述べている。「地のほりすぎ」という表現の意味はよくわからないけれど、問題のある仕上がりであったのだろう。見本送付の件も勘案すれば、刀剣にかける清正のこだわりがよくわかる。また、本来は刀工たちに代金が支払われていた様子もみてとれる。しかし、出来ばえの良し悪し次第で代金は支払わない、次も「そさう」があれば成敗するとまでいわれては(傍線部③)、国許の刀工たちもやはりたいへんな状況に置かれていたと考えざるをえまい。

②鉄砲の生産・調達に動員された鍛冶と職人

文禄・慶長の役でもっとも必要とされた武器は、鉄砲であった。[44]そのために国許では、鉄砲の生産・調達に多くの鍛冶や職人が動員されている。次に、その様相をみてみよう。

関連史料をみる限り、加藤清正は三つの方法を併用し、鉄砲の調達を急いだ。ひとつは、鉄砲の生産地・堺へ直接発注する方法である。清正はかつて和泉大鳥郡に所在した豊臣秀吉の蔵入地代官を勤めた縁で、肥後入国以前から堺の鉄砲商人「ゑなみ屋」と関係を持っており、[45] それは文禄の役のおりまで続いていた。[46] こうした関係を活かし、清正は鉄砲を堺に発注していたと考えられる。

二つ目の方法は、国許における生産・調達である。とくに文禄二年から同三年にかけて、清正は鉄砲生産を急がせており、平戸や有馬の鍛冶も雇用すること、[47] 領内では「かまかち（鎌鍛冶・筆者註）」まで動員することを指示している。[48] 国許の鉄砲鍛冶はいうまでもなく、領外の鍛冶、そして専門外の鍛冶にまで動員の対象は及んでいた。

三つ目は、ひとつ目と二つ目がミックスされた格好の方法である。すなわち、発注先である堺へ国許の鍛冶や職人を派遣し、生産・調達を急がせたのだ。

〔史料8〕（文禄二年）八月八日付加藤清正書状[49]

てつほうはり、かんにんなり候様ニ申付可置候、かい候ニ一ばい入候共くるしからす候、其心へ尤ニ候、かぢ共そへ、だいニハ大工もそへ、かな具ニハしろかねやもそへ、さかいへ人を遣候て、かい候上、そんし候よろつ〳〵せいを入候てはらせ可申事候、（○前後略）

〔史料8〕は、朝鮮に在陣中の清正が国許の留守居へ送った書状の一部である。傍線部によると、清正は銃身をつくる鉄砲鍛冶、「だい」つまり銃床を調える大工、必要な金具を仕立てる「しろかねや」を添えて堺へ人を派遣し、鉄砲の購入と「そんし候」分の修復・生産にあたらせようとしている。このことから、鉄砲の生産・調達には大工や金具職人も動員されたとわかるし、遠く堺へ派遣された鍛冶や職人がいた可能性も指摘される。

すなわち、清正は鉄砲鍛冶をはじめ、関係する職人たちをまさに総動員し、鉄砲の生産・調達を急いでいた。

③「矢の根」づくりに「上手」な鍛冶を動員

その他の武器については、「矢の根」すなわち矢尻の生産・調達にも鍛冶が動員されている。〔史料9〕に、その様子をみてみよう。

〔史料9〕（慶長二年）正月三日付加藤清正書状写(50)

一、国中之かち共相改、其内之上手ニ矢の根を三河けたをほして（マヽ）、一人ニ一ヶ月に十つヽあて候て、うたせ可申候、其請取候奉行ハ小林勝右衛門尉ニ可申付候、（○前後略）

この史料は、前掲〔史料5〕と同じく、慶長の役の最初期に、朝鮮へ渡海する途中で出された清正書状の一部である。いささか意味の取り難い箇所もみえるけれど、国許の留守居に対して清正は、国中の鍛冶を改めたうえで「上手」なものを選び、一人あたり一ヶ月に一〇点ずつ「矢の根」を製作させるよう指示。さらには、「請取」の担当奉行まで指名している。

「上手」な鍛冶とあえて書き記しているあたりに、清正のモノづくりに対する拘りもみてとれるが、ともあれ、ここで抑えておきたいのは、「国中之かち共」が把握されるとともに、生産量がノルマ化されたうえ、担当奉行がはり付けられ、生産・調達の体制が整備されていく方向にあった点である。恐らく、こうした状況は「矢の根」づくりに留まらなかったはずだ。様々な軍需物資について、同様の体制が整えられようとしていたと考えるべきであろう。

文禄・慶長の役にともなう「際限なき軍役」は、国許における鍛冶・職人の把握、動員のための制度設計を促すものでもあった。ただし、その結果、国許の鍛冶・職人たちもまた、戦場で必要な武器の生産・調達にひたすら追われることとなっていたのである。

（2）物資調達に動員された町人たち

国許で動員されていたのは、何も職人たちだけではない。文禄・慶長の役に際しては、肥後の町人たちもまた、様々な軍需物資の生産と調達に動員されていた。本節では、その様相をみてみることにしよう。

①煙硝の生産と調達

最初に取り上げたいのは、鉄砲に使用する火薬の材料となった煙硝の問題である。まずは、〔史料10〕をご覧いただきたい。

〔史料10〕文禄二年八月八日付加藤清正覚書[51]

一、当冬春之間、くまもと・たかせ・河尻之町家一間ニ、ゑんせう弐百目つゝやき候て可出之旨可申付候、但おもて口三間よりひろき所々、それニしたかい右之外可申付候、是ハ只今此方へ取寄候物之内にてハ無之候、出来次第くすりニ合候て、其上にて相こすへき事、（○前後略）

〔史料10〕は、文禄の役のおり、ちょうど在番体制へ移行する頃に、朝鮮の陣中から国許の留守居へ宛てられた加藤清正覚書の一部である。傍線部をみると、ここで清正は、「くまもと・たかせ・河尻」といった肥後の町々に所在する「町家」の「一間」ごとに「ゑんせう」を二〇〇目ずつ生産させ、供出するよう指示している。

そもそも煙硝とは、化学的にいうと硝酸カリウムという物質である。鉄砲の火薬に不可欠なもので、当初は輸入品ばかりが流通した。質・量の問題はともかく、国産化に成功したのは桃山時代のことという。当時の生産手法は、アンモニアを含む建物の軒先や床下の表土を採取し、これを撹拌・煮詰めるというものであったが、〔史料10〕に記された「やき候て」という表現をみると、やはりここでも同様の手法が想定されていたのかもしれない。

生産の実態はともかく、関連史料をみる限り、煙硝は指示どおり「当冬春」の間に生産され、朝鮮の陣中へ送付されたようだ。翌年二月二十一日付で発給された清正書状には、鉛は一切届いていないけれど、煙硝と硫黄は朝鮮の陣中へ到着した旨が記されている[52]。

このように「くまもと・たかせ・河尻」といった町の人々もまた、軍需物資の生産・調達に動員されていた。しかも、後掲〔史料15〕をみる限り、町人による煙硝調達はこの時ばかりの話ではない。文禄・慶長の役の後、豊臣秀吉の死去にともなう権力闘争により政治的緊張が高まる中で、慶長四年(一五九九)以降も継続していた証左がみられるのである。

② 食糧品・日用品の調達

文禄・慶長の役に際して加藤清正は、軍需物資に加えて食料や日用品の生産・調達にも「町」や「国中」の人々を動員している。ここでは「味噌」の事例をみてみよう。

〔史料11〕(文禄二年)五月二十九日付加藤清正書状写[53]

一、味噌壱斗二斗入の桶二百も三百もこしらへ、家来之内をも、又隈本・高瀬・河尻何も町中をも相改、味噌有次第二百桶も三百桶も可差越候、則味噌のかわりニハ大豆を可相渡候、いかほと越候ても損ニハならす候間、内得其意急可差越候事、(○前後略)

〔史料11〕は、文禄の役における最後の大規模な軍事行動というべき晋州城攻撃の直前に、朝鮮の陣中から国許の留守居へ宛てられた清正書状の一部である。ここで清正は、味噌桶を二〇〇も三〇〇も拵え、家中はもとより「隈本・高瀬・河尻」の「町中」を改め、味噌を朝鮮の陣中へ送るよう命じている。原料提供という意味を含んでいるのかわからないけれど、供出にあたり対価として支給されたのは大豆であった。よって完全な徴発行為とはいえないが、いささか強引な手法ではあるし、食料の調達先が村や百姓に留まっていないことにも注意すべきであろう。

日用品に関する事例としては、「もめんぬのこ」「もめんときわた」の調達を検討したい。

〔史料12〕文禄二年八月八日付加藤清正覚書[54]

一、もめんぬのこ弐千、いそき在々へかけ候て成共、此米舟ニのせ候て可越、無出来候ハヽ、もめんときわたをそへ候て、五百・三百ほとハ可越候事、右ことく申候へ共、其元にてまちの者共ニ二・三ツほとつゝあて候へ

く候、国中のひまさうなる物ニかけ候へく候、（○前後略）

〔史料12〕は、さきほど示した〔史料10〕と同じ文書。ちょうど在番体制へ移行する頃に、朝鮮の陣中から国許の留守居へ送られたものの一部である。将兵の衣料品として用いるのであろうか、ここで清正は木綿の布子「弐千」を「在々」へ、すなわち領国内の村落へ賦課し、急ぎ調達すること、できないようであれば、木綿と「きわた（生綿・筆者註）」を「五百・三百」ほど送るよう指示。さらには、「まちの者共」に「二・三ツほとつゝ」割り当てて、調達することも命じている。

文中には複数の指示が入り乱れ、いささか混乱の感は否めないが、清正としては越冬を見越し、急ぐ話であったのだろう。いずれにしても興味深いのは、木綿等の調達にあたり、清正がその担い手をさほど問題にしていない点である。そのことは、傍線部に記された「国中のひまさうなる物ニかけ候へく候」という一文に象徴されよう。すなわち、時期によって、あるいは物品によっては、誰でも良いから「国中のひまさうなる」人々を動員し、とにかく陣中に急ぎ届けさせんとすることもあったわけである。

以上、本章では領国に留まっていた人々の動員状況を検討してきた。ここでもまた、「際限なき軍役」の影響は顕著であった。職人や町人たちは、鉄砲や火薬といった軍需物資から生活用品に至る様々な物品の生産・調達に動員されており、朝鮮における軍事活動を支える後方支援を担っていたのである。

前章から本章にかけて確認してきた、渡海した陣夫や職人の存在と、領国に留まった人々の状況を踏まえるならば、大規模かつ長期に及ぶ文禄・慶長の役の間に加藤領国に現出していたのは、入国直後の施政方針〔史料1〕に記されたような統治ではない。「国中のひまさうなる物」まで駆り出さざるを得ない、まさに「戦時動員体制」というべき状況であった。

こうして内外で動員の既成事実が積み重ねられ、「戦時動員体制」への移行が進んだ結果、前章の最後でもまとめたように、加藤領国では地域社会に清正権力が浸透し、支配に必要な制度設計(すなわち、動員をスムーズに進めるための仕組みづくり)も次第に進んだと考えられる。

ただし、そうした評価は、幕藩体制への移行を見越したうえでの一面的なものに留まっているのかもしれない。それにも増して明確に認めるべきは、渡海の是非を問わず人々が「際限なき軍役」に深くかかわり、動員されていた事実であろう。朝鮮から帰国した清正を待っていたのは、支配体制が強化された領国というより、むしろ、疲弊しきった人々と領主経済であったはずだ。

むすびにかえて

以上、冒頭に掲げた三つの検討課題のうち、①文禄・慶長の役に際して加藤領国の人々が、朝鮮の陣中はもとより、国許においても動員されていた実態と、②そうした動員が領国支配に与えた影響について考えてきた。その内容は、前章末尾にまとめたとおりであるが、②についてはまだ検討すべき問題を残している。

したがって、最後にここでは②の問題を別の角度から改めて検討するとともに、それを踏まえ、③「際限なき軍役」に規定されつつ展開した領国支配の特質について考察し、いささか冗長ながらむすびの章としたい。

(1)「戦時動員体制」の影響と人々の抵抗

ここで改めて検討し、確認したいことは、文禄・慶長の役にともない形成された「戦時動員体制」が加藤領国にどのような影響を与え、さらには人々にどのような対応を促したのか、という問題である。

前者について考えてみると、いうまでもないことではあるが、村や浦の人々を陣夫や「船子」として動員したり、町の人々を軍需物資等の生産・調達に駆り出したりと、人的資源を動員にスイングすることで、領国の再生産には支障が生じていたと想定される。たとえば、「船子」の徹底動員を指示した前掲〔史料4〕をみると、清正は「船子差越所之田地あれ候てもくるしからす候」と述べている。少なくとも文禄二年(一五九三)四月の時点で、「船子」を確保するためには田地が荒廃してもやむなし、と考えていたわけだ。当然、こうした状況は年貢滞納・未納の原因となるものであり、清正の領主経済を圧迫したと考えられる。(55)

それでは、かかる「戦時動員体制」に直面した領国の人々は、どのような反応を示したのであろう。このことをあわせて検討すると、注目すべきは、動員対象となった人々が様々な形でこれに抵抗していた点である。たとえば、文禄二年に比定される八月二十三日付清正書状〔史料13〕をご覧いただきたい。

〔史料13〕(文禄二年ヵ)八月二十三日付加藤清正書状(56)

仍此地ニ詰候人を、此中走候て其地ニ有之を、代官并下代共百姓ニたのまれ隠置候、今度も百姓共かたより此方ニ居候人共ニ、走候ても、あらためもなく候て、はしり候て、もとり候へと中越候、則其書付写遣候、よく〳〵相改、一類共ニ可令成敗候、(○前後略)

〔史料13〕で清正は、百姓に頼まれた国許の代官や下代たちが、朝鮮の陣中から逃亡した陣夫を隠していること、そのために、国許の百姓から在陣中の陣夫へ逃亡を教唆する「書付」が送られてきたと指摘。対策として「一類」の成敗を指示するが、かかる文面は、陣夫動員への抵抗や逃亡が、地域ぐるみで、時には清正の代官まで巻き込んで展開していた様子を物語っている。

また、朝鮮への渡海を求められた職人の中には、清正の「上手」好みをうまく利用する動きもみられた。(慶長二年、一五九六)正月三日付清正書状写に「国之内矢はきともおほく有之といへとも、軍役をかたミ候ハんとて、下手かほにて有之由連々聞及候」とあるように、矢作師の中には「下手かほ」を装い、動員回避を試みる者も現れていた。(57)

つまり、文禄・慶長の役にともない形成された「戦時動員体制」は、少なからず不足や不備を孕みつつも清正の長期在陣を支えていたのだが、その一方で領国の再生産に支障をもたらし、人々の抵抗運動を生み出すものとなっていたのである。

(2) 文禄・慶長の役の終結後、「戦時動員体制」のゆくえ

それでは、文禄・慶長の役が終わった後、かかる「戦時動員体制」はどうなっていくのであろう。この点について、これまで先行研究でしばしば取り上げられてきたのは、朝鮮から帰国するにあたり、加藤清正が国許へ発給した「高札」〔史料14〕である。

〔史料14〕慶長三年十月十六日付加藤清正高札写(58)

高札　肥後分領中

高麗御無事□済付而、可令帰朝之旨被　仰出候条、近日令帰朝事、

一、数年百姓等公役彼是相懸、辛労之条、帰朝之上を以、年貢等之外、人夫諸役二・三ヶ年可令免許之条、悦之可相待事、

一、如此之雖為条数、年貢等無沙汰之所者、不可令免除事、

(○後略)

この「高札」で清正は、文禄・慶長の役により「数年百姓等」には「公役彼是相懸」「辛労」であったので、「人夫諸役」を二・三年「免許」すると通知している(ただし、二条目によると、対象者は年貢を納めている百姓のみ)。これをみる限り、領国と人々の疲弊を清正は自覚しており、朝鮮からの全面撤退、すなわち「際限なき軍役」からの解放により、「戦時動員体制」は緩和の方向へ舵を切っていくはずであった。

しかし、豊臣秀吉の没後に起こった諸将の対立、いわゆる「七将」による石田三成襲撃事件から関ヶ原合戦、さらには大坂の役へ至る権力闘争は、それを許さなかったようだ。権力闘争にともなう大規模紛争を想定し、さらには慶長四年(一五九九)三月以後、隣国の島津領で伊集院忠真の反乱(庄内の乱)が勃発したこともあり[59]、結局清正は「戦時動員体制」を維持していくのである。

〔史料15〕(慶長四年)三月二十六日付加藤清正書状写[60]

一、上方静謐ニハ候へ共、上様御座候時のことくニ、諸事由断候てハ可為沙汰之限候、敵対陣有て、昼夜之かせきを仕候時のことくニ、万事へ心付可有之事肝要候、①次ニ高麗ゟ帰朝候て、各人をも不相拘候由候、沙汰限成儀候、面々高麗にてもち候人之外、何程相拘候を重而相改、自然人をも不相拘、無人之者ハ知行を召上候歟、

(○中略)

一、度々雖申遣候、鉄炮之薬、昼夜之堺もなく佐藤彦一ニ申付、合させ可申候、(○中略)②なまり・ゑんせう之儀ハ此方へ不及伺、町人共ニ申付、隣国にて令才覚、可相調候事肝要候、(○前後略)

〔史料15〕は、いわゆる「七将襲撃事件」の直前に、上方逗留中の清正が国許へ送った書状の一部である。秀吉亡き後、三成と激しく対立する中で、清正は家臣に奉公人の雇用継続を厳しく命じるとともに(傍線部①)、町人には、鉄砲に必要な「なまり・ゑんせう」の調達を申し付けるよう指示している(傍線部②)。朝鮮から帰国して四か月ばかり経っていたが、かかる状況はいまだ「戦時」に近い。

また、権力闘争や隣国での紛争を背景とする「戦時」への備えは、加藤領国における城郭普請にも大きな影響を与えていく。「七将襲撃事件」の後、肥後へ帰国した清正が重臣の吉村橘左衛門尉へ宛てた書状に、そのことをみてみよう。

〔史料16〕(慶長四年)七月二十九日付加藤清正書状[61]

急度申遣候、爰元普請昼夜之境もなく申付候、其元も此方なミに、百姓以下を召つれ、内之まきの普請無油断可申付候、猶右馬允かた迄申遣候間、令談合、諸事不可有油断候、謹言、(〇後略)

〔史料16〕の傍線部によると、清正は「爰元」すなわち「熊本城」の普請を「昼夜之境もなく申付」ているると述べたうえで、同様に阿蘇郡の「内之まき(内牧・筆者註)」城の普請を進めるよう指示している。芦北郡の佐敷城普請と縄張りについて指示した(慶長四年ヵ)正月二十三日付清正書状写の存在も念頭に置くと[62]、朝鮮から帰国した清正は、明らかに領国の城郭普請を急ぎ、国内の「戦時」に備えようとしていた[63]。

加えて、ここで注目すべきは「百姓以下を召つれ」という一文である。文脈的にみて、「熊本城」でも「内之まき」でも、普請には「百姓以下」が動員されていた。朝鮮から帰国した後、清正は家臣の恣意的な百姓動員に対しては神経を尖らせているものの[64]、発動主体が自身の場合は別の話であったのだろうか。いずれにしても、朝鮮から帰国する際に打ち出された「人夫諸役二・三ヶ年可令免許」という〔史料14〕「高札」の一文は、早々に反故となっていた。

このように、朝鮮から帰国した後も、家臣たちは奉公人の雇用継続を余儀なくされ、町人は「なまり・ゑんせう」の調達に、「百姓以下」は城郭普請に動員されていた。「際限なき軍役」からは解放されたのかもしれないけれど、秀吉死去にともなう権力闘争と政治的緊張の影響により、結局「戦時動員体制」は全面緩和へ向かったわけではなかったのだ。文禄・慶長の役への対応から大規模紛争に対する備えへと目的をシフトし、規模や内容を変化させせつつ「戦時動員体制」は維持されたのであり、そしてその流れは、最終的に軍事的性格を色濃く有すると指摘される加藤領国の特質へ帰結したと想定される。

なお、かかる「戦時動員体制」が形成・維持された背景には、豊臣取立大名として「際限なき軍役」の最前線に位置し続け、秀吉没後の権力闘争に深くかかわった清正の政治的立場も関係しているのであろう。当該期における地域権力の特質や豊臣政権との関係には、当然ながら、それぞれの立場や時代背景、それらに規定された大名の判断等が如実に反映されているのである。

（３）関ヶ原合戦以後、加藤忠広期への展望

最後に、これまでの検討を踏まえ、さらには稲葉継陽の研究を参考にしつつ(65)、関ヶ原合戦以後から加藤忠広期に至るまでの加藤領国の特質をみとおしておきたい。

豊臣秀吉没後の権力闘争にともなう政治的緊張により「戦時動員体制」が維持された結果、加藤領国には軍事的性格の強い支配体制が生じていくと考えられる。具体的にいえば、それは石垣を有する堅固な支城を要所に築き、支城の周囲に設定された知行地に対して独自の支配権を行使する自律性の高い城代と軍団(備)を配した、「いわば個別領主家分立的な領国支配」であった。たしかに、こうした支配体制であれば、有事の際も速やかに対応しえたとおぼしい。

ただし、政治的緊張の緩和にともなう「平時」への移行、そして、統治に継続性と普遍性を担保する一円的な「藩政」の展開という観点に立つと、かかる体制は弊害でもあった。支城の普請と軍団の維持は、領主経済と百姓経営を圧迫するものでもあっただろう。すなわち、幕藩体制が確立していく中で、加藤領国はいかにして「平時」の支配体制へ軟着陸するかという課題に直面していくのである。

その意味で、加藤清正の死去にともなう忠広への代替わりは、この課題を克服する絶好の機会とみなされていた。代替わりにあたり江戸幕府は、①水俣・宇土・矢部の支城廃止、②百姓の未進年貢の破棄、③国許における「家中諸侍」の役儀半減、④城代クラスの重臣の人事異動を加藤家重臣に指示。支配体制のあり様に介入するが(66)、これは色濃い軍事的性格を緩和せんがためであった。

しかし、結局のところ忠広は、最後まで「平時」への移行をうまく実現できなかったようだ。城代クラスの重臣た

ちを統制できず、元和四年(一六一八)には御家騒動「牛方・馬方騒動」を惹起。寛永九年(一六三二)に子息・光正が「謀書事件」を起こして改易され、豊前小倉藩主・細川忠利へ肥後熊本を引き渡した際には、〔史料17〕のごとき報告書が提出されるありさまであった。

〔史料17〕(寛永九年)十一月十四日付出田権左衛門等連署覚書[67]

一、先代之蔵納并給人地、村ニより無理之年貢を申かけられ、百姓妻子之儀者不及申、身をうり、家をたへし申たる村多々御座候、さやうの村ハ隣郷より入作に仕候故、物成も以外安ク御座候事、(〇前後略)

〔史料17〕傍線部に記されるように、加藤領国では「蔵納(直轄領・筆者註)」「給人地」の別なく「無理之年貢」が賦課され、村や百姓が疲弊する状況が寛永年間まで続いている。その要因と実態については今後の検証を待たざるをえないけれど、こうした「苛政」もまた、文禄・慶長の役にともない形成され、秀吉没後の権力闘争及び政治的緊張の中で維持され続けた「戦時動員体制」、そして、そのもとで生み出された軍事的性格の強い支配体制の産物なのかもしれない。

右の推測の是非はともかく、豊臣政権の「際限なき軍役」と秀吉没後の政治的緊張が加藤領国にもたらしたものは、過酷な「戦時動員体制」と、その流れを引きずりつつ形成された軍事的性格の強い支配体制であり、取り立て直後に清正が打ち出していた当初の施政方針とはまったく異なるあり様であった。それは「領国支配の強化」とばかり評しえない実態であり、清正の死後にまで影響を与え続けたと考えられる。

加藤家が一円的な「藩政」を確立し、幕藩体制を担う「近世大名」へ転換しえなかった理由のひとつは、最後までそうした実態を克服できなかった点にもあるのであろう。

註

（1）藤木久志「豊臣期大名論序説」（同著『戦国大名の権力構造』吉川弘文館、一九八七年。初出は一九六四年）、山口啓二『幕藩制成立史の研究』（校倉書房、一九七四年）など。
（2）小島道裕「戦国期城下町から織豊期城下町へ」（『年報都市史研究』一号、一九九三年）。
（3）仁木宏「近世社会の成立と城下町」（『日本史研究』四七六号、二〇〇二年）。
（4）藤田達生「仕置令の発見」（同著『日本近世国家成立史の研究』校倉書房、二〇〇一年。初出は一九九四年）。
（5）豊臣取立大名のまとまった研究としては、黒田和子『浅野長政とその時代』（校倉書房、二〇〇〇年）や鳥津亮二『小西行長―「抹殺」されたキリシタン大名の実像―』（八木書店、二〇一〇年）などが注目される。ただし、史料的制約もあって、領国支配の様相まではなかなかフォローしきれていない。
（6）光成準治『中・近世移行期大名領国の研究』（校倉書房、二〇〇七年）。
（7）平井上総『長宗我部氏の検地と権力構造』（校倉書房、二〇〇八年）。
（8）北島万次『加藤清正　朝鮮侵略の実像』（吉川弘文館、二〇〇七年）、中野等ａ「文禄・慶長の役と加藤清正」（熊本県立美術館編『生誕四五〇年記念展　加藤清正』生誕四五〇年記念　加藤清正展実行委員会、二〇一二年）、同ｂ「唐入り（文禄の役）における加藤清正の動向」（『九州文化史研究所紀要』五六号、二〇一三年）など。
（9）中野等「大名領国における輸送体系の形成と展開」（同著『豊臣政権の対外侵略と太閤検地』校倉書房、一九九六年。初出は一九九一年）。
（10）稲葉継陽「兵農分離と侵略動員」（同著『日本近世社会形成史論―戦国時代論の射程―』校倉書房、二〇〇九年。初出は二〇〇三年）。
（11）たとえば、森山恒雄「豊臣期海外貿易の一形態続論―肥後加藤氏関係の新出史料の紹介をかねて―」（箭内健次編『鎖国日本と国際交流　上巻』吉川弘文館、一九八八年）、中島楽章「十六世紀末の九州―東南アジア貿易―加藤清正のルソン貿易をめぐって―」（『史学雑誌』一一八編八号、二〇〇九年）など。
（12）なお、本節の内容については、山田貴司「加藤清正論の現在地」（同編『織豊大名の研究二　加藤清正』戎光祥出版、二〇一四年）を参照。

(13) 堀越祐一「豊臣期における武家官位制と氏姓授与」(『歴史評論』六四〇号、二〇〇三年)。
(14) 前掲註(2)小島論文及び前掲註(3)仁木論文、前掲註(4)藤田論文など。
(15)「上使衆」検地の実態については、松本寿三郎『近世の領主支配と村落』(清文堂出版、二〇〇四年)の「第一部　検地と石高」を参照。
(16)(天正十六年)閏五月十五日付豊臣秀吉朱印状『加藤文書』(熊本県史料中世篇第五)二〇号文書。なお、本稿では、現在熊本城の立地する茶臼山台地を敷地として戦国時代に築かれた城を「隈本城」と、それを拡張して慶長三年以降に築かれた城を「熊本城」と区別して呼称する。
(17)(天正十六年)六月十三日付豊臣秀吉朱印状写『阿部四郎五郎所持文書』(国立公文書館内閣文庫所蔵)。
(18)(天正十五年)五月二十八日付豊臣秀吉書状『佐賀県立名護屋城博物館所蔵文書』(展覧会図録　秀吉と文禄・慶長の役)。
(19) この点については、上高原聡「加藤領肥後一国統治期の支城体制について―一国一城体制の考察―」(『熊本史学』九二号、二〇一〇年)を参照。
(20) 前掲註(16)豊臣秀吉朱印状。
(21)(天正十六年)閏五月十五日付豊臣秀吉朱印状『富山市郷土博物館所蔵文書』(新熊本市史史料編第三巻近世Ⅰ)二五号文書など。なお、「合宿」については、桑田和明「九州再国分と「与力」「合宿」編成」(同著『中世筑前国宗像氏と宗像社』岩田書院、二〇〇三年。初出は一九八五年)を参照。
(22)(天正十六年)八月十二日付豊臣秀吉朱印状『小早川家文書』(大日本古文書　家わけ第十一)一七九号文書。
(23) 肥後の豊臣蔵入地については、森山恒雄『豊臣氏九州蔵入地の研究』(吉川弘文館、一九八三年)を参照。
(24)『北里文書』(熊本県史料中世篇第一)一三号文書。
(25) なお、第二節の内容については、とくに断らない限り前掲註(8)北島著書及び中野論文に拠った。
(26) この点については、とくに前掲註(8)中野論文bを参照。
(27)(慶長二年)二月二十二日付豊臣秀吉朱印状『熊本県立美術館所蔵文書』。
(28)(慶長三年)九月五日付豊臣四大老連署書状『栃木県立博物館所蔵文書』(展覧会図録　生誕四五〇年記念展　加藤清

正）など。

(29) 李啓煌『文禄・慶長の役と東アジア』（臨川書店、一九九七年）。

(30) 一〇〇石につき五人という動員の割合は、九州の諸大名に共通するもの。地域別では、もっとも過酷な負担である。なお、この点については、三鬼清一郎「朝鮮出兵における軍役体系について」（同著『豊臣政権の法と朝鮮出兵』青史出版、二〇一二年。初出は一九六六年）を参照。

(31) 諸大名の軍勢構成については、前掲註(30)三鬼論文及び池上裕子『日本の歴史一五　織豊政権と江戸幕府』（講談社、二〇〇二年）を参照。

(32) 前掲註(10)稲葉論文。

(33)『鈴木利三郎氏蔵文書』（新熊本市史史料編第三巻近世Ⅰ）四七号文書。

(34)『武井友貞氏蔵文書』（新熊本市史史料編第三巻近世Ⅰ）六七号文書。

(35)『大戸貞之氏所蔵文書』（群馬県立文書館所蔵）。

(36) 加藤清正覚書『下川文書』（熊本県史料中世篇第五）二三号文書。

(37) 前掲註(34)加藤清正書状。

(38)『原富太郎氏蔵文書』（新熊本市史史料編第三巻近世Ⅰ）五三号文書。

(39) 前掲註(9)中野論文。

(40)（慶長二年）正月三日付加藤清正書状写『群馬県庁旧蔵　下川文書』（群馬県立歴史博物館所蔵中世文書資料集）七〇号文書。

(41) 前掲註(40)加藤清正書状写。

(42)『渋沢栄一氏蔵文書』（新熊本市史史料編第三巻近世Ⅰ）四四号文書。

(43)『下川文書』二四号文書。

(44) 文禄・慶長の役における加藤清正の鉄砲使用事例については、藤原秀之「加藤清正朝鮮陣書状について」（『早稲田大学図書館紀要』四五号、一九九八年）を参照。また、鉄砲の生産・調達については、中島雄彦「加藤清正書状　下川又左衛門宛（文禄二年）八月八日―加藤光泰の朝鮮からの帰国と清正の鉄砲調達―」（『金鯱叢書』三八輯、二〇一一年）を参照。
(45)(天正十六年)三月二十日付加藤清正書状『広田健一郎氏所蔵文書』(東京大学史料編纂所影写本)。なお、加藤清正と和泉大鳥郡の蔵入地、そして堺との関係については、大浪和弥「加藤清正と畿内―肥後入国以前の動向を中心に―」(『堺市博物館研究報告』三二号、二〇一三年)を参照。
(46)(文禄三年)二月二十一日付加藤清正書状『早稲田大学図書館蔵文書』(前掲註(44)藤原論文)の鉄砲関連記事に登場する「榎置屋」は、恐らく「榎並屋」のことであろう。
(47)(天正二十年)九月二十一日付加藤清正覚書案『西村清氏蔵文書』(新熊本市史史料編第三巻近世Ⅰ)五一号文書。
(48)前掲註(38)加藤清正書状。
(49)『旧下川文書』(個人所蔵)。なお、本文書の詳細については、前掲註(44)中島論文を参照。
(50)前掲註(40)加藤清正書状写。
(51)前掲註(36)加藤清正覚書。
(52)前掲註(44)藤原論文及び前掲註(46)加藤清正書状。
(53)『武州文書』(東京大学史料編纂所影写本)。
(54)前掲註(36)加藤清正覚書。
(55)たとえば、文禄二年に比定される前掲註(53)加藤清正書状写には、「惣様百姓共、毎年未進仕、おちかゝりニ成候へハ、くるしからさると相心得、令難渋躰」と記されている。駆け引きなのか、真実なのか、文禄の役の二年目にして、百姓たちは「おちかゝりニ成」った状況にあり、それを理由に年貢を滞納していた。かかる状況は、「戦時動員体制」との因果関係を前提に理解されるべきものであろう。
(56)『元田竹彦氏寄贈台付写真』(新熊本市史史料編第三巻近世Ⅰ)六一号文書。
(57)前掲註(40)加藤清正書状写。
(58)『下川文書』三四号文書。
(59)庄内の乱と加藤清正の関係については、山田貴司「関ヶ原合戦前後における加藤清正の動向」(『生誕四五〇年記念展加藤清正』)を参照。

(60)『下川文書』三三号文書。
(61)『吉村文書』(花岡興輝「熊本県史料中世篇補遺(一)(二)」〈『熊本史学』四〇・四一号、一九七二年〉)四二号文書。
(62)『豊田春昌氏所蔵文書』(東京大学史料編纂所所蔵『史料蒐集目録二　昭和七年　山形県』)。
(63) たとえば、最近の研究は、いずれも「熊本城」の築城開始を加藤清正の帰国後、慶長三～四年にかけての時期と想定する。また、発掘調査の成果によると、各地に石垣を有する大規模な支城が整備されていったのは、やはり清正の帰国後、慶長年間半ば以降の時期だという。詳細については、山内淳司「肥後における織豊系城郭研究の課題―近年の城郭調査と麦島城跡の調査から―」(『熊本史学』八三・八四合併号、二〇〇四年)、吉村豊雄「加藤氏の権力と領国体制―清正期を中心に―」(谷川健一編『加藤清正　築城と治水』冨山房インターナショナル、二〇〇六年)、前掲註(19)上髙原論文を参照。
(64) たとえば、(慶長八年)十月九日付加藤清正書状『島田美術館蔵文書』(新熊本市史史料編第三巻近世Ⅰ)八九号文書をみると、内牧城の堀普請を進める加藤正方に対して加藤清正は、「はや寒天之時候間、下々くつをれ候ハぬやうに、大キなる事無用に候、今ほと百姓隙入時分候条、百姓普請なと中付間敷候」と述べ、城代クラスの重臣の百姓動員に釘をさしている。
(65) 本節の叙述にあたっては、稲葉継陽「熊本藩政の成立と地域社会―初期手永地域社会論―」(吉村豊雄・三澤純・稲葉継陽編『熊本藩の地域社会と行政―近代社会形成の起点―』思文閣出版、二〇〇九年)に多くのことを学んだ。
(66) 慶長十七年六月二十七日付江戸幕府老中連署条々写『家忠日記増補』(中野嘉太郎『加藤清正伝』青潮社、一九七九年復刻。初版は一九〇九年発行)。
(67)『細川家文書』(永青文庫所蔵、熊本大学附属図書館寄託)二一六の上葵八五の五。

〔付記〕 本稿は、二〇一三年九月に七隈史学会第一五回大会(於福岡大学)で、二〇一四年一月に熊本中世史研究会例会(於熊本市内)で口頭報告した内容に、加筆修正を施したものである。報告にあたっては、参加者の皆様から貴重なご意見・ご助言を賜った。記して謝意を表したい。なお、本稿は、東京大学史料編纂所の二〇一二・二〇一三年度一般共同研究「加藤清正関係文書の基礎研究―所在調査・編年・目録化―」による研究成果の一部である。

近世初期細川家臣団起請文にみる熊本藩「国家」の形成

稲葉 継陽

はじめに

本論は、永青文庫細川家文書(熊本大学附属図書館寄託)の中に多数伝来している、近世大名細川家の家臣団が作成・提出した起請文群の解読を通じて、十七世紀前半における熊本藩「国家」の形成について考察するものである。

中世後期、経済・社会秩序の急速な流動化(地域間・階層間の紛争状況)に伴う自力救済の激化は、荘園体制の枠組みを超えた紛争・暴力を激化させていった。こうした一般状況は、紛争・暴力を制御するための新たな法秩序への希求を、社会諸階層に呼び起こしていったものと推察される。

十四世紀中葉以降、各地に結ばれた在地領主の「一揆」は、在地領主層相互の自力救済に伴う実力行使を「談合・裁判」によって合議制的すなわち集団強制的に制御しながら、領主間の実力行使を抑止し得る地域的な「無事」(平和)の秩序をつくりだした。一方で「一揆」は、在地社会で解決困難な紛争を吸収することで、領域支配を実現する機構として発展する可能性を確保した。さらに、上級権力(「公方」)との政治的関係を一揆契約状のうちに規定することで、首都の権力による訴訟興行と「理非裁定」が、地域社会において実効性を発揮し得る条件が形成された(1)。

こうした武士領主制相互の地域的・一揆的規律化は、以後、十五・六世紀を通じて発展し、その中から永続的な領主団体としての「大名家」が形成されてくるのである。朝尾直弘は、近世大名家の本質を、そうして形成された「公儀領主制」と概念化している[2]。それは、在地領主の「一揆」が本来は「一揆」の成員であった特定の「御家」への帰属を明確にするとともに、そこに生まれた大名の「公儀」によって統制されることで成立した戦国大名権力を原基形態として、発展したものだとされる。

「公儀領主制」形成の最初の画期は関東の北条氏、中国地方の毛利氏などの例では一五五〇年代に見られる。その後、守護に出自を有する大名から織田・豊臣・徳川の各政権のもとで取り立てられた大名までをも含めて、十七世紀中葉にかけて、以下のような組織の緊密化が実現される。すなわち大名家は、知行制改革によって、給人の個別領主制の恣意的支配を抑制することで広域行政(藩政)を実現する条件を獲得し、「御家」の家産経済とともに領国の公的支配を実現するための行政組織＝「役方」組織に給人家臣団を自己編成していく。ここに永続的な政治・行政単位としての近世大名家が成立する[3]。

本論は、肥後細川家の近世大名家としての確立過程を、永青文庫細川家文書に現存する十七世紀二〇年代〜四〇年代の起請文に記された家臣たちの言葉によってたどる試みである[4]。

一　細川家伝来の家臣団起請文

(1) 細川家家臣団起請文群概要

熊本大学寄託永青文庫細川家文書のうちには、整理番号「神辰十九番」として一括された家臣たちの起請文が元和十年(一六二四)から明治三年(一八六九)まで、約二七〇通伝存している。このうち、肥後細川家第二代の細川忠興(三

近世初期起請文群の発給年次分布

寛永元年（1624）	5通
寛永2年（1625）	1通
寛永9年（1632）	1通
寛永10年（1633）	4通
寛永15年（1638）	3通
寛永16年（1639）	1通
寛永17年（1640）	3通
寛永18年（1641）	38通
寛永19年（1642）	8通
寛永20年（1643）	12通
正保元年（1644）	18通
正保2年（1645）	11通
合計	106通

斎）が死去する正保二年（一六四五）までの作成にかかる起請文が全一〇六通にも達する。すなわち、一括伝存した起請文群のうちのじつに四割が、第三代細川忠利の家督継承（元和七年）の後から隠居・三斎の死去までの間に提出されたものとなる。これは、当該時期がこの大名家の組織や行政システムの緊張にみちた形成期であったことを示している。そして、これら一〇六通の起請文の年次分布を示した表は、このことを裏書きしている。すなわち、三八通と突出する寛永十八年（一六四一）は、三月十七日に当主忠利が死去した年であり、次いで寛永末年から正保二年までは、八代の隠居領等を支配する三斎及びその四男立允との政治的葛藤を抱えながら、新当主・細川光尚の体制が構築されていく時期であった(5)。

これらの起請文は、細川家がいわば「御家騒動」的状況を克服することで、十七世紀後半以降の安定期を実現したことを具体的に示すもので、かつまた、大名家を永続的組織たらしめた組織原理や思想を一人一人の細川家臣が表現した、極めて貴重な史料群である。

ところで、起請文とは、みずからの主張や約束が偽りなきことを仏神に誓約する文書で、中世に成立し、前半部分に主張・約束の内容を記し（「前書」）、後半には寺社が発行する「牛王宝印」と呼ばれた護符の裏面に前書の内容を担保する自己呪詛文言（「神文」）を書いて貼り継ぐ様式が一般的であった。起請文は本来、人々が仏神に誓約するための文書であったから、宛所がないのが通例であったが、戦国期には中世仏神の権威の低下を反映して、人と人との直接的な約束を担保する文書へと性格を変化させ、宛所と、差出人の宣誓内容を保証する血判とを伴うようになった。

細川家臣団の起請文も、戦国期に変質して成立した、いわば近世起請文の様式上の特徴を備えている。前書は「天罰起請文前書之事」等の頭書で始まり、多くが一つ書形式で誓約内容を記し、牛王宝印を裏返して貼り継いで神文と年月日・差出・宛所を書き、花押上に差出人の血液をたらす（血判起請文）。これら起請文を群として捉えたときに注目される点を以下に指摘しておこう。

第一に、差出人は家老から在地の惣庄屋にまで及び、連判のものもある。

第二に、宛所は当主側近（右筆・御側衆）と、家老衆とに大別される。この相違は、薬師（二二七号）や毒味役（二三五号）の起請文が藩主側近に宛てられ、奉行所横目役の起請文（二一四号）が家老宛であるように、差出人の役職及び軍事組織上の立場によるものと推察される。

第三に、形式・神文は一部の例外を除いて定型化しているものの、前書の内容はそれぞれが実に個性的で、家老から惣庄屋に至るまでの大名家構成員が自分自身の言葉で、御家の組織や奉公のあり方についての経験・思想を述べた上で、誓約内容を記したものが少なくないこと。この点が、これら起請文群の史料的価値を高めているのである。

なお、家臣団起請文群は、奉行所に蓄積・管理されたのではなく、例えば二六〇号について細川光尚が、「（松井）式部せいし、此方ニとめ置申候」と述べていることから知られるように、藩主のお手元近くに保管されていたものとみられる。[6]

（2）起請文に表れる家老の組織観

家臣団起請文に誓約されている具体的内容について、元和十年（一六二四）正月に筆頭家老の松井興長が忠利に提出した起請文を例にみよう。細川家伝来の家臣団起請文のうち、最古の文書である。

天罰起請前書事

一、奉対　忠利様忠儀存、別心表裏仕間敷候、御座有間敷事ニ候へ共、若対　大御所様御無沙汰之儀候者、達而

御異見申上、其上にても無御同心候ハヽ、御逆意之御一味仕間敷事、
一、忠利様之御意をそむく輩へハ、縁者・親類たりといふとも、一切不可申談候、御隠蜜之儀、是又一切他言仕間敷候事、
一、被仰出候御法度、堅相守可申事、

以上

右條々若於致違背者、
梵天・帝釈・四大天王、別而伊豆箱根両所権現・三嶋大明神・熊野三所権現・稲荷・祇園・賀茂下上大明神・松尾平野大明神・諏訪熱田正八幡大菩薩・天満大自在天神・愛宕大権現、惣而日本国中六十余州大小神祇、殊氏神部類眷属、各罷蒙神罰・冥罰、於今生者、受白癩・黒癩重病於四十二節、於来世者、令堕在無間地獄、浮世更不可有之者也、仍起請文如件、
元和拾年　　長岡（松井）式部少輔
正月四日　　興長（花押・血判）
飯田才兵衛殿（一八〇号）

元和十年は、徳川秀忠から家光への将軍家代替りの直後にあたる。同じ文言の同日付け米田是季（長岡監物）起請文（一七九号）、同年二月七日付け沼田延元（長岡勘解由）起請文（一八一号）も伝存している。いずれも忠興以来の家老たちである。前述のように、前書部分は切紙形態の料紙に、神文は那智牛王宝印の裏に記してある。第二条では、主君細川忠利の御意に背く者はたとえ縁者・親類であっても決して通じないこと、「御隠蜜」の案件は決して他言しないことが、そして同第三条では、幕府の「御法度」を順守することが、それぞれ誓約されている。これだけなら主君に絶対忠誠を誓った起請文に見えるが、問題は第一条である。

「忠利様に対して忠義を存じ、別心表裏なく仕える。決してあってはならないことであるが、もし忠利様が「大御所様」(秀忠)に「御無沙汰」するようなことがあったなら、私は忠利様に「御異見」(諫言)を申し上げ、それでも忠利様が御同心なければ、自分はそのような忠利様の大御所様に対する「御逆意」には、決して「一味」しない」。

将軍家代替りに際して松井興長以下の家老らは、忠利が大御所秀忠との政治的関係をかわらず維持することを要求していた。また、後の寛永十八年(一六四一)における忠利急死のちょうど四か月後の七月十八日、松井ら三家老は新当主細川光貞(光尚)に対して起請文(二〇九号)を提出し、その第二条に「光貞様被対　公儀御無沙汰之儀、若御座候共、達而御異見申上、自然於不被成　御同心者、御逆意之御一味、一切仕間敷事」と、元和十年とまったく同趣旨の誓約をしているのである。

将軍家や大名家当主の代替りに際して幕藩関係を滞りなく維持することは、大名家存続のための重大な政治条件であったろう。当主といえども、幕藩関係を阻害する行動は許されない。自分たちの奉公は当主個人のためでなく、「御家」の存続のためになされるのであって、当主の行動もまた「御家」存続の共同利益を損ねるものであってはならない。もしこうした観点から当主の行動が不適切だと判断されたなら、それを正すために全力を尽くすのが家老たる者のつとめである。これが、これら起請文に示される家老たちの組織観であり価値観であった。

二　御家騒動状況の展開

(1) 三斎隠居家との対立

元和七年(一六二一)に小倉藩主細川家の家督を継承した忠利は、家老衆・惣奉行衆とともに、地域行政機構の整備による個別領主制の制御、上方蔵元からの借銀利子返済への組織的な対応、そして肥後入国時の「惣知行割」において実施した知行制改革等を通じて、給人の個別領主制を「御家」の組織に組み込み、藩政を構築すべく邁進した。[7]この取組みは、「公儀領主制」の形成に向けての画期的な成果をあげたと評価される。しかし、忠利・家老衆・惣奉行衆によって主導される「御家」の前に立ちはだかり、藩政の構築にブレーキをかけたのは、じつに隠居した細川忠興＝三斎であった。

元和六年(一六二〇)の末、忠利に家督と小倉城を渡した三斎は、みずからの隠居城を中津城に定めた。この時代、隠居した国持大名が、幕府の了解のもとで領国内に自分だけの城を持つケースがあり、その場合、隠居城の周辺地域には、隠居の「蔵入地」(直轄領)と、隠居に奉公する家臣団の知行地が設定されるのが普通であった。三斎の場合、蔵入地の規模はじつに三万七千石。それだけで一大名級であるが、この蔵入地は無役であった。加えて三斎は「中津衆」と呼ばれた家臣団を保持していた。中津衆は、知行は忠利からもらっているものの、後述するように、三斎との人格的関係を非常に強く持った家臣たちであった。こうして三斎は、細川領国内にありながらも、あたかも独立した大名の如く、これらを支配した。[8]

寛永二年(一六二五)十二月五日、忠興以来の重臣・小笠原民部少輔(長元、知行五千石)は、家老の松井興長に宛てて起請文を提出した。民部はその第一・二条で、多大な借銀を負った自身の役負担を忠利が半減し、さらに扶持方米や大判十四枚等を拝領した恩義に報いるため、忠利に心の及ぶ限り奉公すると誓約した上で、第三条に次のように記した。

一、私儀、従　三斎様爰元之御横目ニ被　仰付候と、取沙汰仕候由承及候、か様ニ取沙汰御座候時者、自然立御耳申儀も可有御座と奉存申上候、卒爾之様ニ御座候て、御前憚多慮外ニ奉存候へ共、右之取沙汰御座候を、私承候て不申上、其儘罷有候儀者、何共迷惑ニ奉存候ニ付、如此御座候、縦左様之儀従三斎様被　仰付候とて、御請申上　御前をかすめ、御父子様御間之被　仰事ニ仕成申様ニ、うしろぐらき事を仕候てハ御前之儀者不及申上、諸傍輩へも面を可指出儀にてハ御座有間敷儀と依奉存、私覚悟ニハ少も不寄存候、其上三斎様より御横目ニ被　仰付候儀、毛頭無御座候、又者　御内證にて被　仰聞候事も勿論、此方より申上儀も聊無御座候、（一八二号）

自分について、三斎から小倉の情報を中津に内々に伝達する「御横目」に任じられている、という「取沙汰」、すなわち噂がたっている。忠利の耳に入ってからでは遅いので、あえて申し上げる。たとえ三斎からそのような命があったとしても、それを引き受けて忠利をだまし、父子の間に紛争を起こさせるような後ろ暗いことをすれば、忠利へは勿論のこと、傍輩たちへも顔見せできるものではない。勿論、三斎から横目を命じられた事実はなく、忠利に内緒で三斎に情報を漏らしたようなこともまったくない。

小倉・中津間に非常に厳しい緊張関係があり、小笠原のような重臣がその渦中で忠利家臣としての立場を失いかねない状況に追い込まれていたことが示されている。次に掲げるのは、前年の五月に江戸にあった忠利(越中守)から三斎の中津奉行衆に発給された達書の控えで、小笠原の起請文が書かれる前提的な事情を示すものである。

任幸便申候、仍従　三斎様御用とて奉行共又町奉行かたへも可被申越候、其儀ニ付而申候、我等用共申遣候へ共、事多故跡先ニ仕、其上無念千万なる儀多候而、堪忍も難成事候へとも、先一日〱と堪忍申候、従中津之御用直ニ被申越候ハヽ、事ニより中々御意ニ入候様ニ可仕もの共にて無之候、然時ハ其身ハ兎もかく我等まて迷惑申候間、兎角民部（小笠原）・八郎左衛門（村上）尉ニせめて相尋、両人まかせニ可仕之由、罷上候刻も此度も堅申遣候、民部・八郎左衛門ハ少御勝手をも存儀候間、右両人へ御用申遣候ハヽ、それ〱ニ可申付候間、可被得其意候、為其如此候、謹言、

越

（寛永元年）五月八日

続少助殿
長舟十右衛門尉殿
山田采女殿(四五号)

三斎は小倉の奉行衆や町奉行に「御用」と称する要求をひっきりなしに申し越してくる。それで奉行衆の業務が目一杯になり、自分の命令への対応に滞りが出るのが、忠利の大きな不満であった。「堪忍も難成事候へとも、先一日〳〵と堪忍申候」というのは、尋常ならざる表現であろう。小倉奉行衆も自分も迷惑であるから、三斎の御用は勝手知ったる小笠原民部と村上八郎左衛門を専属担当にするので、奉行衆には命じるな、というのが忠利の三斎＝中津奉行衆への要求であった。しかし、三斎御用の担当者たる小笠原が三斎と通じているのではないか、という噂が小倉の家中で生じてしまったわけである。

こうした、いわば公儀領主制の支配領域の中にありながら、その公儀に容易には服さない自立的な権力、それが初期国持大名領内の隠居家であった。忠利・家老衆・奉行衆が八〇〇名もの規模を有した給人たちを家臣団としていかに規律化しようとも、三斎と中津衆を一律に編成することは困難であった。こうした細川「御家」の構造は、寛永九年の肥後国替え後も熊本・八代間の対立として継続し、御家騒動が危惧されるまでになっていくのである。

(2) 熊本における「御家」の形成

肥後国替えに際して中津から八代に入った三斎は、やはり八代城を拠点とした隠居領の独自支配を維持していた。(9)「天草・島原一揆」後、三斎は専行して八代隠居家の家督を溺愛する四男立允(立孝、知行高三万石)に譲り、八代隠居領と隠居家を独立的に相続させようと企図して忠利と対立した。三斎は、立允が自身の隠居領をも併せて相続することで、八代隠居領＋立允領＝「八代分領」を、熊本から相対的に独立し将軍に直接奉公する支藩にしようと動いた。

これに対して忠利は、隠居領は三斎一代限りとして、立允領もあくまで一般給人なみの支配権を付与するに過ぎないものと位置づけていた。

寛永十六年、三斎は忠利に相談せぬまま隠居家督を譲った立允を将軍拝謁のため江戸に向かわせた。その結果、忠利自身が幕府と交渉せざるを得なくなり、立允は自身の知行三万石に三斎死後にはその隠居領三万石ないし三万七〇〇〇石を加えて相続するよう決定された。忠利と確立しつつあった熊本藩政、そして細川の「御家」にとって、三斎隠居領と三斎付家臣団の存在は、まさに獅子身中の虫であった。

ところが寛永十八年三月十七日、三斎らに先立って忠利が死去してしまう。かねてから病気がちではあったが、急死といってよい。これをうけて三月から六月までの間に、家老から小姓頭、右筆までが光尚（忠利嫡子）の側近や家老に宛てて次々と血判起請文を提出した。

以下、この期間の起請文のうちで注目される記述を列挙してみよう。

一、肥後守様御為ニ悪敷儀承申候ハヽ、則刻佐渡守殿・沢村宇右衛門尉殿迄可申上候、尤三斎様へ万事ニ付、少茂心入仕間敷候事、

（寛永十八年三月二十六日　丹羽亀丞等三名連署　家老宛　一九三号）

一、越中様御代ニも、三斎様へ善悪ニよらす、少茂通路不仕候、是已後茂弥其覚悟ニ而御座候、今度　越中様御逝去已後、熊本之様子　三斎様へ通路御座候由承候、御心安被召仕候私ニ而御座候間、御側之儀をも　三斎様へ可申上哉と被思召候へハ、致迷惑候故、如此ニ御座候、

（同前　坂崎内膳正　細川光尚側衆・家老宛　一九四号）

一、八代様へ今迄通路不仕候、以来猶以如何様之儀御座候共、内證之通路仕間敷事、

（寛永十八年四月十九日　藤崎喜八郎　細川光尚側衆宛　一九九号）

一九三号は知行高千石の重臣で組頭の丹羽亀丞らが、忠利の死去直後に提出した起請文である。「肥後守様」＝光尚にとって悪しき情報を得たなら、即刻、家老の松井佐渡・沢村宇右衛門に報告する旨を誓うとともに、三斎とはあらゆる面で通じない旨を誓約している。

一九四号では、やはり重臣の坂崎内膳正が次のように述べる。自分は「越中様」＝忠利の代から三斎とは決して通じていなかったし、これからもその覚悟だ。忠利が死去してからの熊本の様子が三斎へ筒抜けになっているとのことだが、かつて三斎近くに仕えていた自分が陰で流していると光尚から疑われてしまったら迷惑であるから、こうして起請文を提出する、と。一九九号の藤崎も、「八代様」＝三斎にはかつて通じたこともなかったし、今後もどのような事情があっても、「内證之通路」はしない、と誓っている。

八代隠居家と隠居領の主・三斎の存在は、「御家」を不安定化から解体へと導く要因だと認識されていた。忠利急死の十一日後に提出された次の起請文は、こうした状況を筆頭家老の松井佐渡守興長が表現したものとして興味深い。宛所の沅西堂は松井一族で光尚の御側衆である。文中に見える宇右衛門尉は沅西堂の弟で、家老のひとり沢村大学の養子となり、沢村家を継承した人物である。

きしやうもんまへ書之事

一、拙者儀、対　肥後様へ毛頭如在ニ存儀ニて無之候、第一御家之儀、此度大事之義と存候、貴様如御存知、我人心を置、目くらへの様ニ相見へ候ゆへ、何事も心を置申躰ニ候、八代之儀、みな〳〵心ニ在之躰ニ候、宇右衛門尉・拙者儀者、万事一心ニ、此度　肥後様御為可然様ニ、　忠利様御ゆいこん、少もちかい無之様ニと申談候、三斎様我々を御にくミ候事ハ、大方江戸之衆も、御出入被仕候ほと之衆ハ御存之事ニ候、肥後様も御存之前ニて候間、か様ニ申わけニても無之、其上　肥後様御為此様ニと不存候、わけハ尤ニて候とても存わけニて無之、如斯せいし仕候て懸御目候間、拙者手前之儀、万事何事を各まへニて申候も、御聞候事ニ候間、御かつてん可参候、か様ニ貴僧へ申わけニても無之候へ共、宇右衛門儀別心無之、心さし相見へ申候ニ付、左候へ者、貴様も　肥後様御為悪敷ハ御存無之通内々存候間、如此申事ニ候、右之段々心中ニ存所、於偽申ニハ
梵天・帝釈・四大天王、惣而日本国中大小神祇、殊氏神・八幡大菩薩・愛宕大権現・天満大自在天神、各可罷蒙御罸者也、仍起請文如件、
寛永拾八年
三月廿九日　　長岡佐渡守(花押・血判)
沅西堂
参(一九七号)

興長は、かかる状況下での忠利の急死は、「御家」の「大事」だと断言する。熊本家中では家臣たちがお互いを警戒しあい(「我人心を置」)、にらみ合っているような状況(「目くらべ」)にあるが、その根底にあるのが八代問題である。自分と沢村宇右衛門尉は、万事について心を一つにして、ただ「肥後様」=光尚の家督継承のために、忠利の遺言に少しも違わないよう事を運ぶべく談合している。しかし、三斎が熊本の自分たち家老衆を憎んでいることは、幕閣にも細川家出入りの者たちにも、広く知れ渡っている。これは光尚の家督相続実現にとって不都合である、というのである。

忠利死去直後の細川家中は、まさに混乱の極みに達していたといってよい。幕府と交渉して隠居領・隠居家の独自相続を実現させてしまった実力を有する三斎が、忠利から光尚への家督相続に関して幕府に何を申し出るか。八代分領の別相続すなわち支藩化を主張する可能性があった。しかし、熊本家老衆との感情的ともいえる対立があっては、三斎の行動はコントロール不能であった。起請文の後段で興長は、「拙者手前之儀、万事何事を各まへニて申候も、御聞候事ニ候間、御かつてん可参候」と述べている。やや難解だが、「各」を幕府老中らととれば、自分なら老中ら

にどのような意見を述べても、彼らも事情は了解しているので、理解してくれる筈だ、という意味になろう。すなわち興長は、三斎の幕府に対する主張を食い止めるために沢村右衛門尉や沅西堂と一味せんとして、この起請文を提出したのである。

五月五日、江戸にあった光尚（光貞）は老中から酒井讃岐守の屋敷に呼び出され、家光の上使松平伊豆守・阿部豊後守から忠利の遺領相続を許可する旨、伝えられた。次に示すのは、光尚自身が国元の家老衆にその第一報を知らせた書状の写し（『綿考輯録』巻五十九、所収）である。

以上

態早打を以申候、今日御老中を以被仰渡候ハ、越中守様御事被成御取立候処、か様之儀御不便ニ被思召候、我等儀は御爪之端ニも被思召候間、弥御奉公可仕候、越中様跡式無相違被　仰付との　上意ニ候間、心安可存候、其元家中之者共ニ可申聞ス候、則明日登城可仕　上意ニ而、明日登城候、此状八代江急度可遣候、謹言

肥後
五月五日　光貞御判

長岡佐渡守殿
有吉頼母佐殿
長岡監物殿
長岡式部少輔殿
米田与七郎殿
沢村宇右衛門殿

「越中守」＝忠利の「跡式」一円相続許可の上意が出たから、家老衆は心安く存ぜよ。そしてそれを「其元」すな

わち熊本の「家中之者共」に即時にあまねく伝達せよ。こうした表現からは、光尚の肥後五四万石の一円相続が幕府においても既定の路線であり、なるべくしてなったものではなかったことを窺わせる。さらに末尾には、この書状を熊本から「八代」＝三斎に至急転送するよう特記している。これは、光尚自身が相続問題に関する三斎の言動に神経をとがらせ、三斎による文藩化の動きを封印せんとしていたことを推測せしむる。

さて、光尚は六月十四日に熊本に入り、九月末に参府出立するまで熊本での代替りの礼儀等を執行している。その期間に提出された起請文には、次のような特徴的な表現が見られる。

一、私ばゞ、前かどより　八代様へ御目見得ニ伺公仕候、就其　御前之儀、一切　八代様へ聞之不申様ニ可仕候、勿論前々より御側御内證かましき儀、ばゞニ語申たる事も無御座候事、

（寛永十八年七月十二日　成海権佐　細川光尚側衆宛　二〇四号）

一、三斎様ニ私いとこ魚住万五郎と申者、御奉公仕居申候、彼者母私おはニ而、同前ニ罷有申候、就其、御そはの御やうたい、善悪之御沙汰、一円申遣間敷候、

（同年七月十四日　続亀助　細川光尚側衆宛　二〇五号）

一、私共親類八代ニ御座候ニ付而、爰元何事ニ而も善悪之儀、若八代へ通路仕候様ニ可有御座と存、書物仕上ヶ候事、

一、魚住万五郎と申者、私共親類にて御座候、万五郎所へ之儀ハ不及申、其外之者共へも、爰元万事善悪之儀、少茂通路仕間敷候事、

一、此以前、中津ニ　三斎様被成御座候時より於于今、万事之儀毛頭通路不仕候、如此書物仕上ヶ候通、他人へ沙汰仕間敷候事、

（同年七月十六日　続次太夫等五名連署　細川光尚側用人宛　二〇六号）

熊本と八代の対立は、光尚の家督一円相続によって解消されたわけではなかった。ここでは、三斎との縁が深い家臣が起請文を作成・提出したものとみられる。三斎に仕える自分の祖母、従弟、叔母、そして八代の親類たちには、決して「通路」をせず、熊本の当主・光尚の周辺情報を話すようなことは絶対にしない。それどころか、自分は細川家肥後国替え以前の三斎中津時代から現在まで、三斎とは一切の通路を持ったこともない、とまで誓う者もいた。ここには、熊本家臣団の八代衆に対する敵対意識、あるいは八代と通じているとの疑惑をかけられることへの家臣たちの恐怖感さえ、読み取ることができる。

こうして、熊本の細川家臣団には、八代との対立を梃子にした「御家」の一揆的な集中が実現されようとしていた。

三　熊本藩「国家」の出現と歴史的特質

(1) 熊本藩「国家」の出現

当主光尚の体制が固められつつも、八代との緊張関係が極限に達しつつあるなか、正保二年(一六四五)閏五月にかねて病弱だった立允が死去し、同年十二月に三斎が、相次いで死去した。そして翌年七月、立允の子息行孝が立允の遺領三万石のみを相続して八代から宇土へと移封され、八代城には城代として筆頭家老の松井興長が入ることで、三斎隠居家・隠居領の完全な解体による、危機回避がなされたのであった。

このとき、三斎の中津隠居いらい臣従してきた者を含む多くの三斎付家臣が細川家を離れた(10)。次に引用するのは、八代隠居家の家老・長岡河内守(村上景則)が正保三年七月に提出した御暇伺いである。

御請

一、妙解院様(細川忠利)御代ニ私参上申間敷と申上候儀　公儀　御奉行衆も御存候ニ、今更熊本江致被　召出候儀も不被

為成被　思召候、又私参上仕儀も不成儀ニ御座候由　御諚御尤ニ奉存候事、
一、妙解院様御代ニ私参上不仕わけ、色々御座候得共、事永ク御座候間、有増申上候、三斎様私ニ御懇ニ御座候
故、小倉より中津江御隠居之刻、せめての御奉公ニ御隠居之御供仕、御一世者御奉公仕度奉存候、御手せばニ
被為成候間、縦御さうり取御一人之御仕合ニ御座候共、其御さうり取を仕可申覚悟ニ御座候由申上、御供仕申
候間、妙解院様江参上不仕候事、
一、御合力可被　仰付候条、御国之内何方ニも罷居、宮松殿(細川行孝)へ御見舞申候様ニと　御諚之通忝奉存候、如何様共
御諚次第ニ可仕儀ニ御座候得共、御奉公も不仕候ニ御恩をいたゝき申候儀、如何ニ奉存候間、御暇被下候者忝可
奉存候、此等之旨宜被仰上可被下候、以上

(正保三年)七月廿日　長岡河内守(村上景則)(花押・黒印)

長岡勘解由殿
丹羽亀丞殿(一七八号)

河内は次のように述べている。自分が三斎の隠居にお供して忠利には奉公しないと意思表示し、実際にそのようにしたことは、公儀の御奉行衆も知っているのだから、今更光尚が自分を熊本に召し出す筈はないし、自分の仕官を光尚が拒否したのも当然である(第一条)。忠興から忠利への代替りに際して、自分が忠利には奉公せず、隠居した忠興＝三斎に従った理由には、さまざまな事情があり、長くなるので、あらましだけ申し上げる。三斎は自分の主君として懇ろにしてくださったので、小倉から中津へ隠居される時には、精一杯の御奉公としてご隠居のお供をして、三斎の終生を通じて御奉公する道を選んだのだ。三斎の所帯が小さくなり、たとえ御草履取一人しか奉公できない状況になったとしても、その草履取を自分がつとめる覚悟を申し上げてお供したので、忠利のもとには参上しなかった(第二条)。合力米を与えるので肥後国内に居住して宇土の行孝を御見舞いするよう光尚から御諚を得た。御諚次第でど

のようにでもするべきではあるが、奉公もせずに御恩を頂くのは如何かと思うので、きっぱりと御暇を下されば忝い。以上を光尚によろしく上申して欲しい(第三条)。

ここには、自分が奉公する対象は三斎ただ一人であり、そのもとでこそ従者としての自己を実現しようという思想がみられる。河内が重視したのは、三斎との長年の人格的関係であった。戦場で命の危険をかえりみず、主君の指示に迅速に対応して行動することができる者こそが、十六世紀の大名家にとっては優れた家老であり、生きるか死ぬかギリギリの合戦で家老＝物頭衆を適切に動かし得る力量が、当主に要求されたのである。こうした状況で、当主と家老との間に不可分の人格的関係が形成されるのは当然であり、河内にとって隠居する三斎に追従するより他の選択肢は存在しなかったのであった。信長のもとで初陣をかざり、天正十年(一五八二)の「本能寺の変」に際して代替りし、大坂陣までのあらゆる合戦、長期動員を経験して生き残ってきた忠興の世代に典型的な奉公観であった。

一方、松井興長・有吉英貴をはじめとする熊本の家老衆は、光尚代始めに際して、次の起請文を提出していた。

敬白天罰霊社起請文前書事

一、御国家之儀、大事ニ可奉存候、随分御仕置等之儀、常々由断仕間敷候、殊更致贔屓偏頗、御影くらき事仕間敷事、

一、如何様成儀手前ニ致出来、雖及難儀候、少茂奉対　御前、表裏別心仕間敷事、

一、被　仰出御法度、堅相守可申事、

一、御前ニ而御隠密之儀、一切取沙汰仕間敷事、

一、光貞様背　御意候輩、縦雖為縁者・親類・知音、近付一切構申間敷事、

以上

右條々若於致違背者、忝茂

奉請驚、上者梵天・帝釈・四大天王・日月五星廿八宿、下者堅牢地神地之三十六禽、別而伊豆箱根両所権現・三嶋大明神・熊野三所権現・稲荷・祇園・賀茂下上大明神・松尾平野大明神・諏訪熱田正八幡大菩薩・天満大自在天神・愛宕大権現、惣而日本国中六十余州大小神祇、殊氏神・部類眷属、各罷蒙神罰・冥罰深厚、於今生者、受白癩・黒癩之重病於四十二節、於来世者、令堕在無間地獄、浮世更不可有之者也、仍起請文如件、

寛永拾八年七月十八日

澤村宇右衛門尉(花押・血判)

米田与七郎(花押・血判)

長岡式部少輔(花押・血判)

長岡監物(花押・血判)

有吉頼母佐(花押・血判)

長岡佐渡守(花押・血判)

住江求馬助殿(二〇八号)

第二条～五条目までは、新藩主光尚(光貞)に忠誠を誓う、定式化された文言である。ここで問題にすべきは第一条である。家老たちは、「御国家」を「大事」と位置づけ、その運営のための業務は常に精一杯つとめ、私的利害を排し、不正は働かない、と誓う。

また、正保二年二月九日に光尚のもとで奉行に任じられた奥田権左衛門尉・西郡要人佐・堀江勘兵衛の三名連署血判で家老衆に提出された起請文(二五四号)の第一条にも、

一、御奉行被　仰付上者、御国家之儀を大事奉存、諸事不立私、御為可然様ニ覚悟可仕事、

と記され、彼らは、奉行を拝命したからには「御国家」を「大事」と認識し、決して私を立てずに光尚と「御国家」のために適切な職務遂行態度をとる、と誓約していた。

「御国家」とは、細川の「御家」の組織と、統治の対象である「御国」（領国）とを合わせた概念である[11]。主君個人のためではなく、御家と領国の永続のために、畳の上の奉公に命を懸ける。家老衆・奉行衆として藩政と幕藩関係を合議制的に運営する重臣たちは、武士領主階級の結集態である「御家」の再生産だけではなく、藩政運営の管理統率者として領国地域社会の再生産に寄与するものとして、奉公の意味を自己規定しているのである。

このように、三斎家老と熊本細川家老の奉公観は、著しい対照をなすとともに、前者から後者への移行の画期が寛永末・正保期にあったことが理解される。織豊期の取立大名である細川家の近世国持大名家としての完成形態を、一六四〇年代に見出すことが可能である。

（2）「御国家」の出現と「下々」

最後に、奉行衆や家老衆が奉仕する最高の対象としての「御国家」の特質を垣間見せる、正保二年（一六四六）十一月二十九日提出の松井寄之起請文（二六〇号）を紹介しよう。寄之（長岡式部少輔）は筆頭家老松井興長の後継者であるが、じつは三斎の末子で松井家に入った人物であり、すでに寛永十八年の忠利死去直後に提出した起請文（一九六号）では、光尚を支えるべき家老家の後継者でありながら三斎の実子でもあるという自身の素性の特殊性から、三斎と「兎角之通路」で結ばれているのではないかという「諸人」の憶測が生まれ「迷惑」している、と述べていた。そして寄之は、その後体調を崩して光尚への奉公もままならなくなる。正保二年の起請文は、光尚が寄之に病状を説明させるために提出させたものである。

この起請文で寄之は、「きづい故、ヶ様ニ仕居候と諸人可存と迷惑不過之」「世間之人口偏迷惑ニ存候」「殿様へ何そ御不足も候てか様ニ仕居候なと丶、下々ノ沙汰ニ申様ニ承候」「世上之ひようばん不成、偏迷惑仕候へ共、世上へ之申分ハ不罷成」などと繰り返している。自分が気儘だから奉公もせず日々を過ごしていると「諸人」に思われるほど、迷惑なことはない。「世間」の噂は本当に迷惑である。殿さまに何か不満でもあって奉公もせずぶらぶらしていると「下々」に噂されているようだ。「世上の評判」は悪く、ひたすら迷惑しているが、そんな「世上」に言い訳することは叶わない。このように寄之は、「諸人・世間・下々・世上」における自分の評価に、異常なまでの心配を示していたのであった。

「諸人・世間・下々・世上」を家中の侍一般とみれば、寄之の発言は、筆頭家老の役儀のつとめぶりが家中の世論によって規制されていること、すなわち、管理統率者の存在が家中成員からの間接的評価に基づく実質的委任によって保障されるが如き、自律団体としての「御家」が形成されている事実を反映したものだとみることができる。しかし、当該期の細川家文書に見える「下々」という表現は、家中を構成する一般武士のみを指すのではない。次に示す寛永十三年正月五日付の細川忠利惣奉行衆宛達書(一五六号)の第一〇条は、その一例である。

我等下候ハヽ、代官・郡奉行・惣庄屋申付様可承候、私なき様ニ可申付事肝要候、其身の不届儀者其身一分にて相済候、我等国のしかたわき〳〵にも能可承候、其上ハ　御耳にも切々達可申候、我等不存儀ニ私成儀下々ニ仕成候てハ国のため家の為にて候間、能々可申聞候事、

自分が下国したら、蔵入地代官・郡奉行・惣庄屋の職務遂行状況を報告させる。地方行政にあたる役人は、「私なき様」に職務を遂行することが重要である。個々の役人の不届きは、本来は「其身一分」の問題なのであるが、肥後の場合は諸国の模範たらねばならないのだから、熊本藩の藩政のあり方は隣国からも公儀からも注目されているのだ。だから、これら役人の「下々」に対する不届きは「国のため家の為」のレベルの問題だと考えねばならない。この旨をよくよく申し聞かせるように、というのである。

ここで忠利が言う「国のため家の為」との価値観は、家老衆・奉行衆起請文の「御国家を大事に」という文言の示すところと一致する。そして忠利は、代官から惣庄屋にいたるまでの地方役人の「下々」に対する統治行為が公正に

なされる限りで「国家」が維持されると説き、地方役人らに自覚を促しているのであるから、ここでの「下々」とは、領国地域社会の百姓層を指すことは間違いあるまい。

「御国家」の維持再生産に奉仕するのが家老・奉行のつとめだ、という近世的な奉公観の形成には、家産制から独立した〝公的〟な統治体制＝藩政の確立を求める領国地域社会からの世論が強く作用していたと考えられるのである。

おわりに

細川家に遺された近世初期の血判起請文によって、細川家「御国家」の出現までの過程と、「御国家」の歴史的性格について考察してきた。延宝期までの御家騒動の分析を通じて「幕藩制的秩序」の形成を論じた福田千鶴は、寛永期までの「初期御家騒動」を、「近世初期には大名権力から自律的な大身家臣を大名「御家」のなかに包摂し、藩家老として狭義の藩政に参画させる家老合議制を導入することで藩政を確立する段階があり、その過程で主君と自律的な大身家臣との主従不和が騒動に発展した」ものと位置づけている(12)。

当該期の細川家の場合、藩政確立のための最大の問題は、幕藩関係上でも領国支配上でも自律的に活動する三斎隠居家と隠居領の存在であった。それとの対立の過程で、当主忠利・光尚の家老衆と奉行衆が役儀奉公の対象としての永続的な「御国家」概念を定着させたこと、家老衆・奉行衆が命を懸けて維持する対象として強烈に意識した「御国家」とは、藩政の形成に際して自己主張を強めてきた百姓的な政治社会＝領国地域社会をも包摂する概念であったこと。以上が確認できたと思う。かかる「御国家」の形成は、十六世紀に自立的な領主制と主従関係の束として成立・出発した大名家の、十七世紀中葉における「近世化」の内実を示すものである。

ただし本稿は、以上の過程を家臣団起請文から覗いてみたノートに過ぎない。本稿で引用した起請文は、初期藩政関係史料の分析と併せて読まれることによって、より深く理解されるであろう。小倉・熊本藩政確立過程そのものについての分析は、本稿とほぼ同時に公表される拙稿[13]を、ぜひ参照いただきたい。

註

（1）勝俣鎮夫『一揆』（岩波書店、一九八二年）、新田一郎『日本中世の社会と法』（東京大学出版会、一九九五年）、小林一岳『日本中世の一揆と戦争』（校倉書房、二〇〇一年）。
（2）朝尾直弘「「公儀」と幕藩領主制」（同著『将軍権力の創出』岩波書店、一九九四年、所収、初出は一九八五年）。
（3）池上裕子『戦国時代社会構造の研究』（校倉書房、一九九九年）、久保健一郎『戦国大名と公儀』（校倉書房、二〇〇一年）、笠谷和比古『近世武家社会の政治構造』（吉川弘文館、一九九三年）、福田千鶴『幕藩制的秩序と御家騒動』（校倉書房、一九九九年）。
（4）本稿で引用する起請文は、熊本大学文学部附属永青文庫研究センター編『永青文庫叢書 細川家文書 近世初期編』（吉川弘文館、二〇一二年）にすべて収録されている。本稿での引用には同書の収録番号を記す。なお、細川家文書における近世初期の文書の存在形態については、同書収録の「解説編」（稲葉執筆）を参照。本稿にもこの「解説編」の叙述の一部を利用した箇所がある。
（5）吉村豊雄『近世大名家の権力と領主経済』（清文堂、二〇〇一年）参照。
（6）（正保三年）正月十日 細川光尚書状（八代市立博物館未来の森ミュージアム『松井文庫所蔵古文書調査報告書 十三』二三四二号）。
（7）忠利期の藩政構築・確立過程については、稲葉継陽「十七世紀における藩政の成立と特質」（稲葉継陽・今村直樹編『日本近世の領国地域社会』吉川弘文館、二〇一五年一月刊行予定）を参照されたい。
（8）（9）吉村豊雄前掲『近世大名家の権力と領主経済』、『新宇土市史 通史編第二巻』（二〇〇七年）近世編第三章、参照。
（10）この点、前掲『新宇土市史 通史編第二巻』近世編第三章、参照。
（11）勝俣鎮夫『戦国時代論』（岩波書店、一九九六年）をはじめとする、戦国大名国家に関する一連の研究を念頭に置いた理解である。

(12) 福田千鶴前掲『幕藩制的秩序と御家騒動』三七七頁。

(13) 稲葉継陽前掲「十七世紀における藩政の成立と特質」。

✣コラム✣

筑紫の乱における菊池隆直と阿蘇惟泰

中村一紀

一　筑紫の乱と肥後の武士たち

治承四年(一一八〇)八月の源頼朝の挙兵と時を同じくするかのように、九月に筑紫においても反乱が起った(『玉葉』九月十九日条)。この反乱は、十一月には肥後国にも及んだ。その首謀者が菊池隆直であることは、すでに川添昭二氏(『菊池武光』人物往来社、一九六六年)や工藤敬一氏(『荘園公領制の成立と内乱』思文閣出版、一九九二年)の研究で指摘されている通りである。小稿では、この内乱およびその後の菊池隆直の行動、かれと一緒に行動した阿蘇惟泰について若干の私見を述べてみたい。

この筑紫の乱勃発の出来事は、翌治承五年(一一八一)二月には平氏政権や朝廷にも伝えられた(『玉葉』治承五年二月十一日条)。その間、乱は日に日に強大となり、ついには大宰府を襲撃するに至っている。『玉葉』は、「鎮西謀反之輩」について、「鎮西謀反之者張本徒党十六人」と記し、また『吉記』治承五年四月十日条には菊池隆直追討の宣旨が発せられたとある。

ところで、『吾妻鏡』養和元年(一一八一)二月二十九日条には、筑紫の乱について次のような記載がある。

於鎮西有兵革、是肥後国住人菊地九郎隆直、豊後国住人緒方三郎惟能等、反平家之故也、同意隆直之輩、木原次郎盛実法師、南郷大宮司惟安、相具惟能者、大野六郎家基、高田次郎隆澄等也、此外長野太郎、山崎六郎、同次郎、野中次郎、合志太郎并太郎資奉已下、率六百餘騎精兵、固関止海陸往還、仍平家方人原田大夫種直、相催九州軍士二千騎、遂合戦、隆直等郎従多以被疵云々

これによれば、隆直の挙兵に同調した肥後国の武士は木原盛実、南郷大宮司惟泰、長野太郎、山崎六郎その他六百余名で、これに対して平氏は原田種直を大将として九州の軍兵二千騎を鎮圧軍として派遣した。その結果、隆直等は負傷者を多く出し敗北したという。『吾妻鏡』は、菊池隆直が豊後国緒方惟能らと呼応した上で反平氏の兵を挙げたように叙述しているが、このことについても川添・工藤両氏がすでに指摘しているように(前掲書)、両者の蜂起はまったく無関係で起こされたものであった。緒方惟能は、当時宇佐大宮司宇佐公通と対立抗争しており、隆直と共同して平氏に抗する余裕はなかったと思われる。

この反乱に参加した肥後国の武士たちをあらためて確認してみよう。隆直以外の人物は、木原盛実、阿蘇惟泰(安)、長野太郎、山崎六郎、同次郎、野中次郎、合志太郎・同太郎資奉の面々である。

木原盛実は、緑川下流域に広がる守富荘(木原荘)一帯を勢力圏とする開発領主で源氏を称する。この地には、保元の乱後、流罪となった源為朝伝説のある木原山(雁回山)が所在する。木原氏には、鳥羽院政期に広実・秀実父子がいて、その子孫と思われる太郎顕実は承安三年(一一七三)に砥用・小北両山を甲佐社に寄進している。盛実はその弟である。

阿蘇南郷大宮司惟泰は、正治二年(一二〇〇)十二月十四日に先祖相伝の阿蘇郡内の南郷内の中村以下十ヵ村の私領田畠を惟次に譲与した宇治惟泰のことである(大日本古文書『阿蘇文書之二』二七〇頁)。阿蘇品保夫氏は、惟泰について「菊池氏に味方して平家に背く挙兵に参加することができたのは五十騎や百騎は組織・統率していたからである」と述べている(『阿蘇社と大宮司』一の宮町史　一九九九年)。かれは、阿蘇谷では阿蘇社の大宮司であり、南郷谷では最大の開発領主として地域武士団の統率者であった。

長野太郎・山崎六郎はともに菊池氏の一族で、長野太郎は永野太郎のことで、隆直の長子隆長であろうか。阿蘇郡に永野神社があり「菊池系図」(『新撰事蹟通考』所収)によると、文治元年(一一八五)三月二十四日の長門国壇ノ浦合戦で安徳天皇を守護し入水した人物である。山崎六郎・同次郎は西郷太郎政隆の系統で、菊池市内に山崎という地名があり、山崎霊社がある。合志太郎・同太郎資奉は隆直の子に合志四郎直方がいるので合志郡に居住する菊池系合志氏と思われる。野中次郎は、豊後国に野仲郷(宇佐社領)が存在するが、阿蘇郡坂梨にも野中の地名があるので、野中氏も阿蘇氏の系統と考えた方が妥当と思われる。以上のことから、菊池隆直に与同した肥後の武士たちは、菊池郡をはじめとして阿蘇・合志・益城といった地域に勢力を扶植していた。

二　追討使平貞能と菊池隆直

『吉記』治承五年(一一八一)四月十四日条には、隆直追討の宣旨が載せられている。その内容は、隆直は近来武威を振い、皇化(皇室)に背き、更に大宰府侵略を企て度々侵攻しているので、前右近衛大将平宗盛に命じて、管内諸国の軍兵を催し隆直ならびに同意の輩を追討せよと命じたとする。

追討使に任じられて下向したのは、平貞能であった。『平家物語』(巻第六)によれば「同七月十四日改元あ(ツ)て養和と號す、其日筑後守貞能、筑前・〔肥〕後両国を給は(ツ)て鎮西の謀叛をたひらげに西国へ発向」させたとある。貞能は、忠盛・清盛の中央政界進出を支えた宗貞の子で、清盛の「専一の腹心」といわれ、さらには重盛の重臣であった。このような重職にある貞能がわざわざ追討使として隆直らを制圧しに来たということは、平家にとっても看過できない出来事と判断されたからであろう。

治承四年からの筑紫の乱は、寿永元年(一一八二)四月には終結した。『吉記』寿永元年三月三十日条には「追討使貞能已押取国務、遂出目代了」とあり、国務を押取り、目代を追い出したという。また、『吾妻鏡』寿永元年四月十一日条には「貞能為平家使者此間在鎮西、而申下官使、相副数輩私使、稱兵粮米廻国郡成水火責、庶民以悉為之費、仍肥後国住人菊池次郎高直、為去當時之難、令帰伏之由申之云々」とあり、隆直は貞能の攻撃で住民たちが難儀しているのでかれらのために帰伏したという。九条兼実が、「伝聞、菊池帰降来、平貞能許云々、西海安穏、天下之悦歟」(『玉葉』養和二年五月二日条)と述べているように、菊池隆直は貞能に降ったのであった。降伏した隆直の動向とも関わる、次に列挙する五つの貞能の入洛史料がある。

(ア)『平家物語』第七巻、主上都落

同七月十四日肥後守貞能、鎮西の謀反たひらげて、菊池・原田・松浦党以下三千余騎を召し具して上洛す。

(イ)『平家物語』(長門本)

十八日、肥後守貞能鎮西より上洛、西国の輩謀叛の由聞えければ、其儀鎮めん為に去々年下りたるけるに、菊池次郎城郭を構てたて籠る間、輙くせめ落し難く有りけるに、貞能九州の軍兵を催してこれをせむる。軍兵多く打ち落されてせめ戦に力なし、たた城を打圍て守る。日数積りにければ城の内に兵粮米つきて菊池終に降人になりにけり。貞経九国に兵粮米あて催す、(中略)権門勢家の庄園をいはず責催す。菊池・原田が党類帰服す。彼等を相具して今日入洛す。

(ウ)『源平盛衰記』第三十巻

十八日に肥後守貞能鎮西より上洛、西国の菊池・原田・臼杵・戸槻等を伴って入洛。

(エ)『玉葉』寿永二年九月五日条

貞能已下鎮西武士、菊池、原田等皆以同心(中略)是等皆非浮説也。

(オ)『吉記』寿永二年六月十八日

肥後守貞能今日入洛、軍兵纔千餘騎云々

これからわかるように、(ア)から(エ)までには菊池氏の入洛をうかがわせる記載がみられるが、(オ)の『吉記』だけにそれがない。(ア)から(エ)の史料も隆直と明記しているわけではないが、文脈から考えて隆直をさすと思われる。『平家物語』や『源平盛衰記』と、『玉葉』『吉記』では史料的な性格を異にする。『吉記』が隆直入洛を記録していないのは何故だろうか。このことについては後考を待ちたい。

三　平氏没落後の菊池隆直と阿蘇惟泰

先述したように、筑紫の乱は寿永元年(一一八二)四月に収まったが、全国的な内乱は激化するばかりで、この間の養和元年(一一八一)閏二月に平氏政権の要である清盛が死去した。そして、寿永二年(一一八三)六月、平氏軍は源義仲・行家の軍勢に敗れ、ついに翌七月に都を捨てて西国へと向かうことになった。このいわゆる平氏都落ちに際しての隆直の動向に関する『平家物語』岩波文庫本と同長門本の記述は注目される。当該箇所を掲げる。

(A)『平家物語』岩波文庫本

同八月十七日、平家は筑前国御笠郡太宰府にこそ着き給へり。菊池二郎隆直は都より平家の御供に候けるが、大津山の開けて参らせんとて、肥後国へ打越へて、己が城に引き籠もり、召せども参らず、

(B)『平家物語』長門本

同(八月)十七日、平家筑前国御笠郡太宰府につき給へり。(中略)したがい奉るころのつはもの菊池次郎高直、石戸少将種直、臼木、戸續、松浦党を始めとして(中略)二十四日(中略)一味同心に九国中を追出すべしと云つかはされたりければ頼経(ママ)朝臣、當国住人緒方三郎伊能に下知せらる。伊能豊後国より始めて、九国二島の弓矢

とるともがらに申送りければ、臼木、戸續、松浦党を始めとして皆平家を背けてけり。其中に原田大夫種直、菊池の二郎高直が一類ばかりぞ、伊能が下知にしたがはず。平家につきたりける。

岩波文庫本（以下「文庫本」と略称）では、菊池隆直は筑前国に着くや、大津山の関を開けてくるといって肥後国に帰り、「召せども参らず」と、平氏より離脱して菊池に立て籠もったとある。一方、「長門本」では、九州の武士たちが離反して緒方惟能と同調したのに対して、隆直は依然として平氏に同調し、原田種直と共に平氏のために戦い、緒方らと敵対関係にあった状況が描かれている。つまり隆直は最後まで平氏方の一員として源氏と戦ったことになる。

このように、「文庫本」と「長門本」では、隆直の行動描写は異なっており、どちらが真実なのかが問題となる。隆直が確かに「平家滅亡の後は安堵しがたくて、もしや命生きるとて、二位殿へ降人ニ参りたり」とあって、平氏滅亡後の安堵のことを考えて頼朝に降ったとみえる。だが、それは許されず義経の手によって斬首されたと「長門本」には記されている。また、『源平盛衰記』では「同十一月一日肥後国住人原田大夫隆直被切けり。是は此三箇年の間平家に附て、度々の合戦に勲功がありしかども、平家滅亡後は安堵し難うして、命ばかりもやと思うて、頭を延べて降人に下りたりけれども、源家敵対の罪科難遁とて、かく被行けり」とある。原田隆直はいうまでもなく菊池隆直の誤りだが、義経による殺害ではなく、平氏に味方したことを罪科理由として殺害されたとある。「文庫本」では「判官殿鎮西の方へ落ちばやと思ひたち給う處に、緒方三郎惟能は平家を九国の内へも入参らず、遂出す程の威勢の者なりければ、判官に憑まれよと宣ひける。『さ候はば、御内に候、菊池次郎は、年来の敵で候。給はで頸を切つて憑まれ参らせん』と申し、左右なくだうだりければ、六条河原に引き出して切つてけり」（「判官都落ち」）とある。義経が、頼朝と対立して落ち行く先を九州と決め、緒方惟能に援助を頼んだところ、菊池隆直を斬首してくれるならば引き受けようといったとし、この交換条件によって隆直は斬首されたという。同じ『平家物語』であっても流布本によって内容は異なる。

このような『平家物語』の叙述からすると、「文庫本」が載せる大津山の関を開けてくるといって肥後に帰国したのは菊池隆直ではなく、他の人物がいたのではないだろうか。

隆直の行動について考えてみると、かれは阿蘇惟泰・木原盛実らとともに反平氏として挙兵したが、三年にわたる戦いののち貞能の追討を受け敗北し、平氏方の一員となった。同時期に挙兵した緒方惟能が平氏が不利になるとこれを見かぎり敵対行動をとったのに対して、かれは終始平氏と行動をともにしている。

ところが、隆直と一緒に挙兵した惟泰は、貞能に鎮定された後、平氏軍として参戦したと思われるが、実のところ惟泰の動向はわからない。史料上隆直の活躍は記されているが、惟泰の名は『阿蘇文書』以外にはない。先述したように、正治二年(一二〇〇)十二月十四日の譲状があり、この時までの生存は確実である。「文庫本」に、大宰府に到着すると大津山関を開門させるといって肥後に帰り、その後本拠に籠もって二度と平氏方に参加しなかった人物は惟泰ではないだろうか。大津山関は、古代大水駅の比定地で、交通の要地として肥後と筑後の国境にある。近世の編纂物だが『鎮西要略』には、筑紫の乱に際して隆直と惟泰はこの大津山関で会し、道を塞いで官物を差し止めたとみえるので惟泰とも縁がある。

『玉葉』文治元年(一一八五)十二月六日条には「頼朝書状」を載せている。「件使者男、被下遣鎮西四国候、已賜　院宣令進発候畢、如此之間、種直、隆直、種遠、秀遠之所領者、依為没官之所」とあり、隆直は平氏軍団の一員であった。惟泰は、隆直とともに平氏に属したが、その後平氏を離れて阿蘇に帰っている。そして再度平家方に応じた形跡はない。大津山関を開いて籠ったのは隆直ではなく惟泰で、これ以後において大宮司職を惟次に譲ったものと思われる。

第2部　地域のなかの村・都市・神仏

中世肥後国における「村」と「浦」
——史料類型別分析の試み——

春田 直紀

はじめに

現在、大山喬平氏の提案をうけて、国別・郡別に古代・中世の郷と村とを網羅的に検出する作業が共同で進められている(1)。古代・中世の列島社会に生起したムラ(郷・村)の史料上の登場を全て記録しようとする(ムラの戸籍簿づくり)この壮大な試みが意図する狙いとは何か。大山氏は、作業の意義と目的を次のように説明している。

> 従来あった、列島社会における古代・中世の郷と村とについての観念的理解を脱却し、郷(サト)と村(ムラ)との、あるがままの歴史的実態に近づこうとする作業である。私たちの先祖はどのようなシステムをもって、これをムラと認識していたか、これをあるがままに認識することからすべてが出発することになる(2)。

大山氏が郷と村を重視し着目するのは、郷・村が「中世庶民の日常生活が営まれる場として歴史的に存在してきた」のに対して、中世を特徴づける庄・保・御厨などが本来、直接には「権門貴族・寺社など支配者たちの土地所有の単位として成立してきたものであった」とする理解にもとづいている。そこで、郷・村を中世庶民の〈生活のユニット〉、庄・保・御厨を彼らにとっての〈政治のユニット〉と名付けられてもいるが、大山氏自身が断っているようにこれは概括的な区分であって、[3] むしろ史料上に見える郷・村の多くは〈生活のユニット〉が何らかの政治的編成をうけて現れたものとしてまずは捉えておく必要がある。大山氏が史料上の郷・村という行政系列の用語とは別にサト・ムラという音声表記も用いて、後者に生活世界で機能する存在という意味をもたせているのも、そうした認識によるものであろう。しかし、ここに一つの隘路があることを指摘しなければならない。史料上検出された郷・村自体が〈生活のユニット〉を示すとは限らないとすれば、ムラの戸籍簿づくり（郷村表作成）だけでは「あるがままのサト・ムラ」の実態解明まで到達し得ないのではないかという問題である。

それでは、郷・村の初見史料から〈生活のユニット〉を個体識別するためには、どのような手順をふまえるべきか。私は次のような二段階方式が有効ではないかと考えている。

【第一段階】　史料上に現れる郷と村の性格を、その郷・村が記載された史料類型との関係で特定していく。

【第二段階】　さまざまな史料類型に現れる郷・村の姿を重ね合わせる作業を通して、生活ユニット（サト・ムラ）の全体像に迫っていく。

中世の日本において、サト・ムラの生活実態を調査し記録として残すという営みが稀にしか存在しないとするならば、[4] 史料上確認できる郷・村はその史料作成目的に沿って映し出されたサト・ムラの断面ということになろう。中世史料の多くが政治的な史料であれば、そこに現れる郷・村もサト・ムラの政治的編成の形を示すこととなる。しかし、たとえば同じ所領関係史料でも、所領の譲状と検注帳と和与状とでは、郷・村の異なる位相が浮かび上がってくることが予想される。そうした史料によって見える部分のズレを意識することで、サト・ムラを立体的に復原することが可能となるのではないだろうか。このように考えてみると、〈生活のユニット〉を個体識別するためには郷・村の史料論的解釈が不可欠の作業となることが理解できる。

そこで本稿では、中世の肥後国を対象に「村」と「浦」[5] の初見史料を網羅的に検出し、史料上の初出傾向をおさえたうえで、各史料類型に現れる「村」と「浦」の位相を明らかにし、それらの全体像に迫っていきたい。なお、本稿で「郷」を検討対象から外すのは以下の理由による。まず、「郷」も入れると肥後国では作業量が膨大になること。また、肥後の「郷」は相対的に規模が大きく、〈生活のユニット〉からはやや遊離した存在とみなせるからである。逆に「浦」を対象とするのは、より小規模な単位である「村」と同じレヴェルの「浦」が沿海部を含む郡では一定数を占め、「村」とあわせて検討する必要性を感じるからにほかならない。

一 「村」と「浦」の史料初出傾向

(1) 肥後国の全体傾向

中世肥後国において「村」表記が史料上初めて確認されるのは、(6) 久安二年(一一四六)推定の肥後国訴状写に見える「山手村」であり、「浦」の初見史料は久安六年(一一五〇)の肥後国司庁宣写の「小松浦」である。そのため十二世紀から十六世紀までの期間を対象に、肥後国における「村」と「浦」の初見例を網羅的に検出し(表2)、この基礎データをもとに郡別・世紀別に「村」と「浦」の史料初出数を示したのが表1である。初見例のみの検出では「村」と「浦」の消長を個別に追跡できず、また時期ごとの検討においても全体を見渡せないといった課題を残すが、作業量の問題もあり、第一段階の作業としては史料初出傾向から「村」と「浦」の時期的・地域的な特徴をつかんでいきたい。なお、「村」の初出データについては、「ムラの戸籍簿」研究会が二〇一三年度までに二五か国分のデータを集積しており、全国的な傾向が示されつつあるので、(7) これとの比較から肥後国の全体的な特徴を最初に確認することにしよう。

肥後国では、十二世紀から十六世紀までの「村」を三九三例、「浦」を三一例検出した。二五か国の「村」の検出

表1　中世肥後国の「村」と「浦」(郡別・世紀別初出数)

郡名	12世紀	13世紀	14世紀	15世紀	16世紀	世紀未詳	合計
玉名郡	0	1	12	10	13	4	40
飽田郡	2	9(1)	9	0	7	0	27(1)
託麻郡	1	4	10	1	0	0	16
阿蘇郡	10	5	48	36	2	0	101
菊地郡	0	0	1	2	1	0	4
合志郡	0	0	1(1)	0	14	0	15(1)
山本郡	0	0	3	0	7	0	10
山鹿郡	0	0	6	6	2	5	19
益城郡	1	5	58	15	9	0	88
宇土郡	2(1)	3	2(1)	5(5)	0	0	12(7)
八代郡	0	4(2)	15	3	3	0	25(2)
葦北郡	0	0	4(4)	1(1)	0	0	5(5)
球磨郡	18	8	2	3	0	0	31
天草郡	0	9(8)	9(4)	0	3(3)	0	21(15)
郡未詳	0	0	3	2	4	1	10
肥後国	34(1)	48(11)	183(10)	84(6)	65(3)	10	424(31)

註：数値は「村」と「浦」の総数、カッコ内は「浦」の内数を示す。南北朝期推定は14世紀、室町期推定は15世紀、戦国期推定は16世紀に加算した。

数平均が一三五・五二であるから、この村数は全国的にも多いグループに属する。郡別にみると阿蘇郡の「村」が一〇一例、益城郡の「村」が八八例と多く、両郡あわせると肥後の村数全体の半数近くを占める。この両郡の村数が多い理由は、郡別の検討で明らかにしたい。次に初出の世紀別分布に注目すると、十四世紀に前世紀から約四倍に急増し、その後減少したまま推移することが読み取れる。十四世紀に村数が急増するのは全国と同じ傾向だが、全国的な動きをみると十六世紀が十四世紀の三倍近くで最多の初出数になる(全体比五一パーセント)のに対して、肥後の場合は十六世紀の初出数が意外と少ない(「村」で全体比一六パーセント)。十六世紀に史料上初見される村数が十四世紀の三六パーセントにとどまっているのである。もっとも、十四世紀に「村」の初出数が最大ピークを迎える国は「ムラの戸籍簿」研究会の調べによれば二五か国中七か国あり[8]、肥後国だけに認められる特殊な傾向とまではいえない。

ところで、この世紀別初出傾向は、肥後国では郡による偏差が著しい点はとくに留意が必要である。託麻郡、宇土郡、葦北郡、球磨郡が十六世紀に初出の「村」と「浦」が全くみられないのに対して、合志郡は十五世紀まで「村」の検出例が皆無で（十四世紀に「浦」一例はみえるが）、十六世紀に突如「村」が一四例現れている。また、郡によって増減の時期的傾向もまちまちである。この地域差は、「村」や「浦」の歴史的実態の違いによるのか、史料の残存状況によるのか、両面からの検討が要請されることになろう。

中世の肥後における「浦」の検出数は三一例と多くはないが、宇土郡では「浦」七・「村」五、葦北郡では「浦」五・「村」〇、天草郡では「浦」一五・「村」六と、沿海部の村落は「浦」として編成される傾向が強かったことがうかがえる。飽田郡の「浦」は津久々浦で、坪井川河川交通の要所であったと考えられる。[9]

（2）郡ごとの初出傾向

次に、表2をもとに郡ごとの「村」と「浦」の初出傾向を、初見史料の性格にも留意しながら概観しておきたい。[10]

①玉名郡

貞応三年（一二二四）の「尾崎村」を嚆矢に、鎌倉期に初出する四例全てが大野別符内の「村」である。大野別符は院政期に成立したと推定される筥崎宮領であるが、別符成立当初現地では、玉名郡の西郷郡司の家系である紀姓大野一族が「村」を単位に分割領有していたことが、鎌倉期の譲状などから推定できる。[11] なお、元亨元年（一三二一）に初出する大野別符内の鍋村は、初見史料で「肥後国たまな（玉名）のさいかう（西郷）おゝの（大野）ゝへつふ（別符）のうち、なへのむら（鍋村）」と「郷―別符―村」型で表記されるが、工藤敬一氏は、玉名東・西郷は菊池川流域の郡中央部一帯についての呼称であり、西郷は玉名荘西郷と大野別符にわかれていたと指摘している。[12] 文和元年（一三五二）の菊池貞雄譲状での「肥後国玉名西郷石貫」という表記がその証左であるが、[13] 正平十九年（一三六四）の禁制案では「玉名庄石貫村」と、村名としては「荘―村」型の記載で史料上登場することとなる。一方、同じ玉名荘でも東郷に位置する久井原村の初見史料である正平十七年（一三六二）の寄進状では「肥後国玉名東郷内久井原村」と「郷―村」型で現れ、もともと玉名荘東郷の中心であったと推定されている江田は「国—村」型記載で村名としては初見される。このように本来同一の行政系列に属した「村」であっても、史料の上ではタイプの異なる地名の重層表記で姿を現す点にまずは注目しておきたい。

玉名郡においては、鎌倉期から大野別符、南北朝期から玉名荘の「村」が初出したのち、十五世紀半ばから十六世紀の前半にかけて野原荘西郷の「村」が一例、あいついで登場するのが確認できる。これらの「村」は全て野原八幡宮祭事簿を初見史料としている。野原八幡宮社司月田家に伝来した祭事簿には、建長四年(一二五二)以来の野原荘鎮守八幡宮の祭礼役負担者が記録されているが、その帳簿に文安四年(一四四七)以降負担者の所在地として「村」名が記載されるようになるのである。本来、野原荘鎮守の祭礼役は「名」を単位に賦課されていたが、十五世紀半ばから「村」を単位に祭礼役を負担する体制へと次第に移行し、史料上次々と「村」名が登場する結果を導いたといえよう[14]。

戦国末期にあたる天正八年(一五八〇)から天正十年(一五八二)にかけては、この時期に発給されたと推定されるものを含めて六点の史料に新しい「村」が登場するが、これら初見史料の全てが所領の充行に関する文書で、「郡—村」型の記載になっている点は注目される。もはやそこには「荘」や「別符」など荘園制的所領表記の介在は認められないのである。

②飽田郡

治承二年(一一七八)の「橘村」以降、貞応三年(一二二四)の「南山室村」まで鹿子木東荘内の「村」・「浦」初見例が六例続く。これらの「村」と「浦」は荘園内の在地勢力が「重代相伝」してきた私領で、売買や譲渡などによる権利移転時に作成される売券や譲状にその姿を現すことになる。「橘村」の初見史料である治承二年の藤崎宮宮掌紀行近田地売券案は、鹿子木東荘内の長浦を苗字の地とする長浦遠貞が紀行近から「橘村」の田畠を購入する際に作成されたものであった。この売券には「行近之先祖相伝之私領也」とあるから、「橘村」は平安時代に藤崎宮神官が形成した私領にさかのぼる存在であったということになろう。[15] こうした私領としての「村」の本領主権を御家人が獲得した場合は、鎌倉幕府による知行安堵の対象となり、その結果、関東下知状を初見史料とする「村」もみられるようになる。[16] そして、飽田郡において私領としての「村」は嘉禄二年（一二二六）以降、鹿子木東荘以外の各地でも姿を見せることになる。[17]

室町期に入ると、それまで領主の影に隠れて姿を見せなかった村人の存在が史料に現れてくる。たとえば野嶽別当聡祐宛行状の奥書に記された応永四年（一三九七）の記事からは、「奥古閑村」内に窯業に従事する集団とそのリーダーが存在していたことが知られる。

戦国期を代表する初見史料の類型は知行目録である。一例を挙げると、天文四年（一五三五）の知行分を記載した年月日未詳の鹿子木親員知行目録の「鹿子木西庄」のうちに「上村」と「今村」が初めて見える。鹿子木親員の知行分を「田数―地名」というきわめてシンプルな形式で記載した目録である。また、この時期には金石文での「村」初見例も検出できる。それは「銭塘村」で、大永四年（一五二四）の善福寺釈迦立像線刻板碑（熊本市南区銭塘町善福寺跡）の銘文に「□（大カ）日本国関西道肥後州飽□□（田郡カ）河尻荘（ママ）銭塘村」と見える。欠損字を補うと「大日本国―道―州―郡―荘―村」型の重層表記とみなすことができよう。碑文独自の「村」表記法として注目される。

③託麻郡

託麻郡における「村」の初見例は、鎌倉期が五例、南北朝期が八例と続いたあと、室町期以降に三例と、時期的な偏りがみられる。最も早く史料上に現れるのは、建久十年（一一九九）の山本南荘下司宗形氏綱田地売渡状に見える「土土呂木村」である。神蔵荘と安富荘にまたがって存在していた枝吉名の名主であった宗形氏綱がその「先祖相伝所領」を川尻乙王丸（橘宗頼）に売却した際の売渡状に、畠地の所在地として「漆嶋郷内土土呂木村」という村名とその四至が記載されている。漆嶋郷は古代の和名抄にある郷名で、中世の安富荘にあたるが[18]、本売渡状では田地所在地の神蔵荘は「詫万(摩)西郷」、畠地所在地の安富荘は「漆嶋郷」と表記されており、両者にまたがる名の所在地呼称として郷名が選択されたのではないかと考えられる。

その後の中世史料に現れる「村」の大半は、神蔵荘か六箇荘に属している。まず、神蔵荘内の「村」をみると、同荘地頭下司職を惣領が相伝した関東御家人の詫磨一族内部の所領譲状・配分状、それに対する鎌倉幕府の安堵状などに初出する傾向が認められる。詫磨一族内で所領の分割譲与がなされる場合、鎌倉期においてその基本単位は「名」であったが、「名」とならんで「村」もわずかに顔を出すのである。南北朝期になると神蔵荘では「村」を単位にした地頭職や半分地頭職が、寄進や譲与の対象として現れるようになる[19]。これらは正式に補任される惣地頭職ではなく、「次第相続の証文」によって権利保証される小地頭職であったが、そうした諸職の単位としても「荘」内の「村」が史料上現れてくる。神蔵荘内には金石文で初見される「村」もみられる。文明十二年(一四八〇)の高徳庵跡地蔵堂六地蔵石幢銘文に見える「高江村」である。そこでは「日本国西海道肥後州詫磨郡神蔵庄高江村」と、「日本国―道―州―郡―荘―村」という重層表記が認められる。

一方、六箇荘は散在荘園であったため地頭は「郷」や「村」を単位に置かれ、小山村地頭職のように、「村」の地頭職が鎌倉幕府や室町幕府から補任・安堵されることもあった。また、正安元年(一二九九)には阿蘇氏庶流の上島惟盛女子宇治氏女代惟久と、宇治氏舎兄中村惟季との間に「得恒名田畠」をめぐる相論があり、この争いを裁許した関東下知状に所在地として「六ヶ庄中村」という「村」名が初見するケースもみられる。

その他、健軍社領の「村」も正平八年(一三五三)の健軍社領野畠検見目録で検出できる。ここに初出する「今村」は応永二十七年(一四二〇)の健軍社領名々田地現作注文では石武名という「名」内の「村」として見えるが[20]、正平八年の野畠検見目録では石武名などとならんで「今村分」として立項されている点が注目される。名田編成では後景に隠れ、野畠の目録では前景に現れる「今村」は、畠作集落の「村」として健軍社から位置づけられていたとみることができよう。

④阿蘇郡

阿蘇郡で最初に史料上現れる「村」は、南郷の一〇か村である。南郷は、阿蘇荘が関東御領化し再編された際に、同荘預所の北条時政によって阿蘇大宮司の別納の地としてその支配権が認められた。この措置は阿蘇惟次が「往古屋敷」として南郷の私有を主張したことに基づくが[21]、正治二年(一二〇〇)に宇治惟泰が新大宮司の惟次に与えた譲状によると、「先祖相伝の私領田畠」は一〇か所の「村」を単位に構成されていたことが知られるのである。阿蘇郡の北郷と小国郷の「村」が最初にまとまって姿を現すのは、元徳二年(一三三〇)の阿蘇社造営料木注文写で一八か村に及ぶ。この注文は、阿蘇社の造営事業で用いる材木を本社領内の各在所に負担させるために作成されたものだが、その中でたとえば「小国宮原六家内」として「北河内・室原・波津田三ヶ村分一本」という記載がみられる。鎌倉末期、阿蘇社の造営料木は「家」を単位に賦課されていたが、地域によっては「村」を単位に納入が実現されたことがうかがわれる。

こうした「村」が「郷」とならんで制度的に位置づけられたことを示す最初の史料が、建武三年(一三三六)の阿蘇社領郷村注文写である。この注文から、阿蘇郡の北郷を東郷・北郷・西郷に再編成し、三郷の中にさらに「郷」(地名郷)と「村」を単位とする行政区分を設けたことがわかる。東郷には七つの「村」、北郷には六つの「村」、西郷には四つの「村」がおかれているが、いずれの郷村にも社役負担の基準となる公田数が設定されている。これは造営料木の賦課基準であった「一家」を「十町」に置きかえたもので、公田による社役負担体制は社殿造営事業による郷村編成に淵源するとみることができよう[22]。

時代をくだり次に多数の新たな「村」の登場を記しているのが、西郷の中司宇治能里によって作成された複数の帳簿史料である。応永三年(一三九六)の宇治能里証文写には、狩尾村の公田三町三反の内の「名主五ヶ所」として「ひかしのむら」以下五つの「村」を書き上げている。建武三年に初出する狩尾村の社役負担は本来公田の知行人(社家・武家の代官)に課せられていたが、本証文の事書に「しやうけ(荘家)社役諸御公事けんたん(検断)あひかゝる百姓之事」とあることから、社役・諸公事・検断が名主を代表とする百姓結合(「村内村」)に直接委任される段階にいたったと指摘できる。一方、狩尾村に隣接する湯浦郷では公田数二〇町自体が新たに設定された二四の「郷内村」に分割され、社役が直接「郷内村」に賦課されたことが応永十六年(一四〇九)に宇治能里が作成した帳簿からわかる。(23)

以上は全て「阿蘇家文書」や「阿蘇文書写」に現れた「村」の初見例であったが、阿蘇山の僧徒組織の伝来史料群である「西巌殿寺文書」でも初出する「村」が五例検出できる。このうち三例は「阿蘇家文書」にも地名として見えるが、「村」記載は欠く。(24)同じ集落を対象にした「村」記載の有無はどういう認識の違いを反映しているのか、検討すべき課題であるといえよう。

なお、阿蘇郡における中世初出の「村」一〇一例中、近世初期の行政村を記載した慶長肥後国絵図の村名と一致するものは二四例で、一致率は二四パーセントと低い。(25)その理由は、阿蘇郡における「村」の中世初見史料の大半が帳簿であることと関係していよう。とりわけ中世の阿蘇社や坊中(西巌殿寺)の帳簿は細かな在所名を記載しており、他の史料類型では現れない小規模な「村」の存在を拾ってくれているからである。ところで、中世初見「村」の近世行政村への連続性の低さが、中・近世間における村落の断絶傾向を意味しないことは付言しておきたい。それは、先に明らかにしたように、阿蘇郡では中世の帳簿に現れた「村」の多くが近世においても行政村内部の村組として存続していくからである。(26)とすれば、中世の「村」検出数において阿蘇郡が最多の理由は、帳簿残存率の高さと、中世起源の村組の多さという二つの要因に求めてよいのではなかろうか。

⑤菊池郡

菊池郡は中世初見の「村」が四例と肥後国では最も少ない。初出時期も十三世紀までは皆無で、応永六年（一三九九）の氏範（カ）打渡状に見える「菊池郡内巻河（カ）加江村」が最も古い「村」の初見例となる。そこでは、菊池郡の加江村をはじめとする肥後国内に散在する七か所の「村」の下地を詫磨親氏の代官に打ち渡すよう命じられている。これは、南北朝内乱後の九州探題渋川満頼による処置の一環とみられる。

次に史料上現れる「隈部村」は、享徳三年（一四五四）の願文で初見される。この願文には「肥後国隈部村住人」と「村住人」呼称がみられる点を特筆しておきたい。十五世紀には二次史料ではあるが「稗方村」の名称も確認できる。その史料は『肥後国誌』に引用された文明二年（一四七〇）の年紀をもつ稗方村の古碑銘文で、「六地蔵尊大日本国肥後州菊池郡稗方村勧進沙門慈洞、于時文明二年庚寅十一月吉日、石窯孫八法名浄久妻妙永」と記されている。ここには「大日本国」に始まり「道」を省略した重層表記が確認できる。十六世紀の初見例は、天正十一年（一五八三）の座神社縁起に見える「迫間邑」で、「肥之後州菊地（ママ）郡迫間邑鎮座七社之祠」と記されている。「州―郡―邑」という重層表記で、「村」が「邑」表記である点に特徴が認められる。このように金石文や縁起では特有の重層表記が用いられることに留意しておきたい。

⑥合志郡

合志郡での初見例は、十四世紀に「浦」が一例あるほかは十六世紀に「村」が一四例と集中し、時期的な偏りを示している。十四世紀の初見史料は、建武五年（一三三八）の宇都宮範綱譲状案で、飽田国府を根拠とした宇都宮範綱が肥後・筑後二国にわたる「重代相伝私領」をかう二郎丸に譲った所領のなかに「とりのす（鳥栖）のきこうら（記味浦）の地頭職一所」を見出すことができる。小地頭職が「浦」を単位に設定され、相伝私領の権利として譲与の対象になっていたことが確認できる。

永正八年（一五一一）頃のものと推定されている年未詳八月二十八日付の大友義長書状で初出する「富納村」は、安楽寺天満宮領の荘園がおかれていた地で、鎌倉期には「富納庄」の名称で史料に現れている。柳田快明氏は、安楽寺天満宮の富納荘支配は留守職大鳥居氏の戦国大名との粘り強い交渉により織豊政権期まで存続したと指摘しているが[27]、大友氏・島津氏や合志氏・倉氏といった戦国期諸権力との交渉関係文書では荘名ではなく、「神領富納村」や「天神領富納村」など「村」名で呼称されていることに注目したい[28]。

柳田氏は天正十五年（一五八七）の佐々成政の指出検地に関わる史料[29]などから、戦国期の富納荘村落では数名の有力農民を指導者とする惣中が形成されていたと論じているが[30]、そうした在地構造を前提とした表現として戦国期に「村」名が史料上登場してくるのである。十六世紀に初出する合志郡の「村」の大半は、天正八年（一五八〇）以降の合志氏による土地寄進記録である神領所附并寺社方家中侍中名附に所収された諸文書の写において、寄進に関わる土地や寺社の所在地名として見える。

⑦山本郡

山本郡での「村」の初見は観応元年（一三五〇）に始まって十四世紀に三件、空白期間をおき十六世紀に七件と時期的に偏りがみられる。また、初見史料の類型は多岐にわたる。

時系列順に見ていくと、第一は観応元年（一三五〇）に九州探題一色道猷が宇都宮公景に発給した宛行状で、勲功の賞として宛行われた所領所職の一つに「肥後国岩野村」の「地頭職」が見える。第二は、正平十三年（一三五八）の山本荘大清水村田畠屋敷注進状である。この注進状は、正観寺領山本荘大清水村の田地、屋敷、畠地・荒野の所在地・名請人と山の区分を詳細に報告したもので、荘園に属した「村」の内部構成を伝えてくれる。

第三の初見史料は金石文で、大永三年（一五二三）と同四年の板碑銘文に、「州―郡―村」という重層表記で「舞之尾村」と「萩之尾原村」の村名が登場してくる。第四は、熊本市北区植木町那知の那知神社に伝わる棟札で、享禄四年（一五三一）のものに「開西（ママ）肥後国山本郡垂水村那智滝源寺権現奉再興宮殿一宇」と墨書されている。冒頭の「開西」は飽田郡「銭塘村」初出史料の板碑銘文で確認した「関西道」に相当すると考えると、「道―国―郡―村」型表記の一例とみることができる。第五は、天文三年(一五三四)に造像された観音立像の台座銘に初出する「村」で、寄進者として「西山村　小畑村　氏子中」の名が刻まれている。近世の地誌『肥後国誌』は西山村に所在する阿蘇二宮を「西山小畑両村ノ氏神ナリ」と説明しているが(31)、この神社の氏子組織としての「村」の出現は戦国期まで確実にさかのぼると考えてよいだろう。

第六の初見史料は、戦功などを賞して与えられる感状である。戦国期と推定される年未詳八月九日の田吹美濃守宛大友義統感状には、隈部親泰の逆心によって攻撃した対象として「内村要害」の名称が見える。「内村要害」はこの地を本拠とした内空閑氏の内村城を指すと思われるが、中世史料で他に「内村」の所見はなく、戦場となることで初めて史料に登場する「村」があることに留意したい。

最後に、第七の史料類型として紀行記をとりあげておきたい。「家久君上京日記」は薩摩国串木野の領主であった島津中書家久が上京した際の道中日記であるが、その天正三年(一五七五)二月二十七日の記事に「今藤といへる村を過」と記されている。「今藤村」の初見史料にあたるが、「〇〇といへる村」という伝聞に基づく「村」呼称は他の史料には現れにくく、紀行記の史料的価値を示すものと評価できる。

⑧山鹿郡

山鹿郡では鎌倉期までは「村」の確実な初見例はなく、貞和六年(一三五〇)の足利直冬下文が最古の例となる。これは小代政氏に勲功の賞として「山鹿庄内志職今村陸町」を宛行ったものである。文和二年(一三五三)には、藤崎荘内の「石村」に設定された地頭職が室町幕府から安堵された事例もみられる。

十四世紀後半から十五世紀半ばにかけては、寄進状を初見史料とする「村」が三例確認できる。いずれも菊池氏や隈部氏が菩提寺に寄進した田畠の所在地として初出する「村」で、寄進を契機に土地調査が行われる場合もみられた。

文中三年(一三七四)五月二十二日に菊池武朝が「肥後国千田庄永富村内田地肆町」を正観寺に寄進したが、その年の十月九日には居屋敷・田地・畠地など一一箇所を書き上げた地検帳が作成されている(32)。中世の「永富村」を受け継ぐ村名として近世の地誌である『肥後国誌』には「中富村」と「上中富村」に加え、「正観寺村」の名も確認できる(33)。以上の三村全てが中世の「永富村」の領域内に成立した近世村であるとすれば、「永富村」のうち正観寺に寄進された領域が新村として形成され、近世の「正観寺村」へとつながっていったとみることが可能となろう。

なお、二次史料だが『肥後国誌』引用の永享六年(一四三四)の「肥後国山鹿荘医福山日輪禅寺建立次第」に「村」が五例初出する。これらは中世では本史料でのみ「村」名で現れていて、原本においても「村」記載がされていたか否かについては慎重な検討が必要となろう。二次史料の活用に向けては、同じ史料類型の一次史料における用字・用語法や書式をふまえた史料批判が不可欠となる。

戦国期に初めて現れる「村」はいずれも日記(古記録)を初見史料としている。一つは「田尻親種参府日記」の天文十六年(一五四七)十月二十六日条で、筑後国の国人領主である田尻親種が豊後へ向かう道中の宿泊地として「山鹿中村」が見える。もう一つが、島津義久の家老上井覚兼の日記である。『上井覚兼日記』天正十二年(一五八四)九月十五日条によれば、島津勢の山鹿入城に際して当城を陣所にしようとしたが、城内には周辺の女・童が籠もり取り乱していたために、山鹿城の麓の「むなかた(宗方)と申村」に番衆を置くという報告が寄せられている。このように現地を見聞した人間が「村」と認識した在所が記録されているところに、古記録の史料的価値を見いだすことができると思う。

⑨益城郡

久安二年(一一四六)に作成されたと推定される肥後国訴状写に見える「山手村」は、中世肥後国では最も早い「村」の初見例となる。「山手村」は砥川大夫経盛が権介季宗に沽却した「私領」であったが、本訴状で国司は「公地山手村」という表現も用いている。

それでは、「私領」でありながら同時に国衙の「公地」でもあるこの「村」の成り立ちをどうとらえるべきか。工藤敬一氏の詳細な分析に依拠しつつ稲葉継陽氏は、経盛が本拠地から山手まで進出して開発を主導し、形成させた私領「山手村」を在庁官人権介季宗に売却することで、国衙と官人による開発を後援したものと説明し、「山手村」を中山間地と下流の平野との結節点に位置する地域開発の拠点として評価している(34)。

私領としての「村」は、鎌倉期に入るとまず譲状に出現してくる。嘉禎二年(一二三六)に大友親秀が三男観音丸に与えた譲状には味木荘内の「津留木村」(所職は地頭職)が見えるが、そこでは同じ荘内の「名」と並んで「村」が譲与対象として認められる。次に「村」が所領単位となって現れる史料は、建長三年(一二五一)の甲佐社領実検帳写である。この帳簿は、建長二年に実施された甲佐社領の「御内」と「郷々」の土地調査にもとづき、田数と所当を書き上げたものだが、そのうち社領「郷々」の単位として「郷」や「名」とならんで「村」も登場してくるのである。本史料に見える「津々良村」は建久六年(一一九五)段階では「郷」名で呼ばれ(35)、同年の甲佐社領立券解案で「依為散在不及四至之」と記されるように散在型所領であった(36)。このことを念頭におくと、津々良における「郷」名から「村」名への変化は、散在型所領の一円化を反映している可能性があるが、支証に乏しく推測にとどめておきたい。鎌倉期には和与状でも新たな「村」が検出される。それは、正和二年(一三一三)の藤原熊夜叉丸等連署和与状案で、惣公文の一族と領家側との係争地として「隈牟田庄千原村田畠在家等」が登場してくる。

南北朝期に入ると内乱状況を反映して、軍事関係の史料に初出する「村」が多い。康永三年(一三四四)に守護少弐頼尚が阿蘇惟時に対して兵粮料所として預け置いた「下矢部村」。その前年、阿蘇惟時と敵対することとなった恵良惟澄の軍忠状に両軍勢の合戦場として登場する「萱野村」。年月日未詳、恵良惟澄注進闕所中指合所領注文写に見える「赤見村」。観応二年(一三五一)、北朝方の九州探題一色範氏から勲功之賞として詫磨宗顕に宛行われた田地所在地の「森崎村」。その十九年後、同じく勲功之賞として室町幕府下知状によって詫磨氏尚に宛行われた「甘木庄内志名子村」と続く。

中世の益城郡で最も多く初出の「村」を記録しているのが、正平九年(一三五四)の肥後矢部郷村注文である。阿蘇大宮司家の本拠地となった矢部の「郷々村々」の貫高を書き上げたこの注文には計五四の郷村名が見えるが、「郷」と「村」の区分は明記されていない。そこで、他の史料に「郷」名で所見する地名と、他方、他の史料で「村」として把握されている地名とを比較し、貫高の多寡も考慮した結果、推測の域をでるものではないが、冒頭の五つの地名が「郷々」分、残りの四九の地名が「村々」分に相当すると判断することにした。[37] この四九の「村」(上益城郡山都町に分布)で慶長肥後国絵図記載の村名と類似するものは三一例で、一致しない「村」のいくつかは近世の小村へとつながっていくことが確認できる。[38] つまり、矢部においては近世の行政村ないし小村規模の地域単位の成立が十四世紀半ば以前までさかのぼり、それらの村々を網羅的に掲載した帳簿が残存した点に、益城郡に中世初出の「村」が多い理由を求めることができる。なお、本注文の最初に記載されている男成郷に属する「村」が六か所、文明二年(一四七〇)の丹田水惟世奉書に初出し軍陣夫役の賦課対象となっているが、「郷内村」の登場を示す事例として注目される。

十五世紀に入ると甘木荘でも、「村」が「荘」内の分割地域単位として史料上に現れてくる。すなわち、文明四年(一四七二)肥後甘木荘政所方夏麦検見帳では、夏麦年貢が課される畠地の調査結果が「上村」・「下村」・「板良村」・「奉行方」という地域単位で作人ごとに記録され、三つの「村」を初めて確認することができる。一方、砥用郷では文明十四年(一四八二)に「こつしの村」の土貢注文が、その二年後に豊田荘では「たうま村」の年貢等注文が作成されている。

益城郡では金石文で初出する「村」も四例検出できる。第一は、応永二十二年(一四一五)の鰐口銘(阿蘇郡西原村河原の阿弥陀堂境内から出土)で「肥後州津森保河原村西福禅寺常住也」と刻む。第二は、永正十年(一五一三)に早河式部少輔政秀が円福寺(上益城郡甲佐町)に寄進した木造阿弥陀如来坐像の背面墨書銘で「大日本国西海道肥後刕益城郡甘木庄早河村」と記されている。第三は、大永七年(一五二七)の六地蔵石幢(上益城郡山都町井無田)銘文で、第五面に「大日本国関之西肥之後劦益東郡矢部野原郷飯蓋村　奉造立」とある。第四は、天文六年(一五三七)の北天満神社鰐口銘に記された「甘木庄御船玉虫村」である。いずれも金石文特有の「村」の重層表記でありながら、地域単位の組み合わせ方はそれぞれ異なっている点に留意しておきたい。

⑩宇土郡

宇土郡において「村」と「浦」の存在を示す最古の史料は、宇土半島全域に及ぶ郡浦社領(郡浦荘)に関する久安六年(一一五〇)の肥後国司庁宣写である。この文書は肥後国司の源国能から留守所に出されたもので、「近隣有勢土民等」の「郡浦社領浦々村々」への乱入を停止させている。そこでは郡浦荘の領域(四至)を明示し、郡浦社の一円不輸領とすることが命じられている。ただし、「郡浦社領浦々村々」の具体的な名称は、四至北限の境界地名に「小松浦」の名が見えるばかりである。

鎌倉期に入ると、建久六年(一一九五)の肥後国司庁宣に、片寄せ再編された「甲佐宮一色不輸社領村村」の一つとして「勾野村」が初見される。片寄せとは、浮免田や散在免田から徴収していた収取分を一か所に集めて、一円不輸の所領などに再編成する操作を意味する[39]。一方、郡浦荘では弘安十年(一二八七)に「桑の地検の名寄帳」が作成され、そこに具体的な村名が現れてくる。すなわち、「網田村」・「波多村」・「大見村」と「戸馳島」であるが、これらは郡浦社領のなかでも新荘に分布していたと推定されている[40]。

時代はくだり、建武政権下の建武二年(一三三五)の肥後郡浦荘得用名百姓注文になると、郡浦荘内の一地名として「こうのうら(郡浦)」の名が見えるようになる。さらに、応永十一年(一四〇四)の肥後郡浦荘地検帳においても、条里呼称として「里浦」が、「戸馳島」内の地名として「橘浦」・「ヘノキノ浦」・「タイノ浦」・「杁浦」が散見されるが、これらの「浦」は田地の所在地名として荘園の土地台帳に初出してくるのである。

なお、中世初出の「村」・「浦」と慶長肥後国絵図の村名との異同については、中世において所領単位化していた「村」・「浦」は近世行政村への連続性が大きく、所在地表記でのみ初出する中世の「浦」は近世行政村としては現れない傾向にあると指摘できる。

⑪八代郡

八代郡の中世史料初出の「村」は、郡名荘であった八代荘内の「村」が大半を占める。まず鎌倉期に登場してくるのが、八代荘内の「三箇村」と、その「三ヶ村」内「八千把村」である。「荘―村―村」型重層表記で建治二年（一二七六）に初出する「八千把村」は、八代海の干拓地で、防潮工事の鞆井樋修固の職務を任された在地有力者の源次郎丸宗守に宛行われた新開田の所在地として現れる。宗守はさかのぼって文永七年（一二七〇）に同地に屋敷・名田畠等を宛行われているが、その時の預所宛行状では「三箇村内八千把」とあり、村名では表記されていない。ちなみに、この宛行状が「三箇村」の初見史料にあたる。

建武政権期から南北朝期にかけては、八代荘内で「荘―郷―村」型重層表記の「村」の初出例が相次ぐ。すなわち、建武二年（一三三五）に名和義高から出雲国杵築大社に寄進された「八代庄高田郷内志紀河内村」。貞和三年（一三四七）に北朝方の少弐頼尚が相良兵庫允定頼に、萩原城の兵粮料所として預け置いた田地の所在地である八代庄三ヶ村郷内の二か村と同荘太田郷内の四か村。元中八年（一三九一）、今川了俊襲来時の忠節により兵粮料所として櫟弁済使に宛行われた土地の所在地である「八代庄道前郷野津村」などである。また、「小熊（限）野村」は建武二年の長尊・幸勝連署奉書に初出し、同村内の「宮山屋敷田畠百姓職」の中分による知行が命じられている(41)。

十五世紀に入ると、文安五年（一四四八）の犬童重国軍忠状案に、生け捕った敵の在所名として「海士之江村」が初見される。ただし、当地は元亨四年（一三二四）の某宛行状が「八千把村内尼江」と記す通り(42)、所領の系列では「村」としての位置づけをもたなかった。しかし、十六世紀になると、永正九年（一五一二）阿蘇惟豊充行状写の「小熊野柿迫之村」や、永正十年(一五一三)阿蘇惟豊安堵状写の「小熊野之内谷口村」のように、行政村内の「村」までもが知行の単位となる動向が明らかとなる。

金石文で初出するのは、球磨郡あさぎり町須恵の仏堂にある鰐口銘に刻まれた「八代庄松江村」で、同村医王寺の鰐口一箇が文明五年(一四七三)に施入された旨を記している。

⑫葦北郡

葦北郡の中世初見例は、全てが郡名荘であった葦北荘内の「浦」にあたる。「村」がなく「浦」のみが検出されるのは、郡全体が低山地と山が海辺に迫るリアス式海岸とからなり、河口部にわずかに平野が開ける程度で可耕地に乏しいという地形的条件と、海上交通の要衝という交通条件とによるものであろう。

最も早く史料に現れるのが、文保二年(一三一八)の北条高時書下に見える「肥後国葦北庄佐敷・久多良木両浦」である。この書下では北条得宗被官の長崎治部左衛門尉宗行に両浦の知行が安堵されており、得宗領下の所領単位として「浦」が設定されていたことがわかる。南北朝期に入ると二点の史料で「浦」の初見例が認められる。一つは、年未詳十二月十一日の少弐頼尚書状で、北朝方の肥後国守護であった少弐頼尚が人吉相良氏の定頼に対して「葦北庄田浦凶徒等」に対して防戦するように伝えている。ここから「田浦」が南朝方を支持する勢力の拠点となっていたことが推測できる。もう一点が、年月日未詳の相良定頼并一族等所領注文で、温(湯)浦四郎次郎分の所領として「肥後国葦北庄内湯浦田地弐拾町」という記載がみられる。この文書には九州探題一色道猷(範氏)から配分された所領の注文が記されており、「湯浦」は北朝方について戦った温浦(湯浦)氏に宛行われた田地の所在地名として史料上に登場したということになろう。

十五世紀の後半には、球磨郡を統一した相良長続が守護菊池為邦から葦北郡の支配について安堵をうけ、同郡南部まで勢力下におさめていく。その過程で相良長続が発給した袖判文書に「蘆北庄水俣浦」が初出している。この袖判文書は「水俣浦」内の浮免水田を安堵したものであるが、このように田地の所在地名や所領単位名でのみ史料上に現れ、海上交通や漁業・塩業といった「浦」がもつ固有の機能にそくした文書が伝存していないところに、中世葦北郡の「浦」検出例が総数としては多くない理由があると考えられる。

なお、中世に初出する葦北郡の「浦」の全てが、慶長肥後国絵図の村名・浦名へと引き継がれている点を最後に特筆しておきたい。

⑬球磨郡

球磨郡で最も年紀の古い「村」の初見例は、建久二年（一一九一）の良峯師高所領譲状案に見える永吉荘内の一七か村である。工藤敬一氏は、「この文書自体は、鎌倉後期預所と争う平河氏が自己の主張を裏付けるために作成したもので建久二年のものとは考えがたいが、永吉荘の所在地を示す史料としては信をおけるものである」と述べているが、(43)首肯しうる指摘であろう。そこで書き上げられた所領の記載内容に目を向けると、冒頭より一五か所目までは田数と公事高（貫高）があるが、「尾瀬之村」（現球磨村大字大瀬）、「高野瀬之村」（現球磨村大字神瀬）、「五木之村」（現五木村）、「田代之村」（現相良村大字四浦字田代）、「はしかミ之村」（現相良村大字四浦字初神）には板・冊子・葛・厚紙・漆・鹿皮・茶など山の産物のみが記され、田地記載を欠いている。工藤氏は「尾瀬之村」以下が球磨川・川辺川・万江川といった河川ぞいの要衝に散在していることに着目し、永吉荘が関東御領として設定される際に軍事・交通上の要衝を組み込んだとの見解を提示している。(44)この見解に異論はないが、先にみた記載の特徴をふまえると、「尾瀬之村」以下の五か村は山の生業を基盤とした「村」で、いわば山村としての機能を果たす所領として永吉荘内に組み込まれたと想定できるのではないだろうか。河川は山の産物流通の動脈であり、その結節点に山村の拠点が分布していたと理解しておきたい。

球磨郡の関東御領には永吉荘のほかに「西村」という「村」が含まれていた。建保四年（一二一六）の肥後国惣図田帳には、「西村百五十町、須恵小太郎家基領」と記され[45]、この「西村百五十町」がのちの須恵荘になったと考えられる。ところで、関東御領の設定は鎌倉幕府主導による球磨郡支配の再編成の一貫であった。建久八年(一一九七)の肥後国図田帳(球磨郡分)写によると、幕府は球磨郡のうち下球磨を王家領人吉荘、中球磨を中心に鎌倉殿分(関東御領)、上球磨一帯を公領としたことがわかる[46]。公領「豊永」(名)の内部単位として見える「多良木村」は平家没官領で、伊勢氏が所職をもつ公領としての「村」であった。時代がくだり寛元元年(一二四三)になると、「多良木村」内に属す四つの「村」が登場してくる。その史料は、相良頼重と伯父長頼との相論を裁いた関東下知状で、頼重の訴えによればこの四か村は祖父頼景が父宗頼に自筆の譲状をもって譲与したとされる。「多良木村」で領主制を展開していた相良氏は人吉荘の地頭職も獲得するが、寛元二年(一二四四)に地頭職の半分を北条得宗に奪われ、同年下地中分が実施された[47]。その中分注進状に人吉荘北方(北条氏分)として「間村」が初見される。一方、相良氏分の人吉荘南方では「青井村」が、寛元四年(一二四六)の相良蓮仏譲状に在家の所在地名として初出することになる。

南北朝期に入ると、軍事関係の史料に新しい「村」が姿を現す。足利直冬が九州に下向後、南朝・北朝・直冬の各勢力の鼎立状況となるが、そうしたなか直冬と終始対決した一色範氏が観応二年(一三五一)に相良定長と相良孫五郎に勲功之賞として与えた地頭職の所領として「久米郷西方下村」が初出する。また、相良定長の軍忠を賞した文和三年(一三五四)の一色範氏感状案では、合戦場として「永里村」が初見されるのである。時代はくだり、文安五年(一四四八)にも「永里之山城」で攻防が繰り広げられたが、その事実を記す犬童重国軍忠状案には戦場として「薩麻瀬村」という村名が初めて見える。

一つの「村」の内部構造を詳細に示すのが、文明十一年(一四七九)の相良為続田畠目録である。本史料により「久米郷奥野之村」が、屋敷・畠を含む空間的にまとまった単位である門に包摂された水田と、散在する浮免地、さらに寺家社家分の田畠によって構成されていたことが知られる。

⑭天草郡

天草郡の「村」と「浦」の初出年代は鎌倉期に偏り（全体の六二パーセント）、「村」六例対「浦」一五例と「浦」の比率が高いという二点に特徴を見いだすことができる。

天草郡で最初に史料上現れる「浦」は、元久二年（一二〇五）の下文で鎌倉将軍源実朝から志岐光弘に与えられたとされる地頭職の所領「肥後国天草郡内六ヶ浦」である。[48] 天草上島の有明海沿岸から下島の北西部海岸にかけて点在する六つの「浦」は、[49] 海の生業を基盤とした人々の活動拠点とみられ、「六ヶ浦」地頭職は海域型所領を対象にして設定されたものと考えられる。

志岐氏が天草下島北部を中心に「海の領主」として国御家人となったのに対し、下島の東部から西南部にいたる地域を勢力圏としていたのが天草氏である。[50] 天草氏の惣領であった天草種有は貞永二年（一二三三）に、本砥島地頭職を嫡子播磨局に譲与した。当時は分割相続であったので庶子にも所領が譲られている。すなわち、「かうちのうら（河内浦）」がめの女・こま王（種資）に、「おほミと中候むら（村）」が女子をくまに、「しんひらきたかハま（新開高浜）・ひらうら・うふしま（産島）」が又太郎入道に譲与された。ここから、地頭職が設定される「島」の内部単位として「浦」・「村」・「浜」・「島」が存在していたことが明らかとなる。

鎌倉末期になると志岐光弘の孫景光が天草氏の尼妙性と婚姻関係を結んだのを契機に、志岐氏による天草下島南部への進出が開始される。まず応長元年（一三一一）、景光の子景弘（弘円）は継母の妙性に対して本砥の百姓在家等の支配権の半分を割譲させるとともに、浮免百姓及び未分の地は妙性と景弘の両方が召し使うことを認めさせているが、その未分の地の一つとして「ふなたうら（船田浦）」が初出する。その後、弘円は正和二年（一三一三）に本砥島の地頭職に補任され、天草氏庶子家の所領にも侵入していくが、これに抵抗し元徳元年（一三二九）から弘円と相論を繰り広げたのが天草氏一族で「本砥内宮路浦」地頭の仏意であった。仏意は、弘円が「本砥村」を掠領し、「亀河村田畠山野等」を掠め給わり、「宮路浦」の支配権まで入手するために奸訴に至ったと激しく論難している。

天草氏の惣領家は志岐氏によって衰退したが、庶子家の河内浦氏が種国の代に勢力を拡大し、鎌倉幕府倒壊後に本砥を一時奪回して天草氏を称するようになる。正平二十年(一三六五)の天草種国請文によると、玉名郡の広福寺開山大智上人の仏物(乃米)を預かった種国は、これを元に利に回し毎年米を寺に進上することを約束し、もし未進懈怠した時に寄進するとした自身の領内として「肥後国天草郡白木河内村、同郡いくさか浦(軍ヶ)」を挙げている。広福寺は菊池氏が外護した寺院で、天草氏が南朝方の菊池氏と結びついて天草下島西海岸を拠点に勢力を保持していたことをうかがわせる。(51) なお、「軍ヶ浦」は羊角湾の入り口に位置する天然の良港で、中国明代の類書「図書編」に見える「一国撤介烏刺」に比定され、対外貿易港としての役割も果たしていたと想定される。(52)

天草上島の「村」は、応安三年(一三七〇)に発給された二通の室町幕府下知状でようやく姿を現す。すなわち、「志加木村」と「嶋子村」で、前者は詫磨貞宗に、後者は詫磨氏直に、いずれも勲功之賞として充行われている。なお、時代がくだるが「八代日記」の永禄四年(一五六一)閏三月十一日条に「上津浦分領池浦」の名が初出する。一方、「上津浦」の下方を意味する地名と推測される「下津浦」も、「八代日記」の永禄元年(一五五八)三月十六日条に戦場として初見される。

十六世紀に初出する「浦」としてはもう一つ「簑之浦」がある。初見史料である『上井覚兼日記』天正十二年(一五八四)四月一日条に「三角之簑之浦へ着船候」と記されていることから、従来当地は「肥後宇土郡三角」に比定されていたが、近年高野茂氏の考証によって天草郡の大矢野島に比定し直されている。(53) 紀行記の場合、旅行者の見聞による記事のため、こうした誤記も生じる可能性はある。紀行記の史料的価値はまさに見聞にもとづく「村」・「浦」名を記録している点にあるが、伝聞情報だけにより厳密な史料批判が求められることを指摘しておきたい。

二　「村」と「浦」の史料類型別分析

これまで検討してきた郡ごとの初出傾向をふまえ、次に各史料類型に現れる「村」と「浦」の位相を明らかにしていきたい。

(1) 国司庁宣

国司庁宣は、在京の国守から国衙内の役所である留守所、またその構成員である在庁官人に宛てて出された文書である。「村」や「浦」の初見史料となった国司庁宣は二点あるが、いずれも宇土郡における一円不輸の荘園成立を認めたものであった。一つは、久安六年(一一五〇)に肥後国司の源国能が発給した庁宣で、郡浦荘の領域(四至)を確定し、国衙に対する税負担を免除した不輸の地とするように命じている。そこで注目したいのが、近隣有力者が堺を越え「郡浦社領浦々村々」に乱入して年貢を押領し、神事を妨げているという神官らの訴えをうけて、この国司庁宣が出されたという事実である。久安六年以前の郡浦荘は国衙領内の免田によって構成されていたと考えられるが、その段階から「浦々村々」を生活拠点とする住人らの活動があり、郡浦社の経済が支えられていたとみることができるのである。

二点目の建久六年(一一九五)の肥後国司庁宣は、鎌倉幕府の片寄せ政策によって成立した甲佐社一円領荘園の認定に関わるものであるが、ここでも「甲佐宮一色不輸社領」の構成単位が「村村」と表現されている点に目をとめておきたい。具体的な所領名の書き上げでは「八代北郷・堅志田・勾野村・江津後家領津々良田地」と「村」名が付されているのは「勾野村」のみだが、この四か所の総称として「村村」という表現が用いられているところに、個別の制度的呼称を越えた「村」の用法が示されているといえよう。

（2）譲状・売券

国司庁宣からは平安・鎌倉期の「村」と「浦」の存在を個別に追うことができなかったが、その手がかりを与えてくれる史料が譲状と売券である。実際、鎌倉期までの「村」・「浦」初見史料で最も多いのは譲状であり、売券での初見例は鎌倉期に集中している。ところで、譲状や売券に見える「村」・「浦」には共通する性格があった。それは「重代相伝私領」の所在地として「村」や「浦」が登場してくるということである。たとえば、正治二年（一二〇〇）に宇治惟泰が新大宮司の宇治惟次に与えた譲状では、「先祖相伝の私領田畠」の所在地として「阿蘇郡南郷内の村々」一〇か村を譲与している。建永元年（一二〇六）の沙弥行西（長浦遠貞）譲状でも、大友能直に譲進された土地は「肥後国鹿子木東庄内相伝村々田畠等事」と荘園内の「相伝」私領であることが明記されている。

もっとも、「重代相伝私領」というのは権利移転（譲与・売買）時の論理で、実際には色々な経路で集積した所領で、別に本主がいる場合もありえた。長浦遠貞が鹿子木東荘の惣地頭であった大友能直に譲進した「村々田畠等」も、一一六〇年代から七〇年代にかけて遠貞が藤崎宮神主から順に買得していった土地の集合体であった[54]。ところで、大友能直に譲られた田畠等は、譲状によれば「橘村」、「武部御薗」、「神田村」、「津久々浦」に分布していたが、これらは全てさかのぼれば藤崎宮神主家の散在所領であった三郎丸名に属し、長浦氏の私領を経て、大友氏・詫磨氏が領有した五郎丸名のもとに再編成されていったことが既に明らかにされている[55]。そのなかで阿蘇品保夫氏が、収納単位である「名」が田地の本領主権の移動によって再編成されていく一方で、「村」や「薗」が「簡単に離合集散できない生活体を含むもの」と指摘しているが[56]、卓見であるといえよう。

「阿蘇郡南郷内の村々」は宇治氏が「往古屋敷」の論理によって別納の地としての権利を獲得した所領であった。

「私領」としての「村」には、在地領主の屋敷を中核とした排他的な私的権利である本主権が伏在し、それが「重代相伝」の論理として権利が移転する際に表出すると捉えておきたい。

　阿蘇品氏がいう簡単に離合集散できない「村」の生活体の実態も、譲状や売券の記載から垣間見ることができる。手がかりは、譲状に見える「村」などの四至記載である。長浦遠貞から大友能直に出された建永元年の譲状に列挙された「村」、「御薗」、「浦」にはそれぞれ四至が付記されている。嘉禄二年（一二二六）に宇治惟次が三男宇治惟盛に譲った田畠の所在地である勢多村（阿蘇郡）や横手村（飽田郡）にも、「しんし（四至）ハわうこ（往古）かきり（限）あり」との注記が認められる。いずれも領域型の村落であるとみなすことができる。もっとも、「私領」の譲渡や売買が田畠などを対象としている限りでは、領域型の村落そのものが常に史料に現れるわけではない。では、譲状や売券に村落が現れる条件とは何か。それを示唆する史料が、建久十年（一一九九）の山本南荘下司宗形氏綱田地売渡状である。宗形氏綱は川尻乙王丸に枝吉名の田畠を売り渡したが、田地と畠地とでは売券の記載方式が異なる点に注意したい。田地は「肥後国詑（麻）万西郷内」にあるとされ、個々の所在地が条里地名で記されているのに対し、畠地の所在地は「漆嶋郷内土土呂木村」とその四至記載のみとなっている。これは売買の対象となった枝吉名の田地が散在していたのに対し、畠地が四至をもつ「土土呂木村」に集中していたことによるものであろう。四至記載をみると西と北の堺が「河」で、河岸の畠作集落が「村」として認知されていたことになる。

　以上の検討から、本領主の権利が強く、田や畠の所在地が一つの集落に集中するようなケースにおいては、収納や所領の単位として「村」や「浦」が史料上に現れてくるという見通しが立ったと思う。譲状では複数の所領を対象とする場合、所在地表示に「名」と「村」が相並んで登場することがあるが、その理由もこうした条件の違いの反映とみてとることができる。

　ところで、十三世紀に入ると「重代相伝私領」の「村」・「浦」の権利が地頭職として構成されるケースが増えていく。とくに惣地頭―小地頭制が展開した九州の肥後国においては、庶子への分割相続が繰り返されるなか、小地頭の単位所領としての「村」や「浦」が譲状に散見されるようになる。その早い例が、嘉禎二年(一二三六)の大友親秀譲状案である。親秀が三男観音丸に分割譲与した「相伝私領田畠所職等」のなかに、益城郡味木荘内の三つの「名」や「税所公文・国侍所司職」と並んで「津留木村地頭職」が見える。これらの所領・所職には幕府の安堵状など上級権力からの保証書はなく、親父能直の譲りを得て相違なく領掌してきたことが保証文言となっている。そして、本譲状案では「所領の分限に随い、嫡子の支配を守り」、「関東御公事并大番役」を勤仕することが明記されている。「津留木村地頭職」は幕府からの補任の対象にはならない、惣領の支配権の下におかれた小地頭職とみなすことができる。

一方、島嶼部所領における惣領制下の所領構造を伝えるのが、貞永二年(一二三三)の天草種有譲状案である。これによると、天草氏の惣領は「本砥島」の地頭職を持ち、庶子には「本砥島」内の「浦」、「村」、「浜」、「島」が分割譲与されている。惣領の地頭職の譲与にあたっては「代々の御くたしふみ(下文)」が具書として添えられているから、天草氏の惣領が惣地頭、庶子が小地頭の立場にあったとみてよいだろう。島嶼部の小地頭が知行した所領単位の名称が四種類に区分されているのは、所領の景観や機能の違いによるものと考えられる。また、本譲状案には庶子の知行分に対する惣領の命令権が明記されるとともに、惣領にも「本砥島」全体の本主としての自覚が促されていることも特筆しておきたい。

(3) 補任状・充行状・安堵状

次に、上級権力による所領・所職の権利付与文書に現れる「村」と「浦」の特質についてみていくことにしよう。私領としての「村」の本領主権を関東御家人が獲得した場合は、鎌倉幕府による地頭職補任や知行安堵の対象となり、その結果、関東下文や関東下知状などを初見史料とする「村」や「浦」も現れるようになる。「村」を単位にした地頭職の早い例としては、源業政を「肥後国六箇庄小山村」の地頭職に補任した建保四年(一二一六)の将軍家政所下文案がある。六箇荘内の「村」を単位に地頭職が設けられた背景には、六箇荘が熊本市の東部から益城町・嘉島町に及ぶ広域の散在荘園であったことが関係していよう。[57]時代はくだるが、文和二年(一三五三)の足利尊氏御教書案で安堵されている「藤崎庄内石村地頭職」も、山鹿郡の「石村」が飽田郡を中心とする藤崎荘のなかで遠く離れた散在所領であり、[58]「石村」の地頭職設定にも地理的条件が関わっていたと考えられる。

建暦二年(一二一二)の関東下文案で志岐光弘が補任された地頭職は、「天草郡内六ヶ浦」という広域を対象にしたものであり、海域型所領にそくした権利付与のあり方として注目される。さらに平野部が乏しい葦北郡では、文保二年(一三一八)の北条高時書下で「葦北庄佐敷・久多良木両浦」の知行が安堵されたのを嚆矢として、中世を通じて所領支配の単位は「荘―浦」で一貫している。ただし、所領・所職関係の文書において「浦」は、所領単位名や田地の所在地名でのみ現れる傾向が強いといわなければならない。

そうしたなか海辺部の村落形成に関わる史料として注目されるのが、建治二年(一二七六)に「八代庄三ヶ村内八千把村」の新開地三反三丈を源次郎丸に付与した兵庫助某宛行状である。この文書の「早致耕作、全御年貢、可修固鞆井樋者也」という文章から、当地が干拓されたのを機に新開地の知行が認められたことがわかる。さかのぼること六年前の文永七年(一二七〇)に源次郎丸に対して同地の土地が与えられたときの宛行状で「八千把」は村名では呼ばれておらず、この間の干拓事業により「村内村」が新たに設けられた可能性が高いと考えられる。

南北朝期に入ると、闕所地となった「村」の地頭職や田地を勲功の賞や兵粮料所として与える充行状が頻出するようになる。そのなかで元中八年(一三九一)に、今川了俊襲来時の忠節により「八代庄道前郷野津村内壱町五段」を「兵粮料所」として宛行われた「樸弁済使」のように、沙汰人層と思われる人物にまで知行権が給付される事態も生じている。戦国期になると、阿蘇惟豊の充行状写や安堵状写に見える八代荘小熊野村内の「柿迫之村」や「谷口村」のように、「村内村」まで直接知行の対象となる事例もみられるようになる。

（4）預ケ状・軍忠状・感状

南北朝期以降、軍事関係の史料にも新しい「村」が登場してくる。先にみた勲功の賞や兵粮料所を与える充行状のように給与はされなくても、闕所地を配下の武士に預け置く措置もしばしばとられた。その際作成される預ケ状に初出する「村」も南北朝期に散見される。こうした充行状や預ケ状に現れる「村」が所領の所在地を示すのに対して、武士が戦闘時の忠節を申告し確認してもらうために提出する軍忠状や、戦功などを賞して与えられる感状に登場する「村」は戦場の所在地を指す場合が多い。たとえば、文安五年（一四四八）の犬童重国軍忠状案に、敵を一人生け捕りした在所名として「海士之江村」が初出する。当地は地名として「八千把村内尼江」と元亨四年（一三二四）の某宛行状に見えるように、所領の単位としては制度化した「村」ではなかった。こうした制度村内の「村」も在所名として記録しているところに、軍忠状や感状の史料的価値があるといえよう。

（5）訴陳状・裁許状・和与状

次に取り上げるのは、訴訟関係の文書である。中世肥後国で最古の「村」初見史料は久安二年（一一四六）の肥後国訴状写であった。工藤敬一氏はこの史料を国司源国能解で、知行国主を通じて朝廷に提出されたものと指摘している。[59] 本訴状では、「山手村」に軍兵を発向し、資財物を押取り、「四十余宇之在家」を焼きはらい、男二人を暴行・女六人を略取した田口行季らの濫行が詳述されている。こうした国司の訴状内容によって、開発私領である「村」の物的資源や労働編成、地域開発をめぐる政治抗争の内実を知ることができるのであり、当該期においては稀有の史料といわなければならない。

ところで、鎌倉幕府の訴訟手続きでは、訴人が出す訴状と論人が反駁する陳状の交換が三度まで行われるが、この訴陳状における「村」という語彙の用法として注目されるのが、元徳二年(一三三〇)三月日の宮地村地頭仏意重陳状案である。仏意は「本砥内宮路浦(宮地村)」を本拠地とする天草氏の庶子家の人物で、正和二年(一三一三)新たに「本砥島地頭職」に補任された志岐弘円から訴えられた。その弁論のなかで仏意は、弘円が「本砥村」を掠領したと陳述している。ここで「本砥島」を「本砥村」と表記しているのは、「本砥島」(複数の「浦・村・浜・島」を含む)であると弘円が獲得した地頭職の対象が「宮路浦」など庶子の所領まで包含されかねないという認識をもっていたからであろう。「村」と表記することで、権利対象を限定させようとする意識をそこに読みとることができる。

相良頼重と伯父長頼との相論の裁許状である寛元元年(一二四三)の関東下知状からは、「村内村」の形成が確認できる。この相論の係争地は「多良木内」の「四箇村」とされるが、「多良木」は建久八年(一一九七)の肥後国図田帳(球磨郡)写に見える公領の「村」であった。頼重の訴えによれば、この四箇村は祖父頼景が父宗頼に自筆の譲状をもって譲与したものとされる。このように公領である「村」の内部でも、「村内村」を単位とする相伝私領が形成され、その権利保証が幕府に求められる事態も起こりえたのである。

訴訟当事者間で和解が成立すると和与状が作成される。正和二年(一三一三)の藤原熊夜叉丸等連署和与状案では、益城郡隈牟田荘惣公文職の返付が認められているが、この惣公文の一族と領家との係争地として「千原村」という村名が和与状に初出している。

(6) 寄進状

寄進状に「村」が初出するようになるのは南北朝期からである。菩提寺をはじめ尊崇する寺社へ寄進された田畠などの所在地として「村」名が寄進状に現れる場合が大半であるが、なかには「村」の半分地頭職が寄進されたり[60]、「村」内の当知行分であることが明記される事例も認められる[61]。

寺社への寄進が南北朝期から盛んとなる理由としては、内乱状況下所領支配を安定化させるための方策という政治的背景が考えられるが、そうした意図のもと「村」の領域を丸ごと寺院に寄進するケースもみられた。たとえば、正平十七年(一三六二)の菊池武照(カ)寄進状によると、寄進者は「玉名東郷内久井原村」の「山野田畠屋敷等、不残段歩」を永代寄附し、地頭方の不入を宣言している。この寄進にともない「四至堺注文」が作成されていることからも[62]、下地一円領化を意図した「村」の寄進であったとみなすことができる。

「村」内田地の寺院への寄進が新しい「村」分出の起点となったことを示す事例が、文中三年(一三七四)の菊池武朝寄進状である。これによると、武朝が正観寺に寄進したのは山鹿郡の「千田庄永富村内田地肆町」であったが、同年作成の地検帳を見ると実際には田地のほか居屋敷や畠地も寄進分に含まれていたことがわかる[63]。この南北朝期に「永富村」から割き取られ正観寺に寄せられた領域をもとに、近世の「正観寺村」が成立してくるのである。

(7) 土地・負担帳簿類

土地制度や収取負担に関わる帳簿類は、作成目的にそくして網羅的な情報を載せているので、一紙文書からは知ることができない「村」・「浦」の位相を示してくれる。ここでは帳簿の種類ごとに、そこに現れる「村」と「浦」の特質をみておこう。

最初に取り上げるのは、基準的土地台帳として機能した建久図田帳である。建久八年(一一九七)の肥後国図田帳(球磨郡分)写には、「公田」の「豊永四百丁」のうちに「多良木村百丁、没官領、伊勢弥次良(不知実名)」の記載が見える。平家没官領が公領の「村」に編成されたことがわかる。同図田帳写に記された関東御領分のうち「須恵小太良家基領百五十丁」も、建保四年（一二一六）の肥後国惣図田帳では「西村」と称されていたが、これは関東御領の所領単位名としての「村」といえる。図田帳に見える「村」がなにゆえ「村」名なのかは未詳だが、球磨荘と同じく片寄せ再編された甲佐社領では、散在型所領の一円化にともない津々良が「郷」名から「村」名に変化している点は留意しておきたい。

荘園土地台帳では、弘安十年（一二八七）に宇土郡郡浦荘で作成された桑の地検の名寄帳における「村」と「島」の現れ方が特徴的である。本荘部分は現綿・桑代銭が「名」ごとに記載されているのに対して、新荘の範囲では三つの「村」と一つの「島」を単位とした記載となっており、新荘においては「村」や「島」が収納単位であったことがうかがわれる。それでは、収納単位が「村」となる条件とは何か。それを知る手がかりを与えてくれるのが、弘長三年（一二六三）の詫磨時秀配分状案である。これは詫磨能秀が庶子の直秀に与えた譲状にもとづき作成された配分状で、譲状では「門内鳥栖内拾参町在屋敷等」とのみ記されていた所領を[64]「鳥栖村」（託麻郡神蔵荘内）と表記し、田地と屋敷の所在や面積を詳述している。本状の作成目的は、当村鎮守宮の神事用途米や井料米の賦課対象地の確定にあった。賦課対象地が散在せず一つのまとまった集落景観を構成している場合、土地台帳や配分状に「名」ではなく「村」と表記されるのではないだろうか。実際、「鳥栖村」の田地は全て鳥栖里に所在しており、「門内鳥栖」という呼称も囲繞された集落景観を示唆するものといえる[65]。

一方、「村」が賦課の単位となるまでの過渡的形態を示す史料が、元徳二年（一三三〇）の阿蘇社造営料木注文写である。当時、阿蘇社領では社殿の造営に必要な材木は「家」を単位に賦課されていた。同注文写によると、小国郷では二四家分のうち六家分が「宮原」に当てられ、そのうち一家分が「宮原」内の三つの「村」の合同負担として割り振られている。鎌倉時代、阿蘇社領では「村」そのものが賦課単位ではなかったので制度的な存在として一律に史料に現れることはないが、負担能力をもつ集落は「村」として捕捉されるようになったと考えられる。こうした「村」が「郷」とならんで賦課対象として正式に位置づけられると、郷村注文が作成され、そこに制度化された「村」が網羅的に記載されるようになる。建武三年（一三三六）の阿蘇社領郷村注文写によれば、造営料木の賦課基準であった「一家」は公田「一〇町」に置きかえられ、二一の「郷」と一七の「村」にそれぞれ社役負担の基準となる公田数が配分されている。同様の郷村注文は阿蘇大宮司家の本拠地となった益城郡矢部でも正平九年（一三五四）に作成されたが、矢部では公田数ではなく貫高が郷村ごとに記載されているところに、耕地が乏しい山間地域としての特質が現れているといえよう。他方、海辺地域の「浦」は、荘園の土地台帳や百姓注文、あるいは在地領主の所領注文においても、もっぱら田地の所在地名として姿を現している。

荘園領主が作成した南北朝期までの帳簿類が「村」や「浦」の一部分しか映し出さないのに対し、荘園に属した「村」の内部構成を詳細に伝えてくれるのが正平十三年（一三五八）の山本荘大清水村田畠屋敷注進状である。この注進状には、大清水村の田地、屋敷、畠地、荒野の所在地・名請人と山の区分が詳細に書き綴られている。阿蘇品保夫氏は、本史料を領主正観寺の命によって現地側が作成した指出とみているが[66]、こうした地下文書によらないと見えてこない「村」の姿があることに留意しておきたい。

室町時代になると、公田数を基準とした収取の請負人として百姓を直接把握しようとする領主の新たな志向による帳簿が作成されるようになる。応永三年（一三九六）には、阿蘇社領の狩尾村で公田三町三反を五か所の名主百姓が請負う体制が成立している。この百姓請の証文からは、公田数を賦課基準とする請負が「社役・諸御公事・検断」を対象にしていたことが知られるとともに、「名主五ヶ所」が五つの「村」名で列挙されている点に着目したい。さらに、応永十六年（一四〇九）の帳簿写[67]に収載された狩尾村土貢帳によると、狩尾村の年貢・公事を狩尾村内の六つの「村」（五か村に「堂薗村」が加わる）に均等に負担させている。つまり、狩尾村で成立した百姓請とは、名主を代表とする百姓結合である「村内村」に基礎をおいた請負体制であったと評価することができる。こうした体制は同時期、阿蘇社領湯浦郷でもみられた。湯浦郷では二〇町の公田数を二四の「村」(郷内村)に配分し、各「村」が請負う社役・土貢を定めるとともに、「村」ごとに詳細な田地坪付と山野境注文も作成している。[68]

小さな制度村の出現は、文明年間の益城郡で作成された帳簿類でも確認できる。矢部の男成郷では文明二年(一四七〇)に、軍陣夫役の賦課対象として六つの「郷内村」が姿をみせる。甘木荘でも、文明四年(一四七二)の政所方夏麦検見帳では畠地の面積が、「上村」・「下村」・「板良村」・「奉行方」という地域区分で作人単位に記録されている。同郡では砥用郷や豊田荘においても、文明年間に「村」の土貢注文や年貢等注文が作成されているが、その背景として荘郷の年貢収納単位が「名」から「村」へと移行する事実が想定されよう。玉名郡の野原荘鎮守八幡宮においても「名」を単位に賦課されていた祭礼役が、十五世紀半ばから「村」を単位に負担する体制へと移行していく。このようにみてくると、百姓の「村」を直接捕捉し、さまざまな請負の単位として制度化しようとする方向性は室町期以降、一地域にとどまらない肥後国の全体動向であったとみなすことができよう。

(8) 古記録

中世肥後国の「村」や「浦」には古文書や帳簿などには現れず、古記録にのみその名を残すものが数例みられる。まず、球磨の相良氏が八代に拠点をおいていた時期の記録である「八代日記」には戦況が詳しく記され、そのため戦場として初出する「浦」が二例確認できる。[69]その他の初見史料となった古記録は全て紀行記である。紀行記では旅行きの途上に宿泊したり通過した「村」が記録されるが、その「村」呼称は基本的に旅行者の判断にもとづいている。紀行記には「〇〇といへる村」や「〇〇と申村」という表現がみられるが、これらは訪れた土地の住人からの伝聞もしくは現地を見聞した記主によって「村」と認識されたもので、端的にいって音声世界における「村」呼称であると評価できる。制度化されることがない「村」については文書や帳簿に「村」として記載されることは少なく、中世の在地住人が何を対象に「村」と認識していたかを知るうえで古記録は重要な情報源となるであろう。ただし、上井覚兼が日記に記録した「三角之蓑之浦」の所在地が、宇土郡の三角ではなく天草郡の大矢野であったように、古記録の「村」や「浦」の情報は伝聞などにもとづくだけに、場所の比定などで用いる場合より厳密な考証が求められる。

（9）金石文

最後に、広義の金石文に記録された「村」の初見例の特徴について言及しておく。「村」名を記す金石文で最も古いものは応永二十二年（一四一五）の鰐口銘で、室町・戦国期に初出する「村」のうち一一例が金石文を初見史料としている。金石文を初見史料とする「浦」は確認していない。分布範囲は北は菊池郡から南は八代郡まで六郡に及ぶ。金石文の素材は、石製の板碑・石幢、仏像の台座・背面、金属製の鰐口、木製の棟札と多岐にわたる。

金石文における村名の表記法は、古文書や古記録と比べ長い重層表記を特徴としている。最長、「大日本国―道―国（州・刕）―郡―荘・郷・保―村」の六階層に及ぶ。重層表記の組み合わせ方は多様で、点数が少ないこともあり、特定の金石文の素材に応じた表記法までは見いだすことができなかった。ただし、注意しておきたいのが、六階層全てを表記した例が仏像線刻板碑（飽田郡）、六地蔵石幢（託麻郡・益城郡）、仏像背面墨書銘（益城郡）と、素材を越えて肥後国中部で認められるという事実である。この四例の年紀は一四八〇年から一五二七年の間で比較的近接しており、当該期に「大日本国」に始まる重層的な空間領域構成の中に「村」を位置づける意識が、信仰世界のなかで受容されていった可能性があることを指摘しておきたい。

おわりに

本稿では、中世肥後国における「村」・「浦」の初見例を網羅的に検出する作業を通して、史料上に現れる「村」と「浦」の位相を史料類型別に析出する試みを行ってきた。その結果、史料類型によって異なる「村」と「浦」の姿が確認できたので、あらためて整理し、重ね合わせてみることで結びとしたい。

荘園・公領の名称・田数・領有関係を示した図田帳（大田文）に記載された「村」は、公領や関東御領の所領単位であった。こうした荘園・公領の所領単位としての「村」・「浦」は、幕府による地頭職の補任状や安堵状にも現れるが、その前提として認められるのが「村」・「浦」を基盤におく私領の形成である。久安二年（一一四六）の肥後国訴状写から知られるように、院政期に私領としての「村」は地域開発の拠点として現れるが、その事実は新たな開発地を「村」と呼ぶ傾向があるとした網野善彦氏の指摘を想起させる。(70)「村」と開発との関係は、古くて新しい課題といえよう。

荘園制の形成後鎌倉期まで、「村」や「浦」は私領主権をもつ一族内や当事者の間で機能した譲状や売券においてその姿を現すことが多い。ただし、荘園制の枠内で私領主の権利は「名」単位で示されることが基本で、「村」や「浦」が所領単位化するのは本来、強固な私領主権を背景に別納が認められた場合や、田畠の所在地が特定地域に集中する場合などに限られていた。もっとも中世前期から「名」と「村」・「浦」との違いは明瞭で、「名」が田畠年貢の収納単位として領主権が移動するたびに再編されたのに対して、「村」や「浦」は「簡単に離合集散できない生活体」を含むものとして意識されていた。譲状や売券で「村」や「浦」に四至が記載されることがあるのは、その証左である。ところで、十三世紀には庶子への分割相続が進むなか、小規模所領である「村」や「浦」を単位とする小地頭職が各地で設定されるようになった。小地頭職は幕府の補任対象ではなかったため、その対象となった「村」や

「浦」もまた譲状で姿を現すことになるのである。なお、海辺部の「浦」を対象にした譲状や地頭職補任状・知行安堵状からは、海域型所領のあり方がうかがえ、その背景には海の生業を基盤とした領主制の展開が想定されることを特筆しておきたい。

鎌倉期の「村」・「浦」初見史料で譲状が最も多いのは右に述べた経緯によるが、南北朝期には他の類型の史料でも「村」と「浦」の初見例が多く認められるようになる。一つは三派鼎立という内乱状況下で闕所地の給与や預け置き、あるいは寺社への寄進が盛んとなり、小規模所領の「村」が充行状・預ヶ状・寄進状に登場する機会が増えるという動きが指摘できる。所領の安定化を目指して「村」の領域を丸ごと寄進するケースもみられた。内乱状況は散在所領とそれを支えた大規模名の再編を余儀なくさせ、「村」が収納単位となる条件が整えられていったと考えられる。「村」が「郷」と並立する収納単位として位置づけられると、郷村注文が作成されるが、この史料により制度化された「村」を網羅的に検証することが可能となる。ただし、荘園に属した「村」の内部構造は地下帳簿である「指出」によらないとうかがい知ることはできない。室町期以降までくだると、「村」を単位とした負担帳簿類や田地坪付、山野境注文などが作成されるようになるが、その背景には百姓の「村」を直接捕捉し、請負の単位として制度化していく基本動向があり、そのなかで「郷内村」や「村内村」といったミニマムな制度村の登場も確認できた。

今まで「村」や「浦」が制度化されていく過程について述べてきたが、制度的な位置づけをもたない「村」・「浦」呼称を載せた史料も認められる。たとえば、国司庁宣では境界地名に「浦」が見え、軍忠状や感状では戦場の所在地として村名・浦名が初出する。紀行記は、在地の住人が「村」と認識していた音声世界における「村」・「浦」呼称を記録しており貴重である。金石文からは、重層的な空間領域構成の中に「村」を位置づける意識を読みとることができた。

本稿での検討から明らかなように、「村」や「浦」という史料用語は多義的であり、一つの実体概念に置き換えることはできない。たとえば「村内村」のように、同一の行政系列上に位置づけられる上下二つの「村」が、異なる実体をもつことは自明だからである。

しかし、上下二つの行政単位をともに「村」と表記した中世の人間の認識に焦点をあてるならば、矛盾なく双方を「村」ととらえる根拠が存在したはずである。「村」や「浦」といった同じ史料用語を中世を通じて追跡する作業は、こうした中世人の認識の枠組みとその依拠する現実世界を照射する試みといえよう。本稿はそのための基礎作業にすぎないが、「村」と「浦」が、中世を通して「簡単に離合集散できない生活体」を含むものとして把握され、この認識にもとづいて制度的な位置づけを歴史的な条件により与えられたということは、肥後国の事例にそくして提示できたと思う。

註

(1) 大山喬平「ムラの新たな研究のために―ムラの戸籍簿を作ろう」(同『日本中世のムラと神々』岩波書店、二〇一二年)。大山氏の提案をうけて二〇〇九年に発足した「ムラの戸籍簿」研究会が、この作業を継続している。
(2) 前掲註(1)大山著書五二〇頁。
(3) 同右四二二頁。
(4) 日本では近世になると、村落支配の現場で村ごとの「村柄」の観察が重視され、観察結果が地方書や紀行文に記録されるようになるが、中世では同質の史料を得ることはできない。米家泰作「地方書にみる近世の村落類型観―里方・山方・浦方―」(同『中・近世山村の景観と構造』校倉書房、二〇〇二年)参照。
(5) 本稿では一般用語との混用を避けるために、中世史料で検出される村・浦の語彙を「村」・「浦」と表記することにする。
(6) 肥後国における古代の村名としては、『日本書紀』景行天皇十八年五月壬辰朔条に「是、八代県豊村」が見える程度である。本記事については池松直樹氏のご教示を得た。

(7) 第四回「ムラの戸籍簿」研究会シンポジウム(二〇一四年三月八日、立命館大学)配布資料を参照。
(8) 同右。
(9) 『角川日本地名大辞典43熊本県』角川書店(一九八七年)「つのうら　津浦」参照。
(10) 以下、本稿で言及する史料の出典については、とくに注記しない限り表2を参照のこと。
(11) 小川弘和「武家勢力の台頭・展開と大野別符」(『岱明町史』岱明町、二〇〇五年)参照。
(12) 工藤敬一『荘園公領制の成立と内乱』(思文閣出版、一九九二年)一二五頁。
(13) 文和元年正月十一日、菊池貞雄書状(「廣福寺文書」三〇、『玉名市史　資料篇5古文書』玉名市、一九九三年)。
(14) 柳田快明「一四・一五世紀の内乱と地域民衆」(『荒尾市史　通史編』荒尾市、二〇一二年)参照。
(15) 工藤敬一「肥後中央部の荘園公領制おぼえがき」(前掲註(12)工藤著書)参照。
(16) 貞応三年五月二十一日、関東下知状案(「詫摩文書」一九二、『新熊本市史　史料編第二巻古代・中世』熊本市、一九九三年)に初出する「南山室村」。
(17) 嘉禄二年八月四日、宇治惟次譲状写(「阿蘇文書写」『大日本古文書　家わけ第十三　阿蘇文書之二』)に初出する「横手村」など。
(18) 前掲註(9)『角川日本地名大辞典43熊本県』「うるしまのごう　漆島郷」参照。
(19) 天授二年二月二十三日、菊池賀々丸寄進状写(「阿蘇文書写」)。元中三年二月一日、沙弥良清譲状案(「詫摩文書」一二九)。
(20) 応永二十七年九月十日、健軍社領名々田地現作注文(「阿蘇家文書」二三八、『大日本古文書　家わけ第十三　阿蘇文書之一』)。
(21) 建久六年正月十一日、北条時政下文(「阿蘇家文書」六)。
(22) 春田直紀「中世阿蘇社と帳簿史料」(熊本大学・熊本県立美術館編集・発行『阿蘇家文書修復完成記念　阿蘇の文化遺産』二〇〇六年)参照。
(23) 応永十六年九月日、肥後湯浦郷阿蘇社役注文(「阿蘇家文書」二二七)。
(24) 貞和四年十一月七日、南坂梨郷屋敷得分注文案(「阿蘇家文書」一二三)の「かミやまさき(上山崎)」と「しもやまさき(下山崎)」。正平十八年壬正月二十五日、阿蘇社造営料木納帳(「阿蘇家文書」一七三)の「かわら(河原)」。正平二十五年七月二十日、阿蘇社領宮地四面内給主注文(「阿蘇家文書」一八七)の「くりのき(栗木)」。

(25) 川村博忠編『江戸幕府撰　慶長国絵図集成　付江戸初期日本総図　解題』(柏書房、二〇〇〇年)。以下、慶長肥後国絵図については本書を参照。

(26) 春田直紀「地域社会の多層性とその歴史形成―阿蘇郡におけるムラの動態史―」(吉村豊雄・春田直紀編『阿蘇カルデラの地域社会と宗教』清文堂出版、二〇一三年)参照。

(27) 柳田快明「戦国期の安楽寺天満宮領肥後国富納荘について」(松本寿三郎先生・工藤敬一先生古稀記念論文集刊行委員会編『熊本大学日本史研究室からの洞察』熊本出版文化会館、二〇〇五年)。

(28) 年未詳五月十日、合志宣頓書状(「太宰府天満宮文書」)。年未詳十一月二十一日、島津久将書状(「大鳥居文書」)ほか。

(29) 天正十五年七月十九日、肥後国合志郡富納村天満宮領指出分置日記(「太宰府天満宮文書」)。

(30) 前掲註(27)柳田論文。

(31) 後藤是山編『復刻版肥後国誌　上巻』(青潮社、一九八四年)二六五頁。

(32) 文中三年十月九日、千田荘永富村地検帳(「正観寺文書」五『熊本県史料　中世篇第一』)。

(33) 前掲註(31)『復刻版肥後国誌　上巻』五八八頁。

(34) 工藤敬一「鳥羽院政期肥後の在地情勢―肥後国訴状写の分析―」(前掲註(12)工藤著書)、稲葉継陽「荘園制の形成と甲佐地域」(『新甲佐町史』甲佐町、二〇一三年)。

(35) 建久六年二月八日、肥後国留守所下文案(「阿蘇家文書」八)。

(36) 建久六年三月日、甲佐社領立券解案(「阿蘇家文書」八)。

(37) 冒頭の五つの地名のうち、男成は文明二年二月十日の丹田水惟世奉書(「男成文書」二『熊本県史料　中世篇第三』)、中島は正平十八年壬正月二十五日の阿蘇社造営料木納帳(「阿蘇家文書」一七三)、野原は大永七年閏二月二十三日の六地蔵石塔銘文(『熊本の文化財』一四)において、それぞれ郷名で見える。正平九年の矢部郷村注文では冒頭の五所の貫高が野原の三十貫百文以上であるのに対し、六か所目以降にそれを越える貫高の在所はない。また、六か所目以降で貫高が最も多い新藤は、年月日未詳(応仁頃)の男成社頭注文(「男成文書」一)で「村」として見え、六か所目以降の在所で「郷」の所見例をもつ在所はないため、五か所目までを「郷々分」、それより後を「村々」分と判断した。
(38) 正平九年の矢部郷村注文に見える「わさくりき」・「こそむら」・「をさき」・「つくつの」は全て、近世の行政村である原村の小村として「肥集録」(森下功・松本寿三郎編『肥後国地誌集』青潮社、一九八〇年)で確認できる。
(39) 前掲註(12)工藤著書一五二頁。
(40) 青木勝士「阿蘇社領郡浦領網田」(『新宇土市史　通史編第二巻中世・近世』宇土市、二〇〇七年)参照。
(41) 工藤敬一氏は「宮山屋敷田畠百姓職」を、開発者である大百姓の徳王丸西仏が所持した宮山の本主権を荘園法上保証した権利と位置づけている(工藤「肥後八代荘の大百姓徳王丸西仏」『歴史公論』四―五、一九七八年)。また、廣田浩治氏は「小熊野村」と「宮山」の関係を、ひとつの領域的荘園というべき「村」とその中の村落単位という関係でとらえている(廣田「鎌倉末~南北朝期の凡下・住人と在地社会」『ヒストリア』一四一、一九九三年)。
(42) 元亨四年五月十六日、某宛行状(「小早川文書」一〇『熊本県史料　中世篇第三』)。
(43) 前掲註(12)工藤著書七九頁。
(44) 前掲註(12)工藤著書九〇頁。
(45) 弘安六年七月三日、関東下知状案(「平河文書」四『熊本県史料　中世篇第三』)に引用された建保四年の肥後国惣図田帳の一文。
(46) 工藤敬一「肥後球磨の荘園公領制と人吉荘」(前掲註(12)工藤著書)参照。
(47) 人吉荘については、村上豊喜「人吉荘」(講座日本荘園史10『四国・九州地方の荘園』吉川弘文館、二〇〇五年)を参照。
(48) 建暦二年八月二十二日、関東下文案(「志岐文書」一『熊本県史料　中世篇第四』)による。
(49) 森山恒雄「天草五人衆の盛衰」(「新・熊本の歴史」編集委員会編『新・熊本の歴史3中世』熊本日日新聞情報文化センター、一九七九年)参照。
(50) 前掲註(49)森山論文参照。
(51) 同右。
(52) 中山圭「天草における中世の交流―天草の遺跡出土貿易陶磁から―」(荒武賢一朗編『陶磁器流通と西海地域』関西

大学文化交渉学教育研究拠点、二〇一一年)参照。

(53) 高野茂「後期中世社会と大矢野」(中村一紀・高野茂・大田幸博『大矢野氏の活躍』熊本県上天草市、二〇〇七年)。

(54) 嘉応元年三月十六日、藤崎宮三郎丸田地売券案(「詫摩文書」二二九)。治承二年八月日、藤崎宮宮掌紀行近田地売券案(「詫摩文書」二二六)。

(55) 『北部町史』北部町(一九七九年)第二章「中世」(執筆阿蘇品保夫)、『新熊本市史　通史編第二巻中世』熊本市(一九九八年)第一編第三章第一節「建久図田帳と飽詫二郡の荘園公領」・第二節「鹿子木荘」(執筆工藤敬一)。

(56) 前掲註(55)『北部町史』二〇一〜二〇二頁。

(57) 六箇荘については、工藤敬一「肥後国」(前掲註(47)著書)参照。

(58) 『日本歴史地名大系44熊本県の地名』(平凡社、一九八五年)「山鹿市　石村」参照。

(59) 前掲註(12)工藤著書二二二頁。

(60) 天授二年二月二十三日、菊池賀々丸寄進状写(「阿蘇文書写」)に見える「神蔵庄内近見村」。

(61) 文亀元年七月七日、城重岑寄進状写(「阿蘇家文書」二九三)に見える「益城郡小野村」。

(62) 正平十八年正月二十日、玉名東郷久井原四至堺注文(「廣福寺文書」四三)。

(63) 前掲註(32)史料。

(64) 弘長二年八月三十日、詫磨能秀譲状案(「詫摩文書」一〇)。

(65) 前掲註(55)『新熊本市史　通史編第二巻中世』二一〇〜二一一頁を参照。

(66) 阿蘇品保夫「南北朝・室町期における山野支配の展開—阿蘇社領湯浦郷と山本庄大清水村の場合—」(『史学研究』一一三、一九七一年)。

(67) 応永十六年九月日、肥後湯浦郷坪付山野境等注文写(「阿蘇家文書」二二六)。

(68) 前掲註(23)、註(67)史料。

(69) 天草郡の「池浦」と「下津浦」。

(70) 網野善彦『日本中世土地制度史の研究』(塙書房、一九九一年)六一頁。

〔付記〕　本稿は、科学研究費助成事業、二〇一四年度～一七年度・基盤研究（B）「日本中世「地下文書」論の構築―伝来・様式・機能の分析を軸に―」（研究代表者・春田直紀）による研究成果の一部である。

出典	史料類型	慶長国絵図
詫摩文書 193-2	安堵状	—
深江文書(玉名市史編年 62)	安堵状	岩崎
深江文書(玉名市史編年 70)	譲状	—
詫摩文書 64	譲状	築地
阿蘇文書写 p.399	寄進状	中村
小代文書 30	安堵状	迫
佐田文書(玉名市史編年 105)	充行状	木葉
廣福寺文書 42	寄進状	久井原
廣福寺文書(荘園志料 p.2251)	寄進状	吉地
廣福寺文書 46	禁制	石貫
小代文書 32	充行状	—
詫摩文書 119	譲状	—
相良家文書 161	所領注文	江田
宝成就寺文書 2	寄進状	稲佐
正観寺文書 11	寄進状	川崎
廣福寺文書 72	請文	玉名
野原八幡宮祭事簿 p.23	祭礼記録	万田
同　上	祭礼記録	増永
野原八幡宮祭事簿 p.24	祭礼記録	井手
野原八幡宮祭事簿 p.25	祭礼記録	—
野原八幡宮祭事簿 p.26	祭礼記録	—
同　上	祭礼記録	荒尾
野原八幡宮祭事簿 p.26	祭礼記録	一部
野原八幡宮祭事簿 p.32	祭礼記録	蔵満
野原八幡宮祭事簿 p.35	祭礼記録	水嶋
津野田文書(玉名市史編年 199)	充行状	岩村
野原八幡宮祭事簿 p.43	祭礼記録	平山
野原八幡宮祭事簿 p.45	祭礼記録	—
寿福寺文書 27	神事記録	—
鹿子木文書 16	坪付	上小田
鹿子木文書 15	充行状	上小田、下小田
小代文書追加(熊本県史料中世篇 4)	充行状	下長田
同　上	充行状	田原
同　上	充行状	柿原
同　上	充行状	石尾
小代文書 85	知行目録	—
相良家文書 13	金石文	大嶋
同　上	金石文	—
同　上	金石文	山田
同　上	金石文	—
詫摩文書 226	売券	—
僧綱申文紙背文書 10	譲状	山室
詫摩文書 1	譲状	—
同　上	譲状	津浦
同　上	譲状	—
詫摩文書 192-3	安堵状	山室
阿蘇文書写 pp.270-1	譲状	横手

表2　中世肥後国の「村」と「浦」一覧

〔村〕・〔浦〕「重層地名表記」	初出史料：年月日、史料名
【玉名郡】	
〔尾崎村〕「大野別符内」	貞応3（1224）.5.21、関東下知状案
〔岩崎村〕「肥後国大野別符内」	嘉元3（1305）.7.9、関東下知状
〔なへのむら〕（鍋村）「肥後国たまなのさいかうおゝのゝへつふのうち」	元亨1（1321）.8.27、紀頼隆地頭職譲状
〔ついちのむら〕（築地村）「ひこのくに」	元亨4（1324）.6.26、紀しけかた・しやうれん連署譲状
〔中村〕「肥後国大野別符内」	建武2（1335）.4.3、菊池武吉寄進状写
〔迫村〕「肥後国野原庄西郷益永名内」	貞和6（1350）.11.9、足利直冬下文
〔木柴村〕（木葉村）「肥後国」	観応1（1350）.12.20、一色道猷（範氏）宛行状
〔久井原村〕「肥後国玉名東郷内」	正平17（1362）.8.22、菊池武照（カ）寄進状
〔吉地村〕	正平17（1362）.8、菊池武照寄進状
〔石貫村〕「玉名庄」	正平19（1364）.7.16、菊池武安（カ）禁制案
〔小原村〕「肥後国」	応安3（1370）.11.12、室町幕府下知状
〔かりつかの村〕（狩塚村）「肥後国大野別符上ついち」	康暦1（1379）.6.1、詫磨寂祐譲状
〔江田村〕「肥後国」	年月日未詳（南北朝期）、相良定頼并一族等所領注文
〔稲佐村〕	応永16（1409）.4.7、板倉宗寿寄進状
〔河崎村〕	応永21（1414）.12.13、菊池兼朝寄進状
〔玉名村〕	永享11（1439）.2.7、保田木五郎三郎請文（裏書、後筆）
〔万田村〕	文安4（1447）、野原八幡宮祭事簿
〔益なかの村〕（益永村）	同　上
〔いての村〕（井手村）	文安5（1448）、野原八幡宮祭事簿
〔牛水むら〕	長禄6（1465）、野原八幡宮祭事簿
〔しんさいむら〕（新採村）	応仁1（1467）、野原八幡宮祭事簿
〔あらお村〕（荒尾村）	同　上
〔一分村〕	応仁2（1468）、野原八幡宮祭事簿
〔くらミつ村〕（倉満村）	文亀2（1502）、野原八幡宮祭事簿
〔水嶋之村〕	大永4（1524）、野原八幡宮祭事簿
〔（両）岩村〕「玉名郡東郷之内」	享禄2（1529）.3.23、菊池義宗（義武）知行宛行状
〔ひら山村〕（平山村）	享禄3（1530）、野原八幡宮祭事簿
〔堀内之村〕「ますなか之内」	天文2（1533）、野原八幡宮祭事簿
〔小浜村〕	天文11（1542）.8、神事宮中次第
〔上小田之村〕「玉名郡」	天正8(1580).5.14、不二軒宗禅（小代実忠）宛行知行坪付
〔小田村〕	（天正8/1580）5.14、不二軒宗禅（小代実忠）宛行状
〔下長田村〕「肥後国玉名郡之内」	（天正10/1582）7.28、龍造寺家老中連署宛行状写
〔田原村〕「肥後国玉名郡之内」	同　上
〔柿原村〕「肥後国玉名郡之内」	同　上
〔石野尾村〕「肥後国玉名郡之内」	同　上
〔内名村〕	天正15（1587）.8.26、佐々重備宛行目録
〔大嶋村〕「玉名郡之内野原内」	年月日未詳、肥後国山北西安寺石堂碑文
〔赤崎村〕「玉名郡之内野原内」	同　上
〔山田村〕「玉名郡之内野原内」	同　上
〔屋気村〕「山北郷」	同　上
【飽田郡】	
〔橘村〕「肥後国鹿子木東庄内」	治承2（1178）.8、藤崎宮宮掌紀行近田地売券案
〔北山室村〕「鹿子木御庄内」	建久6（1195）.5、藤原光定・重綱等解（副進　北山室村譲状一通）
〔神田村〕「肥後国鹿子木東御庄内」	建永1（1206）.8、沙弥行西（長浦遠貞）譲状
〔津久々浦〕（津浦）（角浦）「肥後国鹿子木東御庄内」	同　上
〔長浦村〕「肥後国鹿子木東御庄内」	同　上
〔南山室村〕「鹿子木東庄内」	貞応3（1224）.5.21、関東下知状案
〔よこてのむら〕（横手村）	嘉禄2（1226）.8.4、宇治惟次譲状写

児玉韞氏採集文書1	御教書	—
会津家士梁瀬源次郎文書(荘園志料 p.2269)	御教書	井芹
藤崎八旛宮文書27	注進状	苅草
同　上	注進状	坪井
三池文書2	処分状	—
詫摩文書75	譲状	—
牛島文書写1	四方指	河内
詫摩文書120	譲状	—
渋谷氏所蔵文書1	充行状	奥古閑
詫摩文書215	申状	八王子
同　上	申状	—
同　上	申状	田井嶋
同　上	申状	
金石文91	金石文	銭塘
藤崎八旛宮文書12	置文	—
鹿子木文書6	知行目録	—
同　上	知行目録	今村
内田文書4	知行目録	—
同　上	知行目録	平山
同　上	知行目録	—
詫摩文書221	売券	—
詫摩文書194-1	補任状	小山
詫摩文書192-3	安堵状	—
詫摩文書10-2	配分状	—
阿蘇家文書58	裁許状	—
詫摩文書86	配分状	木部
阿蘇家文書114	闕所地注文	—
詫摩文書106-3	安堵状	戸嶋
同　上	安堵状	長嶺
阿蘇家文書145	検見目録	今村
阿蘇文書写 p.245	寄進状	近見
詫摩文書31-5	譲状	春竹
詫摩文書129	譲状	—
詫摩文書147	打渡状	—
同　上	打渡状	安永
金石文15	金石文	高江
阿蘇文書写 p.270	譲状	上中村、下中村
同　上	譲状	下田
同　上	譲状	長野
同　上	譲状	—
同　上	譲状	—
同　上	譲状	久木野
同　上	譲状	久木野
同　上	譲状	大野
同　上	譲状	柏
同　上	譲状	草ヶ部
阿蘇家文書31	奉書	—
阿蘇家文書50	譲状	色見

〔下村〕「肥後国鹿子木西庄」	建治1（1275）.8.14、関東御教書案
〔井芹村〕	建治1（1275）.8.14、関東御教書案
〔刈草村〕	正安1（1299）.6、橘政能三郎丸田畠在家注進状
〔坪井村〕	同　上
〔加納村〕「肥後国鹿子木西庄内」	元亨4（1324）.2.13、沙弥道覚所領処分状案
〔ゆけの村〕（湯毛村）「ひこの国」	建武5（1338）.9.23、宇都宮範綱譲状案
〔河内村〕「肥後国飽(田脱)郡之内池上内」	暦応3（1340）.2.3、三池心応判四方指写
〔はたのむら〕（波多村）「かのこきのひかしのしやうの内」	康暦3（1381）.6.1、よしかつ譲状
〔奥古閑村〕	明徳5（1394）.2.6、野嶽別当聡祐宛行状(奥書)
〔八王子村〕「肥後国秋田南郷八王子庄」	年月日未詳(南北朝末期)、八王子親貞本領安堵申状
〔飯嶋村〕「肥後国秋田南郷八王子庄」	同　上
〔田井村〕「肥後国秋田南郷八王子庄」	同　上
〔津屋村〕「肥後国秋田南郷八王子庄」	同　上
〔銭塘村〕「□日本国関西道肥後州飽□□河尻荘」	大永4（1524）.2、善福寺釈迦立像線刻板碑
〔池鰭村〕	天文1（1532）.3.17、宇佐公員置文
〔上村〕「鹿子木西庄」	(天文4/1535)鹿子木親員知行目録
〔今村〕「鹿子木西庄」	同　上
〔中村〕	年月日未詳(天正年間/1573-92推定)、山上衆知行目録写
〔平山之村〕	同　上
〔さもとの村〕「飽田郡はんた之内」	同　上
【託麻郡】	
〔土土呂木村〕「滲嶋郷内」	建久10(1199).3.15、山本南荘下司宗形氏綱田地売渡状
〔小山村〕「肥後国六箇庄」	建保4（1216）.4.22、将軍家政所下文案
〔陣村〕「肥後国神蔵庄内」	貞応3（1224）.5.21、関東下知状案
〔鳥栖村〕「神蔵御庄内」	弘長3（1263）.5.10、詫磨時秀配分状案
〔中村〕「肥後国六ケ庄」	正安1（1299）.12.20、関東下知状
〔木部村〕「神蔵庄」	康永3(1344).2.18、詫磨一族安富荘・神蔵荘内闕所配分状
〔石津村〕「肥後国六ケ庄内」	正平2(1347).9.20、恵良惟澄官軍恩賞所望交名并闕所地注文案写
〔戸嶋(村)〕「肥後国六ケ庄内」	文和2（1353）.10.21、足利尊氏御教書案
〔永峯(村)〕「肥後国六ケ庄内」	同　上
〔今村〕	正平8（1353）.11.3、健軍社領野畠検見目録
〔近見村〕「肥後国神蔵庄内」	天授2（1376）.2.23、菊池賀々丸寄進状写
〔小春たけの村〕「神蔵庄内」	天授4（1378）.11.15、比丘尼心智譲状案
〔平田村〕「ひこの国神蔵庄」	元中3（1386）.2.1、沙弥良清譲状案
〔桑原村〕「肥後国六ケ庄内」	応永6（1399）.3.5、氏範(カ)打渡状
〔安永村〕「肥後国六ケ庄内」	同　上
〔高江村〕「日本国西海道肥後州詫磨郡神蔵庄」	文明12（1480）.11.20、高徳庵跡地蔵堂六地蔵石幢
【阿蘇郡】	
〔なかむら〕（中村）「あそのこをりなんかうのうち」	正治2（1200）.12.14、宇治惟泰譲状写
〔しもた〕（下田村）「あそのこをりなんかうのうち」	同　上
〔なかの〕（永野村）「あそのこをりなんかうのうち」	同　上
〔せた〕（世田村）「あそのこをりなんかうのうち」	同　上
〔あらき〕（荒木村）「あそのこをりなんかうのうち」	同　上
〔かみくきの〕（上久木野村）「あそのこをりなんかうのうち」	同　上
〔しもくきの〕（下久木野村）「あそのこをりなんかうのうち」	同　上
〔おおの〕（大野村）「あそのこをりなんかうのうち」	同　上
〔かしわ〕（柏村）「あそのこをりなんかうのうち」	同　上
〔くさかへ〕（草部村）「あそのこをりなんかうのうち」	同　上
〔石原村〕	年未詳(13世紀).9.21、北条泰時奉書
〔色見(村)〕	弘安1（1278）.10.17、成阿譲状

同　上	譲状	—
同　上	譲状	吉田
同　上	譲状	白川
阿蘇家文書 291	料木注文	—
同　上	料木注文	—
同　上	料木注文	—
同　上	料木注文	—
同　上	料木注文	—
同　上	料木注文	—
同　上	料木注文	—
同　上	料木注文	秋原
同　上	料木注文	田ノ原
同　上	料木注文	—
同　上	料木注文	—
同　上	料木注文	—
同　上	料木注文	—
同　上	料木注文	志屋
同　上	料木注文	下ノ城
同　上	料木注文	—
同　上	料木注文	山田
同　上	料木注文	井手
阿蘇文書写 p.689	充行状	片俣
阿蘇家文書 94	郷村注文	—
同　上	郷村注文	—
同　上	郷村注文	—
同　上	郷村注文	—
同　上	郷村注文	—
同　上	郷村注文	—
同　上	郷村注文	—
同　上	郷村注文	—
同　上	郷村注文	—
同　上	郷村注文	—
同　上	郷村注文	産ノ山
同　上	郷村注文	—
同　上	郷村注文	—
同　上	郷村注文	苅尾
同　上	郷村注文	的石
同　上	郷村注文	—
同　上	郷村注文	—
阿蘇文書写 p.17	安堵状	野尻
同　上	安堵状	二子石
阿蘇家文書 123	得分注文	—
同　上	得分注文	—
西巌殿寺文書 201	年貢注文	—
阿蘇家文書 202	郷々注文	—
同　上	郷々注文	—
阿蘇文書写 pp.638	証文	—
同　上	証文	—
同　上	証文	—
同　上	証文	—
同　上	証文	—

〔山鳥(村)〕	同　上
〔吉田(村)〕	同　上
〔白川(村)〕	同　上
〔北河内(村)〕「小国宮原六家内」	元徳2（1330）.2.23、阿蘇社造営料木注文写
〔室原(村)〕「小国宮原六家内」	同　上
〔波津田(村)〕「小国宮原六家内」	同　上
〔江古尾(村)〕「小国宮原六家内」	同　上
〔尻江田(村)〕「小国宮原六家内」	同　上
〔荒倉(村)〕「小国宮原六家内」	同　上
〔河野(村)〕「小国宮原六家内」	同　上
〔秋原(村)〕「小国宮原六家内」	同　上
〔田原(村)〕「小国宮原六家内」	同　上
〔脇戸(村)〕「小国宮原六家内」	同　上
〔中務(村)〕「小国宮原六家内」	同　上
〔垂水(村)〕「小国宮原六家内」	同　上
〔赤浜(村)〕「小国宮原六家内」	同　上
〔椎屋(村)〕「小国宮原六家内」	同　上
〔下城(村)〕「小国宮原六家内」	同　上
〔小野田村〕	同　上
〔山田村〕	同　上
〔上井手村〕	同　上
〔片俣村〕	建武2（1335）.6.8、阿蘇大宮司家雑掌奉書写
〔不作村〕	建武3（1336）.3.11、阿蘇社領郷村注文写
〔松木村〕	同　上
〔広石村〕	同　上
〔久家村〕	同　上
〔国造神護寺(村)〕	同　上
〔大籠村〕	同　上
〔西津大籠村〕	同　上
〔狩集村〕	同　上
〔牛峯村〕	同　上
〔金凝神護寺(村)〕	同　上
〔産山村〕	同　上
〔山鹿村〕	同　上
〔山田寺村〕	同　上
〔狩尾村〕	同　上
〔的石村〕	同　上
〔役犬原(村)〕	同　上
〔河彼流(村)〕	同　上
〔野尻(村)〕「南郷内」	興国3（1342）.6.20、後村上天皇綸旨写
〔二子石(村)〕「南郷内」	同　上
〔ならきののむら〕（楢木野村）「みなみさかなしのかう」	貞和4（1348）.11.7、南坂梨郷屋敷得分注文案
〔ミくつのむら〕（御沓村）「みなみさかなしのかう」	同　上
〔大村〕	正平20（1365）、阿蘇山衆徒領年貢等注文
〔このこさきのむら〕	至徳2（1385）.8.7、阿蘇社領郷々注文
〔こひろいしのむら〕	同　上
〔ひかしのむら〕（東村）「狩尾三町三反の内」	応永3（1396）.2.吉、宇治能里証文写
〔中西のむら〕「狩尾三町三反の内」	同　上
〔おにしのむら〕（大西村）「狩尾三町三反の内」	同　上
〔古薗之村〕「狩尾三町三反の内」	同　上
〔地薗之村〕（陣薗村）「狩尾三町三反の内」	同　上

阿蘇家文書226	坪付	小薗
同　上	坪付	—
同　上	坪付	—
同　上	坪付	—
同　上	坪付	—
同　上	坪付	—
同　上	坪付	—
同　上	坪付	—
同　上	坪付	—
同　上	坪付	—
同　上	坪付	—
同　上	坪付	—
同　上	坪付	—
同　上	坪付	—
同　上	坪付	—
同　上	坪付	—
同　上	坪付	—
同　上	坪付	—
同　上	坪付	—
同　上	坪付	—
同　上	坪付	—
同　上	坪付	—
同　上	坪付	—
同　上	坪付	—
同　上	坪付	—
同　上	坪付	—
西巌殿寺文書180	未進注文	—
同　上	未進注文	—
同　上	未進注文	—
阿蘇家文書289	最花米注文	—
同　上	最花米注文	—
同　上	最花米注文	—
同　上	最花米注文	—
同　上	最花米注文	—
同　上	最花米注文	—
同　上	最花米注文	—
阿蘇文書写 p.389	譲状	—
西巌殿寺文書299	書状	—
詫摩文書147	打渡状	加恵
潮崎稜威主文書(熊野那智大社文書第4巻)	願文	—
肥後国誌上巻 p.477	金石文	藉方
産神社文書1	縁起	—
詫摩文書75	譲状	—
大鳥居文書	書状	富納
大友家文書録55	坪付	永村
厳照寺文書1-2	寄進状	鳥栖
厳照寺文書1-3	寄進状	妻越
同　上	寄進状	—
合志文書5	充行状	上生

〔こそのの村〕(小薗村)「湯浦之郷廿町之内」	応永 16 (1409) .9、肥後湯浦郷坪付山野境等注文写
〔中薗之村〕「湯浦之郷廿町之内」	同　上
〔馬場之村〕「湯浦之郷廿町之内」	同　上
〔中尾の村〕「湯浦之郷廿町之内」	同　上
〔野付之村〕「湯浦之郷廿町之内」	同　上
〔となしの村〕(戸無村)「湯浦之郷廿町之内」	同　上
〔いま山の村〕(今山村)「湯浦之郷廿町之内」「となしの内」	同　上
〔城之村〕「湯浦之郷廿町之内」「となしの内」	同　上
〔宮之尾之村〕「湯浦之郷廿町之内」	同　上
〔室薗之村〕「湯浦之郷廿町之内」	同　上
〔上恵良之村〕「湯浦之郷廿町之内」	同　上
〔中嶋之村〕「湯浦之郷廿町之内」	同　上
〔杉薗之村〕「湯浦之郷廿町之内」	同　上
〔南之村〕「湯浦之郷廿町之内」	同　上
〔北之村〕「湯浦之郷廿町之内」	同　上
〔すたれの村〕(簾村)「湯浦之郷廿町之内」	同　上
〔内田之村〕「湯浦之郷廿町之内」	同　上
〔東原之村〕「湯浦之郷廿町之内」	同　上
〔うへ河口之村〕(上河口村)「湯浦之郷廿町之内」	同　上
〔した川口之村〕(下川口村)「湯浦之郷廿町之内」	同　上
〔小嶋之村〕「湯浦之郷廿町之内」	同　上
〔大宮原(村)〕「湯浦之郷廿町之内」	同　上
〔中宮原(村)〕「湯浦之郷廿町之内」	同　上
〔したか(村)〕「湯浦之郷廿町之内」	同　上
〔堂薗村〕「狩尾之村」	同　上
〔四分一ノ村〕	同　上
〔かわら村〕	年月日未詳(室町期)、阿蘇山用途未進分注文
〔くりの木村〕	同　上
〔山崎村〕「上野里分」	同　上
〔なかのむら〕(永野村)「野尻之分」	文明 16 (1484) .8.28、阿蘇十二社同霜宮最花米注文
〔いま村〕(今村)「かしわの分」	同　上
〔たかもりやむら〕「南郷之分」	同　上
〔こむら〕(小村)「白川之分」	同　上
〔たてのの上村〕(立野上村)「下田之分」	同　上
〔たてのの下村〕(立野下村)「下田之分」	同　上
〔やまかの弁さし村〕(山鹿弁済司村)	同　上
〔北薗村〕	永正 2 (1505) .6.1、阿蘇権大宮司能続譲状写
〔下原栖南村〕	年月日未詳(永正 4/1507 頃)、氏名未詳書状
【菊池郡】	
〔巻(カ)河加江村〕「菊池郡内」	応永 6 (1399) .3.5、氏範(カ)打渡状
〔隈部村〕「肥後国」	享徳 3 (1454) .4. 吉、願文
〔稗方村〕「大日本国肥後州菊池郡」	文明 2 (1470) .11. 吉、古碑銘
〔迫間邑〕「肥之後州菊地(ママ)郡」	天正 11 (1583) .8、産神社縁起
【合志郡】	
〔きミうら〕(記味浦)「とりのす」	建武 5 (1338) .9.23、宇都宮範綱譲状案
〔富納村〕「合志郡」	年未詳(戦国期) .8.28、大友義長書状
〔長村〕	天文 14(1545) .11.26、肥後国内斎藤長実知行分坪付案
〔鳥栖村〕「合志郡之内」	天正 9 (1581) .12.1、合志親為寄進状写
〔妻越村〕「合志郡之内」	天正 10 (1582) .5.10、合志親為寄進状写
〔津留村〕「合志郡之内」	同　上
〔上生村〕	天正 15 (1587) .11.15、合志千代松丸宛行状写

厳照寺文書 1-6	寄進記録	住吉
同　上	寄進記録	村吉
同　上	寄進記録	平村
同　上	寄進記録	真木
同　上	寄進記録	—
同　上	寄進記録	御領
同　上	寄進記録	—
同　上	寄進記録	上ノ庄
佐田文書 12	充行状	—
正観寺文書 1	注進状	大清水
同　上	注進状(四至記載)	賀村
植木町史 p.948	金石文	舞野尾
植木町史 p.901	金石文	—
植木町史 p.938	棟札銘文	滴水
植木町史 pp.905-6	金石文	西山
同　上	金石文	—
薩藩旧記雑録後編(新宇土市史中世編年史料 269)	紀行記	今藤
斎藤文書 3	感状	内村
小代文書 29	充行状	志々岐
詫摩文書 106-3	安堵状	石村
廣福寺文書 41	寄進状	—
小代文書 33	充行状	岩原
正観寺文書 4	寄進状	中富
入江文書(玉名市史編年 129)	軍忠状	—
肥後国誌上巻 p.505	建立次第	枚村
同　上	建立次第	津留
同　上	建立次第	—
同　上	建立次第	南嶋
同　上	建立次第	—
菊地古文書(熊本史学 28 号)	寄進状	雪野
筑後田尻文書(玉名市史編年 202)	紀行記	中村
上井覚兼日記	日記(古記録)	宗万
相良家文書 13	金石文	下内田、上内田
同　上	金石文	—
同　上	金石文	小原
同　上	金石文	—
同　上	金石文	高橋
高野山文書 1	訴状	—
大友家文書録(鎌倉遺文 7-4945)	譲状	—
阿蘇家文書 41	実検帳	—
同　上	実検帳	船津
同　上	実検帳	—
同　上	実検帳	—
大友家文書録 1	和与状	—
詫摩文書 46	売券	—
阿蘇文書写 pp.578-9	寄進状	寒野
同　上	寄進状	—
阿蘇文書写 p.196	預ケ状	—

〔住吉村〕	年月日未詳(天正年間 1573-92)、寺社方家中侍中名附写
〔村吉村〕	同　上
〔平村〕	同　上
〔眞木村〕	同　上
〔原口村〕	同　上
〔御領村〕	同　上
〔野付村〕	同　上
〔上庄村〕	同　上
【山本郡】	
〔岩野村〕「肥後国」	観応 1（1350）.12.20、一色道猷(範氏)宛行状
〔大清水村〕「山本庄」	正平 13（1358）.5、山本荘大清水村田畠屋敷注進状
〔加村〕	同　上
〔舞之尾村〕「肥後州山本郡」	大永 3（1523）.2. 吉、逆修板碑(植木町大字舞尾)
〔萩之尾原村〕「肥後州山本郡」	大永 4（1524）.3. 吉、阿弥陀如来像線刻板碑(植木町萩尾地区)
〔垂水村〕「開西肥後国山本郡」	享禄 4（1531）.3.19、那知神社棟札(植木町大字那知)
〔西山村〕	天文 3（1534）.9.18、西山観音堂石造観音立像台座銘(植木町大字富応)
〔小畑村〕	同　上
〔今藤(村)〕	天正 3（1575）.2.27、家久君上京日記
〔内村〕	年未詳(戦国期）.8.9、大友義統感状
【山鹿郡】	
〔志職今村〕「肥後国山鹿庄内」	貞和 6（1350）.4.21、足利直冬下文
〔石村〕「藤崎庄内」	文和 2（1353）.10.21、足利尊氏御教書案
〔片保田村〕「肥後国山鹿庄」	正平 17（1362）.7.19、菊地武明寄進状
〔岩原村〕「肥後国」	応安 3（1370）.11.12、室町幕府下知状
〔永富村〕「肥後国千田庄」	文中 3（1374）.5.22、菊地武朝寄進状
〔小島村〕「肥後国」	応安 8（1375）.2、田原氏能軍忠状
〔杉村〕	永享 6(1434）.12.21、肥後国山鹿荘医福山日輪禅寺建立次第
〔津留村〕	同　上
〔垣本村〕	同　上
〔南島村〕	同　上
〔大嚢村〕	同　上
〔雪野村〕	康正 2（1456）.8.4、隈部忠直寄進状
〔中村〕「山鹿」	天文 16（1547）.10.26、田尻親種参府日記
〔むなかた(村)〕	天正 12（1584）.9.15、上井覚兼日記
〔内田村〕	年月日未詳、肥後国山北西安寺石堂碑文
〔山下村〕	同　上
〔小原村〕	同　上
〔山井村〕	同　上
〔高橋村〕	同　上
【益城郡】	
〔山手村〕	(久安 2/1146)月日未詳、肥後国訴状写
〔津留木村〕「味木庄内」	嘉禎 2（1236）.3.17、大友親秀譲状案
〔津々良村〕	建長 3（1251）.9.23、甲佐社領実検帳写
〔清松船津村〕	同　上
〔若薗(村)〕	同　上
〔高柿村〕	同　上
〔千原村〕「肥後国隈牟田庄」	正和 2（1313）.8.25、藤原熊夜叉丸等連署和与状案
〔佐恵木村〕「肥後国」	元徳 2（1330）.2.25、藤原(詫磨)貞政売券
〔寒野(村)〕	延元 2（1337）.5.18、宇治惟時寄進状写
〔有安(村)〕	同　上
〔下矢部村〕「肥後国」	康永 3（1344）.3.20、少弐頼尚預ケ状写

阿蘇家文書122	軍忠状	萱野
詫摩文書100	充行状	—
阿蘇家文書150	郷村注文	稲生原
同　上	郷村注文	—
同　上	郷村注文	—
同　上	郷村注文	—
同　上	郷村注文	入佐
同　上	郷村注文	管
同　上	郷村注文	管
同　上	郷村注文	—
同　上	郷村注文	新藤
同　上	郷村注文	犬飼
同　上	郷村注文	牧野
同　上	郷村注文	長野
同　上	郷村注文	小原、田吉
同　上	郷村注文	桐原
同　上	郷村注文	畑
同　上	郷村注文	片平
同　上	郷村注文	—
同　上	郷村注文	浜
同　上	郷村注文	—
同　上	郷村注文	—
同　上	郷村注文	千滝
同　上	郷村注文	南田
同　上	郷村注文	—
同　上	郷村注文	白尾野
同　上	郷村注文	—
同　上	郷村注文	万坂
同　上	郷村注文	藤木
同　上	郷村注文	勢井
同　上	郷村注文	長田
同　上	郷村注文	芦原田
同　上	郷村注文	山田
同　上	郷村注文	—
同　上	郷村注文	—
同　上	郷村注文	—
同　上	郷村注文	—
同　上	郷村注文	金内
同　上	郷村注文	—
同　上	郷村注文	矢部ノ内木鷺野
同　上	郷村注文	矢部ノ内葛原
同　上	郷村注文	—
同　上	郷村注文	—
同　上	郷村注文	—
同　上	郷村注文	柚木
同　上	郷村注文	佐渡
同　上	郷村注文	—
同　上	郷村注文	河口
同　上	郷村注文	大野
同　上	郷村注文	杦村
同　上	郷村注文	田小野

〔萱野村〕	正平3（1348）.9、恵良惟澄軍忠状
〔森崎村〕「肥後国」	観応2（1351）.3.12、一色範氏宛行状
〔いねをはら〕（稲生原）	正平9（1354）.8.13、肥後矢部郷村注文
〔をつき〕	同　上
〔やなきのはら〕	同　上
〔ふるはたけ〕	同　上
〔いるさ〕（入佐）	同　上
〔上すけの〕（上菅野）	同　上
〔下すけの〕（下菅野）	同　上
〔しろいし〕（白石）	同　上
〔しんとう〕（新藤）	同　上
〔いぬかい〕（犬飼）	同　上
〔まきの〕（牧野）	同　上
〔なかの〕（長野）	同　上
〔こはらたよし〕（小原田吉）	同　上
〔きりはら〕（桐原）	同　上
〔はた〕	同　上
〔かたひら〕（片平）	同　上
〔いつみ〕	同　上
〔はま〕（浜）	同　上
〔かはら〕	同　上
〔ミやはら〕	同　上
〔せんたき〕（千滝）	同　上
〔ミなみた〕（南田）	同　上
〔いちやかた〕	同　上
〔しりをの〕	同　上
〔ミやうかむれ〕	同　上
〔まちさか〕	同　上
〔ふちき〕（藤木）	同　上
〔せい〕（勢井）	同　上
〔なかた〕（長田）	同　上
〔あしわた〕	同　上
〔やまた〕（山田）	同　上
〔わさくりき〕	同　上
〔こそむら〕	同　上
〔をさき〕	同　上
〔つくつの〕	同　上
〔かねうち〕（金内）	同　上
〔いさり〕	同　上
〔きさきの〕（木鷺野）	同　上
〔くつはら〕（葛原）	同　上
〔たにかしら〕	同　上
〔ひなた〕（日向）	同　上
〔こふらき〕（五楽）	同　上
〔ゆのき〕（柚木）	同　上
〔さわたり〕（猿渡）	同　上
〔をきりはた〕（大切畑）	同　上
〔かはくち〕（河口）	同　上
〔をうの〕（大野）	同　上
〔すき〕（杉）	同　上
〔たのをの〕（田小野）	同　上

阿蘇家文書 115	所領注文	赤見
詫摩文書 114	充行状	—
上益城郡誌 p.126	金石文	河原
阿蘇家文書 277	切符	—
男成文書 2	奉書	河井野
同　上	奉書	—
同　上	奉書	—
同　上	奉書	—
同　上	奉書	小野尻
同　上	奉書	—
阿蘇家文書 280	検見帳	—
同　上	検見帳	—
同　上	検見帳	—
阿蘇文書写 pp.302-3	置文	寺川□
同　上	置文	金木
柚留木文書 1	土貢注文	—
柚留木文書 4	年貢注文	—
阿蘇家文書 293	寄進状	小野
柚留木文書 30	安堵状	—
中世の美術 34	造像銘	上早川、下早川
志岐文書 26	充行状	卌町
同　上	充行状	榎木津
清和村史 p.278	金石文	—
宮崎郷土文化財基礎調査報告 3	金石文	—
満願寺文書 4	充行状	古閑
田北要太郎文書 1	安堵状	—
阿蘇文書写 p.3	国司庁宣	—
阿蘇家文書 7	国司庁宣	曲野
阿蘇家文書 80	名寄帳	網田
同　上	名寄帳	波多
同　上	名寄帳	大見
阿蘇家文書 85	百姓注文	郡浦
阿蘇家文書 167	譲状	伊津野
阿蘇家文書 220	地検帳	里浦
同　上	地検帳	—
同　上	地検帳	—
同　上	地検帳	—
同　上	地検帳	—
小早川文書 2	充行状	—
小早川文書 4	充行状	—
塔福寺文書 2	置文	—
同　上	置文	—
千家家譜(南北朝遺文九州編 1-256)	寄進状	敷川内
伯耆名和文書(南北朝遺文九州編 1-260)	安堵状	—
舛田文書 8	充行状	—
阿蘇文書写 p.195	安堵状	—
相良家文書 128	預ケ状	—
同　上	預ケ状	大村
同　上	預ケ状	—

〔赤見村〕（隈庄内歟）	年月日未詳(正平年間1346-70)、恵良惟澄注進闕所中指合所領注文写
〔志名子村〕「肥後国甘木庄内」	応安3（1370）.9.12、室町幕府下知状
〔河原村〕「肥後州津森保」	応永22（1415）.2.27、鰐口銘(出土品)
〔糸手村〕「早河分」	年月日未詳(室町期)、阿蘇山本堂上葺料材切符
〔上かわいのの村〕（上河井野村）「やへのおとこなりのかうの内」	文明2（1470）.2.10、丹田水惟世奉書
〔いわたての村〕（岩立村）「やへのおとこなりのかうの内」	同　上
〔井けしりの村〕（池尻村）「やへのおとこなりのかうの内」	同　上
〔おはらいの村〕「やへのおとこなりのかうの内」	同　上
〔おのしりの村〕（小野尻村）「やへのおとこなりのかうの内」	同　上
〔いとうはらの村〕「やへのおとこなりのかうの内」	同　上
〔上村〕「肥後国甘木庄」	文明4（1472）、肥後甘木荘政所方夏麦検見帳
〔下村〕「肥後国甘木庄」	同　上
〔板良村〕「肥後国甘木庄」	同　上
〔てらかわ口のむら〕（寺河口村）「やへのうち」	文明14（1482）.9.17、阿蘇惟家置文写
〔かな木のむら〕（金木村）「ともちのうち」	同　上
〔こつしの村〕「ともちの内」	文明14（1482）.11.29、砥用の内こつし村土貢注文
〔たうま村〕（田島村）「豊田之内」	文明16（1484）.8.吉、佐渡重世豊田田馬村年貢等注文
〔小野村〕「益城郡」	文亀1（1501）、城重岑寄進状写
〔したふ崎之村〕（志堂崎村）「甲佐之内」	永正10（1513）.6.10、阿蘇惟豊書状写
〔早河村〕「大日本国西海道肥後刕益城郡甘木庄」	永正10（1513）.9.吉、木造阿弥陀如来坐像背面墨書銘
〔卅町村〕「守富之内」	永正17（1520）.9.30、菊池武包書下
〔榎津之村〕「守富」	同　上
〔飯蓋村〕「大日本国関之西肥之後刕益東郡矢部野原郷」	大永7（1527）.2.23、六地蔵石幢
〔玉虫村〕「甘木庄御船」	天文6（1537）.11、北天満神社鰐口銘
〔古閑之村〕「豊田之内」	天文19（1550）.12.8、阿蘇惟豊判物
〔秋永村〕「味木庄内」	年未詳.1.18、大友親世書状
【宇土郡】	
〔小松浦〕	久安6（1150）.1.23、肥後国司庁宣写
〔勾野村〕	建久6（1195）.2、肥後国司庁宣
〔(あふ)たの村〕（網田村）	弘安10（1287）、肥後郡浦荘名寄帳
〔(はた)のむら〕（波多村）	同　上
〔(おおミ)のむら〕（大見村）	同　上
〔こうのうら〕（郡浦）	建武2（1335）.1、肥後郡浦荘得用名百姓注文
〔いつのの村〕（伊津野村）「ひこの国うと」	康安1（1361）.10.25、藤原義貞譲状
〔里浦〕「郡浦御庄」	応永11（1404）.10.10、肥後郡浦荘地検帳
〔橘浦〕「戸馳島分」	同　上
〔ヘノキノ浦〕「戸馳島分」	同　上
〔タイノ浦〕	同　上
〔杪浦〕	同　上
【八代郡】	
〔三箇村〕	文永7（1270）.2、預所沙弥某宛行状
〔八千把村〕「八代庄三ケ村内」	建治2（1276）.10.7、兵庫助某宛行状
〔北浦〕	正応6（1293）.1.23、竹崎季長置文
〔鷹浦〕	同　上
〔志紀河内村〕「肥後国八代庄高田郷内」	建武2（1335）.5.15、名和義高寄進状写
〔鞍楠村〕「肥後国八代庄地頭分内」	建武2（1335）.5.26、後醍醐天皇綸旨
〔小熊野村〕「肥後国八代庄内」	建武2（1335）.11.15、長尊・幸勝連署奉書
〔法道寺村〕「肥後国八代庄内」	康永3（1344）.3.8、少弐頼尚書下写
〔弥松村〕「肥後国八代庄三ケ村郷」	貞和3（1347）.9.12、少弐頼尚預ケ状
〔大村〕「肥後国八代庄三ケ村郷」	同　上
〔杭瀬村〕「太田郷」	同　上

同　上	預ケ状	—
同　上	預ケ状	萩原
同　上	預ケ状	吉王丸
詫摩文書100	充行状	—
今朝洞文書1	充行状	—
阿蘇家文書210	田数目録	北種山、南種山
同　上	田数目録	鏡
同　上	田数目録	高塚大野
犬童文書追加1	軍忠状	—
阿蘇文書写 p.252	充行状	海東
肥後読史総覧下巻 p.1388	金石文	松江
阿蘇文書写 p.677	充行状	—
阿蘇文書写 p.678	安堵状	—
八代日記	日記(古記録)	今村
詫摩文書34	安堵状	佐敷村
同　上	安堵状	久多良木
相良家文書138	書状	田浦
相良家文書161	所領注文	湯ノ浦
深水文書1	坪付	水俣城
平河文書1	譲状	—
同　上	譲状	面田
同　上	譲状	山田
同　上	譲状	—
同　上	譲状	原田村
同　上	譲状	—
同　上	譲状	永池
同　上	譲状	中神村
同　上	譲状	渡村
同　上	譲状	目良
同　上	譲状	深田村
同　上	譲状	川辺
同　上	譲状	大瀬
同　上	譲状	神瀬村
同　上	譲状	五木
同　上	譲状	田代
同　上	譲状	初神
相良家文書2	図田帳	たら木村
相良家文書5	裁許状	—
同　上	裁許状	—
同　上	裁許状	—
同　上	裁許状	—
相良家文書6	注進状	—
相良家文書7	譲状	—
願成寺文書7	用途日記	上村
平河文書4	図田帳	西之村
相良家文書140	充行状	—
相良家文書162	感状	—
平河文書9	坪付	やなせ
犬童文書追加1	軍忠状	さつまぜ村

〔福生原村〕「太田郷」	同　上
〔萩原村〕「太田郷」	同　上
〔吉王丸村〕「太田郷」	同　上
〔阿佐尾野村〕「肥後国」	観応 2（1351）.3.12、一色範氏宛行状
〔野津村〕「肥後国八代庄道前郷」	元中 8（1391）.8.25、某宛行状
〔種山村〕「肥後国八代庄之内道前郷」	年月日未詳(南北朝期)、肥後八代庄内道前郷田数目録
〔鏡村〕「肥後国八代庄之内道前郷」	同　上
〔大野村〕「肥後国八代庄之内道前郷」	同　上
〔海士之江村〕	(文安 5/1448)、犬童重国軍忠状案
〔海東村〕「肥後国八城郡之内」	長禄 5（1461）.1.28、菊池為邦知行充行状写
〔松江村〕「八代庄」	文明 5（1473）.11、須恵村仏堂鰐口
〔柿迫之村〕「小熊野」	永正 9（1512）.7.20、阿蘇惟豊充行状写
〔谷口村〕「小熊野之内」	永正 10（1513）.6.10、阿蘇惟豊安堵状写
〔今村〕	天文 12（1543）.8.6、八代日記
【葦北郡】	
〔佐敷(浦)〕「肥後国葦北庄」	文保 2（1318）.7.5、北条高時書下
〔久多良木(浦)〕「肥後国葦北庄」	同　上
〔田浦〕「葦北庄」	年未詳(南北朝期).12.11、少弐頼尚書状
〔湯浦〕「肥後国葦北庄内」	年月日未詳(南北朝期)、相良定頼并一族等所領注文
〔水俣浦〕「蘆北庄」	寛正 6（1465）.4.9、某給分坪付
【球磨郡】	
〔青山之村〕「求摩郡永吉庄之内」	建久 2（1191）.5.3、良峯師高所領譲状案
〔目田之村〕「同郡同庄之内」	同　上
〔山田之村〕「同郡同庄之内」	同　上
〔黒田之村〕「同郡同庄之内」	同　上
〔原田之村〕「同郡同庄之内」	同　上
〔平野之村〕「同郡同庄之内」	同　上
〔永池之村〕「同郡同庄之内」	同　上
〔中神之村〕「同郡同庄之内」	同　上
〔渡之村〕「同郡同庄之内」	同　上
〔目良生之村〕「同郡同庄之内」	同　上
〔深田之村〕「同郡同庄之内」	同　上
〔河辺之村〕「同郡同庄之内」	同　上
〔尾瀬之村〕「同郡同庄之内」	同　上
〔高野瀬之村〕「同郡同庄之内」	同　上
〔五木之村〕「同郡同庄之内」	同　上
〔田代之村〕「同郡同庄之内」	同　上
〔はしかミ之村〕「同郡同庄之内」	同　上
〔多良木村〕「球摩郡」	建久 8（1197）. 潤 6、肥後国図田帳(球磨郡分)写
〔古多良(村)〕「多良木内」	寛元 1（1243）.12.23、関東下知状
〔竹脇(村)〕「多良木内」	同　上
〔伊久佐上(村)〕「多良木内」	同　上
〔東光寺(村)〕「多良木内」	同　上
〔間村〕	寛元 2（1244）.5.15、人吉荘起請田以下中分注進状
〔青井村〕「人吉御庄南方分」	寛元 4（1246）.3.5、相良蓮仏(長頼)譲状
〔上むら〕	文永 8（1271）.6、願成寺檜皮用途日記
〔西村〕	弘安 6（1283）.7.3、関東下知状案(所引、建保四年肥後国惣図田帳)
〔下村〕「肥後国球磨郡久米郷西方」	観応 2（1351）.7.18、一色範氏地頭職充行状
〔永里村〕	文和 3（1354）.11.1、一色範氏感状案
〔屋な瀬村〕「人吉庄」	応永 34（1427）.4.7、平河式部給分坪付
〔薩麻瀬村〕	(文安 5/1448)、犬童重国軍忠状案

相良家文書 228	田畠目録	おくの
志岐文書 1	補任状	佐伊津
同　上	補任状	鬼池
同　上	補任状	—
同　上	補任状	大浦
同　上	補任状	須子
同　上	補任状	志岐
志岐文書 2	譲状	河内浦
同　上	譲状	—
同　上	譲状	—
志岐文書 4	避状	—
志岐文書 6	訴状	宮地
同　上	訴状	亀浦
志岐文書 7	陳状	本砥
廣福寺文書 47	請文	—
同　上	請文	軍浦
詫摩文書 113	充行状	志柿
詫摩文書 114	充行状	嶋子
志岐文書 17	覚書	上津浦
八代日記	日記(古記録)	—
八代日記	日記(古記録)	—
上井覚兼日記	日記(古記録)	—
樺山文書(南北朝遺文九州編 3-3400)	充行状	—
阿蘇文書写 p.379	打渡状	—
同　上	打渡状	—
矢津田文書 1	充行状	—
阿蘇文書写 p.355	家臣連署状	—
阿蘇文書写 p.643	証状	—
同　上	証状	—
内田文書(熊本県史料中世篇 2)	書状	—
薩藩旧記雑録後編(新宇土市史中世編年史料 361)	古記録	—
相良家文書 13	金石文	—

【備考】
①〔村〕・〔浦〕欄には史料での表記を載せ、適宜漢字表記をカッコ内に示した。「重層地名表記」は「村」・「浦」に接続する地名表記をそのまま載せた。
②初出史料の史料名は基本的に出典に挙げた刊本によるが、不正確な場合は修正した。年未詳文書の年代推定も同様である。
③出典は、刊本史料がある場合は一部古記録を除き、史料集の史料番号や掲載頁数を示した。典拠とした刊本とその略称については左記【典拠史料集】と【略称表記】を参照のこと。
④史料類型は主に史料の機能面に着目して分類したが厳密なものではなく、およその目安とされたい。
⑤慶長国絵図の項目には、慶長年間作成と推定されている肥後国絵図の写し（熊本大学附属図書館寄託永青文庫所蔵）に記載された村名・浦名で、中世の「村」・「浦」名と一致もしくは類似するものを掲載した。川村博忠編『江戸幕府撰 慶長国絵図集成 付江戸初期日本総図』解題（柏書房、2000 年）を参照。

〔奥野之村〕「肥後国求麻郡久米郷」	文明 11（1479）.12.15、相良為続田畠目録
【天草郡】	
〔佐伊津沢張(浦)〕「肥後国天草郡内」	建暦 2（1212）.8.22、関東下文案
〔鬼池(浦)〕「肥後国天草郡内」	同　上
〔蒲牟田(浦)〕「肥後国天草郡内」	同　上
〔大浦〕「肥後国天草郡内」	同　上
〔須志浦〕「肥後国天草郡内」	同　上
〔志木浦〕（志岐浦）「肥後国天草郡内」	同　上
〔かうちのうら〕（河内浦）「ほんとのしま」	貞永 2（1233）.2.16、天草種有譲状案
〔おほミ(むら)〕「ほんとのしま」	同　上
〔ひらうら〕「ほんとのしま」	同　上
〔ふなたうら〕（船田浦）	応長 1（1311）.8.14、尼めうしやう避状案
〔宮路浦〕（宮路村）「肥後国天草郡本砥嶋内」	元徳 1（1329）.10、志岐弘円代覚心重申状案
〔亀河村〕	同　上
〔本砥村〕	元徳 2（1330）.3、宮地村地頭仏意重陳状案
〔白木河内村〕「肥後国天草郡」	正平 20（1365）.10.25、天草種国請文
〔いくさか浦〕「同郷」	同　上
〔志加木村〕「肥後国」	応安 3（1370）.9.12、室町幕府下知状
〔嶋子村〕「肥後国」	応安 3（1370）.9.12、室町幕府下知状
〔上津浦〕	至徳 1（1384）. 閏 9.23、犬追物手組覚書
〔下津浦〕	永禄 1（1558）.3.16、八代日記
〔池浦〕「上津浦分領」	永禄 4（1561）. 閏 3.11、八代日記
〔簑之浦〕「三角」	天正 12（1584）.4.1、上井覚兼日記
【所属郡未詳】	
〔尻無村〕「肥後国」	観応 3（1352）.4.25、足利尊氏地頭職充行状
〔鈎野(村)〕	明徳 5（1394）.6.19、今川貞臣奉書写
〔日並村〕	同　上
〔松山村〕	永享 9（1437）.9.5、冨野惟世宛行状
〔水口村〕	明応 3（1494）.2.24、阿蘇氏家臣連署状写
〔おむかい村〕	永禄 6（1563）.10.6、阿蘇惟前証状写
〔あまりへ村〕	同　上
〔新開村〕	年未詳(永禄年間 1558-70）.12.13、戸次鑑連書状写
〔かすまの村〕	天正 13（1585）.8.18、長谷場越前自記
〔板井村〕	年月日未詳、肥後国山北西安寺石堂碑文

【典拠史料集】
阿蘇家文書→『大日本古文書 家わけ 13-1 阿蘇文書之一』、阿蘇文書写→『大日本古文書 家わけ 13-2 阿蘇文書之二』、犬童文書追加→『熊本県史料 中世篇第四』（以下、県史４）、牛島文書写→『新熊本市史 史料編第二巻 古代中世』（以下、新熊）、内田文書→新熊、産神社文書→県史４、大友家文書録→『熊本県史料 中世篇第五』、男成文書→『熊本県史料 中世篇第三』（以下、県史３）、鹿子木文書→『玉名市史 資料篇５古文書』（以下、玉名）、願成寺文書→県史３、金石文→新熊、今朝洞文書→『熊本県史料 中世篇第二』（以下、県史２）、厳照寺文書→『熊本県史料 中世篇第一』（以下、県史１）、合志文書→県史４、廣福寺文書→玉名、高野山文書→新熊、児玉韞氏採集文書→新熊、小早川文書→県史３、西巌殿寺文書→『大日本古文書 家わけ 13-3 阿蘇文書之三』（以下、阿蘇３）、斎藤文書→県史４、相良家文書→『大日本古文書 家わけ 5-1 相良家文書之一』、佐田文書→県史２、志岐文書→県史４、渋谷氏所蔵文書→新熊、寿福寺文書→玉名、正観寺文書→県史１、小代文書→玉名、僧綱申文紙背文書→新熊、田北要太郎文書→新熊、詫摩文書→新熊、塔福寺文書→県史３、野原八幡宮祭事簿→荒尾市史基礎史料第５集『肥後国野原荘八幡宮祭礼史料』、平河文書→県史３、深水文書→県史３、藤崎八旛宮文書→新熊、宝成就寺文書→玉名、舛田文書→県史３、満願寺文書→阿蘇３、三池文書→新熊、矢津田文書→県史４、柚留木文書→県史３。

【略称表記】
鎌倉遺文 7-4945 →『鎌倉遺文 古文書編 第７巻』4945 号、荘園志料→清水正健編『荘園志料（下巻)』、新宇土市史中世編年史料→『新宇土市史 資料編 第三巻 古代・中世 近世』第一編古代・中世第二章中世編年史料、玉名市史編年→『玉名市史 資料篇５古文書』第一編古代・中世一編年史料、中世の美術 34 →『第５回熊本の美術 中世の美術』列品解説 34、南北朝遺文九州編 1-256 →『南北朝遺文 九州編 第１巻』256 号、肥後国誌上巻→『復刻版肥後国誌 上巻』。

中世後期菊池氏による港湾都市「高瀬」統治

青木勝士

はじめに

高瀬津は、菊池川の現河口から約二・五km上流の右岸で、支流の繁根木川が合流する、肥後国玉名郡大野別符中村(現在の熊本県玉名市高瀬)に所在した菊池川河川交通と有明海内海交通の結節点である。[1] 十四世紀中頃以降の福建省から琉球列島を経て九州に至る「南島路」の終着点となる主要港湾でもある。[2]「高瀬津」を核に菊池川右岸で菊池川と繁根木川に挟まれた自然堤防上に作られた港湾都市が「高瀬」であり、十五世紀に菊池系高瀬氏が高瀬を含める周辺地域を統治した領域を「高瀬領」という。[3]

高瀬については、早くから多くの研究者が着目している。中川斎氏[4]は応永二十一年十月八日付け大工丹治念性寄進状[5]を根拠に高瀬津出入りの船舶の存在と、寿福寺跡に残る永禄十一年(一五六八)十一月廿八日の補陀落山渡海碑[6]を根拠にした十六世紀後半の高瀬の繁盛を論じている。さらに十六世紀後半のイエズス会宣教師による高瀬周辺での布教記事[7]や林三官・唐人三官・四官ら唐人居住[8]を挙げて高瀬津が対外交易港であったことを指摘した。

森山恒雄氏[9]は十六世紀後半の高瀬が「惣之市」を持つ自由貿易の港湾都市で、堺のような町衆による自治が行われていた「自治都市」であった可能性を指摘し、天正十六年(一五八八)閏五月十五日の加藤清正の肥後入封と同時の高瀬津の豊臣蔵入地化で豊臣政権の直接支配に組み込まれたことで一津の役割に転落したと論じた。さらに『豊臣氏九州蔵入地の研究』で中世全般の高瀬津の機能を概観し、高瀬津が室町期から対外交易港として開けていたことを指摘し[10]、豊臣蔵入地化によって自治都市「高瀬」の交易権が収公され、文禄・慶長の役の兵站基地化していったとの歴史的過程を論じ、伊倉でも同様であったと論じた。併せて菊池川流域の荘園や菊池庶子家の分布を分析して、宗教・文化伝道路の役割を担った菊池川水運の地域的役割の重要性を指摘している[11]。さらに高瀬の都市的な内部構造について宝成就寺文書や寿福寺文書等の中世文書を読み解いて具体的に考察を深めている。

一方、工藤敬一氏[12]は安楽寺領玉名荘に着目して、中世における高瀬津に連なる「津留」地域での津機能の存在を指摘し、小川弘和氏[13]は工藤氏の指摘をさらに広げ、「個別の荘園に属するここの港湾は、それぞれ別個に存在しているのではなく、全体が何らかの機能・役割を分担しつつ、複合的に比較的大規模な港湾都市部を形成している」といった集合港湾による都市的場の可能性を指摘している。併せて高瀬津を領域に持つ筥崎八幡宮領大野別符に着目して、菊池系高瀬氏以前に大野紀氏が高瀬津に主導権を持ち、大野紀氏の拠点の開田と高瀬津が陸路で結びついて「二重中心のような構造」になっていたとする仮説を提示している。

松本寿三郎氏[14]は近世の熊本藩政下での菊池川水運や高瀬御蔵をはじめとする高瀬津での港湾施設を報告して、森山氏が論じた十六世紀前後の高瀬及び菊池川水運に触れている。阿蘇品保夫氏[15]は菊池惣領家が庶子家に菊池川流域に所領分与して菊池川水運を掌握し、高瀬津を対朝交易の拠点港にしたとする森山氏の説を踏まえた説を展開している。柳田快明氏[16]は菊池系高瀬氏について「新撰事跡通考」掲載の「高瀬氏系図」を挙げて高瀬氏歴代の系譜を紹介し、史料で追える武尚～武楯の概要を整理している。杉本尚雄氏[17]は菊池荘の開発領主としての菊池氏が水利権を掌握して在地支配を展開し南北朝期には高瀬津を拠点にして琉球地域で倭寇として活動したことを紹介している。このように菊池氏と菊池川との関係は川添昭二氏が「菊池川流域の族的結合と流通の問題は今後の研究課題[18]」と指摘しているように、菊池氏の領域統治のあり方を分析していく上で不可欠な課題となっている。

このような研究課題に対して、熊本県が「歴史の道」調査事業の一環として一九八一年に「菊池川水運」の調査報告書を刊行し、玉名市が玉名市史編纂事業で八七～八八年に『高瀬湊関係歴史資料調査報告書(一)～(三)』を刊行し、九二年に『玉名市史』資料編一絵図・地図を、九三年に『玉名市史』資料篇五古文書を刊行し、高瀬を分析するに必要な絵図を含めた歴史史料が揃い、研究環境が整ってきた。

この研究環境の整備と併せて、九八年に熊本市が刊行した『新熊本市史』通史編第2巻中世で阿蘇品保夫氏が「室町・戦国期の熊本」をまとめられ、菊池氏及び大友氏の室町期での領域統治の概略がほぼ明らかになり、二〇〇五年に『玉名市史』通史篇上巻でこれまでの成果を総括され、田邉哲夫氏が「郡司日置氏の衰微」を、柳田快明氏が「菊池系高瀬氏の進出と支配」を、森山恒雄氏が「高瀬の津と寺社の発展」「高瀬町の形成と活動」を、森山恒雄氏・村上晶子氏が「室町・戦国期の国際津と海外交渉」をまとめられ、高瀬を含めた菊池川河口域の具体的な姿と歴史的位置付けを明らかにされた。

一方、一九八〇年代から従来の「在地領主論」と「権門体制論」を踏まえた中世都市研究[19]が盛んになり、仁木宏氏[20]が博多を例に挙げて空間構造論に着目し、続伸一郎氏[21]が堺を題材に具体的な都市空間の分析を行い、九三年に中世都市研究会が発会し、九五年には「津・泊・宿[22]」がテーマになり、市村高男氏[23]は全国の津・湊を立地から見て類型化を試みた。この研究動向の中で、九州では二〇〇三年に大庭康時氏[24]は福岡市博多区の再開発に伴う発掘調査事例を踏まえ、九州の代表的港湾都市である博多の具体像に迫り、鶴島俊彦氏[25]は『八代日記』の記載と現地踏査を踏まえ戦国期肥後国の代表的都市の一つである八代の都市構造を提起された。〇六年に鹿毛敏夫氏[26]が「府内古図」を元に大友義鎮によって整備された戦国期の豊後府内の都市構造を提起され、一一年には坪根伸也氏[27]が大分市の再開発に伴う大友館や大友府内町での発掘調査事例を踏まえ、豊後府内の具体像に迫っている。

本稿ではこれらの先学の成果を踏まえ、地域やその周辺を含む経済圏の発達の要となった流通拠点の湊津に着目し、具体的には福建省に連なる南島路の発着点で、有明海内海交通と菊池川河川交通の拠点でもあり、西海道との結節点を兼ね、中近世の肥後北部経済の要であった肥後国高瀬津を再度検討することによって、港湾都市が地域に果たした役割とそれに着目した菊池氏の統治について再検討したい。そして、九州中世史での高瀬の重要性を明らかにしたい[28]。

一　中世高瀬津・高瀬周辺地域の様子

菊池川水運の有明海側の出入り口に当たる菊池川河口は、『藤公遺業記[29]』で慶長年間に加藤清正による河道改変工事がなされたとされ、江戸から大正期にかけて河口地域を中心に有明海沿岸干拓が進められたために、原地形が分からない程に改変されている。そこで明治三十五年(一九〇二)作成の五万分の一地形図と昭和四年(一九二九)作成の二万五千分の一地形図[30]及び字図[31]などを基に干拓以前の地形を遡及して復元したものが図1である。この海岸線は「慶長九年肥後国絵図[32]」の海岸線と地名に概ね一致するが、図2のとおり絵図には伊倉津の箇所に「伊倉北方・伊倉南方」に入る三日月状の入江が描かれている[33]。

この箇所を現地に比定すると、地形図では高瀬・永徳寺の対岸の千田河原まで続く帯状地形になっており、図3のとおり字名も[34]「川丁」「船津」「上川成」「下川成」「川端」「中塘添」「塘外」など河川と津の関係字名であることから、この地域は図4のとおり菊池川支流の旧河道に推定される。この河道は「正保四年肥後国絵図[35]」では見られないことや、『藤公遺業記』等の後世の二次史料で加藤氏による菊池川河道の変更の記事があることから、加藤清正によって河道変更された旧菊池川支流唐人川の河道と考えられ、絵図に記載された入江状地形は改修後の旧河道の一部と考え

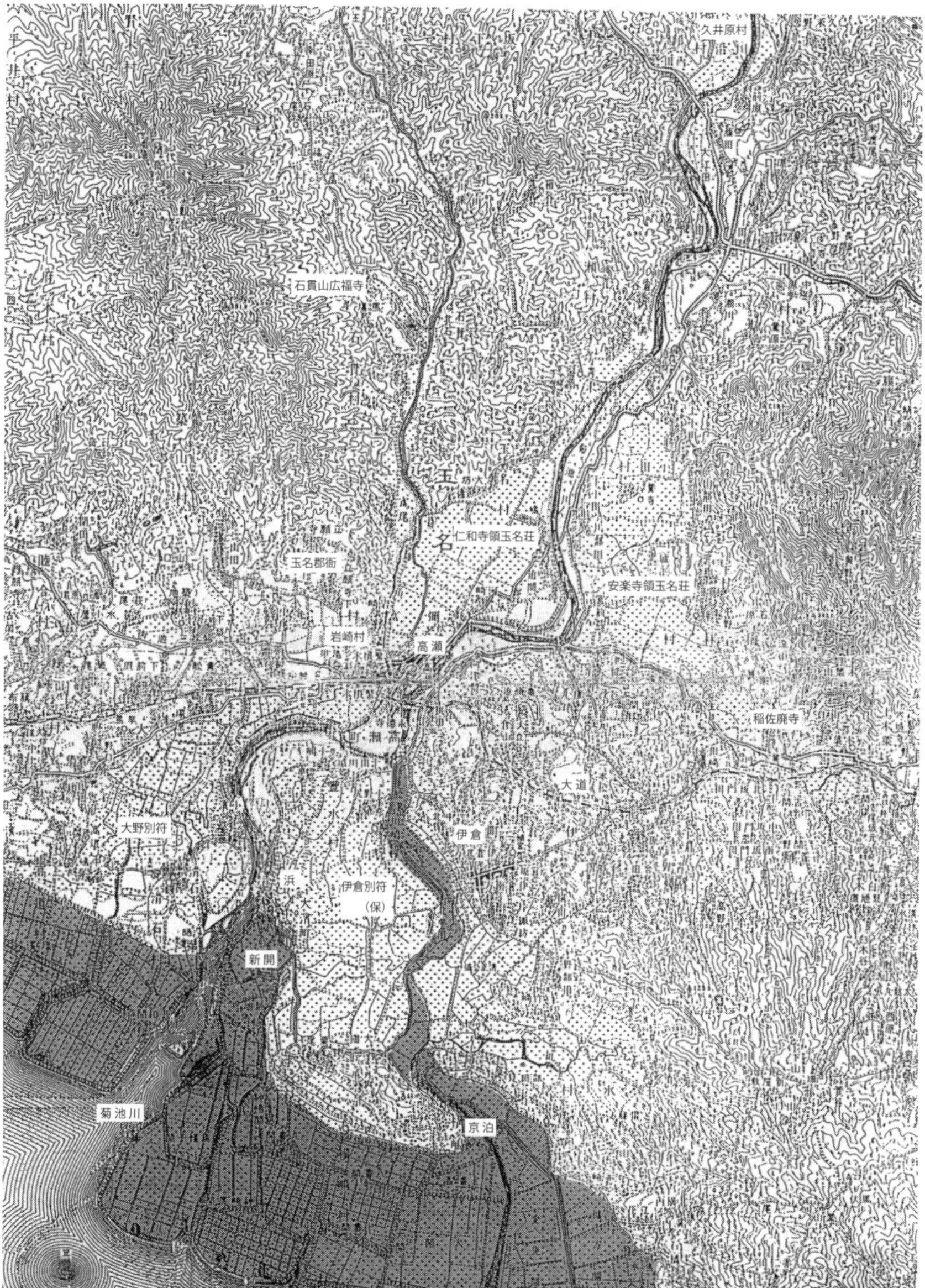

図１　菊池川河口部地形復元図(M35　５万分の１原図)

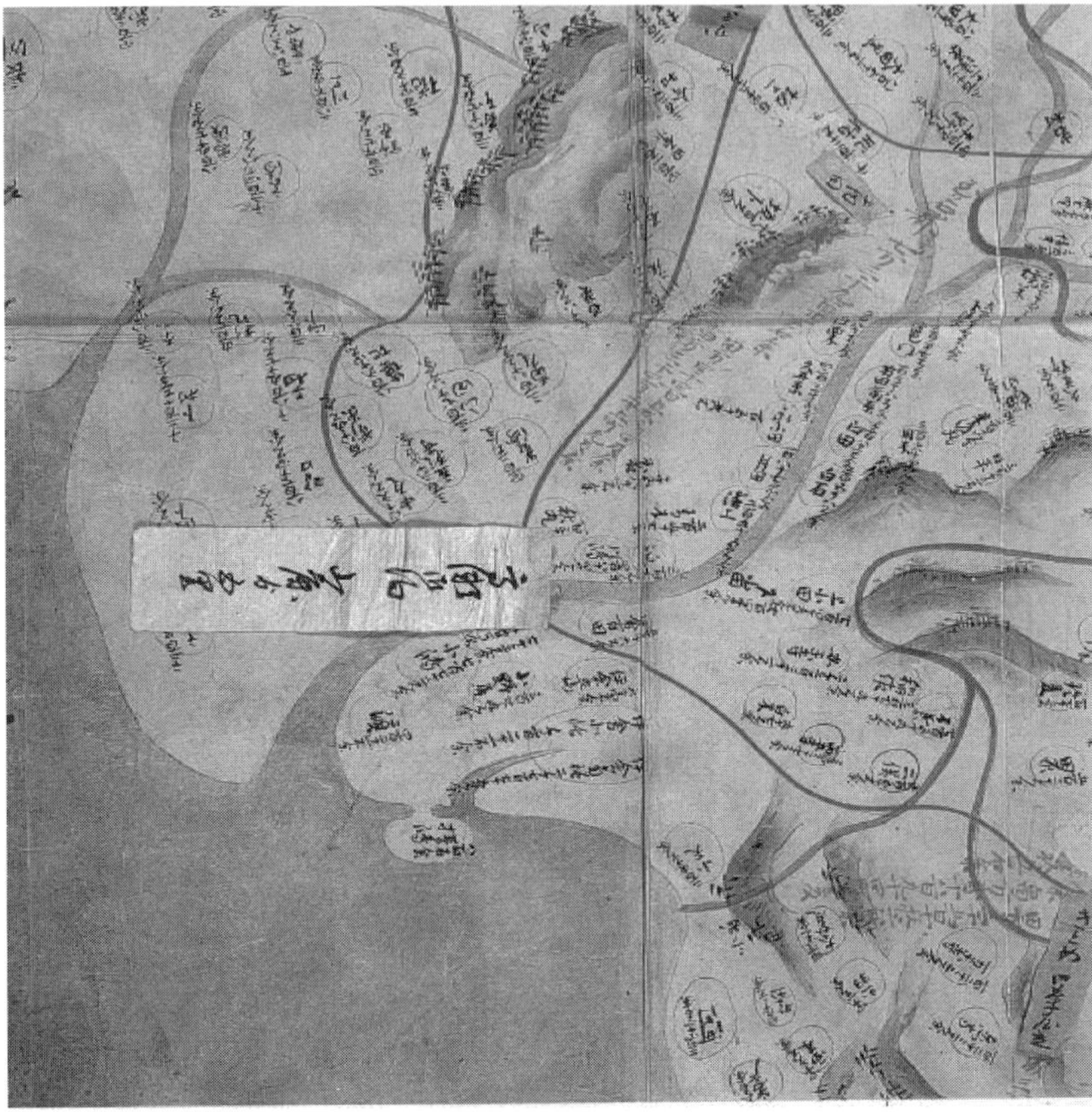

図2　慶長九年肥後国絵図(部分)

る。

このことについて、森山恒雄氏[36]は加藤氏による菊池川河道改修によって生じたとされる「小浜村」が天文十一年(一五四二)八月日「繁根木八幡宮祭礼行事次第」で見えることを根拠に、「現菊池川流路より川幅は狭いがほぼ同位置」に菊池川が流れていたとされている。規久川宏輔氏[37]も「旧唐人川も菊池川の流路の一つであって」、「圃場整備施行以前の水田の地割、小字地名などによって復元することができる」と指摘している。森山氏の説を補足すると、現菊池川河口左岸の「小島村」も弘治二年(一五五六)頃とされている大友義鎮知行預状[38]で「肥後国伊倉之内小原遠江入道跡小嶋九町」、永禄十年(一五六七)十二月十四日付け戸次鑑連

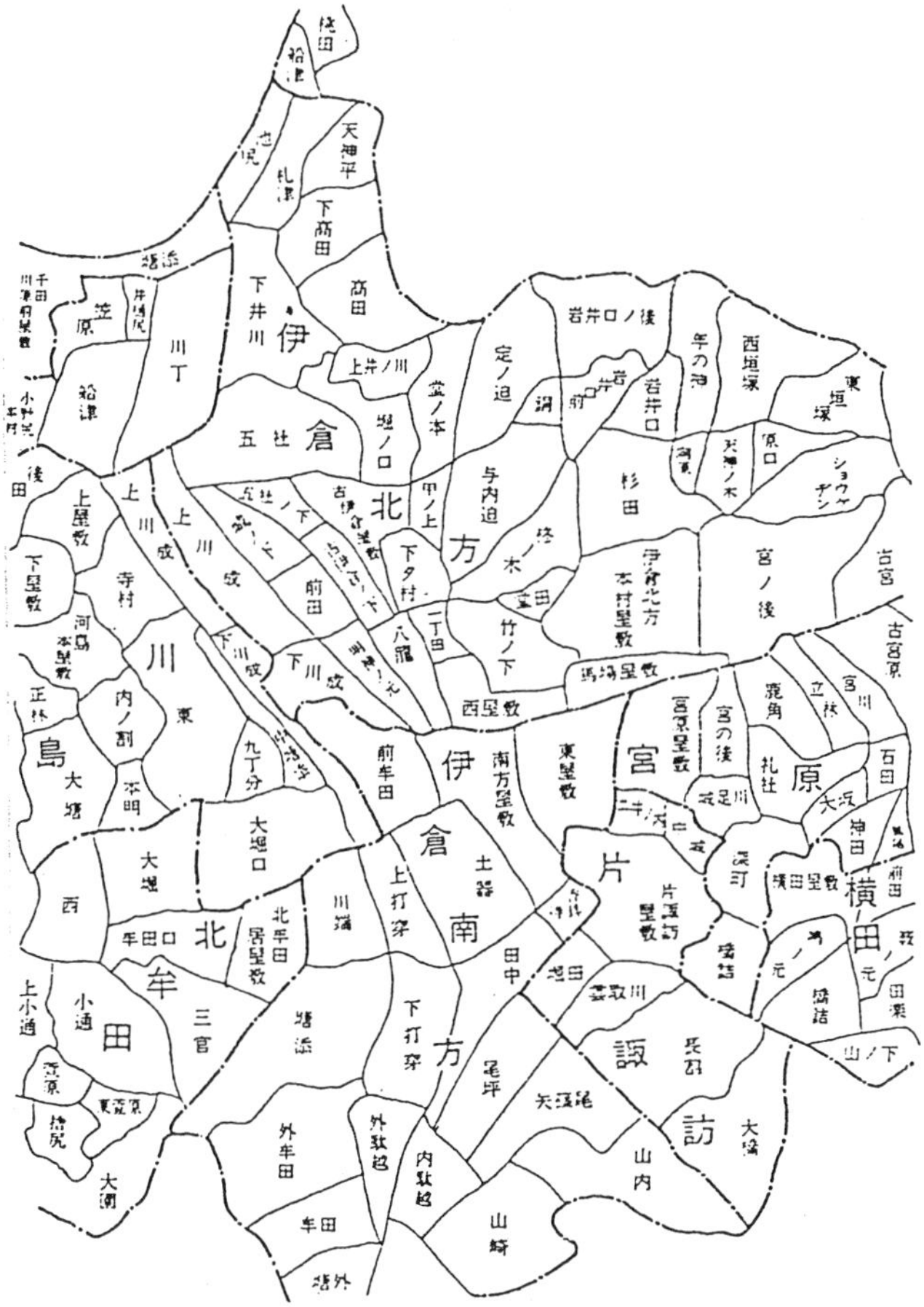

図3　旧唐人川河道字図（伊倉北方他小字図）

知行預状[39]でも「小嶋之内五町」「小嶋之内三町」と見えるので、現菊池川河道と中世菊池川河道の一つが同位置であったことは正しいと考える[40]。

また海岸線についても、大浜村以南の地名が「新地」で、矩形区画の地割がなされ、大浜町字新開に比定される応永十三年宇佐公美寄進状に「伊倉北方惣領本領之内浜外新開号崇玄新開[41]」があることから、森山氏や規久川氏が推定しているように大浜町付近まで有明海が入り組んでいたと考えられる。

従って、原地形は現大浜町まで遡り、横島に至る海岸線で、菊池川も一方は現流路を流れ、もう一方は高瀬対岸の桃田河原で分流して現唐人川流路を流れて横島の西側を河口にした流路であったと推測する[42]。そして現大浜町字小島・川島・小野尻・北牟田は二股の菊池川流路に挟まれた三角デルタ中州の島状地形上に形成された村落であったと

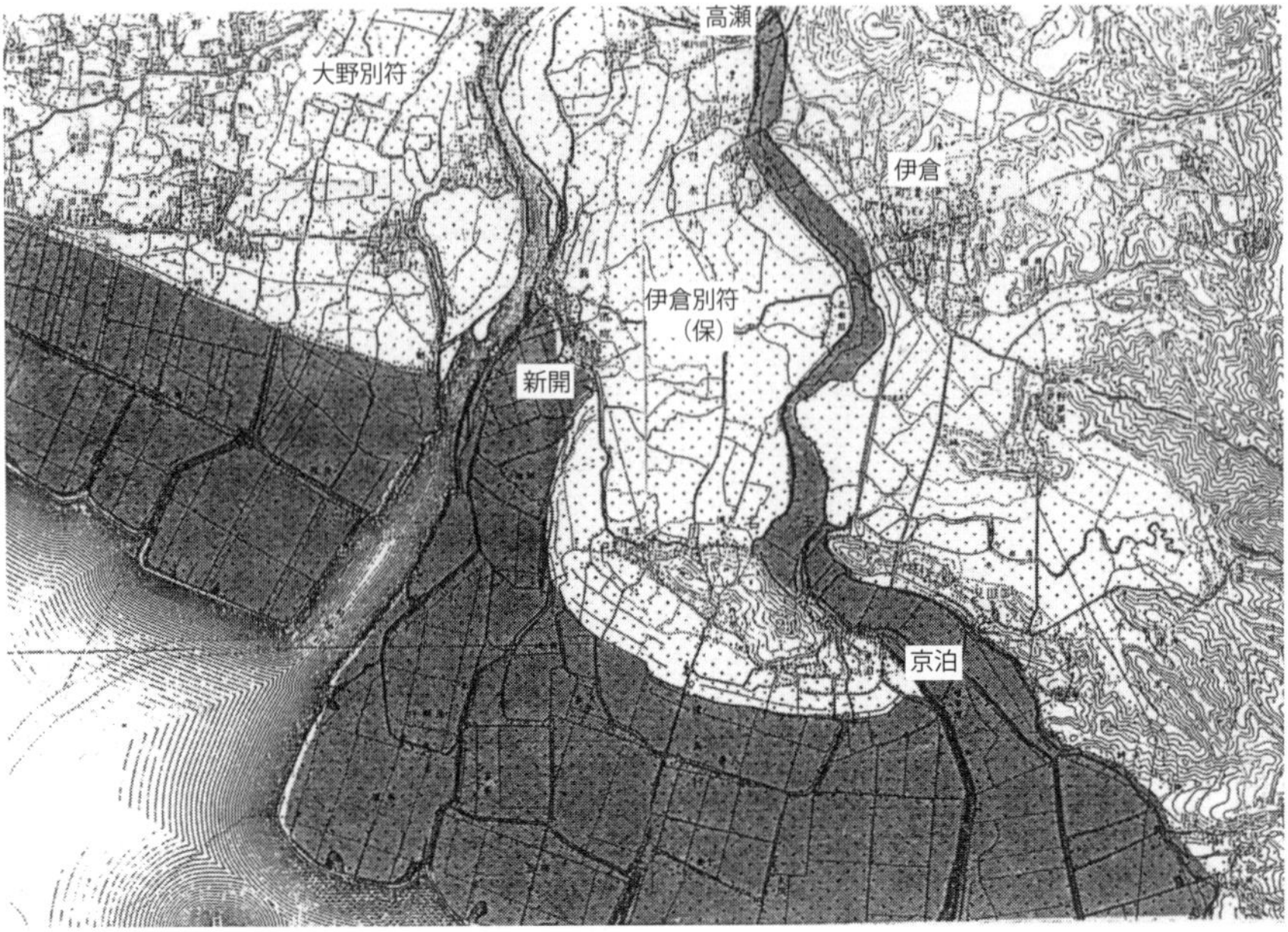

図4　菊池川河道復元図（S4　2万5千分の1原図）

考えられる[43]。

図4のとおり高瀬は菊池川河口域デルタを挟む二流路の分岐点（頂点）に位置し、伊倉は唐人川流路北岸に立地して、有明海と高瀬は菊池川で結ばれている位置関係であったことが理解できる。

高瀬は史料的には、建武二年（一三三五）三月十八日付け阿蘇山衆徒等連署状写[44]で「菊池七郎武吉高瀬十二町田地寄進」とあるのが初見で、その内容を示す同年四月三日付け菊池武吉寄進状写[45]に「大野別符内中村拾二町」とあることから、高瀬が大野別符の中村内に属する地域名であったことが理解される。さらに大野紀氏の一族の可能性がある貞和五年（一三四九）二月八日付け壱岐守輔重寄進状[46]でも「肥後国玉名郡大野庄内中村高瀬清源寺敷地事」とあるので、ここでも高瀬は大野別符（庄）内中村の一区域と認識され、至徳三年（一三八六）二月六日付け刑部少輔家長寄進状[47]までこの認識に変化は見られない[48]。

だが、高瀬は中村の一区域でありながら清源寺敷地が「東限火神木堀長福寺」「西限堀底[49]」とあり、高瀬談義所宝成就寺敷地が「限東堀」「限南浮津江」「限西繁根木河」[50]とあるように、「繁根木河」と「浮津江」と「堀」に囲まれており、図5のとおり天保十二年（一八四二）に作成されたと推測される「高瀬町図」[51]で確認できる繁根木川と堀に囲まれた独立区域の「高瀬町」と同じ姿を確認することができる。高瀬は菊池川河口河道分岐点に占地する河川交通の要衝であるが、清源寺敷地が「南限大道」[52]とあるように「大道」が町内を南北に貫通している。この「大道」は布目瓦が出土する稲佐廃寺のある玉東町稲佐に通じる途中の字大倉小字「大道端」「大堂」に連なると推定され、玉名郡衙と肥後国衙（現熊本市）を結ぶ官道と考えられる。[53]この官道は高瀬対岸の桃田まで続き、高瀬町内を南北に貫通する「大道」に接続すると考えられるので、図1のとおり高瀬は官道「大道」の菊池川と合点にも当たる陸上交通路の要衝でもあったと考えられる。

「高瀬町図」によると、高瀬「大道」沿いには八日町という町名があって、八日市の存在を類推させるが、前出の

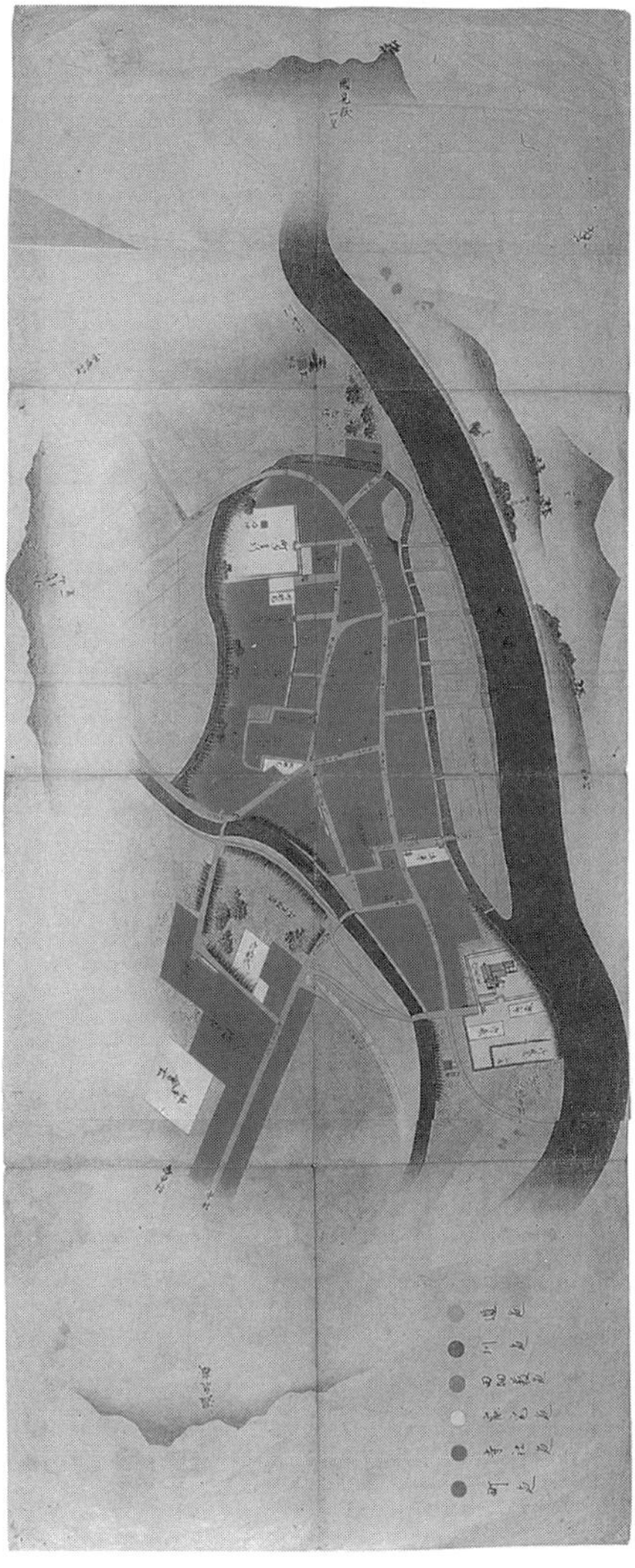

図５　高瀬町絵図（部分）

菊池武吉寄進状写しに添えられていた建武二年四月三日付け菊池武吉坪付注文[54]には「兵庫町」「奈木町」といった町名地名や、「橋爪」「樋渡」といった施設の存在を類推させるような地名、「倉光」「福僧」「佐奈井岸」「木船前」といった倉庫や着船場の存在を思わせる地名が載っている。高瀬南方の永徳寺河原からは十二世紀以降の龍泉窯系青磁や磁州窯系白磁、十五世紀以降の景徳鎮系染付等の中国陶磁が大量に採集されており、特に龍泉窯Ⅳ類と呼ばれる時期の青磁片が多い[55]。このことから平安末期には大野別符等の菊池川河口域の荘園群の倉敷地として開かれ、鎌倉末期には八日町から発達した対外交易も行う港湾都市として発展していたと考えられる。

大野別符の内でありながら堀に囲繞されて独立した区画とされた港湾都市の地域的な特殊性は、応永十三年（一四〇六）宇佐公美寄進状[56]で「肥後国高瀬寄進清源寺田地事」、応永十六年（一四〇九）四月七日付け板倉宗寿寄進状[57]で「肥後高瀬談義所平等王院」、応永十八年（一四一一）十月十日付け高瀬武楯寄進状[58]に「肥後国玉名郡高瀬清源寺道村中村内田地壱町壱反三丈」とあるように、他地域より早い段階で大野別符から「高瀬」という特定の区域名で表記されていることからも窺える。同時期の高瀬周辺の地域を史料で見回すと、応永十七年十一月八日付け高瀬武楯寄進状[59]では「肥後国大野別符内中村繁根木山寿福寺稲荷大明神修理田三町」、応永十八年四月十日付け高瀬武楯寄進状[60]では「肥後国玉名郡大野別符岩崎内北方田地壱町」とあって、「大野別符」という荘園単位で地域区分が認識されている。このことから「高瀬」は隣接する「繁根木」「岩崎」とは異なる、大野別符から独立した地域としての認識を応永十三年頃から確立していたと見られる。西隣の繁根木の寿福寺・繁根木八幡宮については、応永十八年（一四一一）九月廿四日付け高瀬武楯寄進状[61]で「肥後国玉名郡高瀬寿福寺之末寺長福寺長慶院厨跡事」、応永二十四年三月三日付け高瀬武楯寄進状[62]で「肥後国玉名郡高瀬繁根木八幡宮同庄中村内田地壱町畠地壱町事」とあって、「高瀬」の町域が繁根木川を隔てて西隣する繁根木まで拡大し、その実態を踏まえて当時の人々が地域を認識していたことが理解される[63]。一方、この時期に「大野別符」という荘園を単位とした地域区分の名称が見えなくなり、国郡村の行政単位をもって地域区

分の認識が統一されるようになる。(64)

高瀬町域の拡大と共に応永二十一年(一四一四)十二月廿三日付け高瀬武楯寄進状(65)での「当国高瀬津中門之内□問料計事　為塩□進之所也」とあるように、高瀬は「高瀬津」という港湾名称で認識されるようになり、津を中心にして、塩流通などの商業活動が行われ、「中門」の内側での商業活動には「問料」が徴収されたことが窺える。さらに応永二十一年(一四一四)十月八日大工丹治念性寄進状(66)で「右件鐵物等　任先例奉寄進所也　當津往辺廻船之鐵物　如法召置」とあるように、「鐵物」を輸送する「廻船」が頻繁に高瀬津に寄港し、有明海内を往来していたことが窺え、「大工丹治念性」のような河内鋳物師集団「丹治」の流れを汲む「鐵物」を扱う技術者兼商人(67)が高瀬に居たことが分かる。さらにこの史料では「如法召置」とあるので、寄港料(津料)として、往来の「廻船」から一定額を徴収する「法」が定められていたことが窺える。

応永二十年(一四一三)三月廿一日付高瀬之油孫九郎寄進状(68)では、高瀬在住の油商人「孫九郎」が「高瀬之談義所宝成就寺」に「高瀬之田中之中原屋敷一ヶ所」を寄進しているが、この土地は「孫九郎」が「菊池之高瀬殿」より「下賜」された「御恩地」で、かつ土地には「御公事次第者毎年油三升納所役也」の租税がかけられていることが記されている。ここでも「御公事」役の定めが存在することが窺える。また高瀬を統治していたと見られる高瀬武楯が「孫九郎」ら高瀬住人から菊池一族の「菊池之高瀬殿」と表現され、土地処分権と課税賦課権を有していたことが確認できる。他方で高瀬町内には「高瀬之油孫九郎」を名乗り、公事負担を負う油商人が居住し、高瀬武楯から高瀬町内の「田中之中原屋敷」といった屋敷地を与えられる、領主と特定の関係を持つ町民が存在していたことが確認できる。

応永十六年(一四〇九)四月七日に寄進された高瀬談義所門前屋敷地の四至に登場する「銀細工屋敷」(69)や、応永二十年四月三日に寄進された宝成就寺敷地に登場する「籠手屋々敷」(70)といった屋敷名から町内には彫金師や武具屋の存在も確認できる。

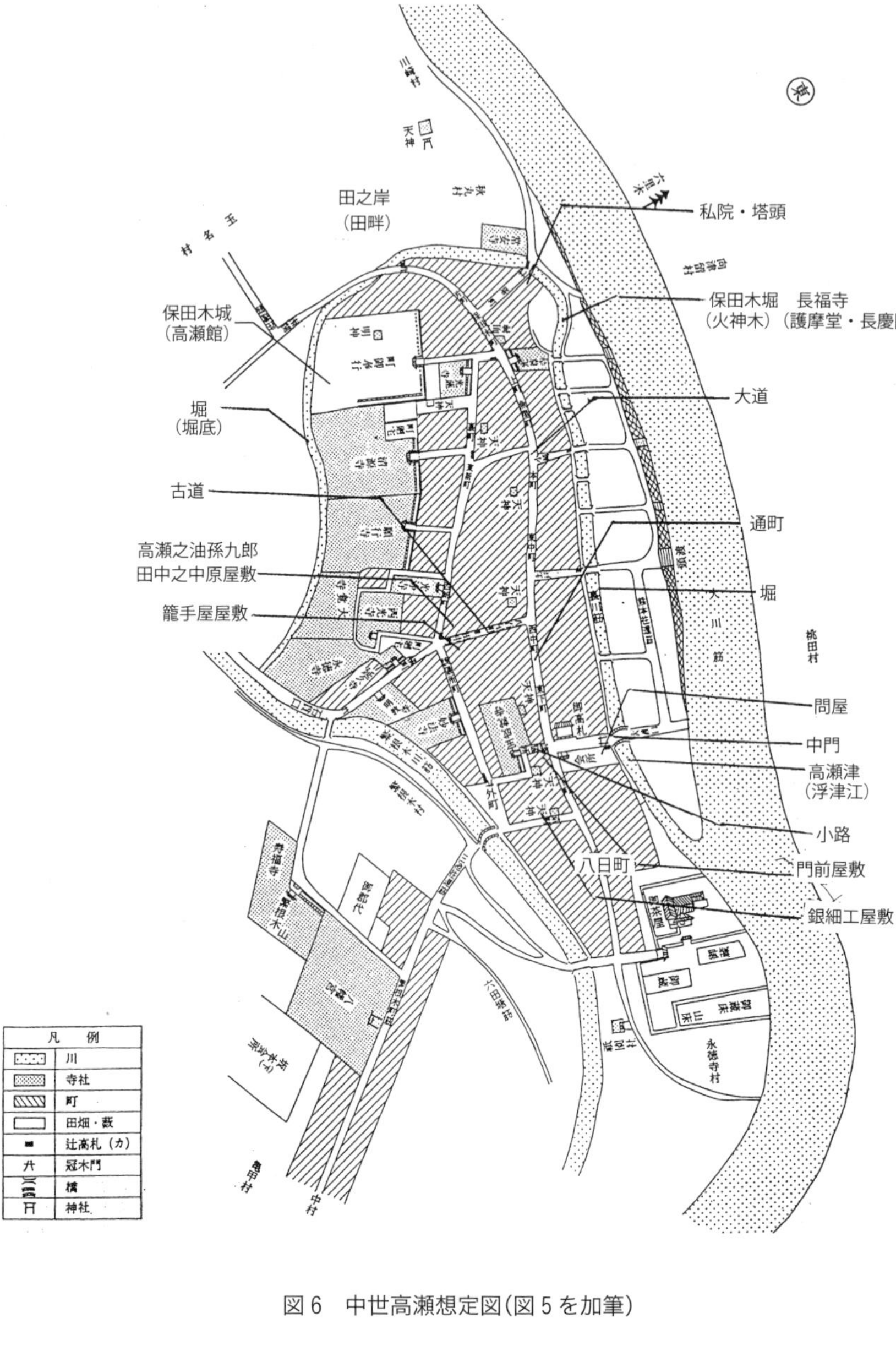

図6　中世高瀬想定図(図5を加筆)

これら商工業者の屋敷の他に町内には「肥後高瀬談義所平等院　右当寺門前屋敷両方[71]」「肥後国玉名郡高瀬談義所宝成就寺門前屋敷二ヶ所[72]」といった寺院(高瀬談義所宝成就寺)に付属する「門前屋敷」が存在している。さらに「大道」沿いには「通町[73]」があって、図6のとおり大道・浮江津・談義所を核にした商工業者の町が形成されていたことを指摘できる。

このような商工業者の他にも応永十八年(一四一一)十一月十五日に高瀬武楯が発布した「清源寺法度[74]」の中で「一、當寺門徒中、於近所悉可被掛塔、當□縦雖有私院、至其身者被居住當□」とあるので、清源寺の門前の「塔町」付近に私院塔頭を建てて居住する僧侶も存在していたと考えられる。

このように様々な職種が混在する高瀬町には、大まかに職種別に居住空間の区別がなされていたと考えられる[75]。すなわち高瀬町北側は清源寺を中心にして私院・塔頭が並び僧侶が居住すると共に、統治領主の高瀬氏の居館で統治拠点であった「保田木城(高瀬館)」がある公的空間、南側には大道沿いの「通町」「八日町」といった市町(商業地)や津(浮江津=高瀬津)を中心に中門を備え、域内には商工会議所の役割を担った談義所があって、油商人・彫金師・武具屋などの商工業者(町民)が居住する商工業空間=民的空間が大まかに町内を区分していたと考える。そして町域南部の商工業空間の中心地で、かつ浮江津から上がった位置に建立された「高瀬談義所宝成就寺」は商取引の調整の場であると共に町衆の精神的拠り所としての機能を持っていたと考えられる[76]。

このように応永十年から同二十年前後にかけて高瀬町は商工業者が居住し、高瀬津になるまでに整備され、廻船が寄港する港湾都市に成長していったと考えられる。この高瀬津の機能は菊池川水系の水運を利用した菊池川流域の荘園や地域と有明海を通じた域外を結ぶ物資集散地[77]としての国内交易港のみならず、延文二年(一三五七)元僧石塀[78]の来朝記事や正平二十三年(一三六八)に絶海中津[79]が渡明途中に高瀬に立ち寄ったこと、隈府に伝わる御松囃子御能の「勢利婦[80]」で「西の海、西の海、唐土船の貢物数え尽くさじ」との一節から連想されるように、中国大陸方面への便船が寄港する国際的な対外交易を行う主要港湾であった可能性がある。

『朝鮮王朝実録』世祖三年（一四五七）九月十六日条[81]に高瀬氏とおぼしき「肥後国瀬高郡主藤原武麿」の使者が渡朝した記事があり、『海東諸国紀』に「丁丑年（一四五七）以武麿称名、使人来朝、以遠処不緊人不接待。丁亥年（一四六七）改名武教、来賀観音現像。書称肥後州高瀬郡藤原武教。菊池殿族親。為其管下、居高瀬[82]」との記載が見られるので、高瀬が明・朝鮮との対外交易港として開かれていたことが窺われる。

この高瀬氏による渡朝は結果的に二回とも失敗し、公式な図書交易を朝鮮側から拒否されている。同時期に博多商人を仲介にして図書交易に成功していた菊池惣領家とは対照的[83]だが、おそらく使者に使った博多商人と高瀬商人との外交的政治センスの差が、このような結果として現れているのであろう。

このような国内・対外交易港としての繁栄ぶりは、古浄瑠璃「安口判官[84]」の中に登場する人買人源九郎は「高瀬浦」の商人で、「九州に隠れなきあき人」と称せられていることからも窺える。このような謡曲までに歌われる九州での重要港湾で商業都市に成長した高瀬津は菊池氏滅亡後も商業流通の拠点としての地位を保持していたことが、天正五年（一五七七）正月十日付け大友宗麟書状[85]の中で「高瀬石火矢接岸之条」で確認することができる。豊後の宗麟が対ポルトガル交易の窓口を豊後水道に面した本拠の豊後府内や良港の臼杵ではなく、有明海の高瀬津に求めたことは、肥後国人の城蔵人大夫に高瀬津に着岸した石火矢[86]を豊後臼杵城へ運搬する人夫役を命じたものだが、豊後大友氏が対高瀬津がイエズス会宣教師をはじめポルトガル商人が拠点にしていた肥前口之津や福田港に地理的に近いことに加え、菊池川河口の湊津で喫水が保持できる、外洋船の着岸に優れた港湾機能[87]と、対外交易の経験値が豊かな九州屈指の港湾であったことを裏付けている。このような博多津に次ぐ高機能な重要港湾を管下に収め、流通を押さえることによって得られる交易の利益が大名領国制の展開を進める豊後大友氏の肥後進出の目的の一つ[88]であったのではないかと考える。このような交易利益を得る動きは豊臣秀吉も同様に行っており、天正十六年（一五八八）閏五月十五日付け加藤清正宛て豊臣秀吉朱印状[89]で「肥後国玉名郡高瀬津廻、能所二百石為蔵入致取沙汰、可運上候也」とあるように、高瀬津を含めた周辺地域で「能所二百石」分を豊臣蔵入地に指定して長崎・博多と共に豊臣政権の直接支配下に置いている。

このように各時代の為政者が重要視して支配下に取り込んでいった重要港湾高瀬津に対して、菊池氏はどのような支配を展開したのかを次節で考察する。

二　高瀬津への支配

菊池氏の高瀬進出を示す初見資料を次に掲げる。

史料①　建武二年（一三三五）四月三日菊池武吉寄進状写（大日本古文書家分け十三阿蘇家文書三九九）

奉寄進

阿蘇御嶽大明神御宝殿

肥後国大野別符内中村田地拾弐町　坪付在別紙　事

右所趣者、為毎年恒例三十講料所限永代奉寄進之事實也、然則以此法味余勲為　金輪泰平四海静謐　別者亡父寂阿出離生死頓證菩提　殊者藤原武吉現當二世所願成就乃至法界利益周遍也　仍為末代亀鏡寄進状如件

建武二年四月三日　　藤原武吉（裏花押）

この史料と建武二年（一三三五）三月十八日付け阿蘇山衆徒等連署状写を併せて解釈すると、「菊池七郎武吉」を名乗る「藤原武吉」が元弘三年の鎮西探題攻めで討死[90]にした「亡父寂阿」の菩提のために「高瀬十二町田地」である「肥後国大野別符内中村田地拾弐町」を阿蘇御嶽大明神に寄進している。このことから菊池氏は建武二年時点までに

建武政権の恩賞を通して菊池川沿いに勢力を伸ばし、(91)特に河口の高瀬津を押さえていたと考えられる。

ところで、この高瀬の地名を姓に冠した菊池庶子家の高瀬氏は十四世紀後半と見られる年不詳九月拾弐日付け高瀬武国書状(92)で「武国」の署名の横に「たかせとの」と追注記されているのが初見で、系図(93)では菊池惣領家十六代の武政の弟の武敏から始まる武敏系高瀬氏と、十七代の武朝の弟武相から始まる武相系高瀬氏の二系統が検出される。

高瀬氏は興国三年(一三四二)八月十日付け菊池武士起請文(94)に挙げられている寄合内談衆には名を連ねていないが、弘和三年七月日付け菊池武朝申状(95)では武朝を補佐する「肥後国守護代武国」として登場していることから、武朝期に菊池惣領家に次ぐ有力庶子家の一つであったと考えられる。

高瀬氏の高瀬に対する領主的行動については次の史料が初見である。

史料②　正平九年(一三五四)四月四日付け菊池武尚寄進状(清源寺文書四)

奉寄進

清源禅寺々内事

肥後国玉名西郷大野別符中村内高瀬清源禅寺敷地

東限長福寺保田木堀

西限堀　南限門前大道　北限田畔

右為天長地久天下太平御願圓満現當二世子孫繁昌　限未来際　所奉寄付者也

正平九年甲午四月四日　菊池筑前守武尚(花押)

これは系図上で武敏の子で現れる菊池筑前守武尚が高瀬山清源禅寺に貞和五年(一三四九)二月八日付け壱岐守輔重寄進状(96)に典拠して同敷地を同寺に寄進する形式で安堵しているものである。また、武尚死後にも菊池惣領家十五代の武光が「武尚素志」に任せて武尚の「恩賞配分」地である「豊後国大坪村号松武名」のうち「土貢参拾貫分下地」を

「於寄進状童龍丸成人之時　可令進候」との制限付きで寄進している。[97]この童龍丸は武尚の遺児と見られる。

しかし、この段階での高瀬氏による高瀬支配権は独占的かつ排他的なものではなかったと見え、周辺の他領主の権益が高瀬内に及んでいるのが次の史料に見える。

史料③a　正平十四年（一三五九）六月一日付紀光隆寄進状（清源寺文書六）

奉寄進

在肥後国大野別符岩崎村内前田六反事

右田地者　光隆當知行無相違之地也　而依有志　所奉寄進清源寺也　但於国衙庄方之済物者　随分限可有弁済候

仍寄進之趣如斯

正平十四年六月一日　紀光隆（花押）

史料③b　至徳三年（一三八六）二月六日付刑部少輔家長寄進状（清源寺文書十一）

奉寄進

肥後国玉名西郷大野別符中村内高瀬清源寺々領事

中村内

一町くちのつほ　にしのより　二段佛性田

三段おさきのまえ　二段井しり

二段中いけしり　一段竹の下

一段いてのした　四段いてのした

一所御所そののやしき

右為天長地久御願圓満　殊者故豊後守心淵覚公禅定門後生菩提　奉寄附也　若子孫之中致違乱輩者　永可為不孝

之仁也　仍寄進状如件

至徳三年二月六日　刑部少輔家長（花押）

史料③c　応永十三年（一四〇六）宇佐公美寄進状（清源寺文書十三）

肥後国高瀬寄進清源寺田地事

伊倉保北方惣領本領之地之内　濱外新開号崇玄新開　彼地事依為次第相続之本領　親父公光奉寄進清源寺云々

仍任彼状之旨　不可有相違之由　重而加證判之申所也　為後日寄進之状如件

応永十三年丙戌□□三日　宇佐公美（花押）

これら以外の史料を加えて、紀光隆[98]、近江守平[99]、岩崎式部省隆貞[100]、刑部少輔家長[101]が大野別符岩崎村・中村内の田地を、伊倉別符の開発領主宇佐氏系の妙性禅尼と永豪庵坊主正源[102]、宇佐公美[103]が伊倉保の濱・新開内の田地を寄進している。これらの土地の寄進主は「當知行」「相続之本領」と称していることから、高瀬付近の所領は紀姓大野氏[104]や宇佐姓伊倉氏などの在地小領主層の分割支配がなされていて、高瀬氏の支配権は高瀬町内に限定される範囲であったと考えられる。また清源寺は高瀬氏を含めて周辺の在地小領主の信仰を集め、小領主たちの自発的な寄進によって存立基盤が充実していった寺院であることがわかる。このようにこの段階では高瀬は排他的な支配が貫徹されない、比較的自由な都市空間であったことがうかがわれる。このことは高瀬長福寺護摩堂への紀政幸[105]の寄進、大野別符河崎名向津留不動堂への大野出羽守朝隆[106]の寄進例でも同様に説明することができる。この背景には南朝方守護兼国司として活動した菊池氏と北朝方九州探題の今川了俊及び渋川満頼を中心として北朝勢力との抗争と南朝方の衰滅、菊池氏の菊池放棄と敗走[107]による菊池氏の領域支配能力の崩壊があるものと考えられ、観応三年（一三五二）四月二十一日付け足利義詮御教書[108]が清源寺に下されていることや、紀姓大野氏、宇佐姓伊倉氏系は南朝年号を、近江守平、刑部少輔家長は北朝年号を用いて、大野別符という同じ荘園内で混在していることからも、南北朝期の肥後国内の混乱の様子が窺われる。南北朝合一前後の九州探題による肥後国平定と菊池氏の南朝方としての活動停止後の肥後国は探題分国として九州探題の管轄下に入り[109]、高瀬も九州探題の監督下に置かれたと考えられる。このことを示す史料を次に挙げる。

史料④a　応永十六年(一四〇九)四月七日付板倉宗壽寄進状

寄進
肥後高瀬談義所平等王院
右當寺門前屋敷両方坪付　在別紙　並稲佐村田地弐町等事　為祈祷所令寄附之上者　可致専勤行之状如件
応永十六年四月七日　宗壽　沙弥(花押)

史料④b　応永十六年(一四〇九)四月七日付代官河上右京亮守助打渡状

寄進
肥後高瀬□□□□□□□(談義所平等王院)
右當寺門前屋敷　南北限小路□
方南限銀細工屋敷
以上三ヶ所也　並
稲佐内田地弐町等事
為祈祷所令寄附之上者　可被専勤行之由　依板倉美濃守宗壽　仰所渡申如件
応永十六年四月七日　代官　河上右京亮守助(花押)

この寄進主の九州探題奉行人板倉美濃守宗壽は『朝鮮王朝実録』[110]でも「九州総管武衛将軍管下濃州太守」として朝貢する対朝交易人として見えており、高瀬の対外交易港としての重要性から考えると高瀬に代官を常駐させて重要港湾高瀬津を直接支配下に置いていたものと考えられる。

しかし、応永十七年(一四一〇)十一月七日付け高瀬武楯書下[111]で武敏系の武楯が高瀬に隣接する繁根木山寿福寺座主に対して、「八幡宮御燈供僧社人　惣而社家之役人等可座主之成敗也　若於此旨輩者　為座主之計可令改替彼職也」と指示を下していることから、惣領家菊池兼朝の統治権復権[112]以前に九州探題に代わって高瀬氏が支配権を取り戻しているものと考えられる。復帰後の高瀬氏は、高瀬町内の清源寺・宝成就寺や高瀬町域内に編入された隣接する繁根木の繁根木八幡宮の神宮寺の寿福寺に寄進[113]を行っている一方、寺領安堵や買得地訴訟の裁判などの行政権を行使していることが次の史料で確認できる。

史料⑤a　応永二十年(一四一三)四月三日付高瀬武楯寄進状(宝成就寺文書七)

奉寄進

肥後国玉名郡高瀬談義所宝成就寺敷地之事　限東堀　南限浮津江

限西繁根木河　限北籠手屋々敷

右彼地之事　為真言興隆之砌　於本尊虚空蔵菩薩　盡未来際奉寄進之所也　若武楯子孫於彼寺致違乱妨者　不可為相続之仁　仍為後證寄進之状如件

応永廿年癸巳卯月三日　藤原武楯(花押)

史料⑤b　応永十七年(一四一〇)十一月八日付高瀬武楯書下(寿福寺文書六)

壽福寺領散在之地事　先院主令沽却之間　以他地令替之　付本寺者也　若以買得古文　後日致沙汰者　為替地打渡之地等推之　其身可處別段之罪科　依為後日之煩状如件

応永十七年庚寅十一月八日　武楯(花押)

史料⑤c　応永十八年(一四一一)二月十六日付高瀬武楯安堵状(寿福寺文書七)

肥後国(玉)名郡大野別符中村内繁根木八幡宮佛性田並朔幣田(事)

於清源寺者有打替沙汰之者　如本知行不可有相違　仍□先例社役無懈怠可令勤仕之状如件

応永十八年二月十六日　藤原武楯(花押)

寿福寺院主御房

さらに高瀬氏は「清源寺法度」を定め、清源寺の僧侶・寺家・檀方に対して禁止事項を規定している。

史料⑥　応永十八年(一四一一)十一月十五日付清源寺法度(清源寺文書一六)

定　於玉名郡高瀬山清源寺法(度)

一　當寺門徒中　於近所悉可被掛塔　當□縦雖有私院　至其身者可被居住當(寺)　無其分者不可為門中事

一　昏鐘鳴以後　無伴而不可有門外出入　同女人経回堅可有制禁事

(一)於寺中僧達剃刀之外　不可被持刀類　若猶有其沙汰者　為住持可被擯出之事

一　於寺内飲酒事　雖有大切客徒　不可被用之事

一　対檀方　雖年始　不可有巨多之礼　以帋扇可被表其表　聊不可被致寺家之費事

一　寺家人夫事　雖有如何様子細　為檀方不可召仕之事

右條々別而依有寺家再興之志　所定置也　為武楯子孫　若於此法式之輩者　不可為其子孫　将又於僧中　被破此旨者　當住持共檀那申談　可有其沙汰矣　仍為後日所定如件

応永十八年辛卯十一月十五日　藤原武楯(花押)

この規定は清源寺中の門徒・僧侶のみならず、「対檀方　雖年始　不可有巨多之礼　以帋扇可被表其表　聊不可被致寺家之費事」「寺家人夫事　雖有如何様子細　為檀方不可召仕之事」と檀方にも厳しく当て嵌めていることが注目され、「為武楯子孫　若於此法式之輩者　不可為其子孫」と定めた大檀那高瀬武楯とその子孫にまで適用する例外のない法度であることを見ることができる。また、繁根木八幡宮供僧職や八幡宮御燈供僧社人、社家之役人の任免についても本寺である繁根木山寿福寺座主に対して指示[114]しており、寺社運営に深く介入して高瀬の権門権威を高瀬氏の管轄下に収めていたものと考えられる。さらに年貢・公事賦課については次の史料で確認できる。

史料⑦a　年不詳九月十八日付高瀬武楯書下（清源寺文書十五）

当寺燈油免中村新開事　於下地者　自寺家被知行　為法年貢可有沙汰也　並弥四郎於作分八段者　名代寺家可為作分也　為後證申所定如件

九月十八日　従五位下行相模守藤原朝臣（花押）

史料⑦b　応永二十一年（一四一四）十月八日付丹治念性寄進状（寿福寺文書十一）

奉寄進　肥後国玉名郡大野別符中村内繁根木薬師如来並八幡大菩薩御宝前鐵物之事

右件鐵物等　任先例奉寄進所也　當津往邊廻船之鐵物　如法被召置　可有御定寺社修理料候　仍為後日寄進状如件

応永廿一年甲午十月八日　大工丹治念性（花押）

このように「当寺燈油免中村新開事　於下地者　自寺家被知行　為法年貢可有沙汰也」と高瀬武楯が年貢収納の沙汰を下している一方、「右件鐵物等　任先例奉寄進所也　當津往邊廻船之鐵物　如法被召置　可有御定寺社修理料候」でも見えるように高瀬氏が規定した「法」に基づいた年貢・津料の収納が行われたと考えられる。そして具体的な公事収納の例が次の史料で確認できる。

史料⑧　応永二十年（一四一三）三月二十一日付高瀬之油孫九郎寄進状（宝成就寺文書三）

奉寄進

肥後国玉名郡高瀬之談義所宝成就寺高瀬之田中之中原屋敷壱ヶ所事

右件地者　自菊池之高瀬殿下賜之御恩地也　御公事次第者毎年油三升納所役也　然間於御公事者　致孫九郎其沙

汰　而限永代奉寄附談義所(者)也　依現當二世憑存如此　至子々孫々勤御公事　而於彼寺不可至違乱妨　若背此
旨者　可為不孝之仁者也　仍為後證状如件
　応永廿年癸巳三月廿一三日　高瀬之油孫九郎(花押)

この高瀬在住の油商人孫九郎は所有していた「高瀬之田中之中原屋敷壱ヶ所」に「毎年油三升納所役」の「御公事」が賦課されていたことが分かる。そしてこの「御公事」は土地に賦課される一種の固定資産税のようなもので、土地所有者が納税義務者であることが「然間於御公事者　致孫九郎其沙汰」や宝成就寺に寄進した後も「至子々孫々勤御公事」としていることからも分かる。さらに「高瀬之田中之中原屋敷壱ヶ所」は「自菊池之高瀬殿下賜之御恩地也」であることから、高瀬氏が高瀬在住の商人層に対して屋敷地を与える土地処分権を有していたことも窺える。

これらの事例から武敏系高瀬氏は菊池惣領家の有力庶子家として、岩崎村・中村を含めた高瀬津一帯を領有し、領内での行政権や裁判権、土地処分権、年貢・公事賦課権を有し、かつ「公界」の寺社権力をも掌握する、強力な支配体制を「法」に基づいて整備し、確立していたと考えられる。この高瀬氏の「高瀬領」化政策[115]は、菊池惣領家の有力庶子家としての惣領制的関係を持ちながらも、一方では高瀬領として半独立化する指向があることが指摘できる。そしてこの指向の背景に菊池惣領家から与えられた高瀬での統治権と港湾都市高瀬の地勢的優越性を背景にした経済力と高瀬の菊池氏統治領域内での流通機能の重要性といった政治経済的環境と、大野別符から堀の囲繞によって分離独立した土木的構造と独立的傾向の強い商工業者が集住する「町」という周辺的環境の存在が求められると考える。

武敏系高瀬氏の高瀬領統治体制の確立と高瀬の経済力と流通機能の成長を背景にした高瀬氏による菊池惣領家からの独立は『満済准后日記』永享六年十月八日条の「菊池入道元朝父子弓矢」にある菊池惣領家十九代で肥後・筑後国の二ヶ国守護職であった親幕府方の持朝と十八代で親大友・少弐の立場をとる元朝(兼朝)との対立を契機に、高瀬泰朝が元朝方に味方して惣領家当主の持朝に反旗を翻したことで表出している[116]。この時期の状況は次の史料で知れる。

史料⑨　永享七年（一四三五）四月廿二日付菊池持朝書状（相良家文書一八八）

就泰朝事　進使者候之處　同篇御返事無心元候　申定篇候之處　今更如此承候不審至極候元朝事　令始中終奔走候　雖遺恨候　兎角朽篇候訖　泰朝事　一身當敵子々孫々煩候之處　御扶持無謂候　所詮早速計御沙汰候之様可有諷諫候　返々兼如約束申沙汰候者　歓心候　情志之通使者可申候　恐々謹言

四月廿二日　持朝（花押）

薗田主計允殿

この史料によると、持朝に敗れた元朝は「朽篇」の状態にある一方で、泰朝は「御扶持無謂候　所詮早速計御沙汰候之様　可有諷諫候」とあるので相良前続の元に亡命し、前続から扶持を受けて保護されていたとみられる。持朝は、泰朝を「一身當敵子々孫々煩候」と敵視し、前続家臣の薗田主計允に、前続に泰朝への保護を止めるよう「諷諫」することを求め、「兼如約束申沙汰候者　歓心候」とあるので、元朝との対立を巡って持朝と前続との間には事前に「約束」が交わされていたことが窺われる。また、この段階での泰朝の滞在先は持朝が葦北郡の薗田主計允に宛てていることから、相良氏の影響下にあった葦北郡内と見られる。この持朝の依頼にもかかわらず、（永享七年）六月十日付菊池持朝書状[117]では「泰朝事逗留山門院之由」とあるので、泰朝は相良前続を頼り、相良領の薩摩国山門院（鹿児島県出水市）に移動している。

この永享六年を境に武敏系高瀬氏による高瀬での発給文書が見えなくなるのは、持朝と元朝との対立に伴う泰朝の高瀬退転が原因と見られる。これを受けて高瀬では菊池惣領家が武敏系高瀬氏に代わって直轄統治[118]を行っていたことが次の史料に見える。

史料⑩　永享六年（一四三四）三月八日付菊池持朝安堵状（清源寺文書十九）

寺領事　任當知行　領掌不可有相違之状如件

永享六年三月八日　肥後守（花押）

清源寺長老

このように菊池惣領家は永享六年を境に武敏系高瀬氏に代わって高瀬山清源寺に安堵や寄進を行っている。この安堵や寄進のうち、安堵は統治者の交代に伴い旧統治者の下で保持していた既得権を新統治者でも保証されることの確認行為であり、行政の継続を意味する統治上の重要な行為なので、史料⑩の清源寺の「當知行」＝既得権を根拠に安堵した持朝はここに高瀬への統治権の交代＝武敏系高瀬氏の持っていた統治権の継承を表出させたと言える。これは従来の惣領制的支配の枠組みの中での有力庶子家の武敏系高瀬氏を介した領域統治からの変質を意味すると共に、武敏系高瀬氏による高瀬領統治体制の崩壊を意味している。このように武敏系高瀬氏は、永享六年の菊池惣領家への反旗を契機に高瀬領への統治権を収公されたと見られ、その結果として泰朝は相良前続を頼り葦北郡から山門院に退転し、持朝は高瀬への統治を一方的に泰朝から継承して開始したものと見られる。

この一連の事象は高瀬氏が高瀬津の交通上の要衝である地勢的価値とそれから生ずる経済的価値を背景に高瀬領化を進め、惣領制的支配体制の枠組みからの独立を指向したものの、現実的には惣領家から許された庶子家としての統治権による高瀬での統治にしか過ぎない限界を示していると考える。そして庶子家の領域統治の底流には上位の惣領家の領域統治権が存在する重層的な統治権が連なり、庶子家は惣領家の統治権の一部を委任または分与されることによって、領域統治が可能となり、一方で惣領家はそのような庶子家を統治する領域内の要所に配置することで、庶子家領を組み込んだ統治システムを構築し、広域な統治を可能とし、統治基盤の安定の実現を意図していたと考える。

菊池惣領家の清源寺への寄進・安堵は応永三年（一三六九）四月七日付菊池重朝寄進状まで断続的に行われているが、『海東諸国紀』[119]では「武教　丁丑年（一四五七）以武麿称名使人来朝……丁亥年（一四六七）改名武教来賀観音現像、書称肥後州高瀬郡藤原武教　菊池殿族親為其管下　居高瀬」とあり、この丁亥年の「肥後州高瀬郡藤原武教」の来朝を記録した『朝鮮王朝実録』世祖三年（一四五七）九月十六日条[120]では「肥後州瀬高郡守藤原武麿」とあるので、長禄元年（一四五七）頃に菊池惣領家から武麿（武教）に高瀬領の統治権が部分的に委任され、再び庶子家が配置されていたと見られる。『系図算要菊池系図』[121]では武教は菊池惣領家十七代武朝の弟の武相から始まる武相系高瀬氏にあるので、永享六年の武敏系高瀬氏の退転後に新たに武相系高瀬氏が創設され、高瀬に配置することにより、再び惣領制的支配体制の下での庶子家を介した領域統治の再建を果たしたと考えられる。

ところが、この後、再び高瀬泰朝が庶子家として復帰していることが次の史料で知れる。

史料⑪　文明四年（一四七二）十月十九日付高瀬泰朝書状（大日本古文書家分け十三　阿蘇家文書二七四）

（折封上書）高瀬との（異筆）
「隈部次郎右衛門殿　泰朝」

為　阿蘇御社並本堂御修造棟別事　蒙仰候　目出候　則申付可致奔走候　不可有無沙汰候委細御使申入候　定可有御披露候哉　万吉　恐惶謹言

文明二年壬辰（異筆）
十月十九日　泰朝（花押）
隈部次郎右衛門殿

この文明四年八月に始まる阿蘇御嶽本堂並びに下宮修造に伴い菊池惣領家十九代の重朝は肥後国守護職[122]として、肥後一宮修造にかかる費用を阿蘇社の依頼を受けて一国平均役として棟別銭の賦課を行い、管下の庶子家領の領主から十月十九日〜二十日にかけて進上させている。その上で二十一日には国内の八代郡領主名和顕忠[123]と球磨郡領主相良為続[124]に「任旧例当国棟別事相催候　御奔走可目出候」と指示している。この段階での庶子家領は玉名郡高瀬の高瀬泰朝[125]、玉名郡石貫の肥前徳鶴丸[126]、詫摩郡の詫磨重房[127]、宇土郡の宇土為光[128]と菊池武明[129]であることが知れ、重朝の下で庶子家はほぼ同格に扱われ、それぞれの庶子家領を各庶子家当主が統治していたと見られる。ただこの中で泰朝だけが宛てが老者の隈部上総介忠直ではなく、取次の隈部次郎右衛門であることは泰朝の惣領家との政治的な関係が反映している可能性がある。(130)

しかし、泰朝が重朝の命令を受け、領内に「三文宛棟別」(131)で「阿蘇御社並本堂御修造棟別」の賦課徴収権を発動させ、重朝が指定する期限に提出していることから、泰朝が菊池惣領家に帰順して、再度高瀬領の統治を委任されていることを確認できる。これ以後泰朝は文明十一年(一四七九)十二月十三日付け快弁・快運連署定書(132)で「檀那菊池左京大夫泰朝」、文明十五年(一四八三)三月十日付け高瀬泰朝安堵状(133)で「沙彌泰朝」と見え、永享六年以前同様に高瀬領を統治していることを確認できる。ここに武敏系高瀬氏による高瀬領への統治の復帰を見ることができるが、永享六年以前との変化を次の史料で見ることができる。

史料⑫a　文明十七年(一四八五)九月三十日付足利義政公帳(清源寺文書二八)

　肥後国清源寺住職事　任先例可執務之状如件

　文明十七年九月卅日　准三宮(花押)

　　慈暘首座

史料⑫b　文明十八年(一四八六)八月三日付菊池重朝施行状(清源寺文書二九)

　清源寺住持職之事　任台帖之旨　可有執務之状如件

　文明十八年八月三日　肥後守(花押)

　　慈暘首座

史料⑫c　文明十八年(一四八六)八月十二日付高瀬泰朝遵行状(清源寺文書三〇)

　清源寺住持職並諸山開堂事　任鈞帖之旨　可令執務之状如件

文明十八年八月十二日　沙彌（花押）
　慈暘首座

同様に明応六年（一四九七）九月五日付けの左京大夫の清源寺領安堵[134]も同年八月二十九日付菊池武運安堵状[135]を遵行しているだけで、実質的には菊池惣領家二十二代の武運による認定を現地の高瀬領主の左京大夫が追認しているに過ぎない。このように永享六年の泰朝退転を境に、その前後では武敏系高瀬氏に菊池惣領家から与えられていた権限は大幅に異なる。高瀬復帰後の武敏系高瀬氏の権限は大幅に縮小される一方で菊池惣領家の高瀬領への権限は強められ、領域内での一元的統治体制の確立を目指す菊池惣領家の守護領国化への指向を表すものと考える。

菊池惣領家の惣領制的支配体制の枠組みの中で規定された武敏系高瀬氏の高瀬領への統治は、文亀三年（一五〇三）の菊池惣領家の武運による有力庶子家の宇土為光への討伐に伴う高瀬武基の討死によって断絶を余儀なくされる。[136]この武敏系高瀬氏の滅亡に伴い、高瀬への統治権は菊池惣領家に再び収公され、次の史料により菊池惣領家の老者が実務を担当していたとみられる。

史料⑬　永正元年（一五〇四）三月二十一日付菊池氏家臣連署奉書（清源寺文書三三）

（端裏上書）
「城上総介
　山鹿但馬守」
當寺々領之事　代々證文歴然之上者　無相違候　所々任先例　可有執務之由　被仰出候恐惶謹言
三月廿一日　武著（花押）
　　　頼岑（花押）
清源禅寺

永正甲子　忠朝様御代之初御奉書(異筆)

清源寺領の安堵は、庶子家の肥前政隆が菊池惣領家二十三代を相続した時期に城上総介頼岑・山鹿但馬守武著といった菊池惣領家の老者によって行われており、願行寺も同日付けで同様に安堵を受けている。[137] さらに清源寺は阿蘇惟長が菊池惣領家二十四代を相続した永正四年(一五〇七)正月二十八日にも城刑部少輔政冬・内古閑備前守重載といった菊池惣領家の老者によって寺領の安堵が行われている。[138] このように菊池惣領家を中心にして有力庶子家を統治領域の要所に配置して惣領家の統治能力を強化させていた惣領制的支配構造から次第に惣領＝守護の権限を強めて、惣領家老者＝守護被官を派遣して統治を行う守護家を核にした一元的支配を指向する守護大名領国化が進められている。そしてこのような菊池氏の統治体制の転換は文亀元年〜三年にかけての有力庶子家の宇土為光の反乱とそれに伴う討伐、その結果としての有力庶子家の宇土氏と高瀬氏の滅亡と菊池惣領家直系血統の断絶を契機に進められたのである。[139]

まとめ

これまで見てきたように、高瀬は鎌倉末期には有明海から東シナ海へ通じる対外海上交通路と菊池川河川交通路、律令制以来の大宰府―玉名郡衙―肥後国衙を結ぶ官道＝大道の結節点として、物流拠点として町が形成され、十五世紀初頭には大野別符から切り離されて、独立した港湾都市として認識され、廻船が往来する津にまで成長し、商工業者が居住して、町域も隣接地の繁根木を含めるまでに繁栄した。この港湾都市の重要性を認識した九州探題は対朝交易者でもある奉行人の板倉美濃守宗寿に管轄させ、代官に河上右京亮守助を派遣して直轄地とした。南朝方としての活動を停止し、九州探題渋川満頼に帰順して、本領に復帰した菊池氏も有力庶子家の高瀬氏を武敏系・武相系と配置し、高瀬氏滅亡後は老者に所管させて直轄地としている。

これは高瀬が有明海の有力な港湾都市であったことを示し、高瀬を支配することが菊池川と有明海の流通機能を掌握することを示していたためと考えられる。この高い評価を得た高瀬は対外交易港としては近世初頭の加藤氏による朱印船交易まで続き、内海交易港としては近代まで、その機能を継続してきた。しかし、「肥後州高瀬郡藤原武教」の二度の対朝交易の失敗と図書を得られなかったことを見ると、川添昭二氏が表現する「高瀬は伊倉とあわせて水陸交通の要衝で、菊池氏の朝鮮貿易にとって重要な役割を占めたところ(140)」ではなく、丹治念性ら鐵物を扱う廻船が往来する有明海内海交易を行いながら、国外には正規の図書名義人の「菊池殿」の「属親」との肩書きを掲げて、菊池庶子家の立場を利用した高瀬氏がパトロンとなって名義を挙げる私貿易で対朝交易を行うレベルであったといえる。つまり、「菊池殿」を始めとする九州四氏の名義や九州探題の名義で図書交易を行う博多とは異なり、高瀬は対外的に知られた港でありながら、政治色が薄い商業港で、「以遠所不慮之人接待(141)」の理由で朝鮮王朝から図書交易不許可となった港であったといえる。ここに高瀬の役割の重要性とその限界を指摘できよう。

註

（1）菊池川河川交通については、西住欣一郎氏が近代の状況を金森一男氏からの聞き取りとして記録している（西住欣一郎「筏水運について」二五三頁『先史学・考古学論究』Ⅵ龍田考古学会二〇一四）他、松岡政雄氏が記録している（松岡政雄「交通・通信」四〇六頁『菊池市史』下巻 菊池市 一九八六）。

（2）伊藤幸司「東アジア禅宗世界の変容と拡大」二一頁『西国の文化と外交』清文堂二〇一一

（3）青木勝士「戦国期菊池氏の統治領域と「隈部老中」について」五八頁『九州史学』第一六二号 九州史学会二〇一二

（4）中川斎『加藤清正公と高瀬川の文化』一九二七

（5）応永二十一年十月八日付け丹治念性寄進状「寿福寺文書十一」『玉名市史』史料篇５玉名市 一九九三（以下「清源寺

文書」「宝成就寺文書」「願行寺文書」「寿福寺文書」「広福寺文書」は同書を参照。なお『玉名市史』以前は、「清源寺文書」「宝成就寺文書」「願行寺文書」「広福寺文書」が『熊本縣史料中世編一』に紹介され、「寿福寺文書」が工藤敬一「寿福寺の中世文書」『歴史玉名』7玉名歴史研究会に紹介されている。)

(6)「一一五補陀落山渡海碑」五四頁『高瀬湊関係歴史資料調査報告書三』玉名市歴史資料集成第五集 玉名市役所 一九八八

(7) クラッセ『日本西教史』、ルイスフロイス『日本史』、永禄七年九月十日付け・永禄八年十月二日付け・元亀元年九月十六日付け・天正十年十月十五日付けイエズス会日本年報 『玉名市史』史料篇5 玉名市 一九九三

(8) 中川斎『小天郷土史』小天村公民館 一九五三

(9) 森山恒雄「十六世紀の高瀬・高瀬津を巡る一史論」二三頁『会報』5 玉名の自然と文化を守る会 一九八二

(10) 森山恒雄「肥後加藤氏領内の二地域」『豊臣氏九州蔵入地の研究』吉川弘文館 一九八三

(11) 森山恒雄「中世の政治・社会と菊池川」二八頁『熊本県の歴史の道調査—菊池川水運』熊本県文化財調査報告書九一集 熊本県教育委員会 一九八七

(12) 工藤敬一「肥後北部の荘園公領制」『文学部論叢』一七 熊本大学文学会 一九八七

(13) 小川弘和「東アジア国際社会の変容と岱明町域」一四三・一八五頁『岱明町史』岱明町 二〇〇五

(14) 松本寿三郎「近世における菊池川水運」四六頁『熊本県の歴史の道調査—菊池川水運』熊本県文化財調査報告書九一集 熊本県教育委員会 一九八七

(15) 阿蘇品保夫「石塁の上の男達」七〇頁『菊池一族』新人物往来社 一九九〇

(16) 柳田快明「菊池系高瀬氏の進出と支配」『玉名市史』通史篇上巻 玉名市 二〇〇五

(17) 杉本尚雄『菊池氏三代』一八一頁 吉川弘文館 一九六六

(18) 川添昭二「肥後菊池氏と大宰府」一三九頁『中世九州の政治と文化』文献出版 一九八一

(19) 網野善彦「中世都市研究の現状と課題」一一頁『中世都市研究』1 新人物往来社 一九九四

(20) 仁木宏「寺内町の空間構成」二三頁『中世都市研究』1 新人物往来社 一九九四

(21) 続伸一郎「中世都市　堺」七五頁『中世都市研究』1 新人物往来社 一九九四

(22) 一九九五年九月九日~十日に広島県立歴史博物館で中世都市研究会第三回研究集会が開催された。
(23) 市村高男「中世後期の津・湊と地域社会」『中世都市研究』3 新人物往来社 一九九六
(24) 大庭康時「港湾都市博多の成立と発展」『中世都市研究』10 新人物往来社 二〇〇四、「国際都市博多」『西国の文化と外交』清文堂 二〇一一
(25) 鶴嶋俊彦「中世八代城下の構造」『中世都市研究』10 新人物往来社 二〇〇四
(26) 鹿毛敏夫「戦国大名館の建設と都市」「中世豊後府内の祇園会と大友氏」『戦国大名の外交と都市・流通』思文閣 二〇〇六
(27) 坪根伸也「豊後府内と南蛮貿易」『西国の文化と外交』清文堂 二〇一一
(28) 都市工学では近代以降から現代につながる都市の在り方を考察する上で、経済拠点及び文化の結節点として港湾を題材にしている。黒田勝彦氏は近代以降の「港湾政策を論じるに際し…港湾がどのような役割を担っていたか」(「近代国家成立期及び工業育成期の港湾政策」三頁『日本の港湾政策』成山堂書店 二〇一四)を論じ、岡本哲志氏は「近代港湾が経験してきた空間のつくられ方は、埋立地等の歴史的な積み重ねのない現在の都市開発に示唆的なメッセージを投げかける(「序」九頁『港町の近代』学芸出版社 二〇〇八)と港湾の現代を含めた歴史的役割に注目している。本稿は都市工学での視点を取り入れたうえで史料を改めて読み解いていきたい。
(29) 鹿子木量平『藤公遺業記』一八三二『肥後文献叢書』
(30) 五万分の一地形図「高瀬」一八二頁『玉名市史』資料篇1 絵図・地図 玉名市 一九九二
(31) 二万五千分の一地形図「伊倉」一八四頁『玉名市史』資料篇1 絵図・地図 玉名市 一九九二
(32) 明治六―十二年作成旧字図　玉名地方法務局
(33) 「肥後国絵図」(慶長国絵図)二頁『玉名市史』資料篇1 絵図・地図 玉名市 一九九二34、田邊哲夫「高瀬湊について」四頁(図一)『高瀬湊関係歴史資料調査報告書二』玉名市歴史資料集成第三集 玉名市役所 一九八八
(35) 「肥後国中之絵図」(正保国絵図)四頁『玉名市史』資料篇1 絵図・地図 玉名市 一九九二
(36) 註9四〇頁
(37) 規久川宏輔「菊池川の流れ」十一頁『玉名市史』通史篇上巻 玉名市 二〇〇五

(38) 年不詳六月二十三日付け大友義鎮知行預け状「立花文書四」『熊本縣史料中世編五』
(39) 永禄十年十二月十四日付け戸次鑑連知行預け状「内田文書」『熊本縣史料中世編二』
(40) 註37
(41) 「玉名市浜町」項一一九頁『熊本県の地名』日本歴史地名大系44 平凡社 一九八五
(42) 註11二〇・四一頁
(43) 地名に「島」が付いているので湿地状の微丘陵を思わせるが、この一帯の社・祠の建立年代は江戸中期以降のものが多く、他地域に比べると著しく新しい。
(44) 建武二年三月十八日付け阿蘇衆徒等連署状写『大日本古文書 阿蘇家文書』下巻 三九八頁
(45) 建武二年四月三日付け菊池武吉寄進状写『大日本古文書 阿蘇家文書』下巻 三九九頁
(46) 貞和五年二月八日付け壱岐守輔重寄進状「清源寺文書一」
(47) 至徳三年二月六日付け刑部少輔家長寄進状「清源寺文書一一」
(48) 正平九年四月四日付け菊池武尚寄進状「清源寺文書四」、正平十三年二月九日付け紀政幸寄進状「寿福寺文書二」、天授二年十月十二日付け岩崎隆貞寄進状「清源寺文書十」
(49) 註46では「火神木堀」とあるのが、菊池武尚寄進状(「清源寺文書四」『熊本縣史料中世編一』)では「保田木堀」とある。同一と考えられ、高瀬の保田木町東側の堀と考えられる。
(50) 応永二十年四月二日付け大神惟清寄進状案「宝成就寺文書四」
(51) 嘉永七年「高瀬町図」熊本県立図書館蔵
(52) 註46、正平九年四月四日付け菊池武尚寄進状「清源寺文書四」
(53) 田邊哲夫「菊池川口の港の変遷について」一七頁『高瀬湊関係歴史資料調査報告書一』玉名市歴史資料集成第一集 玉名市役所 一九八七
(54) 建武二年四月三日付け菊池武吉寄進地坪付写『大日本古文書 阿蘇家文書』下巻 三九九頁
(55) 亀井明徳『出光美術館秘蔵中国陶磁の美—熊本県出土の中国陶磁』熊本県立美術館 一九八〇。学校法人松本学園(玉名市大倉)の創業者が一九五〇・六〇年代に菊池川で採集した陶磁器片による松本コレクションが福岡市埋蔵文化財センターで二〇一二年に整理されていた。

(56) 応永十三年　月三日宇佐公美寄進状「清源寺文書一三」

(57) 応永十六年四月七日河上守助打渡状「宝成就寺文書一」、応永十六年四月七日板倉宗寿寄進状「宝成就寺文書二」

(58) 応永十八年十月十日付け高瀬武楯寄進状「清源寺文書一四」

(59) 応永十七年十一月八日付け高瀬武楯寄進状「寿福寺文書五」

(60) 応永十八年四月十日付け高瀬武楯寄進状(「寿福寺文書八」)が「大野別符」が行政地名として見える最終文書。応永十年五月十三日付け大野朝隆寄進状(「寿福寺文書三」)、応永十八年二月十六日付け高瀬武楯寄進状(「寿福寺文書七」)でも繁根木を含む高瀬周辺の地域が大野別符に含まれていたことが分かる。

(61) 応永十八年九月二十四日付け高瀬武楯寄進状「寿福寺文書九」

(62) 応永二十四年三月三日付け高瀬武楯寄進状「寿福寺文書十三」

(63) 応永三十一年十一月十五日付け高瀬武楯寄進状「寿福寺文書十七」でも確認できるが、応永二十一年十月八日付け丹治念性寄進状「寿福寺文書十一」では「大野別符中村内繁根木」となっており、高瀬への編入と考えていないようである。

(64) 「玉名郡大野別符中村」が「玉名郡中村」となって、地域区分上での「大野別符」が見えなくなる。例外的に天文九年二月一日付豪円院主譲状「寿福寺文書二十」で「肥後之国大野之別符中村之内繁根木山院主職並当社役事」とある。

(65) 応永二十一年十二月二十三日高瀬武楯寄進状「寿福寺文書十二」

(66) 註5

(67) 森山恒雄氏は「念性は全国的に廻船交易をしている鋳物商人」としている。註8三四頁

(68) 応永二十年三月二十一日付け高瀬油九郎寄進状「宝成就寺文書三」

(69) 応永十六年四月七日付け河上守助打渡状「宝成就寺文書一」

(70) 応永二十年四月三日付け高瀬武楯寄進状「宝成就寺文書七」

(71) 註57

(72) 応永二十年四月三日付け高瀬武楯寄進状「宝成就寺文書六」

(73) 註51
(74) 応永十八年十一月十五日付け清源寺法度「清源寺文書十六」
(75) 斉木秀雄氏は「鎌倉における商・職人の居住地域について」で一ノ鳥居内外での都市空間の用途が異なることを指摘し、小野正敏氏は「発掘された戦国時代の町屋から—越前の例を中心に—」で一乗谷の例を紹介し城戸内外でハレとケの区分がなされていたことを指摘している(『都市と商人職人像—中世考古学及び隣接諸学から—』帝京大学山梨文化財研究所 一九九一)。
(76) 真言宗寺院　註10三一頁
(77) 高瀬は繁根木川の菊池川合流点に当たり、繁根木川上流の石貫に所在する石貫山広福寺と菊池川中流の広福寺領久井原村は菊池川河川交通路で結節しているといえる。高瀬は広福寺の年貢集積機能を有していたと考えられる。
(78) 『肥後国誌』玉名郡坂下手永「永徳寺」
(79) 「蕉堅稿」『校訂五山文学全集』
(80) 御松囃子御能「勢利婦」『菊池市史』上巻 七五六頁 菊池市役所 一九八二
(81) 『朝鮮王朝実録』世祖恵荘大王実録巻第九 世祖三年九月丁丑
(82) 『海東諸国紀』肥後州武教
(83) 青木勝士「肥後菊池氏の対朝交易」『戦国史研究』26 戦国史研究会 一九九三
(84) 『日本古典謡曲全集』
(85) 天正五年正月十一日付け大友宗麟書状(南蛮美術館所蔵)『新玉名市史』資料編5 一三三頁 玉名市役所 一九九三
(86) 石火矢は天正十四年の臼杵城合戦で島津方に接収された「国崩し」と名付けられる青銅砲(靖国神社遊就館所蔵)の可能性がある。
(87) 『島原湾・八代海潮流図』(海上保安庁 一九七八)によると、高瀬に入る菊池川河口付近での潮流は、島原半島南端と天草下島北端に挟まれた早崎瀬戸からの東流が緩まり、唐人川河道の河口に近づいていく一方、西流になると早崎瀬戸へ潮流に乗って外海に出て行く。
(88) 豊後大友氏の進出は永正二年十一月十八日付け菊池氏老中連署状(大日本古文書　阿蘇家文書上巻 三〇〇)で菊池氏

惣領家の嫡養子に「義長様御次男江可有御相続之由」と見えるのが初見。
(89) 天正十六年閏五月十五日豊臣秀吉朱印状写(九州大学九州文化史研究施設所蔵阿倍文書)『新玉名市史』資料編5　一六五頁　玉名市役所　一九九三
(90) 「筑紫合戦事」『太平記』一　日本古典文学大系34　岩波書店　一九六〇
(91) 建武二年ころに元弘三年以来の倒幕戦の軍忠恩賞が配分されている。菊池氏もその頃に上洛していることからこの恩賞を受けたものと考えられる(「安鎮国家法事付諸大将恩賞事」『太平記』一　日本古典文学大系34　岩波書店　一九六〇)。
(92) 年不詳九月十二日付け高瀬武国書状「小代文書三四」『熊本縣史料中世編一』
(93) 菊池系図『系図纂要』第六冊
(94) 興国三年八月十日付け菊池武士起請文(「広福寺文書二五」)で寄合談合衆の内容が理解される。このときの筆頭人は有力庶子家の一つであった木野対馬守家であった。
(95) 弘和三年七月日付け菊池武朝申状「志岐文書一六」『熊本縣史料中世編四』
(96) 註46
(97) 年不詳八月二十九日付け菊池武光寄進状「清源寺文書五」
(98) 正平十四年六月日付け紀光隆寄進状「清源寺文書六」
(99) 応安八年三月十六日付け近江守平寄進状「清源寺文書八」
(100) 天授二年十月二日付け岩崎隆貞寄進状「清源寺文書十」
(101) 註47
(102) 文中元年十一月二十六日付け清源寺所司定文「清源寺文書九」
(103) 註56
(104) 紀姓大野氏については天正十四年十二月二十四日付け紀宗善大野家由緒書上(清源寺文書四〇)で由緒が記されている。一方で仁治二年六月日付け肥後国留守書下文(寿福寺文書一)に見える玉名郡衙の在庁官人の系譜を持つ可能性がある。
(105) 正平十三年二月九日付け紀正幸寄進状案「寿福寺文書二」
(106) 応永十年五月十三日付け大野朝隆寄進状「寿福寺文書三」

(107) 明徳元年九月日付け深堀時弘軍忠状「深堀文書二〇」『熊本縣史料中世編五』
(108) 観応三年四月二十一日付け足利義詮御教書「清源寺文書七」
(109) 応安七年十月七日付け今川了俊書状写『大日本古文書　阿蘇家文書』下巻一七四頁
(110) 『朝鮮王朝実録』太宗恭定大王実録巻第三十三 太宗十七年正月辛卯
(111) 応永十七年十一月八日付け高瀬武楯書下「寿福寺文書四」
(112) 応永二十五年十二月三日付け渋川満頼沙汰状写『大日本古文書　阿蘇家文書』下巻一九一頁。応永二十一年十一月頃に菊池郡の所領に復帰して、一時的に九州探題と対立したが、応永二十五年十二月以降は阿蘇氏と同盟を結び安定化する。
(113) 応永十七年十一月八日付け高瀬武楯寄進状「寿福寺文書五」・応永十八年四月十日付け高瀬武楯寄進状「寿福寺文書八」・応永十八年九月二十四日付け高瀬武楯寄進状「寿福寺文書九」、応永十八年十月十日付け高瀬武楯寄進状「清源寺文書十四」・応永二十年四月三日付け高瀬武楯寄進状「宝成就寺文書六」・応永二十年四月三日付け高瀬武楯寄進状「宝成就寺文書七」、応永二一年十二月二十三日付け高瀬武楯寄進状「寿福寺文書一三」・応永二十四年三月三日付け高瀬武楯寄進状「寿福寺文書十五」・応永二十六年十二月十八日付け高瀬武楯寄進状「寿福寺文書十六」・応永三十一年十一月十五日付け高瀬武楯寄進状「寿福寺文書十七」・応永三十二年七月十八日付け高瀬武楯寄進状「寿福寺文書十八」、応永三十二年七月十八日付け高瀬武楯寄進状『大日本古文書　阿蘇家文書』西巌殿寺文書八
(114) 註92、応永二十一年三月十八日付け高瀬武楯書下「寿福寺文書十」
(115) 武尚系の前期高瀬氏の時期には菊池惣領家は高瀬氏の高瀬支配には介入していない。高瀬氏による高瀬領化が進んだと考えられる。
(116) 永享三年に大内持世と持盛の兄弟が、永享四年には大友親綱(9代氏続系)と持直(10代親世系)がそれぞれ家督争いを起こし、九州の諸勢力と幕府の介入があったため、抗争が複雑化した。菊池氏も永享六年に元朝(兼朝)と持朝の父子が対幕府方針の相違から対立し、高瀬泰朝は元朝と共に相良前続領に逃亡を余儀なくされている。
(117) 永享七年六月十日付け菊池持朝書状『大日本古文書　相良家文書』上巻一八九
(118) 永享六年三月八日付け菊池持朝安堵状『大日本古文書　相良家文書』上巻一八九、嘉吉二年六月十三日付け菊池持

朝安堵状「清源寺文書一九」・文正元年六月二十三日付け菊池持朝寄進状案「清源寺文書二一」・応仁三年四月七日付け菊池重朝寄進状案「清源寺文書二四」
(119)　註82
(120)　註81
(121)　註93
(122)　青木勝士「室町期肥後国守護所について」一三四頁『守護所シンポジウム2「新・清須会議」資料集第2部』新・清須会議実行委員会二〇一四
(123)　文明四年十月廿一日付け菊池重朝書状写日本古文書　阿蘇家文書』下巻二五四頁
(124)　文明四年十月廿一日付け菊池重朝書状写日本古文書　阿蘇家文書』下巻二五四頁
(125)　文明四年十月十九日付け高瀬泰朝書状『大日本古文書　阿蘇家文書』上巻二七四
(126)　文明四年十月十九日付け肥前徳鶴丸書状『大日本古文書　阿蘇家文書』上巻二七五
(127)　文明四年十月廿日付け詫磨重房書状『大日本古文書　阿蘇家文書』上巻二七六
(128)　文明四年十月十九日付け宇土為光書状『大日本古文書　阿蘇家文書』上巻二七三
(129)　文明四年十月十九日付け詫磨重房書状『大日本古文書　阿蘇家文書』下巻二五四頁
(130)　註3六〇頁
(131)　文明四年十月阿蘇十二社並本堂修造棟別壁書案写『大日本古文書　阿蘇家文書』下巻　四七六
(132)　文明十一年十二月十三日付け快弁・快運連署定書「宝成就寺文書五」
(133)　文明十五年三月十日付け高瀬泰朝安堵状「清源寺文書二五」
(134)　明応六年九月五日付け左京大夫安堵状「清源寺文書三二」
(135)　明応六年八月二十九日付け菊池武運書状「清源寺文書三一」
(136)　玉名市石貫の安世寺墓地に「高瀬殿」の追刻がある「徳隠喜公　永正六己巳閏八月十七日」の地輪と「□屋光□　永正六己巳壬八月十七日」の地輪がある。没日が菊池政隆(政朝)が合志郡安国寺で切腹した永正六年閏八月十七日であるので、政隆方であった人物の供養塔と考えられる。政隆が石貫を本貫とする肥前家の出身で、母が高瀬氏であるので、

「徳隠喜公」は高瀬氏の血脈関係者の可能性がある(森山恒雄・村上晶子「高瀬氏・大野氏」四二八頁『玉名市史』通史篇上巻 玉名市 二〇〇五」。

(137) 永正元年三月二十一日付け菊池氏家臣連署奉書「願行寺文書一」

(138) 永正四年正月二十八日付け菊池氏家臣連署奉書「清源寺文書三四」

(139) 菊池系図及び天文五年十一月二十二日付け沙彌洞然重状写(『大日本古文書 相良家文書』上巻 三一九)によると、菊池惣領家直系の最後の当主の能運(武運)は文亀四年二月二十九日没とされる。

(140) 註18 一四六頁

(141) 註82

熊本・東禅寺の正平二五年「院□」銘・釈迦三尊像について

熊本・東禅寺の正平二五年「院□」銘・釈迦三尊像について

有木 芳隆

はじめに

熊本市南東部に隣接する熊本県上益城郡御船町の曹洞宗・黄梅山東禅寺は、御船領主・甲斐親直（宗雲、一五一五？～八五）が、永禄七年（一五六四）に大慈寺（熊本市南区野田）五一世・洞春寿宗を開山に招き、その菩提寺として創建したと伝えられている[(1)]。大慈寺は、曹洞系寒巌派の祖、寒巌義尹（一二一七～一三〇〇）が弘安五～六年（一二八二～三）ころに創建した寒巌派の本寺である。甲斐親直は、天文九年（一五四〇）戦災にかかって一堂余さず灰燼に帰した大慈寺の再興に尽力し、洞春に深く帰依していたという。

熊本県立美術館が「第十一回熊本の美術展　寒巌派の歴史と美術」を昭和六一年（一九八六）十月～十一月に開催した際、その準備として熊本県内外の曹洞宗寒巌派諸寺院の文化財調査を実施した。御船町・東禅寺釈迦三尊像は、この調査の折にその存在を知られるようになった仏像である[(2)]。

その後の再調査によって当初の造像銘が確認され、本像が正平二五年（一三七〇）、「仏師院吉嫡孫院什嫡子院□」によって造像されたことが判明した。①造立された時期が明らかであること。②造像当初から東禅寺本尊として造られたことも明らかであること。③院派の仏師「院□」という仏師名が知られ、彼が足利尊氏・直義と関係の深かった「法印院吉」の直系と標榜していること。④山口の大内氏関係の造像を手がけた仏師院什と院吉が、血縁関係にあると記されていること。等々、御船町・東禅寺釈迦三尊像の持つ意義はまことに大きい。

本像についてはこれまでも『新熊本市史』等で紹介してきたが、[3] 本格的な報告を行わないままであった。本像は、平成十五〜十六年度に大規模な解体修理を実施したので、[4] 本稿ではその修理報告を兼ねて、本像の意義や占める位置について若干の考察を試みることにしたい。

一　釈迦三尊像の形状・構造・銘文

はじめに東禅寺・釈迦三尊像の法量・形状・品質構造・銘記等について記す。

（1）形状と構造

①釈迦如来坐像（図1・2・3）

木造、漆箔・金泥塗り・彩色、玉眼。

【法量】

像高　九〇・一チセン[5]

【形状】

頭部は、螺髪旋毛形（彫出）。螺髪は地髪部四段、肉髻部七段。肉髻珠（木造朱塗り）嵌入。白毫相に水晶嵌入。耳朶は環状貫通。頸部に三道相（新補材のため不鮮明）。

体部には衲衣と裙をまとう。衲衣は上端を大きく折り返して通肩に着け、胸を寛げる。衲衣の折り返し面は、背面

図１　東禅寺釈迦如来像

図２　東禅寺釈迦像側面

図３　東禅寺釈迦像背面

図４　東禅寺文殊菩薩像

図５　文殊菩薩側面

図６　文殊菩薩背面

図７　東禅寺普賢菩薩像

図８　普賢菩薩側面

図９　普賢菩薩背面

では左肩上から右脇下にかけて衣端がななめにわたる。正面では左右両肩に対称形に懸って、衣端を左肩外側に垂下させる。また、衲衣の一重目が左右胸下で二重目に舌状に懸かる。裙の上端は腹前に現れ、上端部は上下を紐二条で括った平帯。

正面を向き結跏趺坐する。両手は右手を屈し、左手を膝の上に置いて掌をみせ、右手第三、四指および左手第三、四指をわずかに屈する。各五指の爪先を伸ばす。

光背は舟形挙身光で、内側に頭光、身光をあらわす。台座は蓮華座で蓮台、反花部からなる。

【品質構造（挿図１）】(6)

《本体》

挿図１　釈迦像　像底

木造（ヒノキ材とみられる針葉樹材）、寄木造り、漆箔金泥塗り彩色、玉眼。

頭部は、両耳の後ろを通る線で前後に矧いだ二材から彫出し、前材と後材の間には五つに分割した小材をマチ材として挟む。内刳りを施して玉眼（水晶）を嵌入し、挿首とする。

体幹部は前後二材を内刳りを施した上で矧ぐ。左右の肩上部矧ぎ目に各一材のマチ材を挟む。正面材の像内腹部の左右二カ所に束を彫出し、背面材の同じ箇所にも別材製の束を矧ぎ付け（後補）、両者を前後に連結している。また、正面材腹下に像心束を彫り残す。

左右両肩部のうち、右肩部は縦材二材を内刳りの上、内側外側材ともに四カ所の雇い枘にて矧ぐ。左肩部は体部側を前後に二材を矧ぎ、外側は縦一材を内刳りの上、四カ所の雇い枘にて矧ぐ。両脚部は上下に二材を内刳りの上、矧ぐ。下段材には右側面に二材、左側面に一材をそれぞれ矧ぐ。裙先は、前後に二材を矧ぐ(内側材は左右に干割れする)。両手首先は通して一材製(右手首は上腕部まで共木)で、袖口に差し込み矧ぎ。右袖部および左袖上半部も別材矧ぎ。像内は、ノミ目を残して浚えている。

表面仕上げは以下のとおり。頭髪は群青彩(新補)。肉身部(面部と胸部)は金泥塗り(後補)。着衣部は漆箔。肉身部、着衣部とも金泥と漆箔の下層には、永禄十三年時の後補とみられる朱漆層と当初のものとみられる黒漆層が混在している。また、漆層下地には一部に白色下地がみえる。

《光背》

木造(ヒノキ材とみられる針葉樹材)、寄木造り、漆箔彩色。

身光部は縦に八材を矧ぎ寄せ、周縁部は縦に小材一八材を矧ぐ。

《台座》

木造(ヒノキ材とみられる針葉樹材)、寄木造り、漆箔彩色。

蓮台は縦に二三材を矧いで蓮弁を彫出し、天板を矧ぎ寄せる。反花部は二八材を矧いで蓮弁を彫出する。

【保存状態】

《本体》 正面三道部の首柄先端部を切断。肉髻珠および、後頭部と体部の接合面に挟んだ支持材、右手第三、四指先、左手第三指先、肉身部の金泥塗り、着衣部の一部の漆箔、以上は後補(永禄十三年の修復時か)。白毫相・玉眼も後補の可能性あり。

(平成十六年の修復時):頭部を支持するための首柄周辺の支持材、隙間材を除去。首柄周辺部をヒノキ材にて整形補作。後補の金泥塗り漆箔の除去(ただし面相部等は強固に安定していたため存置)。後補のマチ材および像底の補強材は全て除去。裳先および正面の螺髪六粒、右鬢髪の螺髪四粒、以上、新補。

《光背》　後補（永禄十三年修復時か）。頂上部および受け座枘部を新補。
《台座》　後補（永禄十三年修復時か）。蓮台天板、蓮台の光背枘台、反花欠失箇所を新補。

②左脇侍菩薩坐像（文殊菩薩像　図4・5・6）

【法量】
木造　漆箔・金泥塗り・彩色　玉眼
像高　五四・四チセン

【形状】
頭髪は垂髻。髻の元結は根元と上部の上下二カ所にあり、各太い紐二条。上部の元結の上には、中央を尖らせた蓮弁形の髪飾りを付ける。髪飾りは素文で界縁を平帯で括る。髻は髪房を上中下の三段に振り分け、各三方に髪束を垂らす。髪筋を彫出する。

天冠台は列弁・紐二条からなり、正面で「入り形」をつくる。天冠台の左右両側の両耳上には花形飾りをあらわす。正面左右二カ所で、髪束が天冠台の下をくぐって台に絡む。また、左右側面の髪束は、花形飾りの円環をくぐって天冠台に絡む。鬢髪一条が耳前に垂下し、さらに一条が耳をわたる。白毫相別材嵌入。耳朶は環状貫通。頸部に三道相をあらわす。

体部には衲衣と裙をまとう。衲衣は上端を大きく折り返して通肩に着け、胸を寛げる。衲衣の折り返し面は、背面において左肩上から右脇下にかけて衣端がななめにわたる。正面では、左右両肩に対称形に懸って衣端を左肩外側に垂下させる。また、衲衣の初重が左右胸下で二重目に舌状に懸かる。左手は屈臂して第一、二指を捻じ、第三〜五指を曲げて経巻を執り、右手は屈臂して掌を内に向けて五指を握り剣を執る。正面を向き、左足を上に結跏趺坐する。

光背は頭光と光脚からなり、蓮台に枘差しとする。

台座は蓮華座および獅子座。上から蓮肉・蓮弁・敷茄子・獅子・岩座・方座。

【品質構造】

《本体》

木造（ヒノキ材とみられる針葉樹材）、寄木造り、漆箔金泥塗り彩色、玉眼。

頭体幹部は前後二材を矧ぎ、内刳りの上、割首する。両肩上部にはマチ材を挟む。左右両肩部は各一材を内刳りの上、矧ぐ。正面材の内部中央から地付きに向けて像心束を降ろす。正面材と背面材の両肩・両腰の四カ所で前後束状に枘を彫り残す（正面材の前後束は、当初には像心束部分を含めて地付きに接地していたらしい。後に、像心束のみを彫り残す形状にてノコで地面から三チセン上まで切り離す）。垂髻部、両手首先は別材矧ぎ。右袖上半部および左袖部も別材矧ぎ。像内は、ノミ目を残して浚えている。両脚部は横一材を内刳りして矧ぎ寄せる。

表面仕上げは概ね本尊像に準じる。頭髪は群青彩（後補、今回修理にて除去のうえ新補）。面相部および胸部は金泥塗り（後補）。着衣部は漆箔。

《光背》木造（ヒノキ材）、寄木造り、漆箔彩色。頭光部は一材から彫出する。光脚別材で台座に枘差し。

《台座》木造（ヒノキ材）、寄木造り、彩色。蓮弁は一段目を蓮肉部と共木で彫出し、二、三段目は別材を矧ぐ。枘穴部は別材矧ぎ付け。敷茄子は一材から彫出。獅子は、前後二材を内刳りの上、矧ぎ寄せ。岩座は前後左右に四材と天板（薄板二材）で組み上げ、その上に正面四材、左右各二材からなる岩座を矧ぎ寄せる。

【保存状態】

《本体》体幹部の正面材、背面材がともに割損し分離していた。垂髻部および左肩部の後半材、体幹部の正面材と背面材の間に挟んだ左右肩上面材、右手第一指、左手第一指先・第二～五指、持物、台座光背、表面の金泥塗り及び漆箔下に朱漆を施した部分、以上は後補（永禄十三年の修復時か）。面部や両手先等の虫損甚大。（平成十五年度の修復）：左手第一指および体幹部内の枘二カ所をヒノキ材にて新補。頭部の後補彩色を除去し新補。全面に漆箔の剥落止め。

《光背》　後補（永禄十三年修復時か）。光脚をヒノキ材にて新補。

《台座》　後補（永禄十三年修復時か）。二、三段目の蓮弁欠損部分を補作のうえ竹釘にて緊結。後補の方座（杉材）を除去のうえ新補（ヒノキ材）。

③ 右脇侍菩薩坐像（普賢菩薩像　図7・8・9）

木造、漆箔・金泥塗り・彩色、玉眼。

【法量】

像高　五四・四チセン

【形状】

頭髪は垂髻。髻の元結は根元と上部の上下二カ所にあり、上部は紐一条、下部は紐二条。上部の元結の上には、中央を尖らせた蓮弁形の髪飾りを付ける。髪飾りは素文で界縁を平帯で括る。髻は髪房を上中下の三段に振り分け、各三方に髪束を垂らす。髪筋を彫出する。

天冠台は列弁・紐二条からなり、正面で「入り形」をつくる。天冠台の左右両側の両耳上には花形飾りをあらわす。左右側面の髪束は、花形飾りの円環をくぐって天冠台に絡む。鬢髪一条が耳前に垂下し、さらに一条が耳をわたる。白毫相別材嵌入。耳朶は環状貫通。頸部に三道相をあらわす。

衲衣・覆肩衣・内衣・裙をまとう。衲衣は、上端を浅く折り返したものを基本は偏袒右肩に着け、左肩から背面をめぐって右肩に浅く懸け、右脇腹から正面にまわって端を折り返したものを左右対称に左肩に懸けて背面外側に垂下させる。正面左胸下で衲衣二重目の衣縁から一重目が舌状に掛る。覆肩衣は衲衣の下層で背面から右肩に掛かり、右脇腹で一旦、衲衣にたくし込む。内衣は右腹前で、衲衣の下にのぞかせる。

右手は屈臂して右脚の上に置き、掌をやや右に向け第三・四指を軽く屈しながら五指を開いて仰掌する。左手は屈臂して第一、二指を捻じ、第三〜五指を曲げて蓮枝を執る。正面を向いて右足を上に結跏趺坐する。

光背は頭光と光脚からなり、蓮台に枘差しとする。

台座は蓮華座および象座。上から蓮肉・蓮弁・敷茄子・象・岩座・方座。

【品質構造】

木造(ヒノキ材とみられる針葉樹材)、寄木造り、漆箔金泥塗り彩色、玉眼。

頭・体幹部を通じて前後二材を内刳りの上、矧ぐ。眼は玉眼嵌入。後頭部は後ろ襟の線で一旦、切り離す。左右肩先部は、各一材を内刳りの上、矧ぐ。両脚部も別材を内刳りの上、矧ぐ。左右手首先別材矧ぎ。垂髻部別材(後補カ)。裳先別材(新補)。

表面仕上げは概ね本尊像に準じる。頭髪は群青彩(後補、今回修理にて除去のうえ新補)。面相部および胸部は金泥塗り(後補)。着衣部は漆箔。

《光背》木造(ヒノキ材)、黒漆塗り。頭光部は一材から彫出する。光脚別材で台座に枘差し。

《台座》木造(ヒノキ材・クス材・杉材)、寄木造り、彩色。蓮弁は一段目を蓮肉部と共木で彫出し、二、三段目は別材を矧ぐ。敷茄子は一材から彫出し前面に彫刻して漆箔。象はクス材、体幹部を前後二材で内刳りの上、矧ぎ寄せ。体後部は岩座と共木。象の面部は、鼻・上顎上部・下顎・耳をそれぞれ別材矧ぎとする。框座は杉材を箱状に組み上げ天板は前後二材を矧ぎ、その上に十一材から彫出した岩部と前後二材を矧いだ天板を組み上げる。

【保存状態】

《本体》　垂髻部（後補ヵ）。右手首先、持物、表面の金泥塗り漆箔下に朱漆を施した部分、以上は後補（永禄十三年の修復時か）。裳先欠損。

（平成十五年度の修復）：裳先新補。体幹部内の枘二カ所をヒノキ材にて新補。頭部の後補彩色を除去し新補。全面に漆箔の剥落止め。

《光背》　後補（永禄十三年修復時か）。光脚を桧材にて新補。

《台座》　後補（永禄十三年修復時か）。二、三段目の蓮弁欠損部分を補作のうえ竹釘にて緊結。後補の方座（杉材）を除去のうえ新補（桧材）。

挿図２　釈迦像　首枘内側　墨書銘

（２）銘文

次に、調査時の所見と修理報告書に基づいて、釈迦像および文殊菩薩像内の銘文を記す。

①釈迦如来像・頸部墨書銘（挿図２）

はじめに釈迦如来像の首枘内側先端に記された墨書銘。すべて一筆で造像当初のものと認められる。後世の修復時に（永禄十三年ヵ寛政十年ヵ）首枘の先端部を切り落としたため、銘文の下端部が失われた。[7]

「　　大檀那武藤霜臺経「

奉造體　大日本國西海道肥後州「
□□山東禅禅寺之本尊
本□釋迦牟尼如来尊像一軀始「
正平「　　　」二日開眼於同「
「　　　」住持比丘心樹「
「　　　」勧進比丘心徳「
佛師院吉嫡孫院什嫡子院□」「
」

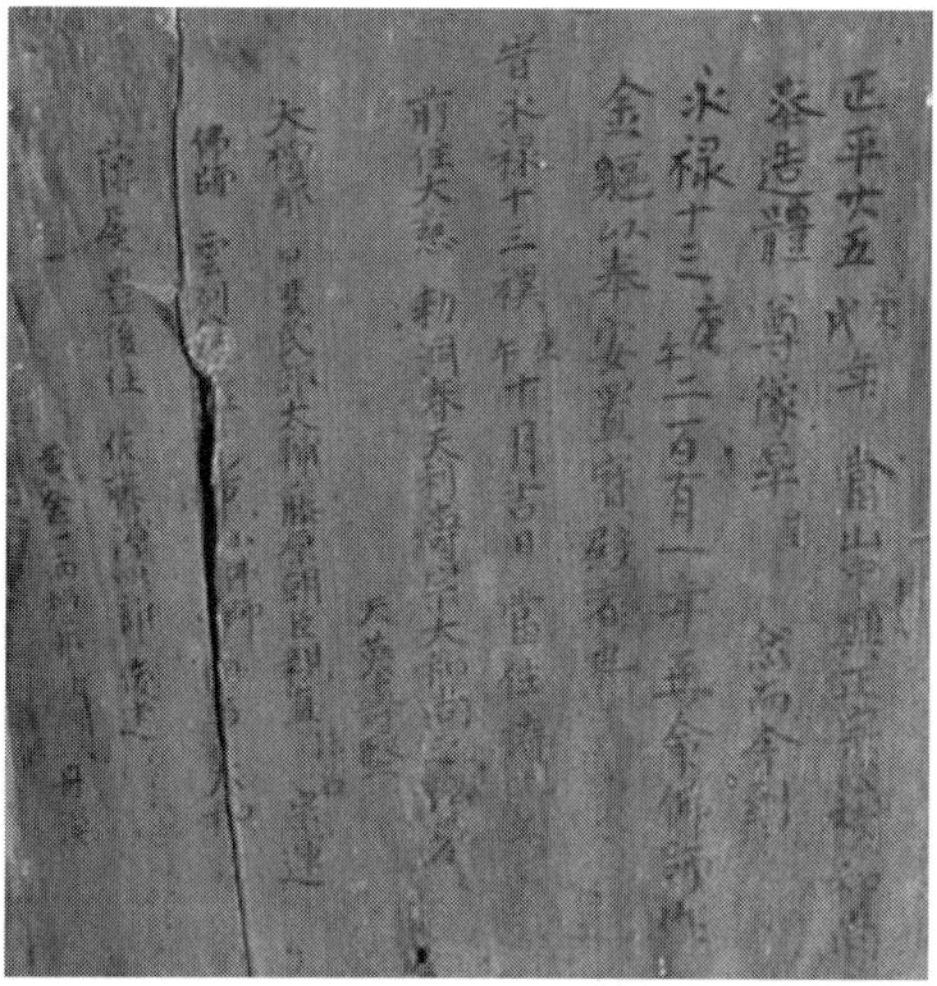

挿図3　釈迦像背面　墨書銘

② 釈迦如来像・像内背面墨書銘（挿図3）

釈迦像内背面の当初の内刳りノミ跡面を、永禄十三年の修理時に新たに削平して記した墨書銘。すべて一筆で、永禄十三年十月のものと認められる。

「
正平廿五庚戌年　當山中興正宗心樹和尚
奉造體　尊像畢矣　然而今到（令カ）
永禄十三庚午二百有一年再命佛師作
金軀以奉安置寶殿者也
嵓永禄十三禩（ママ）庚午十月吉日　當住持比丘
前住大慈　勅洞春天利壽宗大和尚之法弟

天英壽堅

大檀那　甲斐民部太輔藤原朝臣親直法名宗運

佛師雲州住[春光坊]小佛師[伊豫]大和

薄屋豊後住　佐藤源四郎俊述

黄金一両檀那大明人丹渓」

③文殊菩薩像・後頭部内墨書銘

脇侍文殊菩薩像の後頭部内に記した墨書銘。すべて一筆で、寛政十年（一七九八）に実施されたとみられる修理の際に記されたものか。

「寛政十[戌年]

大施□両楷」

二　東禅寺釈迦三尊像の銘文と作風について

（1）銘文について

①首枘先端部の造像当初墨書銘について

この造像銘によって本像が東禅寺の本尊像として、正平□年「武藤霜台経□」を大檀那とし、「住持比丘心樹」「勧進比丘心徳」により開眼されたこと、制作にあたったのは「仏師院吉嫡孫院什嫡子院□」であることが判明した。

「武藤系図」には、武藤(少弐)経資(〜一二九二)の子のひとりに「資時　備中権守　肥後御船居住」(傍線筆者)とみえる。[8] 史料によると建武五年(一三三八)三月、南朝方の菊池武重らが「武藤資時」とともに筑後石垣城に拠ったので、少弐頼尚がこれを攻めた。菊池勢のなかに武藤資時なる人物のいたことが知られる。[9] 川添昭二氏は、武藤資時流は肥後益城郡甘木庄内・御船に所領を持って御船城に拠り、早くから惣領支配に対して独立的であったとみえ、地縁的関係も加わって南朝方の菊池に与していたと推察されている。[10]

正平三年(一三四八)征西将軍宮懐良親王が、菊池に向かう途中で阿蘇大宮司惟時と「御船御所」にて参会した。[11] 永和元年(一三七五)九州探題今川了俊が阿蘇惟村に宛てた書状のなかでは、菊池方の諸城を囲んで「菊池勢一人も不可出候、…三舟城ハ無左右つめおとされかたく候歟の間…」とある。[12] 川添氏は、資時およびその系統が南北朝時代をつうじて南朝方であったらしいこと、御船は肥後南朝の重要拠点のひとつであったと指摘している。[13] 永和三年(一三七七)八月には、北朝方の田原氏能が肥後玉名郡関前の合戦で「三舟少弐二郎」を討ち取って今川了俊から感状をえた。[14]

以上の史料から、本像銘文に記された「武藤霜台経□」は、資時流の武藤氏とみて誤りあるまい。「霜台」とは弾正台の唐名であるが、資時以降の官途は不明。「武藤系図」によれば、「経」字を名乗るのは、資時の子「経藤」、経藤の孫「経久」(但し、「経久　藤六早世」とある)のいずれかである。[15] 正平年間に東禅寺像の造像大檀那となったのも、経藤か経久のいずれかであろう。[16]

「住持比丘心樹」は上田純一氏により、筑前大宰府の横岳山崇福寺三一世「正宗心樹」に比定されている。[17]「勧進比丘心徳」については、心樹に随従していた崇福寺僧であろうか。

御船武藤(少弐)氏の祖、資時は崇福寺の有力壇越であった武藤経資の息であり、その関係により筑前大宰府横岳の崇福寺住持が開眼供養に招かれたものか。東禅寺像の永禄修理銘によると、心樹は「当山中興」とされている。なお、鎌倉～南北朝期の肥後では、寒巌義尹（一二一七～一三〇〇）が大慈寺（熊本市）を中核として開創した曹洞系寒巌派が教線を拡げており、臨済系禅宗寺院は、菊池・正観寺等を除いてほとんど見あたらない。東禅寺も、後述するような『肥後國誌』の記述により、当初からの寒巌派寺院と推定していたが、南北朝期には外護者であったとみられる御船武藤氏の関係によって、崇福寺系臨済寺院だった可能性がある。

次に、制作にあたった仏師について。

銘文に「院吉嫡孫院什嫡子院□」とある。仏師「院□」は、院吉の嫡孫である院什の嫡子との意か。[18]「院」字以下はノコで切られており残念ながら名前が判明しない。しかし、本像の作者が院派仏師であること、しかも足利尊氏・直義に重用された院吉の直系であることを標榜している点が注目される。また、院吉と院什の関係が知られたことも重要である。院吉は子息「院広」、院広の弟か院吉の高弟とみられる「院遵」とともに造像した事例が知られているが、周防・大内氏関係の造像を手がけた「院什」との関係はこれまで知られていなかった。

院什の僧綱位についても改めて注目される。造像銘史料によると、院広の初見は貞和五年（一三四九）福岡・善導寺阿弥陀如来像で、「法眼院広」とある（本像は近世に東国から移坐されたものという）。以後、文和三年（一三五四）栃木・宝蔵寺普賢菩薩像まで、「法眼院広」と記す。院広の僧綱位上昇が確かめられるのは、貞治五年（一三六六）石清水八幡宮極楽寺本尊像造立の際、「仏師大弐法印院広」とあることによる。一方、院什は、その初見である正平十七年（一三六二）福岡・崇福寺釈迦三尊像の銘記においてすでに「大仏師法印院什」と記す。院広がいつ頃、法印に任ぜられたのかはっきりしないが、院什は院吉の子、院広とさほど時差なく仏師としての最高位である法印位を得ていたと想像されるのである。このことは院派仏師内での院什の位置の高さを示すものといえ、銘文にあるように、院什が院吉流の嫡流であるとの記述を裏打ちするものと思われる。

東禅寺釈迦像・造像銘の発見は、南北朝期院派研究にとって重要な史料の登場である。

② 釈迦如来像の体内部背面の修理時墨書銘について

永禄十三年(一五七〇)十月に完了した修理時の銘文。

造像当初銘では「正平」以下が不分明であったが、この修理銘によって造像年が正平二十五年(一三七〇)であることが判明した。造像から二〇一年を経たため修理を実施するという趣旨にも合致する。

この時の東禅寺住持は、大慈寺復興に尽力した洞春寿宗の弟子、天英寿堅。『肥後國誌』によると、東禅寺は永禄七年(一五六四)、甲斐宗雲の菩提寺として大慈寺五一世・洞春寿宗の開山とするが、永禄十三年までに洞春は示寂したものか。大檀那は阿蘇氏の重臣として知られる甲斐親直、法名宗雲。

修理仏師は、「佛師雲州住春光坊」「小仏師伊豫大和」(伊豫と大和の意か)。天文九年(一五四〇)大慈寺は兵火にかかって堂宇本尊像とも灰燼に帰したが、[19] 住持洞春寿宗は甲斐宗雲の援助を受けて天文十~十五年(一五四一~四六)再興を成し遂げた。その際、春光坊は天文十五年銘の本尊光背・化仏の作者として登場する。[20] 出雲住の仏師と記すが、管見の限りでは系譜等の詳細は不明である。

修復にあたって既存の彩色漆箔の上から新たに漆箔が施されたが、これを手がけたのが豊後の「薄屋(はく)」佐藤源四郎俊述という人物。薄＝箔の意か。漆箔に用いた黄金一両を「明人丹渓」という人物が寄進しているのが興味深い。大慈寺と明との海外貿易による機縁が想像されるところである。

(2) 作風について―院吉、院什作例との比較―

はじめに東禅寺三尊像の作風について。いずれも面貌が面長で角張っており、両眉は大きく弧を描いて長く、両眼は切れ長で鼻梁は太い。体躯も肩幅広く角張っており、着衣は胸前を大きくくつろげて両膝には釣り針状の衣文を表

挿図４　東禅寺釈迦像

挿図５　院吉作・釈迦像（方広寺）

す。構造は釈迦像と左脇侍文殊像に特徴的にみられるように、像内を大きく内刳りして腹部中央から地付きに像心束を降ろし、前後材を繋ぐ束を二カ所で彫り残す。

このような像容構造は、院吉、院広らを中核とする南北朝期・院派仏師に広く認められるところであり、東禅寺像も銘文の示すとおり院吉らの院派作風に属していることがわかる[21]。

また山本勉氏の指摘によれば、この時代の院吉・院広らの釈迦三尊像では、脇侍菩薩が如来と同じように法衣を着ける。その場合に、三尊のあいだで着け方に変化をつける一種の規則があるという[22]。例えば、観応三年（一三五二）静岡・方広寺釈迦三尊像（院吉、院広、院遵、挿図５）の場合、釈迦像と右脇侍普賢像は右肩を覆う覆肩衣のうえから衲衣をまとうが、左脇侍文殊像は衲衣を通肩にまとい覆肩衣を着けない。加えて、衲衣＋覆肩衣の像では衲衣末端を大きく折り返して左肩に掛け、衲衣通肩の像では襟廻りの折り返し部分を広くして左肩に掛かるようにしている。そして双方とも左胸の折り返し衣縁に「Ｃ字型」の曲線状衣文を表現して、一見、同じ着衣法であるかのようにみせる。

東禅寺・三尊像も一見、同型の着衣方式のようにみえるが、方広寺像とは組み合わせが異なり、釈迦像と左脇侍文殊像が衲衣を

挿図６　釈迦像側面

挿図７　普賢菩薩像側面

挿図８　文殊菩薩像側面

通肩にまとう方式で、右脇侍普賢像が衲衣＋覆肩衣を着けている。左胸のＣ字型衣文は釈迦像と右脇侍像にあらわされており（左脇侍像は右胸にＣ字型をあらわす）、院吉らの方式に則っている。

なお、東禅寺三尊像はいずれもよく似た作柄であるが側面観を比べてみると、三尊のあいだで作柄に差違が認められる。まず耳の形状は、釈迦像と右脇侍普賢像の耳輪や耳介・対耳輪部分の造形がよく似ており、左脇侍文殊像とはやや異なっている（挿図６・７・８）。また、側面からみた眉頭から鼻先までの鼻筋のラインも、釈迦像と普賢像が緩やかなカーブを描くのに対して、文殊像のそれは直線的である。以上の点を勘案すると、釈迦像と普賢像の作者が同一で、文殊像は別な仏師の手になるものと推定される。銘文にあるように、おそらく釈迦像と普賢像を仏師「院□」が手がけ、文殊像は院□に従う仏師によって造像されたと想定できよう。

つぎに院派仏師のなかでの東禅寺像の位置づけを検討してみたい。はじめに院吉作例との比較。銘文によれば、本像は「院吉嫡孫院什嫡子」の「院□」によって造像された。曾祖父にあたる院吉の代表的な作例としては、先述の観応三年・方広寺釈迦三尊像（挿図５）がある。すでに述べたように東禅寺像は、面貌表現や着衣方式、衣文の形状など院吉らが創始した作風に概ね追従している。ただ細部をみると、面部胸部など肉身の微細な抑揚起伏や衣文の造形等は、方広寺像に比較してかなり平板かつ簡略化したものになっている。また像内の仕上げをみても、布貼りのうえ漆塗りとし、細目の丸刀できれいに浚えた方広寺像に比べて、東禅寺像のそれは漆塗

挿図９　院什作・釈迦像（崇福寺）

挿図10　院什作・釈迦像（龍文寺）

り等を施さない粗い仕上げである。

次に院什作例との比較。院什が手がけた仏像は現在、三例知られている。正平十七年（一三六二）福岡・崇福寺釈迦三尊像（挿図9）、康安二年（一三六二）愛媛・宗昌寺文殊菩薩像、応安七年（一三七四）山口・龍文寺釈迦像（挿図10）である。このうち福岡・崇福寺像は、もと周防の「永興禅寺」のために周防・長門の守護大名大内弘世を大檀那として造像されたことが知られる。[23] 龍文寺像は崇福寺像の一二年後、周防「長福禅寺」のために造像された。現在、本像がまつられている龍文寺は大内氏の有力支族・陶氏の菩提寺で、長福寺はその末寺の末寺であるらしい。年号に留意すると、崇福寺像は南朝年号であるが龍文寺像は北朝年号である。渡辺雄三氏が指摘するように、[23] この間の大内氏の宮方から武家方への転向という事情が介在しているのなら、両像とも臨済系禅宗寺院のために造像されたものであるが、院什は臨済寺院系統による依頼というよりも、大内氏やその一族の依頼によって造像を行っていた可能性が高い。

福岡・崇福寺像の作風は、大きく弧を描く両眉や切れ長の両眼などの面貌表現、肩幅広い角張った体躯、複雑にうねる衣文表現、着衣方式と左胸にC字型衣文を配する点など、やはり院吉・院広らの作風に近い。ところが、その一二年後の山口・龍文寺像になると、頭部の側面観や耳の形状から同じ作者と認められるものの、面貌の抑揚や衣文の彫法と起伏は、より平板になってきている。一二年を経て院吉・院広らに近い複雑で抑揚ある造形から、やや簡略で素朴な造形に変化しているようにみられる。別な言い方をするなら、地方化していくように見受けられるのである。この間、院什は専ら地方に滞在して、大内氏などの仏像制作を請け負っていたのかもしれない。

東禅寺像も福岡・崇福寺像に比べると、起伏の少ない簡略な衣文表現など平板な表現になっている。ただ、左右の膝頭部の屈曲した衣文や両脚間に表わされた緩やかなU字型のカーブを描く衣文形状は、おなじ院什作の龍文寺像に比べても、崇福寺像をより忠実になぞっているものである。とくに両脚間に緩やかなカーブを描く衣文形状は、院吉・院広らの作例には採用されておらず、崇福寺像、宗昌寺像、龍文寺像には共通して登場する。これは院什が好んだ表現なのであろう。そして同様の形状が院□の作例・東禅寺像にも採用されているのは、院什との父子関係に基づく共同制作によって習得されたことを示しているものと推測される。

三　九州の南北朝期・在銘仏像と院派仏師の地方展開

(1) 南北朝時代の九州の在銘仏像と東禅寺像

次に南北朝期の九州の在銘彫刻のなかでの、本像の位置について検討する。

九州の中世彫刻を、制作者の系譜からおよその仕分けをすると、[24] (1)畿内の仏師たちの作例。(2)畿内系譜をもつが在地化の傾向をしめす仏師の作例。(3)一郡内など、限られた地域でのみ活動した素朴な作風の在地仏師たちの作例。などに分類することができる。[25]

はじめに(1)畿内仏師たちの作例。鎌倉時代中期以降、九州各地において畿内仏師の仏像がしだいに増加する。その代表例としては、永仁二年(一二九四)湛康作の佐賀・円通寺二天像や、永仁三年(一二九五)院玄作の熊本・青蓮寺阿弥陀三尊像などがある。

十四世紀にはいってもこの傾向はつづく。文保二年(一三一八)から正中三年(一三二六)にかけて、大分・金剛宝戒寺、同・永興寺、佐賀・龍田寺に南都大仏師法眼康俊の仏像が伝えられた。また、貞和三〜四年(一三四七〜四八)大分・実際寺と宮崎・大光寺に、南都大仏師康俊とは同名異人の東寺大仏師康俊作の仏像ももたらされている。

南都大仏師康俊の仏像があるのは、いずれも旧西大寺末寺・真言律の寺院であり、他方は臨済系禅宗寺院である。明らかに宗派系統のルートによって、仏像がもたらされていることが見て取れる。

このほか、暦応三年(一三四〇)北九州・大興善寺(旧西大寺末寺)の如意輪観音坐像や康永元年(一三四二)大分・岳林寺釈迦三尊像も、東寺大仏師康俊と同時に「運慶五代之孫」を名乗ったことがある康誉(幸誉)の作である。

つぎに(2)畿内系譜であるが九州内で制作に携わり、しだいに作風も在地化の傾向をしめす仏師たち。そして、(3)限られたエリアでのみ活動していたとみられる仏師たちがいる。以下に十四世紀半ばまでの九州内で仏師名が判明している作例を列記する。

①延慶三年(一三一〇)　釈迦如来坐像「法印湛幸、法橋□誉」　大分・金剛宝戒寺
②正和三年(一三一四)　釈迦如来坐像「法橋湛誉・法橋湛真」　福岡・大本山善導寺
③正和四年(一三一五)　十一面観音立像「法橋湛誉・法橋湛真」　佐賀・東明寺
④正和六年(一三一七)　千手観音立像「湛真」(修理)　佐賀・正法寺
⑤元弘三年(一三三三)　文殊菩薩坐像「法印湛幸」　福岡・飯盛文殊堂
⑥暦応五年(一三四二)　観音菩薩坐像「作者湛勝」　佐賀・普恩寺

⑦興国四年（一三四三）　日光・月光菩薩立像「仏師りん阿弥陀仏」　熊本・金福寺
⑧康永三年（一三四四）　如意輪観音坐像「幸心」　長崎・寿昌寺
⑨貞和五年（一三四九）　阿弥陀如来坐像「法眼院広」　福岡・善導寺
⑩感応三年（一三五二）　観音菩薩坐像など「仏工奈良方宰相法橋湛勝」　佐賀・妙音寺
⑪観応四年（一三五三）　神像「仏師奈良方宰相法橋湛勝」　佐賀・伊岐佐村若宮八幡宮
⑫正平十七年（一三六二）　釈迦三尊像「法印院什」　福岡・崇福寺
⑬正平二一年（一三六六）　大日如来坐像「仏師式部房」　熊本・満福寺
⑭正平二二年（一三六七）　金剛力士像「山門之流金剛大仏師加賀法眼宗栄作」　福岡市美術館（福岡・東光院旧蔵）
⑮貞治六年（一三六七）　随神像「仏匠奈良方宰相法橋湛勝、湛秀」　長崎・厳原八幡宮
⑯貞治六年（一三六七）　地蔵菩薩坐像「奈良方宰相法橋湛勝、湛秀」　長崎・太平寺
⑰正平二五年（一三七〇）　釈迦三尊像「院□」　熊本・東禅寺
⑱建徳二年（一三七一）　十一面観音坐像「奈良方湛勝、湛秀」　佐賀・大聖院寺

法印湛康（幸）は永仁二年（一二九四）佐賀・円通寺二天像や、⑤元弘三年（一三三三）～暦応三年（一三四〇）福岡・飯盛文殊堂の文殊菩薩騎獅像を制作した慶派正系の仏師である。長崎や佐賀など西部九州には、この湛康に連なるらしい「湛」字を持つ仏師たちの仏像がいくつも伝えられている。①～⑥、⑧、⑩⑪⑯⑱⑮像の作者湛誉、湛真、湛勝、幸心、湛秀らがこれにあたる。[26]「奈良方」などの名乗りで畿内仏師の系譜に連なることを強調しつつ、しだいに在地化していく仏師の代表例といえよう。

⑦と⑬の仏師「りん阿弥陀仏」と「仏師式部房」は、ほかに作例が知られず、作風も慶派や院派に直接、連なるとは考えにくく、限られたエリアで活動していた地域的な仏師と思われる。

東禅寺像も、院吉らの静岡・方広寺像や院什の福岡・崇福寺像に比較すると、先述のように在地化が認められた。慶派の湛康の流れを汲み、九州で活動した湛字仏師たちと同様に、仏師院□もまた、院吉→院什→院□という院派仏師の九州における進出展開＝在地仏師化のなかの一人と位置付けることができよう。

（2）院派仏師の地方展開と東禅寺像

前項では、九州の在銘彫刻のなかでの東禅寺像について検討した。つづいて全国の南北朝期・院派仏師の活動状況のなかでの位置付けを試みたい。

院吉が足利尊氏、直義の知遇を得て暦応二年（一三三九）足利家菩提寺の等持院本尊・地蔵菩薩像や、康永元年（一三四二）天竜寺本尊・釈迦三尊像等を造像したことをはじめとして、院吉、院広、院遵らの作例が静岡・方広寺像や栃木・興禅寺像、山梨・棲雲寺像など、主として都や東国の臨済系禅宗寺院に多くみられることが夙に指摘されている。[27]

一方、曹洞系禅宗寺院においても院派仏師たちの活動が認められる。早くは鎌倉時代末期の元応三年（一三二一）、瑩山紹瑾が開創した能登・永光寺釈迦三尊像のうち、左脇侍像を京都の院派仏師・定審が造像した。本像の再興像とみられる現在の釈迦像も南北朝期・院派仏師の作とされている。[28]この他、至徳二年（一三八五）山梨・深向院の釈迦像を仏師増光が造り、東北地方の曹洞系拠点寺院であった正法寺釈迦三尊像を明徳三年（一三九二）に院派仏師立増が制作している。[29]立増は同じく曹洞系の岩手・宝城寺の明徳四年宝冠釈迦像も造っており、「増」字を共有する院派仏師が曹洞系寺院で活動していたことが知られる。

また、日蓮宗本山のひとつ京都・本圀寺の釈迦多宝如来像を、貞治五年（一三六六）法眼定慶が制作している。作風や構造は院派の特色を示し、定慶は院派系仏師と見られている。院派仏師は、日蓮宗寺院にも活動の場を得ていたらしい。

以上の作例にみられるように、院吉・院広ら以降の院派仏師は全国的に活動の場を展開し、禅宗系寺院だけにとどまらない造像活動を行っていたことがわかる。また「院」字を用いず「定」「増」字を冠する仏師たちが存することも指摘されている。

九州各地においても近年、銘文を有しない、あるいは仏師名を記さない南北朝期・院派系仏像の存在が報告されている。[30]臨済禅の名刹佐賀・高城寺や萬歳寺の諸像や、大分・安国寺の釈迦三尊像、延文六年(一三六一)大分・雲谷寺跡の地蔵像[31]など数多く、十五世紀以降になるとその数量は倍増する観がある。熊本でも主として曹洞系寒巌派の諸寺院に十四世紀以降の院派系仏像が多く伝えられている。これらは、在地化の程度も実にさまざまであり、造像経緯もそれぞれであるが、院派仏師が九州に進出定着し院派風が九州各地に吸収消化されていったことを示すものといえよう。東禅寺像の作者、院□は、十四世紀後半の全国的な院派仏師の地方展開に連なり、比較的早期に九州に造像の場を得た院派仏師である。

まとめ

以上、熊本県御船町の曹洞宗東禅寺本尊・釈迦三尊像について、仏像の概要報告と若干の考察を行った。

東禅寺像は、はじめにも述べたように、①南北朝時代・正平二五年(一三七〇)という造立時期が明らかであること。②造像当初から東禅寺本尊として造られたことが明らかであること。③院派の仏師「院□」という仏師名が判明し、彼が足利尊氏・直義と関係の深かった「法印院吉」の直系と標榜していること。④山口の大内氏関係の造像を手がけた仏師院什と院吉が、血縁関係にあると知られること。等々、南北朝時代の仏像彫刻史研究に重要な情報を提供している。

御船・武藤（少弐）氏の東禅寺本尊像制作に院□が採用されたのは、足利尊氏・直義の知遇を得ていた院吉・院広、大内氏関係の造像を請け負っていた院什など、幕府や有力守護大名の仏像制作を行っていた院吉の系譜に属していたことが大きな理由と思われる。同時に、東禅寺はこの時期には、大宰府横岳の崇福寺系臨済寺院であった可能性があり、全国的に臨済寺院の造像を行うことの多かった院派仏師に属していたことも任用の理由のひとつであったかもしれない。少弐氏―崇福寺系臨済寺院―院派仏師、という当時の仏像制作の進められ方や、南北朝期における宗派と外護者、仏師の関係を示す典型例としても注目される作例である。

東禅寺像の作風に注目すると、院吉らの静岡・方広寺釈迦三尊像などに比べて東禅寺像の造形は硬く平板となり、構造上も粗さが目立つ。このことは、仏師院□が院吉系譜＝京都仏師の系譜に属しながらも、しだいに在地化していくことを示すものと思われる。

十四世紀半ば以降、東禅寺像あたりを嚆矢として、院派仏師は九州全体に浸透していく。九州の南北朝・室町時代彫刻のあり方を検討する上でも本像は基準的な作例である。中央＝京都の仏像様式が（九州）地方に展開し吸収消化されていく過程を示すとともに、京都仏師との関係を標榜しつつ地方へ進出した仏師の早期の典型例としても、本像の持つ意義はまことに大きい。

註

（1）「東禅寺黄梅山　舊云定水山禅洞家川尻大慈末寺　正親町帝永禄七年甲斐宗雲為菩提寺建立之　開山ハ大慈寺五十一世洞春和尚也（以下略）」（『肥後國誌』上益城郡木倉手永　東禅寺黄梅山条）

（2）熊本県御船町の曹洞宗東禅寺本尊・釈迦三尊像についての最初の調査は、昭和六十一年（一九八六）十月～十一月に開催した「第十一回熊本の美術展　寒巌派の歴史と美術」のための準備調査であった（調査員は熊本県美学芸課の大倉隆二氏、有木）。この調査で像内背面の永禄十三年修理銘記を発見し、同展に出品し図録に概要を掲載した。その後、平成九年三月十五日に再調査を実施した際、調査員の一人、竹下正博氏の指摘により首枘先端部の銘記が発見され（調査員は大倉隆二氏、崇城大学中西真美子氏、佐賀県立博物館竹下正博氏、有木）、それまでの知見をまとめて美術史学会西支部例会において報告した（平成九年九月二十日、有木）。また、熊本県および御船町の補助を得て、平成十五年〜十六年度に三尊像の解体修復を実施した（浦仏刻所、福岡県糸島市二丈一貴山）。

なお、本釈迦三尊像は、「熊本県指定重要文化財　彫第四九号」（昭和六十三年三月十五日指定）である。

（3）拙稿「寒巌義尹と美術工芸」（『新熊本市史　通史編第二巻中世　第四編第二章第二節』熊本市、一九九八年）。

（4）浦仏刻所（代表者浦叡學氏、福岡県糸島市二丈一貴山）が施工した。

（5）各像の法量（単位㌢）。

【釈迦如来像】

像高	九〇・一	髪際下	七七・八
頭頂—顎	三三・七	髪際—顎	一九・一
面幅	一八・九	耳張	二二・七
面奥	二三・二	肩張	四二・三
肘張	五六・二	膝張	八九・〇
胸奥	二四・一	腹奥	二三・二
膝奥	五六・〇	膝高（右）	一三・五
膝高（左）	一二・九		

【文殊菩薩像】

像高	五一・三	髪際下	三六・六
髻頂—顎	二六・〇	髪際—顎	九・七
面幅	八・七	耳張	一〇・二
面奥	一一・五	肩張	二五・〇
肘張	二七・〇	膝張	三二・五

胸　奥　一三・二　　腹　奥　一四・四
膝　奥　二三・四
膝高(左)　七・三　　膝高(右)　七・四

【普賢菩薩像】

像　高　五二・五　　髪際下　三六・七
髻頂―顎　二六・〇　　髪際―顎　九・二
面　幅　八・七　　耳　張　一〇・七
面　奥　一〇・九　　肩　張　二五・五
肘　張　二八・〇　　膝　張　三二・四
胸　奥　一一・〇　　腹　奥　一三・七
膝　奥　二三・一　　膝高(右)　七・二
膝高(左)　七・〇

(6) 釈迦像、文殊菩薩像、普賢菩薩像の構造、後補部分、新補部分については、実地調査ならびに『文化財修理解説書　東禅寺木造釈迦三尊像【熊本県指定文化財】』(浦仏刻所、二〇〇四年)に基づいている。

(7) 本像を初めて紹介した「美術史学会西支部例会・有木報告資料」(一九九七年九月)および、『新熊本市史　通史編第二巻中世』(一九九八年)に掲載した釈迦像・首枘銘文に、平成十五年度の解体修理において判明した新たな字句を追補した。追補した字句は次のブロック体の部分である。

「　大檀那武藤霜臺経「
奉造體　大日本國西海道肥後州「
□□山東禅禅寺之本尊
本□釋迦牟尼如来尊像一軀始「
正平「　」二日開眼於同「
「　」住持比丘心樹「

「　　　」勧進比丘心徳「
佛師院吉嫡孫院什嫡子院口「　　　　　」

(8) 「武藤系図」(『続群書類聚』第六輯上、巻一四九)。
「(武藤)経資―資時備中権守　肥後御船居住―経藤―親資彦次郎　大保原討死―経久藤六　早世―」

(9) 建武五年三月十六日付「藤原重宗軍忠状」(「小代文書」二三号『熊本県史料中世編第一』)等。

(10) 川添昭二「南北朝期における少弐氏の所領」(『九州文化史研究所紀要』十一号、一九六六年)、同『九州中世史の研究』(吉川弘文館、一九八三年)に再録。

(11) 正平三年二月十五日付「五条頼元書状写」(「阿蘇家文書」『南北朝遺文九州編』二四四一号)

(12) 永和元年七月十三日付「今川了俊書状写」(「阿蘇家文書」『南北朝遺文九州編』五二一一号)

(13) 前掲註10。

(14) 永和三年八月二十一日付「今川了俊感状」(「豊後入江文書」『南北朝遺文九州編』五四一一号)

(15) 前掲註8。

(16) 武藤資時の生没年は不明だが、系図によれば武藤経資(～一二九二)の三男で、史料からも概ね十四世紀前半に活躍した人物であるようなので、年齢的に子息経藤にあたる蓋然性が高いように思われる。

(17) 上田純一「第一章第三節　大応派横岳派の展開と大徳寺派の堺進出をめぐって」(同『九州中世禅宗史の研究』文献出版、二〇〇〇年)。初出「大徳寺派の堺進出をめぐって」(『仏教史学研究』三七巻二号、一九九四年)。同書中「崇福寺住持法系図」参照。同系図は上田氏が『横岳志』所収「横岳山前住籍」(崇福寺所蔵)をもとに作成されたもの。

(18) この文脈は「院吉の嫡孫である院什の嫡子、院□」と解されてきているが(つまり院□は院吉のひ孫)、院□からみて、院吉の嫡孫で院什の嫡子(つまり院□は院吉の孫)という解釈の可能性はないか。仮に院什が院吉の子であると解すると、院広とさほど変わらぬ時期に法印となっているのも理解しやすいように思われる。法印位に就いていることから院什の院派(院吉派)内での位置は高く、院広に遜色がない。系譜からみて院□もまた、院派傍系の仏師とは言い難い。なお後考に俟ちたい。

(19) 木造寒巌義尹像・裳先裏墨書銘による(大慈寺所蔵)。『第十一回熊本の美術展　寒巌派の歴史と美術　図録』(熊本県立美術館、一九八六年）所収。
(20) 化仏の背面墨書銘による。
(21) 院派仏師の事績、作風、技法等については、清水眞澄「院派仏師の作例と活動」（『特別展　中世の世界に誘う　仏像院派仏師の系譜と造像　図録』所収　横浜市歴史博物館編、一九九五年）、および同「仏師院吉、院広の事蹟とその作例」（『國華』九七三号、一九七四年九月、同『中世彫刻史の研究』有隣堂、一九八八年に再録）、を参照。
(22) 山本勉「院派仏師と唐様の仏像」（『日本の美術四九三号　南北朝時代の彫刻―唐様の仏像と伝統の残照―』至文堂、二〇〇七年）、同「足利氏と仏像・仏画　3足利尊氏と院吉」（峰岸純夫・江田郁夫編『足利尊氏再発見　一族をめぐる肖像・仏像・古文書』吉川弘文館、二〇一一年）。
(23) 渡辺雄二「大仏師院什の造仏二例」（『仏教藝術』一八五号、一九八五年）。崇福寺像、龍文寺像の銘文等については、渡辺論文および註(21)清水論文を参照。
(24) 拙稿「九州の室町彫刻」（『日本の美術四九四号　室町時代の彫刻―中世彫刻から近世彫刻へ』至文堂、二〇〇七年）。
(25) 九州の仏師研究について八尋和泉氏に教示をうけるところが大きい。八尋和泉「福岡県の仏像　時代に沿って」（『アクロス福岡文化誌8　福岡県の仏像』アクロス福岡文化誌編纂委員会、二〇一四年）、同「九州仏像の現所在と原所在―造立時の寺院を離れた仏像五例―」（『九州歴史資料館研究論集』九号、一九八三年）、同「九州在銘彫刻シリーズ日田永興寺文治三年銘毘沙門天像と九州の「藤末鎌初」について」（『九州歴史資料館研究論集』十一号、一九八六年）など。
(26) 湛康の流れを汲む仏師たちを八尋和泉氏は「西国湛派」と呼ぶ。八尋和泉「九州地方の仏像」（『仏像集成8　日本の仏像〈中国・四国・九州〉』学生社、一九九七年）。また、肥前を中心とする湛派作例については、竹下正博「肥前松浦寿昌寺の如意輪観音像」（『MUSEUMU』第六一四号、東京国立博物館、二〇〇八年）を参照。
(27) 註21・22参照。
(28) 遠藤廣昭「能登永光寺法堂及び僧堂の中世彫刻について」（『横浜市歴史博物館紀要』三号、一九九九年）。銘文を有しないが曹洞系禅宗寺院に伝わる優れた作柄の院派作例が、同「山梨県・慈照寺釈迦三尊像について」（『横浜市歴史博物館紀要』二号、一九九七年）に紹介されている。

(29) 大矢邦宣・田中惠「曹洞宗の北奥布教と仏師「立増」—その宗教史・美術史上の意義」(『岩手県立博物館研究紀要』第三号、一九八五年)、田中惠「岩手県十四世紀禅宗の仏像彫刻について—三例の紹介を兼ねて—」(『岩手大学教育学部研究年報』第五〇巻第二号、一九九一年)。

(30) 竹下正博「日向高千穂龍泉寺の千手観音・不動・毘沙門像」(『九州における仏教美術の遍在と偏在—中央様式と地方様式の関係を中心に』平成七・八・九年度科学研究費補助金報告書、研究代表者九州大学文学部菊竹淳一、一九九八年)など参照。

(31) 渡辺文雄「室町時代の宇佐・国東における造仏の一側面—院派系仏師の活動を中心に—」(『大分県立歴史博物館研究紀要』第九号、二〇〇八年)。拙稿「寒巌義尹と美術工芸」(『新熊本市史　通史編　第二巻中世』一九九八年)。

【図版出典】「挿図2」は浦仏刻所、「挿図5」は寺島典人氏にそれぞれ提供いただきました。記して感謝いたします。他の挿図等は筆者撮影によるものです。

阿蘇下野狩と下野狩史料の形成
――「下野狩日記」と「下野狩集説秘録」――

阿蘇品　保夫

一　序　説

(一) はじめに

中世阿蘇神社神事の一つとして知られてきた下野狩については、同社の年間神事記録を含め、『阿蘇文書』(大日本古文書)には断片的にしか記されていない。

下野狩史料としては、かつて筆者がかかわった『神道大系　神社編　阿蘇・英彦山』(神道大系編纂会・昭和六二年)所収の「下野狩集説秘録」(阿蘇家所蔵)がまとまった内容を示すものであったが、平成二四年、飯沼賢司編『阿蘇下野狩史料集』(思文閣出版)が刊行された。同書には「下野狩集説秘録」を除く、永青文庫蔵・阿蘇家蔵の下野狩関係史料が収録されている。

それらは、いずれも近世の伝写本であるが、近世の阿蘇大宮司家では、仮殿のままの社殿の復旧と、下野狩の再開が時代を通じての悲願であった。社殿も下野狩も中世栄光の象徴として、大宮司家と神社の権威をビジュアル化するとともに、特に下野狩はそれにかかわる神地占有権の主張にもつながるのであった。

その『阿蘇下野狩史料集』の中核である史料が、「下野狩日記上・下」と「下野狩旧記抜書」であり、そこで「下野狩集説秘録」との比較論が生じた。

編者飯沼氏は同書の解題において、「下野狩集説秘録」は「下野狩日記」と「下野狩旧記抜書」の抄本（省略本）であり、史料価値は劣ると述べている。この所論については、「下野狩集説秘録」が『阿蘇下野狩史料集』に収録されているなら双方の史料検討による後学の見解に期待したいところであるが、現在その入手は困難である。四半世紀前の予約による限定出版であり、膨大な叢書の中の一冊に所収されているので架蔵先も限られている。

今更とは思うものの、「下野狩集説秘録」の収録にかかわった者として、昔の自説も修正しながら飯沼説への疑点を提示し、今後の下野狩関係史料利用における問題点として提起しておくことにした。

意図するところは、史料比較により、どちらが成立当初の原本に近いかとする書誌学的な検討であり、現今の趨勢とも聞き及ぶ草原史の問題などに立ち入るつもりはないが、結果的には下野狩の性格までには論及することになるであろう。

なお、書名については、繁雑さを避けるため、以下の略称を使用する場合が多いであろう。「下野狩日記」→「狩日記」、「下野狩旧記抜書」→「旧記抜書」、「下野狩集説秘録」→「集説秘録」、「延徳三年之記」→「延徳記」、「延徳記」以外の「集説秘録」所収記録→「延徳外録」。

また、右の下野狩の史料、場合によっては「狩日記」と「延徳記」の併称として、「下野狩史料」という表現で文章を短縮する場合も生ずるであろう。また、阿蘇家所蔵本そのものを指す場合は『下野狩集説秘録』とする。

その他、出典註記の多い阿蘇文書一、阿蘇文書二、西巌寺文書等は、（阿一〇号）（阿二〇頁）（西〇号）と略記した。

(二) 飯沼説と問題点

『阿蘇下野狩史料集』の解題について、総論的な「はじめに」については論及を略し、(1)の「集説秘録」と永青文庫本「旧記抜書」「下野狩日記」の関係、(2)の「下野狩日記」上・下巻の成立過程と「旧記抜書」の性格について、筆者が要約した編者の主張を挙げる。

①「阿蘇宮覚書」(宝永七)のいう「狩執行の旧記」とは「狩日記」のことで、「集説秘録」のことではない(6頁)。

②「集説秘録」は「狩日記」と「旧記抜書」の抄本であり、近世末の大宮司惟治の作成か(10~12頁)。

③「集説秘録」は排仏思想により、中世の殺生を正当化した殺生成仏の仏教論理内容を完全に削除し、また、口伝・出典人名や狩の馬場図を削除したので史料価値を落した(13~14頁)。

④「狩日記」上巻は下田氏作成、下巻は大宮司家作成。延徳三年頃成立。その前提として、南北朝期に神事口伝の記録化があった(16~17頁)。

⑤「旧記抜書」も「集説秘録」に所収されなかった中世狩史料を大量に含む(18頁)。

⑥「狩日記」と「旧記抜書」で、「集説秘録」では見えなかった時期が明白となり、下野狩における殺生成仏論理など、中世前期の阿蘇草原の歴史が明確となる(19~20頁)。

これらの飯沼説の展開を、両種の狩史料の問題にしぼり、もう少し単純に筆者流に要点を意訳すれば、次のようにいえようか。

(1)「狩日記」は中世成立(古い)。「旧記抜書」は近世成立(新しい)。

(2)「集説秘録」には「旧記抜書」と同じ史料がある。故に「狩日記」は「集説秘録」より古い。

(3)「集説秘録」は少ない。「狩日記」「旧記抜書」は多い。故に「集説秘録」は両書の抄本(省略本)である。

⑷「集説秘録」が少ない理由は、近世末の排仏思想により、中世狩の殺生成仏論を削除したからである。
⑸故に「狩日記」「旧記抜書」は中世狩史料としての価値が高い。「集説秘録」は抄本として史料価値は低い。

次いで、筆者の飯沼説への疑点を挙げる。

①について、現存の「集説秘録」は近世後末期の写本と認めてよい。しかし、「集説秘録」の内容は「狩日記」より新しいといえるか。収録されている「延徳記」本来の性格について検討がない。

②について、「集説秘録」が削除(選択・再編)の抄本であるとする理解と同じく、「狩日記」は「延徳記」に追加・再編の増補本である可能性もある。

③について、「集説秘録」が少ない理由を排仏論で片付け、仏説・仏語以外の削除理由を無視したまま史料価値を論じてよいか。

本来、書誌・記録の信頼要素として、年代・編著者・筆写者・証文・証言が重要視されることは常識である。「集説秘録」の抄本編者に疑せられた阿蘇惟治は『阿蘇家伝』の追編者でもあるが、彼には史的見識がなかったことになるのであろうか。

④について、上巻と下巻が下田氏と阿蘇家の別編であるとみる根拠は見えない。また、阿蘇社在職永正・天文の権大宮司能憲を文明・延徳の大宮司惟憲と誤認・混同した所論が展開され、神事口伝の記録時期についても確証はない。

⑤について、一見するところ、「旧記抜書」には「集説秘録」等にない中世狩の新史料が大量にあるとは思われない。

⑥について、下野狩史料のいずれも、後代の伝承や思惑を持っての解釈を重ねた伝写本である。簡単に時期が明らかになったといえるかどうか疑わしい。また「狩日記」・「旧記抜書」の内容を素直に史実と受け止められるかどうか、『阿蘇文書』その他の史料や諸論への目配りが読み取れない。

その他、飯沼氏には「阿蘇下野狩から草原の歴史を読む」（『鴨東通信』86号）での所論もあるが、紙数に余裕がないので部分的には本文で触れるであろう。

㈢ 下野狩史料の対応関係

①史料例示

「狩日記」と「集説秘録」の比較検討のため、具体的に両者の一部を示し、概念把握に供したい。比較する部分は、刊本の「狩日記」と「集説秘録」所収の「延徳記」である。

史料1は、首部（巻頭）と尾部（巻末）の各一頁分、及びその間の二頁であるが、この部分は項目内容が一致し、両者の差がよく分かる標準的例を抽出した。従って、各四頁分の比較である。

筆者は「狩日記」と「延徳記」それぞれの一つ書き条文に通し番号を宛てて処理している。両書の条文配列は錯綜し、互いに他史料の番号も併記しておかねば手間がかかる。従って配列順位が揃って史料的性格の差がよく分かる標準的二頁を選択した。

また、両史料の関係を示すため、「狩日記」各条文末尾と「延徳記」各条文頭部を線でつないでいる。これは両条文内容が同じであることを示す。そこで、一条が他史料で二条となる場合は、その境に「┘」印を入れ、他条につながらない場合の線末には、×印をつけた。□枠は語句の有無を示す。□内に文字が入る場合は、他史料に文字がないこと、□内に文字がない場合は他史料に文字があることを示す。

更に、尾部頁には線を加えている。これが次の史料、「狩日記」なら「旧記抜書」、「延徳記」なら、それ以外の「延徳外録」との境界を示す。

この例示によって、両史料間に条数の差があること、条文の有無、条文の分割（合体）、語句の有無という史料の基

一　永青文庫所蔵下野狩関連記録

1　下野狩日記　上（一）

（表紙）

（題箋）
下野狩日記上　二

（内題）
下野御狩日記　上巻

方便殺生

1一、肥後國阿蘇群（郡）下野之狩、日域無隠祭礼也、厥倩以方便致生超二菩薩萬行一、名利善根勝（タリ）二提婆五逆一ニモ、鹿・野・苑之悪王日々狩二千鹿一、殃屈摩羅尊者日々致二千。（不知）放下、終得二菩提一事真甚、

贄狩　鯰

亦切レ猪万既是善悪之兩輪也、此猪（狩カ）神武天皇自震旦皈朝之時、始彼魚ト契約贄狩、鯰本

物合

221一、物合者御一門御親類達斗、殊ニ宗戸ニ被参候方斗物合候、それかたへ一度ニ多候へハ、見くるしく候、馬せきし一はん（番）二番御たらし物合あるへく候、

222一、宗戸馬被参候方々之次第、不同書置申候、御親類達、□次ニ□坂梨□小陣□恵良□西□南郷七人之一家、□高森□村山□市下□竹崎□二子名（石カ）□長野□澁河、何も南郷の御添端の若衆むねとへ被参候、□竹原□松崎・積□被参候、

223一、所々より宗渡へ被参候方々、阿蘇より□一大夫、□小國より□下城、□夜ア（本ノマ、）より□野部方、□甲徒（佐カ）より□一大夫、□健軍□光長方□一大夫方、□こうの浦より□一大夫、□山西より□千田方・□野尻方□阿その□手野□三宮方、何も一名字ニ一人つゝ、其余者皆々弓手馬に被参候、□むねと（宗徒）馬卅騎卌騎過候は、百騎の内六七十騎物合の方ハ、物合あるましく候、せきし人々御心得之前候、有口傳候、

厳塚

224一、弓手馬・妻（手カ）馬定候人数なれとも、時に弓馬ニ達者の方とハむねと（宗徒）へめす事候、御用多候、岩蔵成敗又者肥州など其余當國中ノ面々見物候、彼方々へ御使など（本ノマ、）、別而支度又きらう（器量カ）の方入候、爲御心得申置候、

225一、こもいけ（鵜池）口・こも（鵜）原口此中間にいつくしつか（厳塚）あり、こゝにてれうまつり（猟祭）あるなり、此□つか（塚）へ人のほぬ（ら験カ）事なり、此つかの事なり刑（形カ）ハ杉なりのつか、□飯なり刑（形カ）なり、

下野狩集説秘録

延德三年之記

延德三年之記

1一神武廿二年乙丑正月廿日狩、同二月初贄、卯日也、

2一御狩無日、二月八日、三月十七日、同十八日、月によてしゆく□□うしの日御かりあるへからす候、いかさま風雨など、又ハ火なとわろく候て、其餘思儘御狩無二御座一候よし聞傳候、於二末世一此日御かりあるましく候、

3一不レ可レ有二此御狩一日之事、二月戌日、三月巳日、同黒火日、天日能々御嫌アルヘシ、

4一此狩ハ神武廿二年乙丑正月廿日始レ狩なり、

5一神記九年正月廿日贄狩也、三所定なり、

6一此下野御狩者、阿蘇悉湖ニテ候ヲ、神武天皇御干給時、天皇御約束ノ贄狩也、其外御祭禮ハ以後阿蘇田畠地相定而、御祭等も定候也、此御狩者就二萬事一始ノ御祭禮也、左候而、日ハ如何ニト御定給候、二月初卯之日ノ御祭禮ト有也、毎年二月初卯日御定給候間、正月廿日ノ日ノ御狩を狩定給候也、其巳後正月中御狩候へハ天氣惡事も候、又ハ殘雪、又ハ風定ます（ら鞁カ）、雨も茂くふり滞候間、御鬮御託宜なとも候哉、其後ハ二月之下旬比より三月之始比之御狩ト被レ定候由候也、是ハ近代之事也、御神慮も此儀も彌々以御當家御繁昌候、此狩ハ如何ニモ可レ有二御奔走一御事也、當家之美哇（々々）諸國之傳言、勝二此御狩一見物有ヘカラスト御感之儀也、晴彌々可レ入事候也、

7一當家祭禮の始、此狩之外不レ可レ有、既ニ日本之有（々々）主御奔走候、奥野之狩、富士野狩も留候、一向當神御說候哉、此

118（頭註）宗との人
一「宗戸馬被レ参候方々、次第不同ニ書置申候、御親類達、次ニ坂梨・小陣・惠良・西・南郷七人之一家、高森・村山・市下・竹崎・二子石・長野・澁河、何も南郷の御添端の若衆むねとへ被レ参候、竹原・松崎・積、被レ参候、

119一所々より宗渡（徒）へ被レ参候方々、阿蘇より一大夫、小田より下城、夜部より野部方、甲佐より一大夫、建軍光長方・一大夫方、こうの浦より一大夫、山西より千田方・野尻方、阿その手野三宮方、何も一名字ニ一人つゝ、其餘ハ皆々

（頭註）物合
弓手に被レ参候、むねと馬卅騎、卅騎過候へハ百騎の内六七十騎、物合の方ハ物合あるましく候、せきも人々御心得之前候、

120（頭註）馬宗渡
一弓手馬・妻手馬、定候人數なれとも、時に弓馬ニ達者の方をハむねとへめす事候、御用多候、岩藏成敗、又ハ肥州など其餘當國中ノ面々見物候、彼方々へ御使など別而支度、又きようの方入候、爲二御心得一申置候、

121（頭註）厳塚
一こもいけ口こも原口、此中間にいつくしつかあり、こゝにてれうまつりあり、此つかへ人のほぬ（ら歟カ）事也、此つかの事なり、形ハ杉なりのつか、飯なり形なり、始而大明神此狩ある時、此つかにて國造大明神と物をきこしめし候つかなり、

122（頭註）猟祭
一下田方狩奉行、高鹿責・早角・荒瀬、此塚にて狩祭して、其以後上様御酒、十一騎馬上さけ、下田方酒入候て、十二こんきこしめして、謐而下田方馬上にて打出候、厥時風追風谷候て（さ）馬場へ出候、高鹿責今日の風ハいぬ井の風なりと三度こう、下田方よひきかせなり、はへの風なり、しつかによき風とこたへ候、三と

123（頭註）火繩・火引馬
一火繩の長、七ひろ三しやくほと、一尺二寸火つな、二丈三尺ニ膂、膂繩一丈五尺、付様あり、

124（頭註）中火
一手繩を鞍まへ輪にうちまハして結付て、きしもさきの左木へつくるなり、火繩にハ人を添候て引せ候也、能々有ニ口傳一、

125一此三騎ハさい所のかれ候方ハ本馬、下田方役なり、中の馬ハ其儘中間馬と云、上様御使跡（後カ）、火引の馬ハ北宮明神御

音鹿青 早角 荒瀬

227 一、下田方狩奉行、音鹿賁・早角・荒瀬、此塚にて狩祭候て、其以後、上様御酒、十一騎馬上さけ、下田方、洒合て十二こんきこしめして、満而下田方馬上にて打出候、厥時、風追風答候て馬場へ出候、音鹿賁今日の風ハいぬ井の風なりと三度たう、下田方よひきかせなり、はへの風なり志つかによき風とこたへ候、三と、色々習多く候、

乙姫明神

228 一、につかの大明神あそはし候御哥とて竹原の宮師・宣明語申候、いへのはま乙姫明神の御恵へき候よし申候、殊勝存候、

往生嶽

229 一、あかミツハ我かゐる前の河なれハなかれの末乃浪ハにらし、

230 一、見る人もわうしやう嶽乃立成か下野の狩に出よめなわらへ、如此御哥候、人々御心得のために申候、あかミつのはゝか本名にて候、有口傳、阿蘇大宮司宇治朝臣惟助 在判

惟助

火縄

231 一、火縄の長七いろ二しやくほと、一尺二寸火つな二丈三尺ニ付、着縄一丈五尺付様あり、

232 一、手縄を鞍まへ輪にうちまハして結付てきしもさきの左本へ〻つくるなり、火縄にハ人を添候て引せ候也、能々有口傳ニ、

本馬 中の馬 火引の馬

233 一、此三騎ハさい所のられ候方ハ、本馬下田方役なり、中の馬ハ其體中間馬と云、上様御使、跡火引の馬ハ、北宮明神御使、火引の馬と云なり、有口傳ニ、

惟次

397 一、けいこハ犬を一疋つゝひかせれ、御本社の御祭礼を二月三月御取行御奔走千秋万歳候、

大宮司惟時

398 一、惟次之事、

九州肥後國阿蘇郡

村山丹波守宇治惟尚（花押）

于時慶長十二年丁未三月四日丁卯具書之

3 下野狩旧記抜書（一）

（表紙）

（題簽）下野狩旧記抜書 一

（扉）下野狩日記雑録 全

（内題）下野御狩旧記抜書

126 使、火引の馬と云なり、

一此二騎の馬ニ御出之方卒忽ニあるましく候、上意相似候方、又ハ御神慮にも相似候するよし聞傳候、御一家の外あるましく候、薊黨中よりも御出候、中火の次第、大形如レ此候、別而習多候也、

127 （頭註）中火

一中火ハくに木原の山際より、馬隠し山のにしのはつれに見合てまつ、たゝ人を廿人斗ふみとおらせて、その跡より木馬を遣候、何もこゑをせす、いかにもしつかにとおらせ、通あるへく候、中馬の馬上も、火引の馬上も轡而被レ乗候、此まかくし山と云ハ、たつみの方ハ廣、いぬ井の方ハせはく、たとへハとかり矢の形なり、如レ此見合て行ハ、中火ハちかひ候ましく候、とかり矢山と云ハ馬隠し山之事なり、

128 一仲馬に両所共ニ物越しの堀あり、仲馬のならひ多候、仲馬両人共ニ心がけ御習あるへく候、此狩ハ九州人々無二是非一候、諸國人々來合候へハ見申候、天下無レ隱御かりの御祭禮なり、別而當家困入事候、御油斷あるへからす候、各連々御稽古しかるへし、

129 （頭註）弓持

一物をいてハつるを、袖内になして持なり、多くの時ハつるを外になす、

130 （頭註）矢答

一物いての矢こたへの事、くるり鏑にならひ候ならハ仕候と申候、かふらハひいつはと仕候とこたへ候、人々御心得あるへく候、

131 （頭註）落馬

一日の矢・月の矢・角の矢・けたの矢・よき中の矢・おい様の矢に有二口傳一、落馬して八弓を右に持、打歸也、又、態落馬有レ道候也、口傳、

132 （頭註）宗徒・馬添

一宗と馬御添若衆、地鋼一手さゝれ候事候也、弓手馬妻手馬ニハ一つもさゝれ候、若衆斗し目引目本なり、

133 一三ノ馬場ハ用所候各所の事、おいうの口・殿つか・とゝろき原上下ニあり、遠見塚・馬隠山・さゝの原・くに木原・厳塚□こも原口・恒例塚・龜迫・茂迫・通山・作渡、何も此所ハ御用在なり、

（頭註）決戦
と御祭禮沙汰成敗なとも御決定候、殊下野御狩之事、所と老者代官役人召寄、數日以二御談合一、御狩如二神代時一定給候也、於二末世一惟時御定之外、何事も法度不レ可レ有二御座一候哉、頗下野御狩責籠狩人在と所と取分法度之事、於二後

（頭註）獲ノ数
日一可レ爲二本望一哉、兼又惟時様御下候て、始而御馬御立候三月廿二日御狩祭禮にて候、其日御狩猪鹿之間九十三、

（頭註）分内
此中猪ハ十七、亦馬上獅子廿一、阿蘇宮籠納候、社人祝神人沙汰之物百餘人の神人へ、鹿被レ分候也、供僧十五人

（頭註）分宿豆腐
は大豆腐を分也、權大宮司役也、阿蘇地下給人、陳へ參候方ハ獅子を被レ食候、權大宮司隙及候也、

289 一惟人御かんきん所、御所よりたつみの方へ御にかい作也、上十五日ハ悉皆御請進にて、天下又御家御祈禱有なり、其質例を御ひき候て、末世までも當家を御斗の御方ハ、いかさま上十五日御しやうしんあるへし、別而下野狩ちかくなり候ハゝ、御請進あるへき御事也、始中終御當家ハ御身をそゝろに御もちあるましく候、

290 （頭註）御馬屋

一御惣官の御馬屋ニハ白月毛・黒あしけ・黒馬いかさま御立、殊ニ下野御狩御めし候するためなり、

291 一阿蘇案内者獵師二人 黒河別指 狩尾別指 なり、両人のへんさし、則荒瀬・おとかせさうつの阿そ二人、何も神御付候、代と別人彼村辨指不レ可レ持候、よのつねのとかハさしおかれ候、

下野御狩法度之事

（頭註）供

一於二馬場一、内者餘多被レ列事不レ可レ然候、矢取一人、太刀持一人、馬口捕両人外無用候、就レ中長具足不レ可レ持事、

（頭註）祭物

一於二馬場一物祭御時、一度被レ乗馬候事如何候、一番詰、二番詰次第被二見合一可レ然候、物合後被二馬運圍一事不レ可レ然候、次及夫可レ嗜事、

（頭註）馬場移

一馬場移之時、無二四度計一被二乗懸一事如何候、馬打靜各可二彼嗜一事、

（頭註）御鹿不追歸

一見物徒立之仁内者以下、從二馬場一漏候鹿不二追歸一、射捕候事不レ可レ然候、其上自二岩倉一馬場江射二出矢一候事如何

本的性格が視覚的に理解できるであろう。

②史料の対応関係

「集説秘録」と「狩日記」上下・抜書(「旧記抜書」)の関係は、図表1と解せられる。「狩日記」は題名を統一しているが三部に分かれているのに対し、「集説秘録」は「延徳記」を主体としながらも、統一性のない各種史料を年代別に配列した題名通りの集説史料というべきもので、「延徳記」と、次の「下野御狩法度之事」との境界は看過されやすい側面はあるが、内容を照合すると、図表1のように「延徳記」と「狩日記」上・下、「延徳記」以外の「延徳外録」と「旧記抜書」が対応し、「延徳記」と「旧記抜書」、「狩日記」と「延徳外録」の内容がつながることはない。

図表1　下野狩史料の構成と対応関係

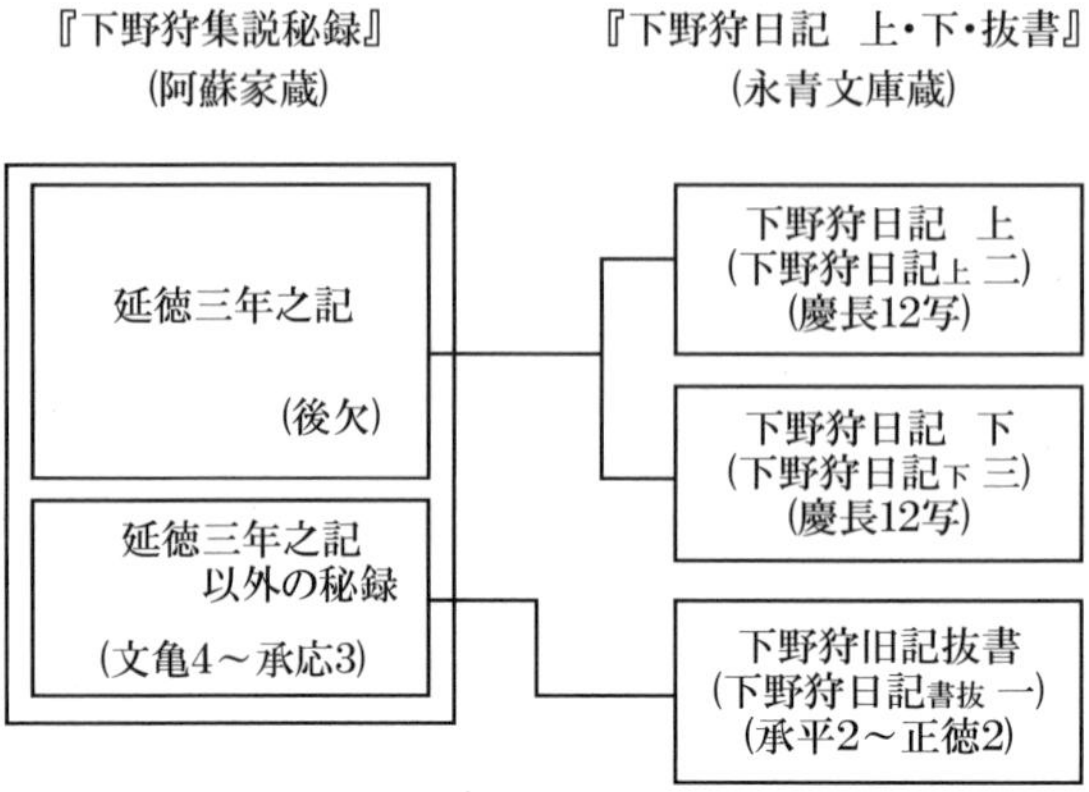

図表2　下野狩史料条文構成略図

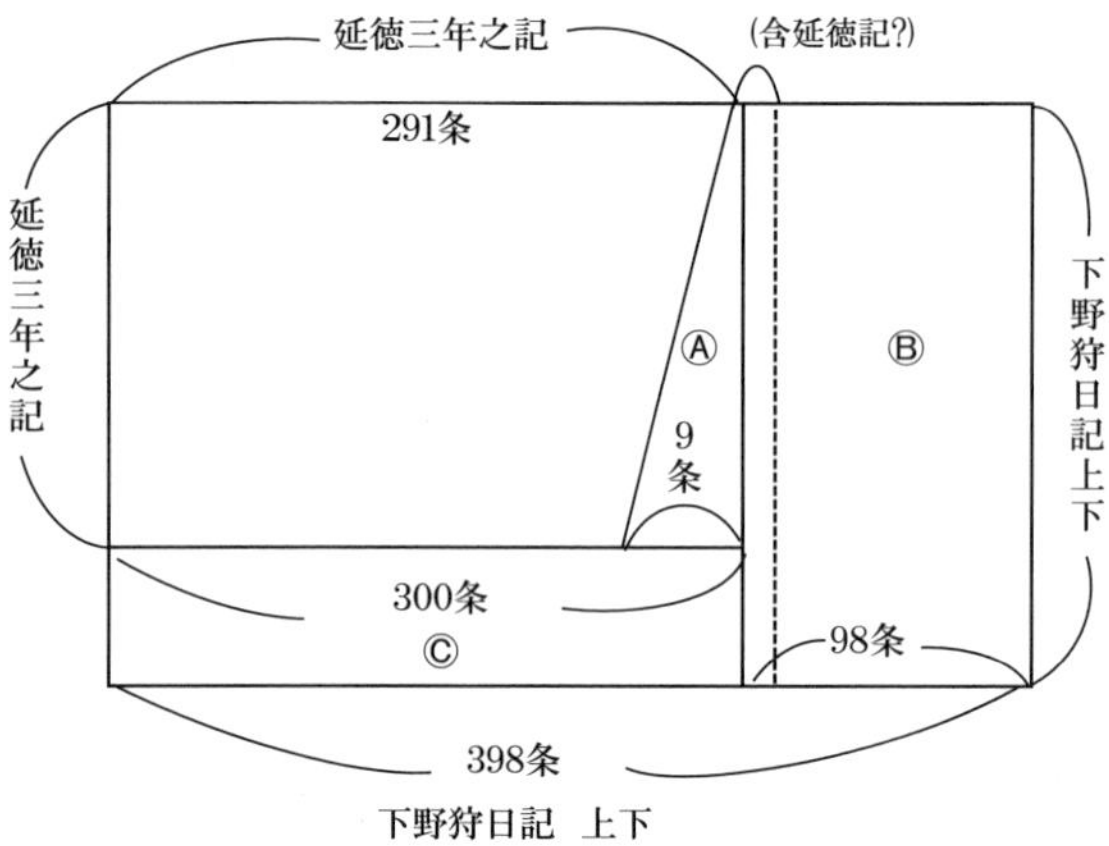

図表2は、「延徳記」と「狩日記」の条文構成の略図

図表3　延徳三年記以外の記録と下野狩旧記抜書の構成との対応関係

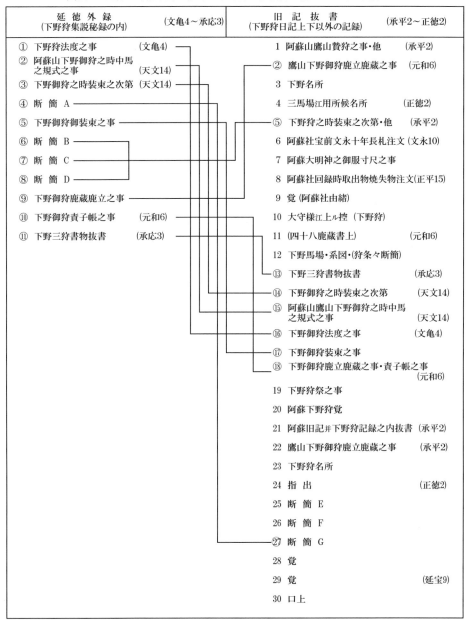

延徳外録（下野狩集説秘録の内）　（文亀4～承応3）	旧記抜書（下野狩日記上下以外の記録）　（承平2～正徳2）
① 下野狩法度之事　（文亀4）	1 阿蘇山鷹山贄狩之事・他　（承平2）
② 阿蘇山下野御狩之時中馬之規式之事　（天文14）	② 鷹山下野御狩鹿立鹿蔵之事　（元和6）
③ 下野御狩之時装束之次第　（天文14）	3 下野名所
④ 断簡 A	4 三馬場江用所候名所　（正徳2）
⑤ 下野御狩御装束之事	⑤ 下野狩之時装束之次第・他　（承平2）
⑥ 断簡 B	6 阿蘇社宝前文永十年長札注文（文永10）
⑦ 断簡 C	7 阿蘇大明神之御服寸尺之事
⑧ 断簡 D	8 阿蘇社回録時取出物焼失物注文（正平15）
⑨ 下野御狩鹿蔵鹿立之事	9 覚（阿蘇社由緒）
⑩ 下野御狩責子帳之事　（元和6）	10 大守様江上ル控（下野狩）
⑪ 下野三狩書物抜書　（承応3）	11（四十八鹿蔵書上）　（元和6）
	12 下野馬場・系図・（狩条々断簡）
	⑬ 下野三狩書物抜書　（承応3）
	⑭ 下野御狩之時装束之次第　（天文14）
	⑮ 阿蘇山鷹山下野御狩之時中馬之規式之事　（天文14）
	⑯ 下野御狩法度之事　（文亀4）
	⑰ 下野御狩装束之事
	⑱ 下野御狩鹿立鹿蔵之事・責子帳之事　（元和6）
	19 下野狩祭之事
	20 阿蘇下野狩覚
	21 阿蘇旧記并下野狩記録之内抜書（承平2）
	22 鷹山下野御狩鹿立鹿蔵之事　（承平2）
	23 下野狩名所
	24 指出　（正徳2）
	25 断簡 E
	26 断簡 F
	㉗ 断簡 G
	28 覚
	29 覚　（延宝9）
	30 口上

図表4　下野狩史料挿図配列順序

延徳三年之記		行　騰 (A)(B)	鏑と工具｜引目と工具 (C)(D)		籠手
下野狩日記	上	鏑と工具 (C)	行　騰 (A)	狩の馬場図	
	下	行　騰 (B)	鏑と工具｜引目と工具 (D)		籠手

(概念図)である。「延徳記」は二九一条、「狩日記」は三九八条と、一つ書きの条文数に差があり、同一条文中でも「狩日記」の方に語句が多い場合がある。また、共通する内容の条文についても、両史料間には、二九一条と三〇〇条と、九条の差Ⓐがある。また「延徳記」にない九八条Ⓑの問題は後に検討する。

図表3は、「延徳外録」と「旧記抜書」の対応関係を示すものである。前者は一一項目であるが、後者は三〇項目である。後者項目の数え方、分け方については異論の生ずる部分もあり得るが、いずれにせよ両者間に大差があることは動かない。両者間の対応関係は、「延徳外録」の項目全てが「旧記抜書」の項目に含まれる。それ故に、前者は後者からの引用であるとする解釈も生じたであろうが、同項目の内容については部分に相違があり、引用説への疑点は後に検討する。

図表4は、「延徳記」と「狩日記」所収の挿図配列の比較である。本来なら条文数との関係の中で示すべきであるが省略した形とした。「延徳記」は、後半部に、行騰—鏑と工具・引目と工具—籠手の順に配列されている。「狩日記」では、上巻・下巻に挿図が分けて収録されていること、更に上巻には、「延徳記」にない狩の「馬場図」が収録されている。また、行騰と鏑・工具が、それぞれ分割されて上下巻に収録されている。

飯沼説は、削除論の立場から、少し工夫をすれば収録できたであろうと説明する。筆者は「馬場図」を入れたために生ずるバランス調整による行騰・鏑・工具の分割と考えるが、この「馬場図」については終末の付論で言及する。

以上、両系史料の対応関係は、表面的・可視的比較（例示）においても、内実的・計量的比較（図表）においても、「狩日記」・「旧記抜書」が「延徳記」・「延徳外録」より多いことは明らかである。そして、多いという形は、条数（一つ書き）・項目についても、条文内容においても確かである。この多いということが飯沼説の排仏思想による削除（＝選択・改編）論の前提であろう。

では、多いという意味内容は如何なるものか以下検討を試みたい。

二　「集説秘録」成立説への疑問――「狩日記」・「旧記抜書」の多いことの意味――

(一)「狩日記」上・下と「延徳記」の比較

図表5　291条と300条の差の関係（図表2Ⓐ）

延徳三年記		下野狩日記	
増条	条文整理番号	条文整理番号	増条
＋1	223	図11－⑤	
＋1	224	図2－⑫	
＋1	198	図3－①	
	図5	68	＋1
	82	120	
		121	＋1
	6	169	
		170	＋1
		171	＋1
	121	225	
		226	＋1
＋1	210	図17－⑩	
	図17	295	＋1
	46	332	
		333	＋1
		334	＋1
		335	＋1
		336	＋1
	291	338	
		339	＋1
	183	380	
		381	＋1
	184	391	
		392	＋1
＋4	（差引＝＋9条）		＋13

①条数の差と内容

前述の図表2のⒶについて、図表5では二九一条と三〇〇条の差、Ⓑについては図表6で検討する。Ⓒについては、図表7から図表10まで関係するが、特に論及はしない。

まず、Ⓐの両者間に九条の差はどうして生じたか。それは条文が分割（見方を変えると合体）された場合と、挿図註記が条文として加わった場合である。

図表5によれば、挿図註記の本条文化による増加

図表6　下野狩日記のみの条文内容分類（図表2Ⓑ）（延徳三年之記にない98ヶ条）

	種　別	細　目	数	総　数
1	場　所	地名	3	3
2	用　具	行縢 篭手 衣服 御幣	10 1 1 1	13 （3）
3	詩・文	古書 和歌 祭文・呪文	4 7 7	18 （3）
4	人	大宮司 下田氏 権大宮司 他	7 3 4 5	19 （2）
5	仏　神	本地垂迹 北宮・西宮 他	7 4 3	14 （10）
6	狩	注意・心懸 理由・由緒・評価 記録・相伝 他	12 5 6 1	24 （5）
7	字意・読字	用字解釈・読み	3	3
8	無関係	御曹司誕生	4	4
	計		98（23）	

（　）仏教の用語や解釈がある条

は「延徳記」四条、「狩日記」二条である。一方、条文の多少は、「延徳記」四条増、「狩日記」は一一条増であり、合計すれば、「狩日記」一三条増、「延徳記」四条増となり、差は九条。これが三〇〇条と二九一条の差である。

次いでⒷについて、図表6では、「狩日記」のみにみられる九八条であるが、各種の内容を含む。多少の見解の相違もあり得るであろうが、一応項目を定め分類した。仏説・仏語は各項目にみられるので、含まれる仏説仏語のある条数を（　）内に示した。

これらの項目については、狩と直接結び付く内容（用具・人・狩）、間接的に結び付く内容（詩文・仏神・字意・読字）、無関係だが、条文の流れから関係あるともいえるもの（場所）、狩と無関係な内容（御曹司誕生）にも分けることができる。

以上、図表5について、九条の差は条文の分割と挿図註記の本文取り込みによるが、この結果は「延徳記」にしかない条文は存在しないことになる。筆者は「狩日記」と「延徳記」が別系本の可能性も考えていたが、両者は同系本であり、その多少の差は、削除か、増補かのいずれかということになる。

次いで、図表6について、「延徳記」にない九八条は多種の内容を含み、仏説・仏語に関する条文は各項目に存在

図表7　仏説・仏語表現の比較

延徳記整理番号	延徳三年之記 狩日記と共通語句	延徳三年之記 狩日記にない語句	狩日記整理番号	下野狩日記 延徳記と共通語句	下野狩日記 延徳記にない語句
			1		方便殺生・為成仏願
17	上品上生・中品中生・下品下生		41	上品上生・中品中生・下品下生	方便御殺生
			70		成仏
			74		八功徳水
			84		弥陀・勢至・阿弥陀・・・
24	四面大菩薩		107	四面大菩薩	
27	行法・大般若		146	行法・大般若	
106	不動之御縄		155	不動之御縄	
			172		垂迹観音・釈迦・方便殺生
			173		猪鹿成仏
			174		方便殺生超菩薩万行
			180		多聞・持国・広目・増長
			183		文殊師利菩薩
			184		普賢・文殊
			193		九品浄土
32	八功徳水		194	八功徳水	
			204		観・弥・光・薬
			205		毘・龍・多・地
			206		勢・虚空・普日
			207		光昭菩薩・文殊
			209		十二宮本地
38	心経十二巻		217	心経十二巻	
			276		観世音菩薩御反身
289	惟人かんきん（看経）		281	惟人かんきん（看経）	
			289		末世
158	寂滅為楽		291	寂滅為楽	阿弥陀在所・西方浄土
			301		摩利支天真言
45	為成敗願・神慮御方便		319	為成仏願・神慮御方便	
			322		八幡大菩薩
			330		しゃうふつ（成仏）
46	垢		333	垢	
46	仏清浄		334	仏清浄	
46	仏水・法水・僧水・菩薩水		335	仏水・法水・僧水・菩薩水	
46			336		（梵字）（呪文）
249	鹿も成仏		340	鹿も成仏	
			378		方便の狩・天岩戸開放

するが、量的には四分の一弱に当たる二三条であり、仏説・仏語に関係ない七五条は「延徳記」になぜないかということの回答は必要であろう。ただし、この中には、多くはないが「延徳記」の後欠条文が含まれているとみられる。

②仏説・仏語の記載

図表7は、「延徳記」と「狩日記」の各条文中に、仏説・仏語を含む表現の部分を抽出している。番号は両書それぞれに付けている筆者の整理番号である。「延徳記」の内容は同じく「狩日記」にもあるが、ただ「延徳記」の46条は「狩日記」では333・334・335条となり、更に336条が加わっている。また同じく「狩日記」41条は、「延徳記」17条と同じであるが、更に「延徳記」にない仏説が加わっている。

「延徳記」にない条文の仏説・仏語は二五条。その内、「延徳記」とも共通する仏説・仏語も含むものが二条あるので、「狩日記」のみの

史料2

仏説削除疑点史料

史料A	史料B	史料C
(延徳記)17 (狩日記)41 □ 延徳記ナシ	(狩日記)291 □ 延徳記ナシ (延徳記)158	(延徳記)249 (狩日記)340 □ 延徳記ナシ
一、馬上三騎先以小物のは丶(馬場)へおろされ候事、御本社の御ちか(誓)ひあるやいなや、仍狩祭すきて火 引ニ出し候、馬上各〻さきに乗れ候、馬ハ本馬下田方役也、中にのられ候事ハ、其ま丶中間の むま(馬)といふ、跡の馬ハ火引の馬と云、此三騎の馬ハ上ニ色〻数〻習口傳多く有也、三騎表物、 本馬下田方役、その日の御祭礼を取行上品上しやう(生)、中間の馬ハ上様の御使、中品中しやう(生)、 火引馬ハ北宮大明神御使、下品下しやう(生)をへう(表)し給ふよし聞傳した丶ならぬ御狩なり、懈怠 あるへからす候、方便の御致生候間、別而御神慮を可被仰候由、承傳候、口傳、	一、阿弥陀在所ハ、西方浄土仏土衆生所也、又云阿蘇阿此心字也、亦云下野原馬場を西野原と云、 是も弥陀浄土也、剰此御狩馬上方〻ハ忝モ諸廾也、見物之貴賤男女悉皆可有成仏、就中此日馬 上にて獅子射候へハ諸人見物者無余念被思候、聽(本ノマヽ)而成仏不可有疑候也、就中鏑矢ニテ獅子可被 射事可為肝要候、此鏑之音ハ寂滅為樂理鳴由傳聞、別而鏑矢を竿に二三指可然候、如何様一ハ 可指候也、	一、鏑矢を御さしなく候ハ丶、しらミかきの矢尻にかの角にてくるり(鏑)をつくりて御すけ(挿)しかるへ く候、就中かふらを一二いかさま御さしあるへく候、同前候へとも鏑にて獅子あそはし候、 其射主も鹿も成佛するとの御詫〔託〕宣難有御誓にて候、馬上の方ハ為御心得候』(改丁)口傳、 惟國

九八条中、仏説・仏語を含む条文は二三条となる。一方「延徳記」にも仏説・仏語を含む条文は一一条存在する。更に、この内で狩の功徳を述べる「鹿も成仏」・「神慮御方便」の表現は二条存在し、「殺生を正当化する方便の部分が完全に削除され」たとする飯沼説は当たらない。

次いで、削除説に疑点を生じる条文例を挙げる。史料2の条文史料A・B・Cは、「狩日記」・「延徳記」共通条文であるが、□の枠内の表現は「延徳記」になく、「狩日記」のみの部分である。いずれも「狩日記」の方が多く、「延徳記」は少ないので削除説も妥当のようにみえるが、条文中の仏説・仏語に傍線を引いてみると、たしかに「狩日記」に仏説・仏語がみられるが、「延徳記」にもみられる。

史料Aにおいては、「狩日記」の「方便の御殺生候間」は「延徳記」にはないが、「上品上生」「中品中生」「下品下生」の仏語は存在する。また史料Bでも「浄土」「諸菩薩」「成仏」は「延徳記」にはないが、「寂滅為楽」の仏語は存在する。更に史料Cでは、「狩日記」にしかない表現は「馬上の方ハ為御心得候、口伝、惟国」という部分で、「延徳記」にも「鹿も成仏するとの御託宣難有御誓にて候」とある表現が存在することは、削除説からすれば、この部分を削除しなければならないはずである。

従って、排仏思想にもとづき仏説・仏語削除を論拠とする「集説秘録(＝「延徳記」)」成立論は不完全であるといわざるを得ない。

③口伝と秘事の表現

一見しても「狩日記」には「口伝」の用語が極めて多い。この関係をまとめたものが図表8である。「延徳記」二九一条にみられる「口伝」は一九条に過ぎないが、「延徳記」と共通する「狩日記」三〇〇条では八五条あり、「延徳記」にない「狩日記」のみの九八条では二八条、結局「狩日記」三九八条にみられる「口伝」は、計一一三条であ

図表8　用語「口伝」の記載の差

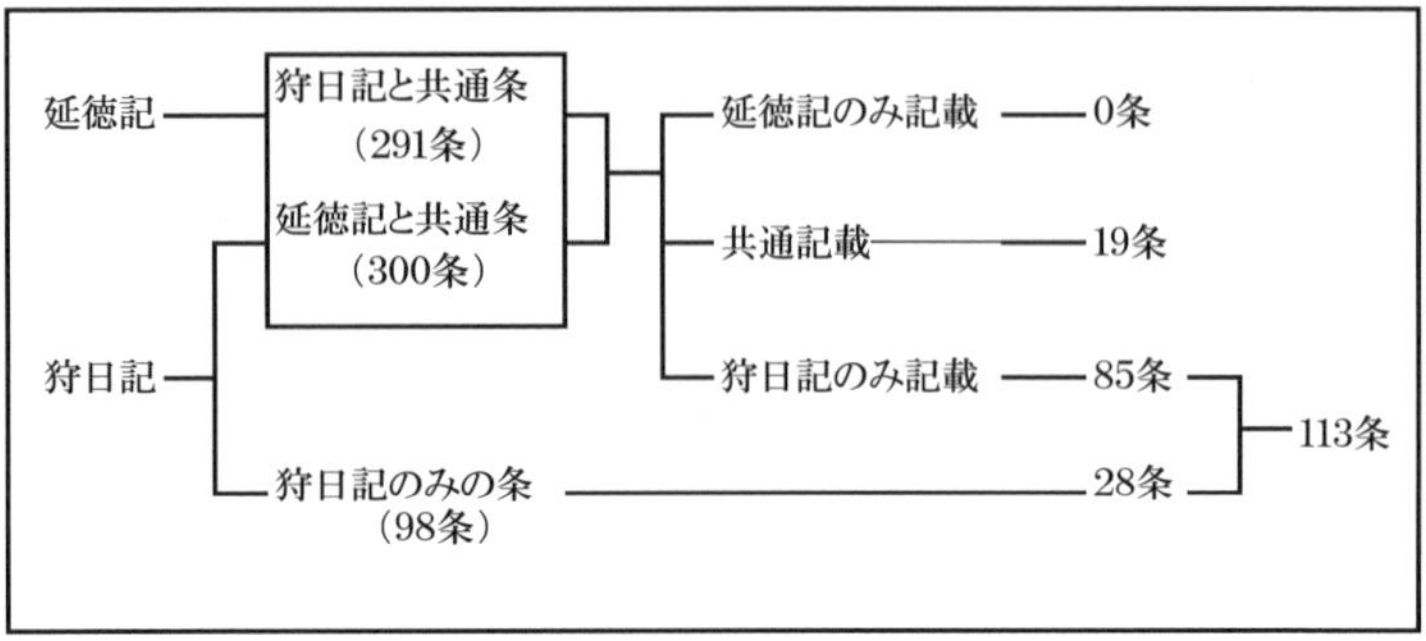

図表9　秘匿表現語句の有無（「秘事」・「可秘」・「不可他見」）

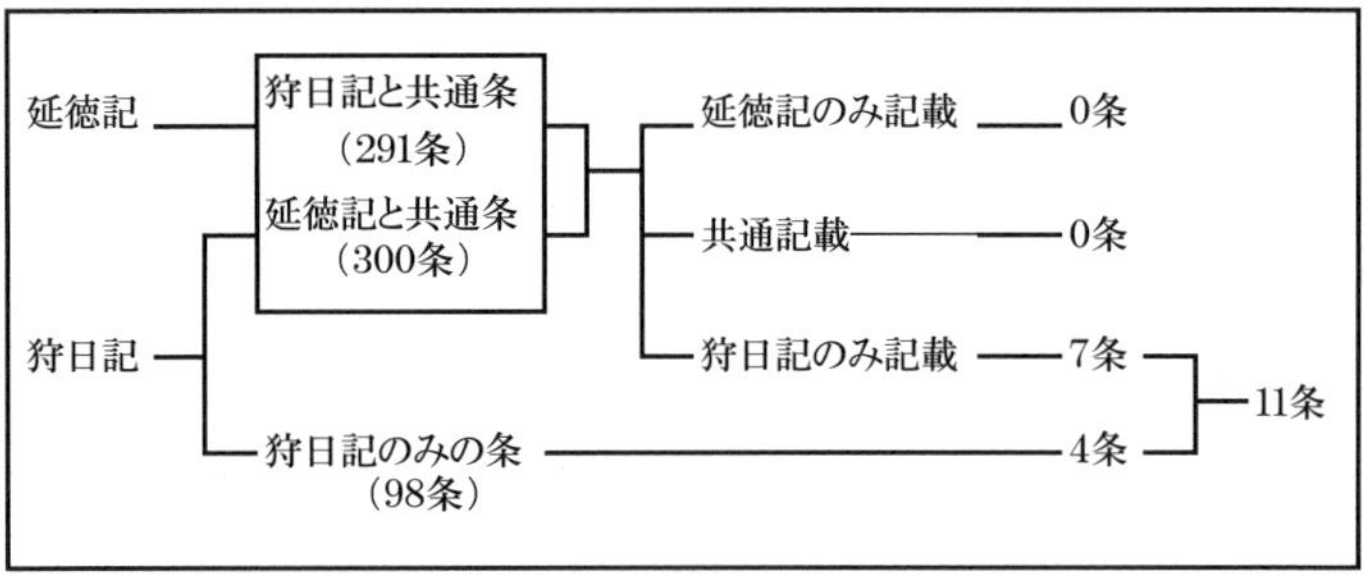

り、実に四条に一条の割合で使われていることになる。一方「延徳記」にあって「狩日記」にない「口伝」の例はない。そして、これら両史料とも「口伝」の語のほとんどはその文末にあり、文中にみられるのは三条ほどに過ぎない。

図表9は「狩日記」のみにみられる表現として、「秘事」・「可秘候」・「不可他見」・「他言不可」・「親子兄弟ニモ見ヘカラス」という秘匿の意図を示す例が挙げられる。これらは、「延徳記」と共通条中に六条、「狩日記」のみの条に五条みられる。

秘事とされる内容は、「延徳記」にはなく「狩日記」にしかない五条について、①行騰の名所72、②行騰が皮に変わること73、③草部吉見神の履歴81、④宮造りと十二神将84、⑤神武天皇隠居195。

「延徳記」と共通ながら「狩日記」にしかない表現について、⑥地名、西野原は本名161、⑦惟秀下野狩相伝の奥書163、⑧馬場での下田と権大宮司の心得165、⑨弓の巻革265、⑩狩のスケジュール167、⑪惟時定めの初狩の例275、である(下の数字は「狩日記」整理番号)。

この内、「口伝に有り」として、更に内容ありと称するものは、③・⑤・⑥・⑧・⑨であり、他はその本文そのものが秘すべきことというのであろう。

以上、「狩日記」にみられる「口伝」の使用は多すぎる。文末に付け加えたという感が避けられない。本来、口伝とは細末に及ぶので省略の目的を持つ場合と、具体的内容を記載・公開したくない場合に記されるとみられる。「延徳記」二九一条中に一九条ほどなら抵抗感もないが、「狩日記」三九八条中に一一三条とは異常にみえる。また、「延徳記」が「狩日記」の抄本となった削除論に立つ時、なぜ、一九条残ったか、削除のルールが見えない。

次いで、秘事の表現を削除論から説明する時、矛盾が生じる。秘事の故に「延徳記」作成の時に除かれたという理由は、「狩日記」のみの条文①〜⑤については説明できる。しかし、本来「狩日記」に記されていた⑥〜⑪の「秘事」を示す表現が「延徳記」では削除されているとすれば、こちらは秘事ではなくなったことになる(ただし、⑦は秘事の表現のみならずその内容を含め削除されたことになるので除外、この場合は①〜⑤に類する)。

これらの疑点は逆に考えると容易に説明できよう。「延徳記」の「口伝」一九条に、「狩日記」で八五条と二八条が追加されたのであり、「延徳記」になかった秘事表現が「狩日記」で追加されたと理解すればよいのである。

④人名記載の差

「延徳記」と「狩日記」では、人名記載の量(人数・回数)に大差がある。図表10によれば、「延徳記」では六人・九回の記載に対し、「狩日記」では一一人・五五回、「延徳記」との重出分を加算すれば、一七人・六四回となる。

また、「延徳記」での人名は文中の記載に限られるが、「狩日記」の場合は、文中人名は三人・二〇回増に対し、文末人名は、一〇人(重出2)・三五回増となる。そして、「口伝」と人名がセットで文末にみられることも「狩日記」では珍しくない形である。

図表10　人名記載の比較

			延徳三年記		下野狩日記		
		人名	文中	文末	文中	文末	計
大宮司		忠　行				1	1
		宗　延			1		1
		惟　遠				1	1
		惟　助				1	1
		惟　国	1		1+4	10	1+14
		惟前・惟利	2 (惟前)		2+2	2	2+4 (惟利)
		惟　時	3		3+5	8	3+13
一族家臣		惟　次			7	3	10
	坂梨	惟　秀			1	2	3
		惟　吉				2	2
		惟　兼				1	1
		惟　光				1	1
		惟　照				1	1
	村山	惟　尚				2	2
	下田	左衛門大夫	1		1		1
社家	今村	亀左衛門	1		1		1
		八郎次郎	1		1		1
回数			9		9+20	35	9+55
人数			6		6+3	8	6+11
計			9回 6人		64回 17人		

文末人名とは、条文の最後に人名が記されて、条文の証人と解釈せざるを得ない表現となっているが、文体としても、条文の性格からも何となく違和感がある（ただし、文書や奥書の署名者も文末人名として数えているので、その場合は形を成しているといえる）。

これら文末人名は、「狩日記」の場合に限り、「延徳記」には存在しない。

一方で、人名に注意して内容を分類すれば、①人名・回数が「延徳記」・「狩日記」いずれも同一人・同回数で変化のない場合である。これには下田・今村と、過去特別な役割を果した人物、あるいは特殊な職能とかかわる人物の場合である。

②「延徳記」記載の人名と「狩日記」記載の同一人名で、その回数に差が大きい場合として、大宮司惟国と同惟時の例がみられる。

③「狩日記」のみにみられる人物で、古代大宮司系図にみられる大宮司四人・各一回と、鎌倉末・南北朝初期と推測させる表現の坂梨一族五人が挙げられ、他に大宮司一族とみられる惟次、「狩日記」奥書に署名の村山惟尚がいる。

坂梨一族は惟次とかかわる惟秀は別として、いずれも文書や奥書の連署者の一人である。

④その他、「狩日記」では惟利、「延徳記」では「惟前」と記載される大宮司がいるが後述する。

別に検討するが、署名も含めて「狩日記」では文末の人名が多いことが指摘できるが、例外として、大宮司一族の「惟次」なる人物については文中にその名が頻出することが注目される。その回数も文中・文末で一〇回と、惟時・惟国に次ぐ回数であるが、「延徳記」にはその名は全く記載されていない。惟次は「狩日記」における史料と人間関係の要としての存在でありながら、削除説からすれば「延徳記」作成においてその存在を抹消されていることになるのである。惟利・惟次・惟尚については別に検討する。

⑤系図への疑問

「延徳記」にはないが、「狩日記」上には、A下田系図、B草部系図(阿蘇権大宮司)、下には、C阿蘇大宮司系図が収録されている。史料3として示すものである。

この三氏は下野狩を主宰執行する家系としての由緒で収録されたのである。大宮司は、阿蘇大明神(=神武天皇)の身代りとして宗徒馬を率い、草部吉見神の子孫とされる両氏のうち、阿蘇社権大宮司が妻手馬(阿蘇・小国の領主)を、下田氏が弓手馬(南郷・矢部・その他)を率い、更に下田氏は狩奉行として狩と神事を指揮して狩が行われたとされる。下田氏は鎌倉時代に阿蘇大宮司領の一つであった南郷谷の下田村を預る在地領主であったとみられ、同地の西野宮との所縁も深い。「延徳記」は同宮の権大宮司であったと記し、「狩日記」は大宮司であったとするが、中世の一次史料では確かめられない。

同氏の初見は、建武二年(一三三五)阿蘇谷社領三郷をそれぞれ沙汰する阿蘇社中司の一人として、権大宮司、渋川兵庫介とともに「下田常陸介」と記されているのが初例である(阿一・94号)。中司とは職名としては鎌倉初期から知

史料3

「下野狩日記所収系図」

A　下田氏系図

吉幾―高成―高頼―吉範―吉累―吉國―吉實
―吉俊―吉卓―吉圖―忠俊―忠延―吉兼―吉明
―吉朝―吉春―友吉―友道―頼貞―吉方―吉長
―吉連―吉遠―吉近―吉本―吉實―吉種―則定
―近蔑―蔑直―吉盛―則成―吉安―吉守―吉家―吉綱
―惟能―吉兼―時能―能碓―能忠

B　草部氏（阿蘇社権大宮司）系図

吉見―吉照―吉高―高安―寺守―吉次―吉元 百十一
―吉助―吉助―吉貞―頼氏―吉蔵―吉秀―吉信
―吉末―吉子―吉泰―吉重―吉艋―吉昌―吉和
―吉房―吉増―吉永―時吉―時直―吉衡―吉幸
―吉隆―吉清―吉興―林吉―吉郷―吉春―一泰―吉見

C　阿蘇大宮司系図

成菊〔兼カ〕 二 実子―高正 三 実子―友則 御長六尺二分 四 八十一―頼高 五
―忠行 六 九十一―遠朝 アキラ 七―宗延 八―頼元 モト 九―惟遠 御長六尺二分 十―惟助 百 （本ノマヽ、十一 大元御長九尺二分鹿角ニテ 十二活重六 サイヲ○御打
―惟通 十二―則貞 十三―是貞 十四―惟俊 十五―惟永 十六―惟延 十七
―惟次 十八―惟泰 十九―惟景 廿―惟義 廿一―惟國 廿二 九十―惟利 廿三 八十七
―惟時 御子還任 廿四―惟直 十八―惟成 十六 筑前ノ多々良濱ニテ家の人卅九人打死ス、
―惟澄 八十―惟村 七十五―惟郷 御長六尺二分 八十八―惟忠 七十七―惟爲―惟忠 還任
―惟歳―惟家―惟忠 又還任　三度大宮司殿　惟忠也、

られているが（阿蘇神社文書1号）、職務内容が判明するのはこの建武以降のことで、権大宮司を含めた阿蘇社運営実務の最高合議構成員として中世後期に機能している。建武新政による諸国一・二宮の本所・領家権廃止令により、権限を強化した大宮司が、阿蘇社、及び阿蘇谷社領支配に送り込んだ腹心の南郷谷の在地領主が下田氏・渋川氏であったといえよう。

中世阿蘇社上級社家は神官一二人と権官八人で構成されている。山部一族で独占されている神官は、本社一二神を祀る一二人の祝であり、一二位の金凝社から順送りに昇進する。権官は社経営俗務担当者と摂社祝の八人で、それぞれの地位は世襲される。

権官筆頭の権大宮司も世襲であり、下田氏と同じく草部吉見神を祖とする。また社務運営の中枢である中司を兼任するが、他二人の中司は不定任であるので、結局阿蘇社経営実務の実権は、代々の経験と個人としての実績も重ねた権大宮司にある。鎌倉期までの阿蘇社では、社家としては伝統ある神官優位とみられる体制も残っていたが（杉本尚雄『中世の神社と社領』510～511頁）、大宮司の領主化が進む中で、南北朝期以降は大宮司の阿蘇谷支配を支える権大宮司の役割は大きくなり、阿蘇社にお

史料4
惟憲寄進銘梵鐘

『阿蘇家と阿蘇神社』展図録所収
室町時代
長陽村　下田西宮神社

総高七八糎、口経四四糎、乳数三六個（うち一個欠）、草の間に唐草文をほどこす。撞座の蓮華文は磨滅、池の間の銘文は二区・三区磨滅、また、三区と四区間のタテタスキに大永六年の追刻がある。

大宮司惟憲、大願主下田能続により奉納されたこの鐘は、永正八年の兵乱で豊後に奪われていたが、大宮司惟豊・下田能宗の時、再び西宮に還されていることが知られる。肥後に残っている数少ない中世鋳造の鐘の一つである。

（第一区）「大日本國鎮西肥後州阿蘓之南郷西宮御宝殿謹奉施入青銅華鯨　其銘曰」

（第四区）「延徳二天十月十五日　阿蘓三社大宮司宇治朝臣惟憲大願主下田右衛門尉宇治能續」

（タテタスキ内）「斯鐘依辛未歳弓箭在豊後刕事　十六年在示現間飯畢、貴事太多可貴可信可敬也、旹于大永六年九月十日阿蘓三社大宮司宇治朝臣惟豊　願主下田豊前守宇治能宗」

ける立場も強くなったと推定される。

下田氏も権大宮司（草部氏）も、政教双方に立脚した阿蘇大宮司を阿蘇で支えている存在であり、下野狩はそれを具現化した行事でもあったといえよう。「狩日記」の編者が狩に欠くことのできない存在である両氏の由緒を示すものとして系図を加えている目的は内容としては逆の結果を生じていると筆者は受け止めている。

そのAの下田系図であるが、拠るべき史料なしで作成されているといわざるを得ない。下田氏に言及した中世史料は『阿蘇文書』から相当数検索されるが、その名乗りを示すものは少ない。文明四年（一四七二）の「阿蘇山本堂造営棟別料足日記写」（阿二・480頁）の「下田山城守能政」、史料4の西野宮蔵鐘銘の延徳二年（一四九〇）の「下田右衛門尉宇治能續」、同追刻大永六年（一五二六）の「下田豊前守宇治能宗」、入道名としては天正一一年（一五八三）の「下田豊前入道紹忠」（西・199号）の例がみられる程度である。しかし、これらの名乗りと「狩日記」所収系図とが一致するものはない。

次いで、Bの草部（権大宮司）系図については、別に図表11として『阿蘇文書』による「権大宮司在職確認表」を作成した。草部氏も下田氏も、同系として名乗りには「能」の通名を用いるが、

図表11　阿蘇社権大宮司在職確認表

名前	年号（西暦）	出典
能次	正平25（1370）	阿一 187号
	建徳3（1372）	阿一 188号
能里	応永3（1396）	阿二 639頁
	応永8（1401）	阿一 215号・阿二 702頁
能継・能郷	応永9（1402）	阿二 388頁
能里	応永16（1409）	阿一 225•226•227号
能運・房丸	応永20（1413）	阿二 388頁
能世	享徳2（1453）	阿二 388頁
能安	文明5（1473）	阿一 281号
能次	文明11（1479）	阿一 284号
能為	文明14（1482）	阿一 287号
能續	文明16（1484）	阿一 290号・阿二 560頁
能憲	永正2（1504）	阿二 389頁
能照	大永2（1522）	阿二 562頁
能憲	享禄5（1532）	阿一 307•308号
	天文21（1552）	阿二 552頁
能豊	天文23（1554）	阿一 319号
能将	永禄11（1568）	阿一 320号

※阿（阿蘇文書）

「狩日記」の系図では両氏とも「吉」と記されている場合がほとんどである。戦国期に権大宮司家が断絶したこともあろうが、名乗りは「ヨシ」と音声でしか記憶されていなかったわけである。中世後期の権大宮司の名乗りは、筆者の作成表で間違いないところであり、厳密な血縁関係はとにかく、権大宮司家系図は年代も含めて作成できたも同然である。しかし、「吉」はとにかく、下の字を筆者作成表と照合しても全く一致しない。

従って、下田系図も草部系図も近世成立として、しかも初期とはいえない更に遅い時代に作成されたものと考えられる。

Cの阿蘇大宮司系図は他に知られていない異本である。他と異なるその一は、史料確認不注意によるもので、大宮司名乗りを確認できる最初の人物「惟宣」の欠落と、次の「惟泰」・「惟次」の父子関係の逆転である。惟宣については明和四年（一七六七）の「阿蘇社文書改目録」（阿一・339号）にも挙げられており、阿蘇社関係者なら分かりやすい史料である。

その二は、大宮司惟国と惟時の間に介在する惟利の存在であり、これを異本とした理由である。この他に系図にはみられない惟利は、「狩日記」の諸条内容と照合すれば、惟国と惟時の間の大宮司ということになり、鎌倉末期の人物となる。「狩日記」では彼は惟国の実子とされ、惟時に大宮司を譲っており、下野狩にも参加し、惟国・惟時とともに文書や奥書に連署している。鎌倉時代以降の大宮司で、その存在を一次史料で証明できない人物はいないが、異本阿蘇系図所収の惟利はその唯一例外の存在である。

また、彼は「狩日記」では「惟利」であるが、「延徳記」では「惟前」と記されている人物に該当する(ただし、この惟前は系図には存在するが、戦国期の人物であり、不適当ではある)。ここで、「狩日記」が古く、「延徳記」がその抄本として後代作成されたとする削除説によって、「延徳記」ではなぜ惟利が惟前になったか説明できるであろうか。一方、「延徳記」が古く、「狩日記」はその増補本とすれば、惟前を惟利に変更した目的は説明できる。「延徳記」における惟前の役割は小さい。惟前の「前」は惟国の「国」の誤記であろうとみる以外に展開はない。

しかし、「狩日記」における惟利の役割は大きく、「狩日記」の形成とかかわる。「狩日記」の記す惟利は惟国の実子であり、下野狩を相伝し、狩史料を作成した「小次郎四郎惟次」は彼の「家の子」とされている。惟利は「狩日記」の原型を作った惟次の立場と行為を保証する役割として位置付けられ、歴史上で確かな実在の大宮司惟国及び惟時を惟次とつなぐ役割をも果している。

肥後の編年史『新撰事蹟通考』(天保一二年)の著者八木田政名は、同書の系図編の阿蘇系図末尾の識語で次のように述べる。

「右、阿蘇系図、家に詳なる記録系譜なし、惟泰以前は尤説ありといへとも、思所ありて姑く家の系図に従ふ、惟泰以来は綸旨・令旨・鎌倉下文・代々の譲状あり、其外諸実録を以是を校訂し之を作る。

又系図其家の伝ふるところ四五の異本あり、菊池家の如き、庶流多くして皆其家亡び、後年豪家無名之者、金銭を以扶禄月俸等を受テ寸志の士と称し、家々に系図を偽書し、菊池某の後孫、或は其末裔等称す、故に異名の系図数本あり、怪しむに足らす、阿蘇家は支族なし、唯一家にして異本を伝、疑へきの甚しからすや」

図表12　阿蘇大宮司在職確認

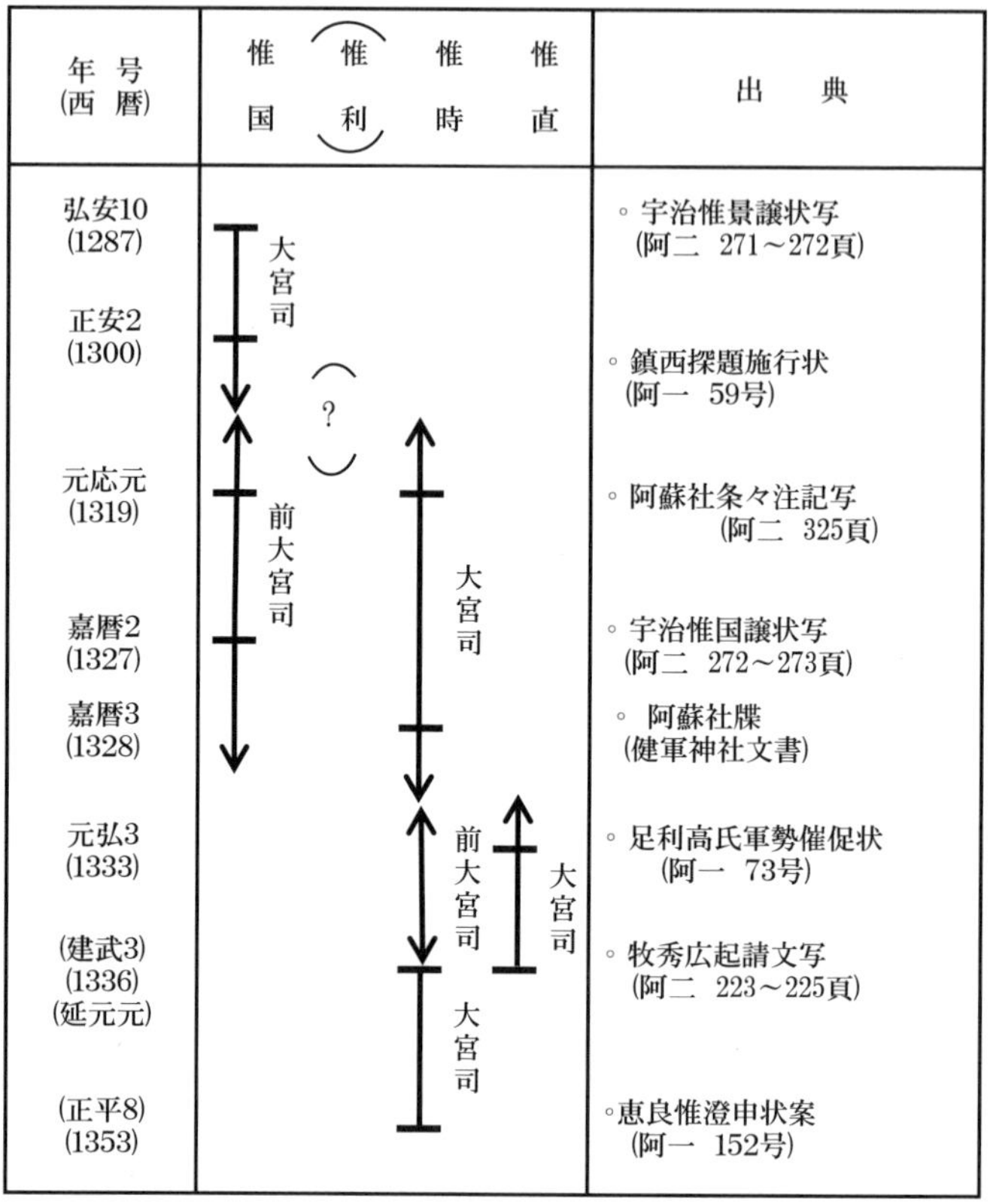

年号（西暦）
惟国
（惟利）
惟時
惟直
出典
弘安10（1287）
正安2（1300）
元応元（1319）
嘉暦2（1327）
嘉暦3（1328）
元弘3（1333）
（建武3）（1336）（延元元）
（正平8）（1353）
大宮司
前大宮司
（？）
大宮司
前大宮司
大宮司
大宮司
◦宇治惟景譲状写（阿二　271～272頁）
◦鎮西探題施行状（阿一　59号）
◦阿蘇社条々注記写（阿二　325頁）
◦宇治惟国譲状写（阿二　272～273頁）
◦阿蘇社牒（健軍神社文書）
◦足利高氏軍勢催促状（阿一　73号）
◦牧秀広起請文写（阿二　223～225頁）
◦恵良惟澄申状案（阿一　152号）

と、異本作成が内部で行われていることを推測している。

ただし、図表12で示すところでは、大宮司惟国と惟時の在職期間について、確定できない部分がある。惟国は弘安一〇年（一二八七）から正安二年（一三〇〇）の一三年間は確認できる。また惟時の第一期は元応元年（一三一九）から嘉暦二年（一三二七）の九年間は確認できる。長命であった惟国の一三〇〇年以降の在職はまだ続いていたであろうし、惟時第一期大宮司の在職は一三一九年よりもさかのぼることは充分見込まれるが、その一九年間については確認できる史料を見出していない。その不明確な一九年間に、惟利の大宮司在職の可能性も存在する。大宮司惟利の存在は史料的に証明できないが、さりとて否定する史料もないのである。

「狩日記」の中に存在する狩関係の三氏系図については、近世の作成である。本来系図は後代の作成とはいえようが、下田・草部の系図は中世の史料と整合する部分がなく、伝承記憶性も薄い。また大宮司系図も異本であり、その理由となる大宮司惟利の在職を確認できる史料はないが、「狩日記」における役割は大きい。その存否で「狩日記」の価値も左右されるが、断定できないままを含めた考察となるほかない。

⑥文書等の疑点

編纂の条文としては本来そぐわないが、文末に署名があるもの、または条文に附属した語句と署名の例が「狩日記」にはみられる。この形は、条文そのものが文書、または条文に附属する文書と解釈した。なお記録の奥書・識語などの場合も考えられる。主要な四点を検討する。もちろん「延徳記」には存在しない。

1．惟時五ケ条（「狩日記」275附属）

(1)一、神代之事も其躰不残筆跡斗也
(2)一、卅六人之明名も哥道之古も残筆斗也
(3)一、元弘之古も正平之事も語てそ残なり
(4)一、此下野狩事手刑（形）筆盡残候云者也、其外眼前
(5)一、仏之代之事も鳥跡ニてそ知者也
此五ケ条を能々可有安知云云
大宮司宇治朝臣惟時

「狩日記」二七五条の本文については「延徳記」も同様で、惟時が上洛忠節あって帰国後、人々を集めて下野狩定目を作ったとする伝承を記したもので、この伝承が惟時と下野伝承の原点ではないかと思われるものである。「狩日

史料5

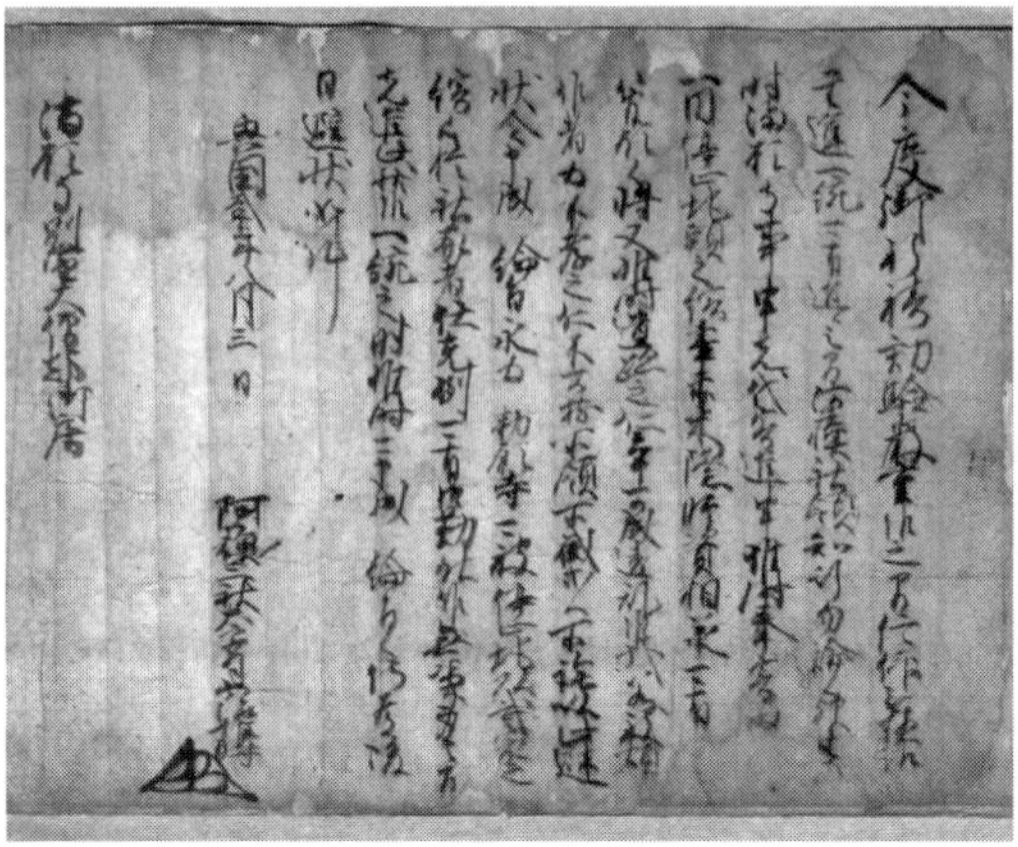

今度御祈禱効驗嚴重候之間、信仰無極
候、聖運一統可有近候之間、阿蘇社領
知行勿論候歟、其時滿願寺事、申先代
寄進、申惟時奉寄、□□□一圓停止地
頭之綺、盡未來際師資相承、可有□(御)管領
候、將又、惟時遺跡之仁、爭可成違乱候
哉、若致煩候者、爲不孝之仁、不可持所
領所職等候、所詮、以此避狀、令申成
綸旨、永爲　勅願寺、可被停止地頭武
家之綺候、於社家者、任先例可有御勤
仕候、無憑身候之間、先進此狀候、一統
之時、惟時可申成綸旨候、仍爲後日避
狀如件、
興國貳年八月三日
阿蘇三社大宮司宇治惟時（花押）
滿願寺別當大僧都御房

記」では、まずその同内容の文末に「此書可秘候」と加え、「又五ケ条之事首置(書)」としたあとの内容が本文書である。

この五ケ条には年記がない。しかし、惟時の死は正平八年（一三五三）とみてよい（阿一・152号）。全条とも、「筆跡斗也」「残筆斗也」「語てそ残なり」「手刑(形)筆盡残候云者也」「鳥跡ニてそ知者也」と、いい訳がましい表現であり、文末の止詞の「可有安知云云」という表現には接したことがない。編者の目的は(3)と(4)であろう。しかし、元弘・正平のことは伝承（「語りて」）でしか残っていないという表現は後世人がいうことで、正平の現在を生きている惟時当人の表現としてはいささか抵抗がある。

また(4)の「下野狩」以下の文章はどう読むべきか、どう解釈すべきか理解できない。

残された文書でみる限り、惟時の表現は明瞭であり、個人的感情をも具体的に、論理的に盛り込みながら破綻のない文言でまとめている。史料5の写真と解読は惟時の「避状」（満願寺文書）であり、自筆の可能性も高いので例として示す。

筆者にはこの五ケ条は惟時作成とは考えられない。

2. 記録奥書(「狩日記」280・本文)

一、此書上代之事無是非候
　近代上代之事を書添申候
　　各々不可有御不審者也　惟時　在判
　　　　　　　　　　　　　惟国　在判
　　　　　　　　　　　　　惟利　在判
　　　　　　　　　小次郎四郎惟次　在判
　　　　　　　　　　　坂梨惟秀　在判
　　　　　　　　　　　　同惟光　在判
　　　　　　　　　　　　同惟照　在判
　　　　　　　　　　　　同惟吉　在判

この場合は条文の本文である。内容から「狩日記」の元となった史料末尾の奥書の形をとっている。これにも年記がない。この前条は大宮司系図であり、「此書」とあるが系図を指すとは考えられない。

古い時代のことはそのままとして、更に近い時代と古い時代のことを書いたとして、「各々」には「ご不審」ないように記すが、各々とは誰を示すか。「此書」とは「狩日記」163の「此書親兄弟ニモ見ヘカラス」・「可秘、惟次ヨリ御本ナリ、惟秀為子孫露是置也」という「此書」であろうか。更に八人もの連署は何故か。署名人も大宮司、前大宮司から坂梨氏一族までに及ぶ。「不可有御不審候」という言葉を多人数で支えている雰囲気であり、不審感を先取りして書いているように感じられる。

3．定書(「狩日記」285・本文)

一、当御曹司さま御誕生之時、引目役ハ竹崎・松崎・山崎・此三人、如何様一人被仰付定候、定儀也、有口伝

惟国　在判

惟利　在判

惟次　在判

後ハ三河守

条文の本文で、大宮司の男子誕生時の引目(鳴弦)役定めを記したものである。文末の「有口伝」は条文としてあり得るが、文書としてはあり得ない。挿入とみてよい。この文書も年記はない。また「御曹司様御誕生」とする敬意表現の本文に、大宮司・前大宮司の署名はそぐわない。また、大宮司や前大宮司が署名するような内容ではない。

更に年記がないことは他文書と同様であるが、内容からは鎌倉末期となるであろう。惟次の註記には「後ハ三河守」とある。阿蘇一族の庶子(家の子)と「狩日記」に記されている惟次が、鎌倉はおろか、南北朝期でも三河守と受領名を称することは考えられない。あの小次郎惟澄が南北朝初期の戦功の結果、正平五年(一三五〇)ようやく筑後守を得ているのである(阿二・130頁)。阿蘇では在地領主クラスが受領名を称する(私称カ)のは室町期に入ってからである(阿二・336頁・応永三〇年)。

また、この条文の前三条も御曹司誕生についての産水のことを述べるが、本条を含めた「狩日記」四条は下野狩とは無関係の内容である。

4．吉書(「狩日記」373・本文)

定　事

一、可為専𫞎(御)神事祭礼日仏所等事
一、下野御狩如旧例可有奔走、次所々沙汰停止之事
一、東作西納二用最中事并百姓福災之事

正月十一日

宇治朝臣　忠行　在判
宇治朝臣　惟遠　在判

吉書は年頭の政所行事初めの嘉例として行われるもので、実効を伴わない形式的文書であり、年記の意味もないが、この文書は下野狩の実施を指示している。またこの文書に二人が連署していることも異例である。本来このような吉書の執筆は政所の公文の役目といえよう。しかるに、この連署人は「宇治朝臣」を称しており、ただ人ではない。彼ら二人は、「狩日記」所収の阿蘇大宮司系図にもその名が見出される。系図によって見当をつけるなら、彼ら平安中期頃(一〇世紀)の人物かということになり、まだ大宮司ではなく神主ということではあろうが、一社の統轄者、一方はまだ若年としても、吉書を執筆するような立場にはない。系図によれば両人の間には三人の世代が介在しており、同時生存の可能性もあやぶまれる。『続日本後紀』承和一〇年(八四三)六月の条には、阿蘇健磐龍命社など数社神主には終身その地位が保証されたことも知られているのである。

この文書も後代の作成であり、それによって平安時代に下野狩の萌芽が見られると説明(『鴨東通信』86号)することは無理であろう。

以上の四例は、いずれも中世史料としては内容・語句・様式・人名に疑点があり、年記もない。「狩日記」の権威や由緒を補強するために後代作成されたとみるのが妥当であり、これら史料を含め「狩日記」の記述を史実とみる飯沼説と筆者の見解の差は大きい。

(二)「旧記抜書」と「延徳外録」

①史料比較1

「旧記抜書」の史料的性格について、『阿蘇下野狩史料集』の解説では、「この記録は当時阿蘇社に保管されていた下野狩に関する雑多な旧記を抜書きし、一冊にまとめたものである。「集説秘録」には収録されなかった中世の狩史料を大量に含んでおり、「下野狩日記」には見えない記録も多い」(18頁)と説明する。図表3によって、「旧記抜書」と「延徳外録」の関係には触れているが、更に両者の個々の比較によって性格の把握を試みる。

「旧記抜書」の1(他に5・21)収録の「阿蘇鷹山二月初卯御祭贄狩倉各間制禁之條ミ」は、「延徳外録」6(断簡B)収録の「阿蘇鷹山二月初卯春神主御祭贄狩倉たる間、成敗之條ミ」、更に「下田豊前守覚書」6(『肥後古記集覧』所収)の「下野御狩秘密の条々、一、あそ鷹山之事、初卯春神主御まつり贄御かくらのうち成敗の条々の事」と同種の内容条々であり、史料6で示す。

この三史料を比較するに、A「延徳外録」と「旧記抜書」が一致し、「下田豊前守覚書」(以下「下田覚書」と略称)にない部分と、B「旧記抜書」と「下田覚書」が一致し、「延徳外録」にはない部分がある。

Aについては「鷹山下野御狩倉東西南北(四方之境)之法度之事」とあるもので、内容は権大宮司と下田氏支配の狩場境の地名が列挙されている。

Bについては、末尾に、

「承平弐年壬辰二月吉日阿蘇大宮司賴高判
　　権大宮司殿
　下田殿　　　(註、別本は宛名順が逆)」

史料6
史料比較1
「阿蘇鷹山初卯御贄狩倉成敗（制禁）条々」

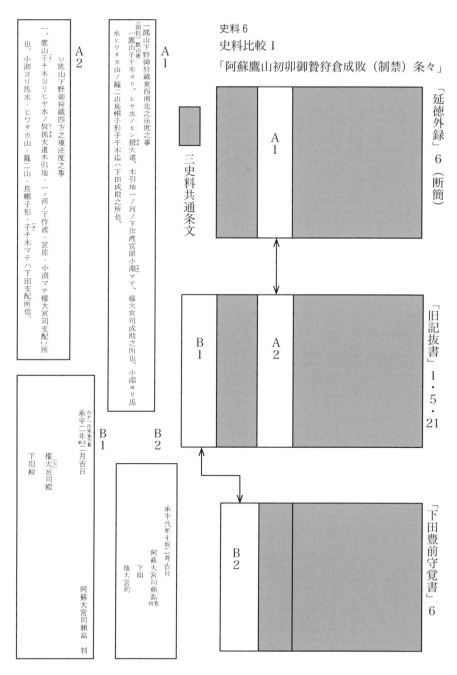

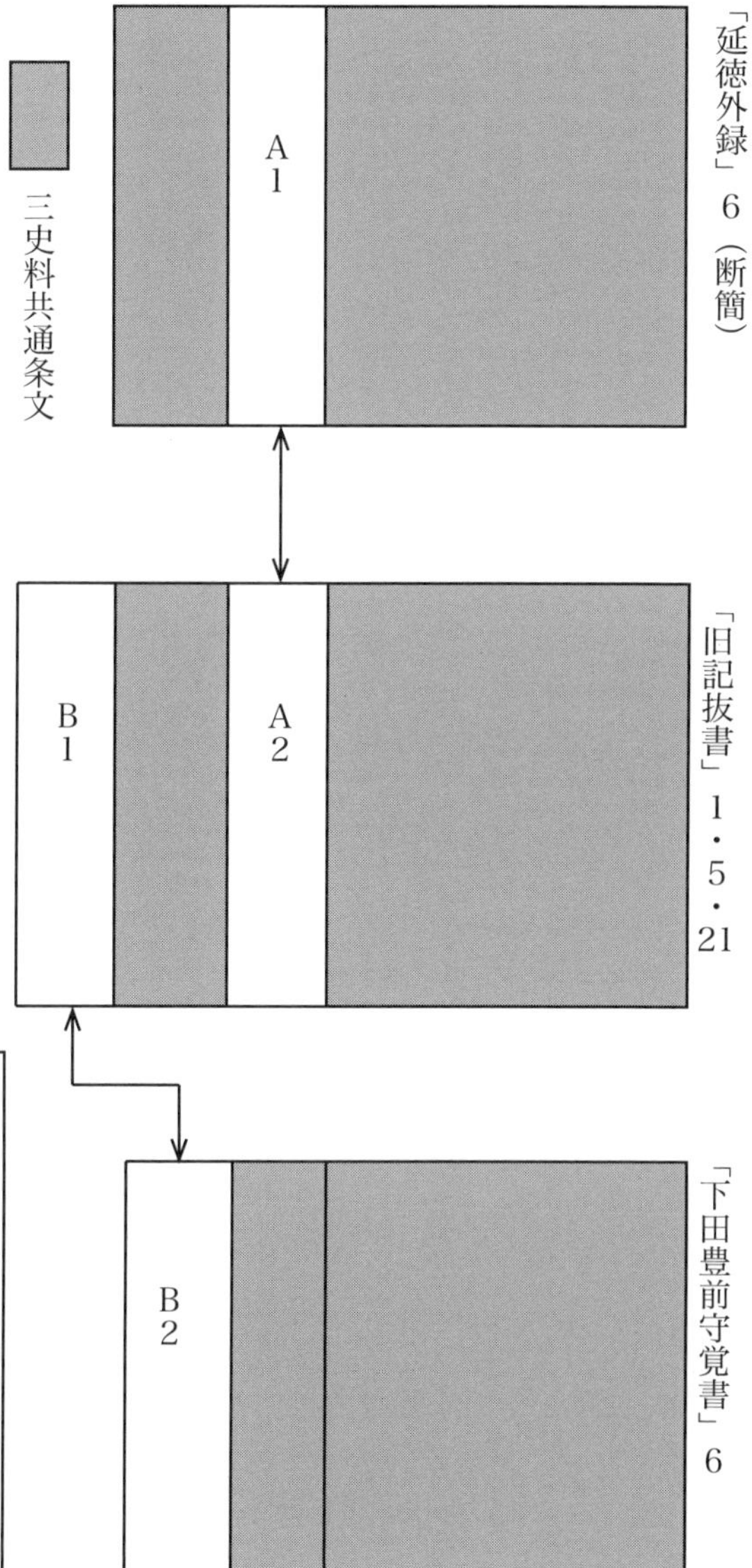

A 1

一鷹山下野御狩藏東西南北之法度之事
（頭註）鷹山堺
一鷹山子千木ヨリ、ヒヤ水ノヒン撥（カキ）大道、木引地一ノ河ノ下作渡宮原小淵（カ）マテ、權大宮司成敗之所也、小淵ヨリ馬水ヒワタカ山ノ籠二山烏帽子形子千木迄ハ下田成敗之所也、

A 2

○鷹山下野御狩藏四方之境法度之事
一、鷹山子（ネ）チ木ヨリヒヤ水ノ鬢抓（ヒンカキ）大道木引地・一ノ河ノ下作渡・宮原・小渕マテ權大宮司支配之ノ所也、小渕ヨリ馬水・ヒワタカ山・籠二山・烏帽子形・子（ネ）チ木マテハ下田支配所也、

B 1

（六十一代朱雀天皇）承平二年（壬辰）二月吉日　　阿蘇大宮司頼高　判
權太（大）宮司殿
下田殿

B 2

承平弐年壬辰二月吉日
阿蘇大宮司頼高（在判）
下田
権大宮司

と、記される宛書がある。「旧記抜書」はA・Bのいずれの部分も含んでいるが、これは他の二方から史料を吸収した形とみるのが妥当ではないか。下田氏との史料や情報の交流は知られている。そして、この「承平二年・大宮司頼高・権大宮司・下田」のスタイルは、「旧記抜書」の中でこの例を含めて四ヶ所検出され、安易に利用されているとの評は甘受されねばならない。この史料は下田氏側からの提供と推測されるが、承平二年(九三二)の一〇世紀前期では、阿蘇社大宮司の存在の可能性は考えられない。九州では早い筑後高良社の場合、一〇世紀後期の安和二年(九六九)である(阿蘇品保夫『阿蘇社と大宮司』55頁)。当然権大宮司の存在もあり得ない。

②史料比較2

次いで史料7は「旧記抜書」16の「下野狩法度之事」と、「延徳外録」1の「下野狩法度之事」、「下田覚書」5の「下野御狩之日御法度之事」と同種の史料であるが、この場合も「旧記抜書」は年記のある村山惟益の奥書が「延徳外録」と一致し、「下田覚書」にはない一方、「登狩之時(後略)」の一条は「下田覚書」と共通し、「延徳外録」にはない。その上、「旧記抜書」には、末尾に「村山丹波守氏家人」の一行があり、年記のない「下田覚書」には、改めて「寛儀二年丁酉二月十六日」の一行がある。

村山惟益、村山惟人の存在は確認できる。家人の「氏」は「宇治」の誤写であろうが、「旧記抜書」も「狩日記」も、内容補強のために何かを加えようとする姿勢は随所にみられる。「旧記抜書」の近世部分は別として、「旧記抜書」の史料には内容史料の「抜書」のみならず他史料との交流が考えられる。

③史料比較3・4

「旧記抜書」14と「延徳外録」3の「下野御狩之時狩装束之次第」は、天文一四年(一五四五)の権大宮司能憲の署

史料7

史料比較2

「下野御狩法度之事」

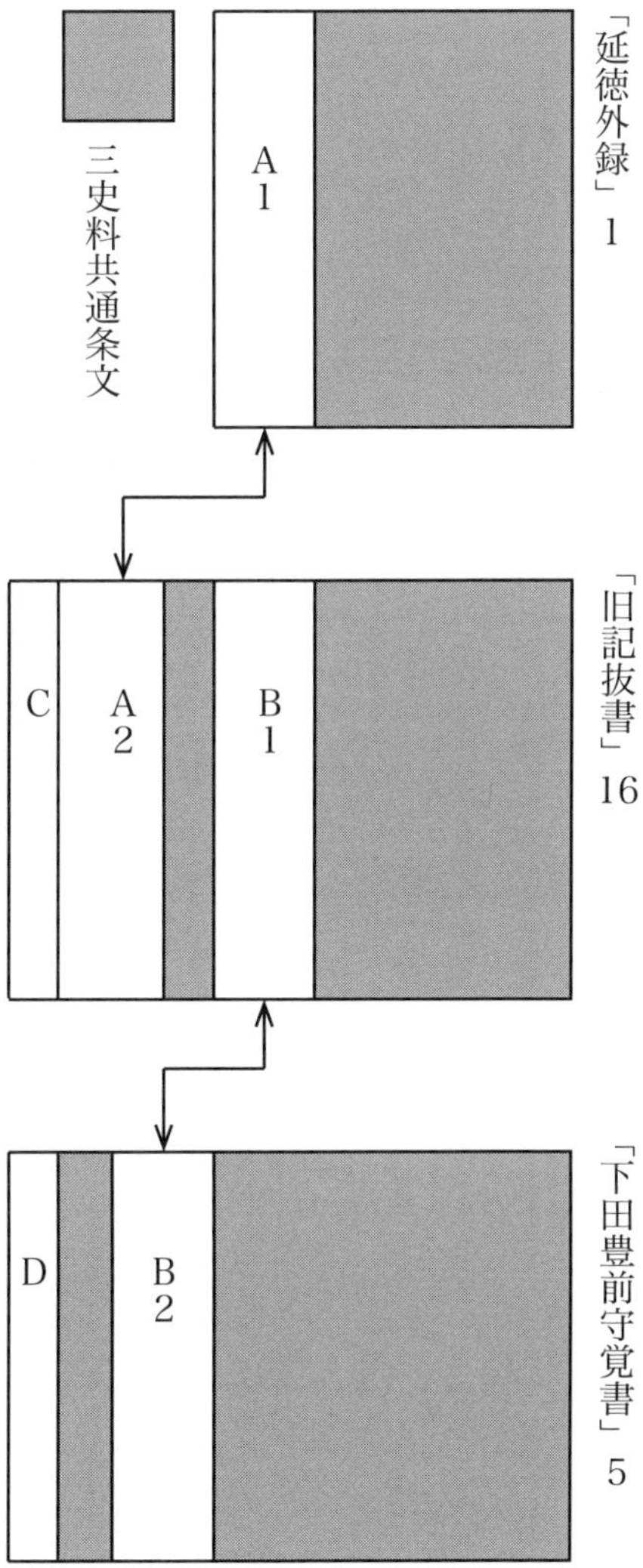

A1

文龜四年甲子潤三月廿二日

彼法度狀之事、惟乘御代村山美濃守當役之時、書出者也、其後村山刑部大輔書寫也、於二子孫一不レ可レ背二此旨一者也、

永正十五年戊寅(戊カ)三月廿八日

惟益判

A2

文亀四年甲子潤三月廿二日

彼法度状之事、惟乗御代村山美濃守當役之時書出者也、其後村上(刑カ)形部大輔書写也、於子孫不(改丁)可背此旨者也、

永正十五年戊寅三月廿八日

惟益（花押）

B2

一、のぼり狩の時、をの〳〵罷越られす、用作はたけより多分こやとにかへられ候事、くせ事ニ候、是又ぶさた有へからず候、次ニあかれの馬場かりニていわくらにせんそくの内に、さきニ帰宅いか、の事、

B1

一、登狩之時、各不被罷越、従用作畠多分に宿江被帰候曲事候、是又不可有無沙汰候、次赤水馬場猟揚候而岩倉(遷カ)僊息候、内々先皈宅候、如何候事、

C

村山丹波守氏家人

D

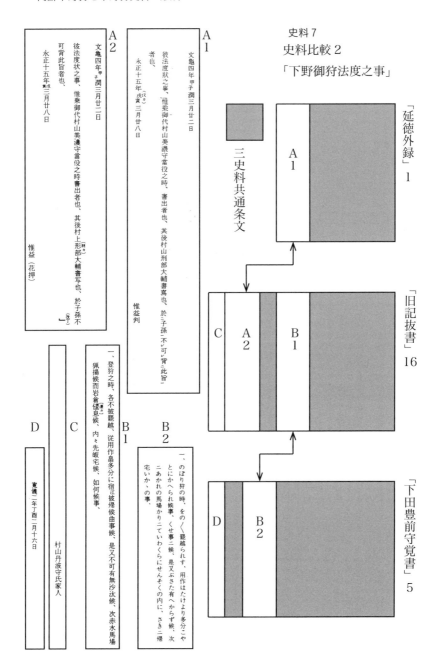

寛儀二年丁酉二月十六日

名があるが、B2の「旧記抜書」は(花押)としているので自筆原本よりの写しとなり、B1の「延徳外録」は「在判」とあるので転写本となる。

内容の前半Aは大宮司の装束、後半は弓の使い方について述べ、

「一、岩倉ハいかにもしつまりて見物すへし、或ハ人々の内者、或ハ見物の者とも、馬場にいたすへからす、若岩倉動乱せん時ハむねと馬の中より一騎被遣て成敗あるへし」

までは共通であるが、これに続く本文の「其故は」以下を含めて、更に続く四条は主に三身・三躰・三毒・三車の仏説で三物替を解釈した殺生成仏論を加えているのが「旧記抜書」であり、それまでの下野狩装束にはじまる実務的な内容と関係ない展開である。

この条文作成者権大宮司能憲は、飯沼氏の解説では大宮司惟憲と誤認された人物であるが、天文年間の実在は証明できる。しかし「旧記抜書」のこの部分の仏教用語や論理は、専門教学にくわしい学僧の表現であって、神仏習合の時代とはいえ、外部の社家の仏教理解や教養をはるかに超えた内容とみるのが妥当であろう。更に、ここで説明される下野狩における用語「三物替」については、すでに「狩日記」「延徳記」条文で次のように説明されている。

「三物かへと云事ハ物をいるへく候心かけ候間、落馬候(へハ)、一ハ馬とりはなし、二ハ者(カ)をそんさし候、三ニ見物の方見くるしく候、かくて鹿をいるを三物替と云なり」

と記されている「替」とは漢和辞典では、「スタル」・「カワル」の語意とされている。三つのものがすたるということになり、本文の意味も判明する。すなわち、「騎射の心懸けに欠け(不充分で)、落馬すれば、三つのことがすたれる(駄目になる)、それは馬からはなれること、ものを損じること、見物人の手前も見苦しくになる。その故に騎射の心懸け不充分のまま鹿を射ることを三物替というのである」という意味である。

「三物替」という用語は天文一四年より以前に、「延徳記」・「狩日記」の中に条文として挙げられているものであり、

史料8　史料比較3「下野之御狩之時御装束之次第」

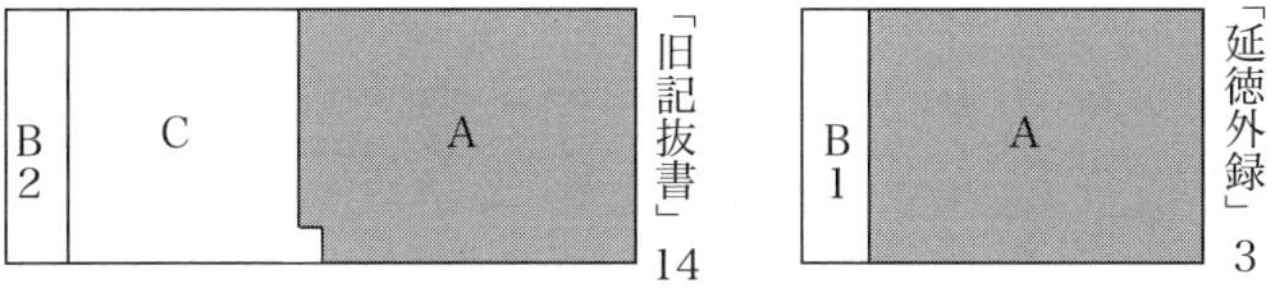

A　共通条文

B1

下野之御狩之時狩將（装）束之次第

（頭註）御行騰
一大宮司殿之御行騰之認様次第、熊皮ノ行騰ヲ能ヒ認テ、地紫之ネリヌキ、又ハ絹ニテモアレ、裏ニウツヌイヤウ、紅之糸ニテトンハウニヌウ也、同クヘリカネ、クシカミヨリヒレノマワリメ野スリマテヘリカネアリ、同ク緒ハ紫革一寸六分ニ切テ八分ニタヽミテ付ヘシ、長サ有ニ口傳別紙一、同沓込之緒紫革、同引目留之緒、二寸ニ切テ一寸ニタヽミテ可レ付、結様有ニ口傳別紙一、

（頭註）烏帽子かけ
一御烏帽子懸之革一寸二分ニ切テ、六分ニタヽム也、

（頭註）御篭
一御篭之腰革、紫革、ヘリ革赤シ、同緒紫革、結様藤ヲ以テ、如レ常巻之、穂皮熊皮也、

（頭註）脇縫
一脇繩（縫カ）之紐革六分ニ切テ、三分ニタヽム也、

（頭註）行騰
一御惣官職ヲ可レ被レ續御曹司之御行騰、櫛髮ヨリ前者鹿皮之夏毛、櫛髮ヨリ後ハ熊皮ヲワリ合、裏ハ紅之ネリヌキ、絹之際ニテウツヘシ、緒は赤革、廣サ長サ同前、

（頭註）御篭
一御篭ハ腰革ハ黑シ、ホカハ夏毛ノ皮也、

（頭註）行騰
一惣官職ヲ御上表之後、大殿之御行騰、櫛髮ヨリ前ハ熊皮、クシカミヨリ後ハ夏毛之鹿皮、裏ハ紅ノネリヌキ、絹ノ際ニテウツヘシ、緒ハ赤革、廣サ長サ同前、

（頭註）ワキ　（頭註）支度
一先烏帽子ヲ着シテ、次ニワキヌイ袴ヲ着シテ、紐ヲツカフ、次沓行騰ヲ持テサシ寄ル時時（付カ）、先左皮ヲハキテ、次ニ右皮ヲハキテ、右皮ノ緒ヲ結テ、次ニ左皮ノ緒ヲ結フ、次ニ沓ヲハク、次ニヒモヲトキテ、右ノヒモヲハ前ノ腰ニハサミ、左ノ紐ヲハ後ノ腰ニハサム、其後、左ノカタヲヌキテ、ワキヌイノ袖ヲ後ノ腰ニハサム、其後籠手ヲサス其後篭ヲ付、弓ハ馬ノ上ニテ取申也、

一籠手行騰ノ緒ノトメヤウ、有ニ口傳一、

一馬之上之弓ノ持様

（頭註）弓持
一先馬ヲ乗出ス時ハ、弓ヲ外様ニ三度拂フヤウニシテ、其後箭ヲハケテ鹿ヲ相取テ射ヘシ、

一主人ニ參會ノ時之弓之持様、主人參會時ハ主人ヲ我左成申テ、弓ヲ前輪ニヨコサマニ成テ歩マセ、別テ御禮ヲ申スヘシ、但其時ノ様ニヨルヘシ、其後弓ヲ取ナヲシテ、馬ヲハヤメテ行ヘシ、

一あたりもちの弓の持様、鹿ヲ射當テ打歸ル時ハ弓ヲひつ立テ、本はすヲあふみノしたさきに立て、つるを内に成て、うらはすハ天をさす、さて如何にも馬を靜に打歸るへし、但其時の様によるへし、

一はつれ持之弓の持様、鹿を射はつして打歸る時ハ、弓を取なをして、つるを下に成て本はすをハ高く成て、うらはすにて地をさす、さていかにも馬を足早ク乗へし、

一矢を射はなたすして打歸る時の弓の持様、矢をさしはつして、内者にもたせて、弓をハつるを外に成て、にきりより上五寸計あけて持つ、いかにも弓を等分に持て馬を早ク乗へし、

一人を呼ル時の弓のもち様、弓の弦ヲ下に成て、等分に持て、何かしと呼るへし、

一こたへ持（時カ）の弓の持様、弓のつるを外ニ成て、一文字に持てこたへへし、

（頭註）落馬
一落馬をして打かへる時之様、其馬にてもあれ、又へちの馬にてもあれ、くらなおりして、弓をハ内者にもたせて、いかにも馬を靜に乗出す、さて馬立所近くならハ、かけ足ニ乗へし、但落馬の様によるへし、

（頭註）供
一馬場之供之事、三人たるへし、但用所あらハ、岩藏まてハあまたくるしからす、

（頭註）かち立ノ者
一馬場におひ出すへき鹿を、かち立の者射るへきために鹿を逃す事、其科おもし、仍於レ侍ハ所領をもつしゆして遠流すへし、

（頭註）岩倉成敗
一岩倉ハいかにもしつまりて見物すへし、或ハ人ヒの內者、或ハ見物の者とも、馬場にいたすへからす、若岩倉動亂せん時ハ、むねと馬の中より一騎被レ遣て成敗あるへし、

時天文十四年乙巳二月十六日　　權大宮司能憲判

C「旧記抜書」のみの部分

す、若岩倉動乱せん時はむねと馬の中より一騎被遣て成敗有へし、其故は馬場に鹿出されハけふ（興）なし、興なけれハ人の心ゥかす（浮）、人の心うかされ（浄）はあくねんまうねん（悪念妄念）を着す、興あれは他念をうしな（失）ひ一心に此鹿に心を入ヒ、見るうちに悪心を捨てまうねん（妄念）なし、こゝをもつて方便の殺生ハ菩薩之万行にも勝たりといふ、此鹿ハ法報應之三身・空解中之三躰・貪瞋痴之三毒ヲ皆具足せり、此鹿を見る人必可成佛、

一、此贄狩之根本を奉尋者、片角大明神ハ龍宮之地主國造大明（改丁）神ニテ御座ス、阿蘇大明神者神武天皇之王子本地十一面ニテ御座ス、是皆過去之約束ニテ肥後國阿蘇之嶺ニ靈池をしめ御座ス叓、衆生利益之ためなり、有縁元（无カ）縁之衆生を値遇結縁にいれんためなり、

一、阿蘇之海をほ（干）して平地と成て田薗ヲひらき人民をはこくむ（育むカ）叓、偏に片角大明神之恵也、又、阿蘇大明神ト現シ本地すいしやく（垂迹）の威光を顕す事、是國造大明神之きゑん（機縁）乃所也、されは此恩ヲほう（報）せんかために贄狩ヲ起シ御坐ス所也、忝モ魚の躰ヲ現シ、此水海の底のうろくつ（鱗）を食として住給ふ処に、水海を乾テ食をとめ（止）命ヲたつ（断）事ふかうひれい（不孝非礼）乃科也、猜（猜カ）是を思フに其科おもし、されはうろくつ（鱗）の食を表て贄狩をなす、これはうへん（方便）のわさ（態）也、同二月初卯之日阿蘇の主と成給ふ日なれは、此贄狩二月卯也、

一、三物替ト云叓、此鹿を相取時の心ハ、如何成悪心まう（妄）念も不蓄一心に鹿に心を懸ル時ハ、貪瞋痴之三毒も忌レ、此三ハ仁間之さわり（障）也、一日一夜の間、此貪瞋痴之三毒をはなれ（離）ぬる事、偏に佛意神慮にいたるを秘シテ三物替といふ叓、貪瞋痴三解脱ニアリ、第一法報應之三身之如来にちかつき、第二空解中之三躰をうけ、第三貪瞋痴之三毒をはなれ佛意神慮ニいたる、是皆方便之態也、

一、佛法に三之車といふ叓各たと（譬）へあり、羊車・牛車・鹿車是也、（改丁）第一やうしや（羊車）といふハ、ひつし（羊）ハ虚空蔵菩薩之變身にて貪欲の心を躰とす、第二こしや（牛車）ハ、牛ハ大日如来之化身にて瞋恚のほのう（炎）を躰とす、第三ろくしや（鹿車）は、鹿ハ光照菩薩之化身ニテ愚痴之心を躰とす、仁間ニハ此三之さわり（障）によつて難遂成佛、されハ仏法にも先此三之車を先として、衆生を利益し給ふしきもん（式文）あり、されは此贄狩ハ今生にてハ預神感、後生ニテハ成佛之そくわい（素懐）をとけ、九品のれんたい（蓮台）にゐんせう（引接）せん事、うたか（疑）ひ有へからす、此三物替トいふ事、可秘ゝゝ、

B　一部相違（「判」と「花押」）

B2

于時天文十三（四）年乙巳二月十六日　　權大宮司　宇治能憲（花押）

史料9　狩と無関係史料（断簡）例

阿蘇社寶前文永十年長札注文　　阿蘇文書之一

當社御寶前不可彼（被）致不法懈怠条々之事

一神官等とあるゐきの事無して御宮一二三の祝よりもよそしをくこへ、もしけたゐ（懈怠）の仁をあるし申さるへし、

一供僧参詣之事

天供の時、天上の供僧六人不足の条、其恐候によて、とにゐけあからん時ハ可参、もしさしあひあらん時ハ、人をやといたこむへし、為如在入篭ハ一和尚ニたいてあるし申さるへし、

一御ミや（宮）のこをりをさうちすへき事

A

まい年式日の御事の時ハ申にたよハす、毎月朔幣のたのに（め）、晦日とに御宮の御寶前のこをりをちりたさうちすへし、卯日の御かくら（神楽）の時のために、かねてこらの日たあしくさうちすへし、

一御殿の上ニ木のは木のゐたなこ見ゐん時ハ、御ミやの副のむこり（祝）御てんのうへにハのそらすして、ゐふりのやうあらん物を長さをたいてむらうへし、御てんの御うしろもたあし、

一社頭ニ牛馬を放入へからさる事

き（北）たハ經坊の食堂のいぬ丑のすミより堀のうしろを東よこをして非かきまて、馬手ハらちまて、南ハ御ミやのそい榎杉をうへ□て内にたけて、戸へ廣さ八尺、片戸ふ社の内ニ牛馬を放入ハ、けんもん（檜門楼）かう家をむゝからす、其日の宮番ニあらゝ□人くそく（これ）をこそて庄屋ニいさせてまいらすへし、

※　史料は境内整備・制禁・結番を定めたもので狩と無関係の内容

※　完全な史料が阿蘇文書として収録されている。「旧記抜書」6は前欠・中欠の不完全史料

「旧記抜書」6

（『阿蘇下野狩史料』120～121頁）

一御神事の日ニあらさる時、馬場をきよみなから下馬せさる事
一たゝいもつはれはむまにのりてはとおるとも、御ミや經坊の御前よりてはおりてとおるへし、
一經坊の番衆幷ニ宮番のとの(殿)居の人、おりおりけたるによてかくはる間、御ほうせん(寶前)の梅たふてにてうつよて、御ミやの上に石あかはる条、そのおそれすくなからす、かやうの事せいきん(制禁)時、もちいさらんともからは、その身をくしてまいるへし、かゝて番のためにおさなき物をはもんにまいらすへからす、夜は二とん門をたて、犬なんとも廻廊の内ニ入るへからす、

B

一一大夫よりもしたて權官にいたるまで結番をもて、ひるは二度夜る二度けんミ(檢見)の使をまいらすへし、番衆のありなしをしらんためなり、もし不參の人あらは、人別ニ砂二駄わきまへ申へく候、御ミやのうしろ竹林を南へことして、高さ四五尺の、もしは二三尺のおいたきをへからん木を、人別に二ほんはゝなみ(並)木にうへ申へく候、
木は柳 櫻 杉 槻木のあいたなるへし、西の岸のもとに柳はろしかるへし、かやうにさためをかれ候へとも、ふるきれいに木をもとも植ぬ人は、かれらにかきらすうへてまいらせてめてたかるへし、
一くわいらう(廻廊)ならひにはいてん(拝殿)ちりを拂へき事
毎月式日の御神事の時は、廏頭の使として可拂、其外宮番のもの毎日に朝きよめすへし、
右、此条々催促をくわへ、或はらうせきの事あらん時はせいはいをくわへ、或庄屋よ申へき狀如件、
文永十年四月　日御宮長札之面注文如件、
勝善寺殿自筆被書普(置)候間、御社頭の重寶也、於社頭者經坊土(ニ)書候畢、

A（内容省略）

B（内容省略）

仏説三物替論は後代の解釈に過ぎない。更に「狩日記」にしかないこの仏説三物替論は権大宮司能憲執筆の内に含まれるが、「下野御狩之時狩装束之次第」の条文の内容の流れからみても、権大宮司の仏教学教養から考えても不自然であり、天文一四年より更に後代に加えられたと解せざるを得ない。

この後代作成の疑点を持つ史料が、中世神仏習合時代の下野狩を仏教論理で展開する論拠(『鴨東通信』86号)として適当であるかは疑問である。

次いで史料比較4「旧記抜書」4と「延徳外録」2の「阿蘇鷹山下野之御狩之時中之馬之規式之事」の史料比較は「延徳記」条文の各所に仏説が加わるもので、史料比較3を複雑にした形である(史料例示省略)。

④狩と無関係条文

「狩日記」でもみられたが、下野狩とは関係ない内容が「旧記抜書」にも存在する。長享三年(一四八九)の権大宮司能續の奥書に「於当社為重宝間写置者也(後略)」とあるもので、筆者の「旧記抜書」整理項目表(図表3・図表13)では6・7・8に当たるが、その他、部分的には、5の後半部分についても狩と無関係な阿蘇社神事等が収録されている。

項目7については、未紹介史料であるが「阿蘇大明神之御服寸尺之事」にはじまる三条にすぎないので量の多い6・8について検討する。

6は「阿蘇社宝前文永十年長札注文写」(史料9)であり、8は「阿蘇社回禄時取出物并焼失物注文写」(史料例示省略)であるが、いずれも『阿蘇文書』に収録刊行されているものであり、新史料ではない。両史料はたしかに中世阿蘇社では重要史料と意識され、複数の写本が作成されているが、6・8はいずれも写本の写本であり、脱漏ある不完全史料である。このように狩と関係なく史料的にも価値の低いものが収録される必要があったか、「旧記抜書」編者

図表13　中世狩新史料の「旧記抜書」に存否検討の参考表

	史料名	年代	重出	備考
1	阿蘇山鷹山贄狩之事・他	古代?（承平2)	◦他は延徳外録(6)　◦旧記抜書(5・21)	他の奥書は偽書
2	鷹山下野御狩鹿立鹿蔵之事	近世　(元和6)	延徳外録(9)	
3	下野名所	近世　近世		
4	三馬場江用所候名所	近世　(正徳2)		
5	下野狩之時装束之次第・他	古代?（承平2)	延徳外録(6・7・8)	奥書は偽書
6	阿蘇社宝前文永十年長札注文	中世　(文永10)	阿蘇文書一の写本の一部	下野狩と関係なし
7	阿蘇大明神御服寸尺之事	中世		下野狩と関係なし
8	阿蘇社回録時取出物焼失物注文	中世　(正平15他)	阿蘇文書一の写本の一部	下野狩と関係なし
9	覚(阿蘇社由緒)	近世		
10	大守様江上ル控(下野狩)	近世		
11	(四十八鹿蔵書上)	近世　(元和6)		
12	下野馬場・系図・(狩条々断簡)	近世	狩日記による	系図は近世作成
13	下野三狩書物抜書	近世　(承応3)	延徳外録(11)	
14	下野御狩之時装束之次第	中世　(天文14)	延徳外録(3)	旧記抜書疑点指摘
15	阿蘇山鷹山下野御狩之時中馬之規式之事	中世　(天文14)	延徳外録(2)	旧記抜書疑点指摘
16	下野御狩法度之事	中世　(文亀4)	延徳外録(1)	旧記抜書疑点指摘
17	下野御狩装束之事（装束名称のみ）	中世カ	延徳外録(5)	
18	下野御狩鹿立鹿蔵之事・責子帳之事	近世　(元和6)		
19	下野狩祭之事（和歌2首）	?	1首は狩日記にアリ	
20	阿蘇下野狩覚	近世		
21	阿蘇旧記并下野狩記錄之内抜書	古代?（承平2)	旧記抜書(1・5)と重複	奥書は偽書
22	鷹山下野御狩鹿立鹿蔵之事	古代?（承平2)	旧記抜書(11・18)と重複	奥書は偽書
23	下野狩名所	近世		
24	指　出	近世　(正徳2)		
25	断　簡　E（3条）	?（神武22)		
26	断　簡　F（狩場狩立地名）	?		
27	断　簡　G	近世	延徳外録(4)	
28	覚	近世		
29	覚	近世　(延宝9)		
30	口上	近世		

の姿勢が問われる内容である。

なお例証として掲げられる図4の削除断簡写真二例については、他に同種が四例あるので後述する。

⑤新史料の存否

『阿蘇下野狩史料集』解題では、「旧記抜書」は「集説秘録」には所収されなかった中世の狩史料を大量に含んでおり、「下野狩日記」にみえない記録も多いという。

図表13は、その検討のための一覧表である。先に筆者分類の三〇項目について、史料名(要約・省略あり)、年代、史料の重出(複)・その他に要点を記入した。

まず、その三〇項目のうち、関係ないものを除外する。「旧記抜書」の内、過半を占める近世一六項目である。次いで下野狩と関係のない三項目(6・7・8)を除外する。また、承平二年の奥書ある三項目(5・21・22)

は、「延徳外録」、または「旧記抜書」と重複しているので除外する。

更に、史料比較で取り上げた文亀・天文の三項目(14・15・16)は、「延徳外録」と重複し、その記述の多い部分についても疑点があるので筆者には除外対象となる。残る項目は1の承平二年にかかわる文書以外の部分と17・19・25・26となる(史料10参照)。

1.「阿蘇鷹山下野贄狩之事」の五条は、近世の作成と推定される。「延徳記」・「狩日記」の内容を抽出した要約である。

17.「下野御狩装束之事」の本文は「延徳外録」と重複し、裏書とされる「村山丹波守家人」は、「延徳外録」の「家久」と異なるだけである。

19.「下野狩祭之事」とある仏果の和歌二首の内、一首は「狩日記」165が「神のちかひに」と詠む古歌を「神のめぐみに」と詠む違いである。これも下田系の近世の史料とみられる。

25.下野狩要説(仮題・断簡)・下野狩にかかわる四面大菩薩・狩日などであるが、新しい所説・内容はない。これも近世のものであろう。

26.下野狩関係地名他(仮題・断簡)・狩場地名、東の鹿立(地名)、頼朝御尋、狩制禁で、これも新しい所説・内容はない。

ただし、表示で分類した大まかさの故に、抜け落ちた部分もあるので検討する。「旧記抜書」解説(418頁)の図4の写真に例示されている墨線抹消は他にもあり、合せて六ヶ所となる。その五例は、筆者作成表の5の項目、他一例は項目6にある五行から一行の断簡である。

(1)断簡三行(107頁)方便殺生について

(2)断簡五行(110頁)三物替と殺生成仏(先に検討した天文一四年の「下野御狩之時装束之次第之事」の所論の一部か)

史料10 「旧記抜書」所収中世狩新史料検討対象

1

阿蘇鷹山下野贄狩之事

一、在昔(ムカシ)健磐龍命遊二猟(シヱイ)于西野原一（二鷹山下野原ト云一）、以二所(テノ)レ獲之猪鹿諸鳥一ヲ、供二祖神(シヱヒ)一二、遂使二此禮(ノヱフ)一ヲ、遺(ノコサコレヲ)二諸後昆一二、是以毎年春月狩二下野三馬場一、大宮司・神官・權官及攝社末社之社司等著二烏帽子・狩衣・鹿皮熊皮縢一、腰二揷二弊〔幣〕帛一ヲ、手持二白木弓・白羽鏑一、馬上以為レ狩、乃以(チテ)二其所獲之猪鹿諸鳥一、供(ス)二本殿及北宮一ヲ、

一、右之御狩天下泰平・國家豊饒・氏子繁榮・邪氣降伏・諸神納受之祭祀也、依之日域無隠祭祀也、

一、御狩者始正月廿日定日也、雖然ト正月中者餘寒モ強、天氣悪敷、御狩難勤候ニ付、依御詫〔託〕宣二月初夘日ト定ル、其後又二月下旬三月上旬之間執行之、

一、右之御狩者阿蘇宮御祭礼之始也、其外之祭祀等、後世阿蘇田畠相定而相極ル也、阿蘇第一之大祭也、

一、鷹山（一名高山又高峯原ト云）、右者垂玉ヨリ湯谷之間山之総名ヲ指而鷹山ト云、

17

下野御狩装束之事

上下・烏帽子者宿より

一番　行縢　二番　籠手　三番　箞

四番　刀　五番　指懸　六番　沓

七番　鞭　八番　馬　九番　弓

以上

村山(ウラニ)丹波守家人

19

下野狩祭之叓

抑此狩場ニ落クル獅子チク〔畜〕類鳥類ニイタルマテ、佛果ノ哥

千和やふる神乃めくミにもれしとてけふのかり場の鹿の数く

ちハやふる鳥類ちくるひにいたるまてけふのれう場の鳥の数く

有請水放古宿人中同種佛果(ウシヨウスイホウコシヤクニンチウトウシユソツクワ)三返

下田（權大宮司）惣五郎吉治

同　惣四郎吉成

25

弓手・妻手・袖添・仲・宗渡・火引

~~一、南郷妻大明神此両〔西〕宮候~~

一、此両〔西カ〕野御所ハ四西大〔國〕(だい)井〔菩薩〕明神御妻神也、三社も三馬場守出御神也、一社ハ上様、一社ハ下田、一社南郷役人中御守護御神也、其外御祭礼ハ以後阿蘇田畠相定而御祭等モ定候也、顔傳迄此御狩ハ就万事始ノ御祭礼也、

其後、正月中ハ餘寒強ク天氣悪敷、御狩難勤候付、依御詫〔託〕宣二月下旬三月始ト定候也、

御祭ハ二月初夘日ト定玉リ、御狩ハ正月廿日ト定玉フ、

鷹山　高山共云、又高峯原トモ云、

天下泰平国家豊饒邪氣降伏諸神納受之祭祀也、

降伏自在之弓、神通之鏑矢、

日域無隠祭禮也、

一、神武廿二乙丑正月廿日狩同二月初贄夘日也、

26

平山池本亀塚豈及

一、恒例塚　鬢抓(ビンカキ)

一、馬隠山　駒立

一、岩倉　中馬場

一、赤水馬場

下野鹿立鹿蔵

一、東ノ鹿立ハ

落水　嵩(タケ)のはた〔畠〕　草高野　小石たゝミ〔畳〕　やり〔遣〕戸石　花山　捻木(チチキ)　上米塚

下野狩爲御尋頼朝ヨリ伊豫迄使下向、其時下田家左衛門太夫ヨリ行縢本認進上、又、雁俣百鏑二手（但一手八十也）シユス〔朱子〕段子十一反御使ニ渡シ候由、頼朝ヨリハ吉光ノ太刀金作ヲ給由、」（改丁）

只今之時ハいかほと御用段候へ共、たか〔鷹〕山・長の〔野〕・おとかせうら〔音鹿責浦〕にてかり〔狩〕あるましく候、いかにも鹿をさつけ可然候、

⑶断簡五行（115頁）鷹山の三木（槻木・楢木・樫木）の由来
⑷断簡三行（116頁）権現・神農・儛官の神馬「阿蘇社年中神事次第写」（阿蘇文書）の十二月初卯駒取之祭の記述と一致
⑸断簡一行（116頁）飯辺の浜の明神
⑹断簡二行（120頁）社殿番衆の懈怠、「阿蘇社宝前文永十年長札注文」の一部カ

これらの一応抹消された内容には、狩と仏説にかかわる例もあれば、狩と関係ない内容もあり、仏説の故に抹消されたとまでは断定できない。いずれも短い断簡であり、中世狩の史料が多く含まれているとはいえない。

以上、総括すれば、仏説・仏語をはじめ、「狩日記」・「旧記抜書」を削除（選択・改編）した「集説秘録」という解釈では説明できない問題が生じる。また、「延徳記」・「延徳外録」にはない部分は狩史料としての価値が高いとする見方も納得できない。仏説とともに価値ありとする部分を削除して、なぜ価値のない「延徳記」を作らねばならないか。「狩日記」には「延徳記」と比べると、下野狩の意味付け、価値付け、権威付けの姿勢が強く認められる。「狩日記」削除説よりも、「延徳記」増補による「狩日記」成立説の方が説明は容易である。

また、「旧記抜書」の中には、祭祀・由緒・伝承・その他、阿蘇社に関するものは取り上げている項目もあり、抜書と題されている意味も理解できるが、新しい中世狩の史料が大量にどこにあるのか理解できない。

三　下野狩の理解

㈠　贄狩と贄供えの神事

狩史料形成の仮説を展開する前提として、下野狩について、筆者なりの理解を一応述べておくべきであろう。それには、下野狩は贄狩、贄狩は下野狩と錯覚されてきてはいなかったかという懸念も含まれている。

古来、その地の豊穣の祈願と感謝のため、神には地産の供物が捧げられてきたが、なかでも動物性の供物は季節と棲息地がからみ、海浜地域では魚貝類、内陸地域では鳥獣類が常識であり、それは仏教伝来以前からの慣行であったことに異論はないであろう。

阿蘇は海に遠い九州中央内陸部の広大な山野の地であり、鳥獣が神前に供えられたことは当然で、別に下野狩の獲物に限るものではなかったといえよう。鎌倉初期の阿蘇社には、少なくとも四ヶ所の狩倉が存在していたことは、「北条時政裁許状」（阿一・16号）で明らかである。

（花押）（時政）

阿蘇大宮司惟次申条々事、

一、先御下知狩倉内おゝもり、あつまや、たかやま、ひらた、已上四ヶ所、妨可停止事、

一、四面八丁内、田畠地元妨可停止事、

一、健軍大宮司分佃貳町妨停止事、

已上賜御下文畢、

一、甲佐宮御神事間、御酒為□致妨事可停止事、

件、条々御下知之上、十郎子息等致妨之由、所訴申也、事実者不便事、早可令停止彼妨之□如件、

建仁三年十月十三日

阿蘇社領の預所でもあった地頭北条時政は、前もって領家から三条については下文を得ていたが、更に一条を加え

た大宮司惟次の訴状も含め、押妨停止を命じた文書である。

その第一条で、阿蘇社の狩倉四ヶ所の具体的な地名が挙げられている。この内、「おおもり」は比定できないが、「たか山」は下野狩史料に「鷹(高)山」と記される火口丘西端の高地(山地)であり、「平田」とともに「阿蘇社年中神事次第写」にも記されている。また現在の大字「宮地」の小字地名として「平田」・「阿妻屋」が存在する。

狩倉の押妨者は、「北条義時雑掌奉書」(阿一・22号)・「清原満定書状」(阿一・32号)によれば、北条得宗家被官で阿蘇の現地在住の地頭代とみられ、高山の狩場については、時政の建仁三年(一二〇三)から延応元年(一二三九)までの三五年以上問題が解決されていなかったようである。

図表14では、阿蘇神社が鎮座する大字「宮地」の中に「平田」・「阿妻屋」の小字の位置が確認できる。地形は火口丘高岳から北へ拡がる山麓の扇状地と、その先の中央に旧火口原に当たる低湿地(田地等)があり、その間の扇端に近く阿蘇神社が鎮座する。

ところで、旧町制時代の地籍図をもとにした字図に所在する中世旧狩倉とみられる小字地形は全く異なる。字「平田」は名の通り、中央低湿地(現一の宮中学敷地を含む)にあり、字「阿妻屋」(東・西・中・西と分化するも、中と西は図示なし)は、高岳山腹から緩斜面に至る原野一帯(現国立青年の家の裏手)と推定される。

更に、阿蘇神社は字「宮園」に所在。また字「万五郎」所在のJR宮地駅の北東に近接して字「泉」が所在する。「阿蘇社年中神事次第写」(阿二・428～429頁)の四月四日、「風逐之祭」は、農作をさまたげる風を封じ込める神事であるが、この神事に限り、本来社家・供僧・神人等を対象とする饗膳に、地域代表者の座が用意される。

「(前略)、次ニ宮人ノ外ニ泉八ヶ村之狩人八人、同泉ノ使共ニ末座の中ニツク、井手ノウナカシ仕者一人、本座ニツク、次ニ南坂梨、田所一人、本座ノ末座ニ着、次ニ北坂梨ノ名本一人、本座ノ末座ニ着、次竹原ノウナカシ一人、本座ノ末座ニ着、次ニ井手ノ山ノ案内者二人、後座ニツク、(後略)」

図表14　大字「宮地」を中心とした字図

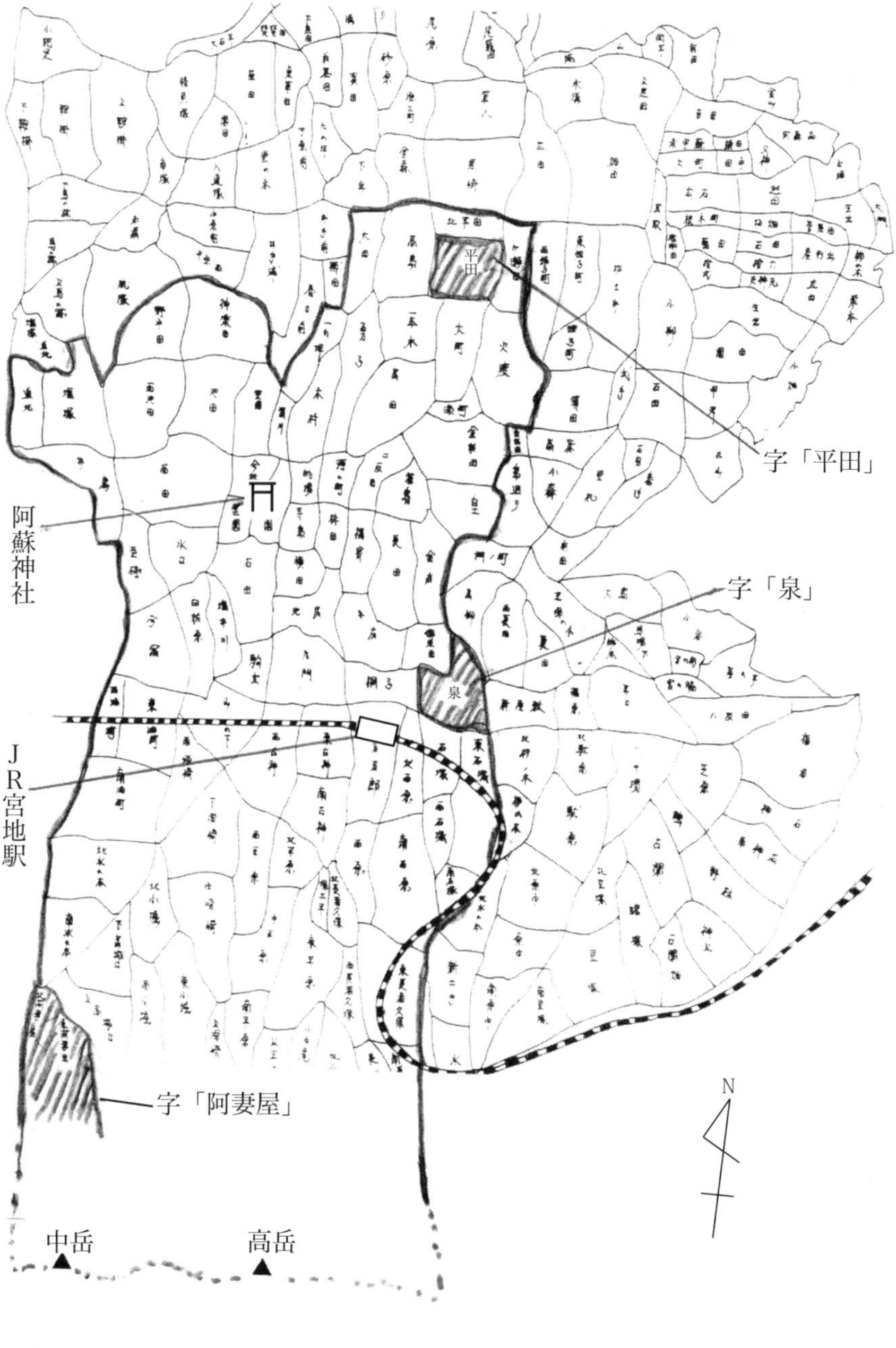

彼ら、泉の使、ウナカシ、田所・名本と記されている者は、それぞれの郷村の代表者であり、農作にかかわる風逐いの神事に名を連ねているが、更に彼らとは別に泉八ヶ村の狩人八人、井手の山案内者二人は、非農業技能者である。彼らが神事に参加するのは農作だけではなく、山の幸の確保をも願ってのことであろうか。泉村八ヶ村八人とは、八人に代表される狩専業の一族八家のことと理解できるのであり、一族集住の屋敷は村と意識されていたのである。このように、阿蘇谷の阿蘇社膝下には狩人の村もあって神社の贄供えに獲物を貢納していたとみられる。下野狩史料の中では、阿蘇一二人、南郷八人の狩人が、それぞれ犬を連れ、太鼓を持って勢子を指揮すると記されるが、この阿蘇の一二人には泉村八人の狩人も含んでいるとみてよい。

また、「阿妻屋」と「平田」が神社と同一大字内にある狩倉とみる時、その中間地点に狩人の村があること、そして二つの狩倉の地形条件が全く異なっていることも興味深い。当然、狩の方法も異なっていたはずである。

狩倉「あづまや」では、高岳から北の緩斜面に下ってきた鹿を、麓から山の稜線の狭間の迫地に追い込み、逃げ登ってきた鹿を待ち伏せて射止める方法が考えられる。一方「ひらた」では、東の外輪山上原野から平地に下ってきた鹿を中央湿地に追い込み、足を取られ動作緩慢となった鹿を射止める方法が考えられる。寒気迫り、外輪山上で餌も少なくなり、里に降りて田畑を荒らす害獣を狩ることも狩人の役目ではなかったか。一一月一日の苧経の贄供えには、平田の狩倉の獲物が宛てられている(阿二・451頁・720頁)。

同じく、狩場と牧は近接している例も意味があるのではないか。「小里の内ノ牧のかりくら」(阿二・463頁)、「従鷹山鷹牧之駒」(阿二・719頁)という表現は、牧と狩倉が近接している例である。狩人の日常には、狼などの害獣から牧馬を守る役目があり、近い狩倉での野獣の動向の把握が神事に合せた贄の狩ともつながったのかも知れない。

一方、更に確実な獲物入手の手段として、領民を勢子に徴発したと推定される。応永一六年(一四〇九)の「肥後湯浦郷坪付山野等注文写」(阿一・226号)に、各村の田地・山野境とは別に、「わうはんかり之時の狩きやうしめん」(阿

図表15　阿蘇本社・北宮の贄備(供)祭事

	祭事	祭日	提供先	供物	出典
本社	踏歌節会	1月13日	鷹山くさたか野 郡浦三町畠	(？) 掛魚7	◦阿蘇社年中神事次第
	国造社贄掛	下野狩後	下野馬場	鹿左後肢	◦下野狩日記 ◦延徳三年之記
	苧経会	11月1日	平田狩倉 郡浦三町畠	鹿 掛魚7	◦阿蘇社年中神事次第
北宮	贄備	下野狩後	下野馬場	鹿(掛木)	◦下野狩日記 ◦延徳三年之記
	火迎祭	11月中卯	小里内ノ牧狩倉 郡浦三町畠	鹿猪(左掛) 掛魚2	◦阿蘇社年中神事次第

一・599～600頁)とあるが、編者は「大番狩之時の狩行事免」と漢字で宛てており、これに計一段三丈の中司免田が設定されている。

「大番」の語源は、平安期の宮廷宿直の用語にはじまる大事の番役(＝公役)の意味で、鎌倉御家人の大番役ともつながるが、この場合も、阿蘇社領湯浦郷の年間恒例の公役行事経費として計上されているものである。ただし、一段三丈の免田収入からみて、勢子として動員される領民の食費ほどの収納とみられる。これにも更にかかわりを推測するならば、北宮の火迎の祭には贄の猪鹿が内牧の狩倉より納められるが、これを運ぶ馬は小里郷と湯浦郷が一年交替で負担するとある(阿二・715頁)。このことから、火迎の祭の贄狩の勢子として動員されるのは、小里と湯浦の領民であったとみられる。

このように、阿蘇社領内には複数の狩倉があり、その所在地や近接する領民が勢子として動員され、阿蘇谷の場合は泉村などの狩人の指揮の下で贄狩が行われていたのであろう。

このような狩は毎年恒例神事の贄狩として行われ、二・三の猪鹿が入手できることで事足りたのである。下野狩の獲物でも、北宮への贄備(供)の鹿は一・二疋にすぎず、大規模な狩による多くの獲物は本来必要としなかったのである。図表15は、阿蘇社と北宮の贄供えの神事内容である。

一方、阿蘇社領における中世後期の大宮司は領内最高の主権者として、従来無主地であった外輪山上の広大な原野(端辺)を公方の狩倉として権大宮司に管理させ、私の狩には課税を意図するようになる（阿一・605頁）。中世前期の狩倉「たかやま」山麓の広野「下野」の地名は何時から称するようになったか明らかではないが、室町期には公方（大宮司家）の領有権下にこの地に牧を預る下田氏の管理する地となっていたとみられ、これが近世の阿蘇大宮司家が主張する神地の原型であろうと推測される。下野の地は三ヶ所の狩馬場を含み、小規模な勢子で獲物を追うには広大すぎる地である。下野狩は本来の贄狩の目的を超えた形に発展したものと考えざるを得ないのである。

(二) 下野狩の特色

これまでの下野狩の研究史については、村崎真智子『阿蘇神社祭祀の研究』の中で要約紹介され、新たに飯沼説も登場している。今回は失礼ながら村崎論を更に簡略に借用した紹介にとどめ本題に入りたい。

諸氏の説は、①春祭りの御贄狩が、練武を兼ねた一大行事化（桜井勝之進説）、②狩神事が農耕神事の予備神事化（杉本尚雄説）、③農耕の安全を願う神事（安田宗生・村崎真智子説）、④野焼きと結び付いた神仏習合の狩の神事（飯沼賢司説）、が挙げられる。

これら諸説は、狩の目的を重視した解釈と、狩の形態を重視した解釈に分れるが、いずれも、今回論じている下野狩史料や、それにもとづく諸記録の解釈によるものである。筆者の見解も諸説の依拠する史料を主とする理解ではあるが、次の三点を挙げることができる。

1．下野狩は神事化した狩であり、二次的神事である。

下野狩では要所で狩祭が行われる。そこでは、下田氏や権大宮司が、本社の神人供僧や西野宮の祝・神人らを指揮し、神事を執行する。本社の上級社家は狩祭の神事にはかかわらない。

一方、下野狩の獲物は、本社の社家惣出仕の北宮贄備の神事に供される。この神事には、権大宮司は別として狩祭の主宰者・狩の総責任者である大宮司、狩奉行下田氏の出仕はない。

本来、狩には神事はない。狩人の獲物が神前に供えられることによって贄供えの神事となる。北宮の贄備の神事に加え、下野狩の狩祭の存在は、贄供え神事が分化発展した二次的神事と理解せざるを得ない。

2．下野狩は一般の贄狩が肥大化したもので、領内の全階層が動員される。

一・二の郷村領民を動員する小規模な贄狩ではなく、大宮司の領主的支配の及ぶ範囲(阿蘇・益城二郡)において、武家・社家・仏徒や狩人・領民が動員され、それぞれの役割を与えられて狩に参加する。

狩は鎌倉時代に狩倉とされた「たかやま(鷹山・高山)」山麓の広大な下野の原野三ヶ所で行われる。しかし、北宮の贄備神事に必要な贄の鹿は一・二疋であり、旧狩倉の狩で事足りる。大規模な下野狩の組織は、限りなく獲物を得ようとする武家の狩の姿勢に通ずる。しかし、神への贄狩という理由は捨てることのできない名目である。

3．下野狩は「御狩」と呼ばれ、大宮司が主宰する。

それは神事の名を借りた大宮司の政治的権威の検証を目的としたものであり、領内の社会秩序を自他共に確認する場でもある。この催しの実施のために、現地の下田氏、阿蘇社権大宮司、大宮司家家宰(村山氏)が補佐している。神事であるのに、私的権力関係の確認がみられる。狩に大宮司・御曹司・隠居の前大宮司が参加して、過去・現在・未来の権力継承の正統性を示す。また、参加者には規制と格付けがある。大宮司の宗徒馬、権大宮司率いる妻手馬、下田氏率いる弓手馬には、参加制限、服装の区別、狩場での騎射の差別がある。

また、参加の強制がある。阿蘇社神官筆頭の一太夫は狩祭にはかかわらせないが、如何に老齢でも宗徒馬の射手の一人として騎上参加しなければならない。阿蘇山上の西巖殿寺の衆徒行者の筆頭成満院は、狩祭に行法執行のため下山参加しなければならない。更に、阿蘇谷南郷谷の計二〇人の狩人と二郡の領民は、その地の領主の責任において、割当てられた勢子として徴発される。

図表16　下野狩動員者一覧

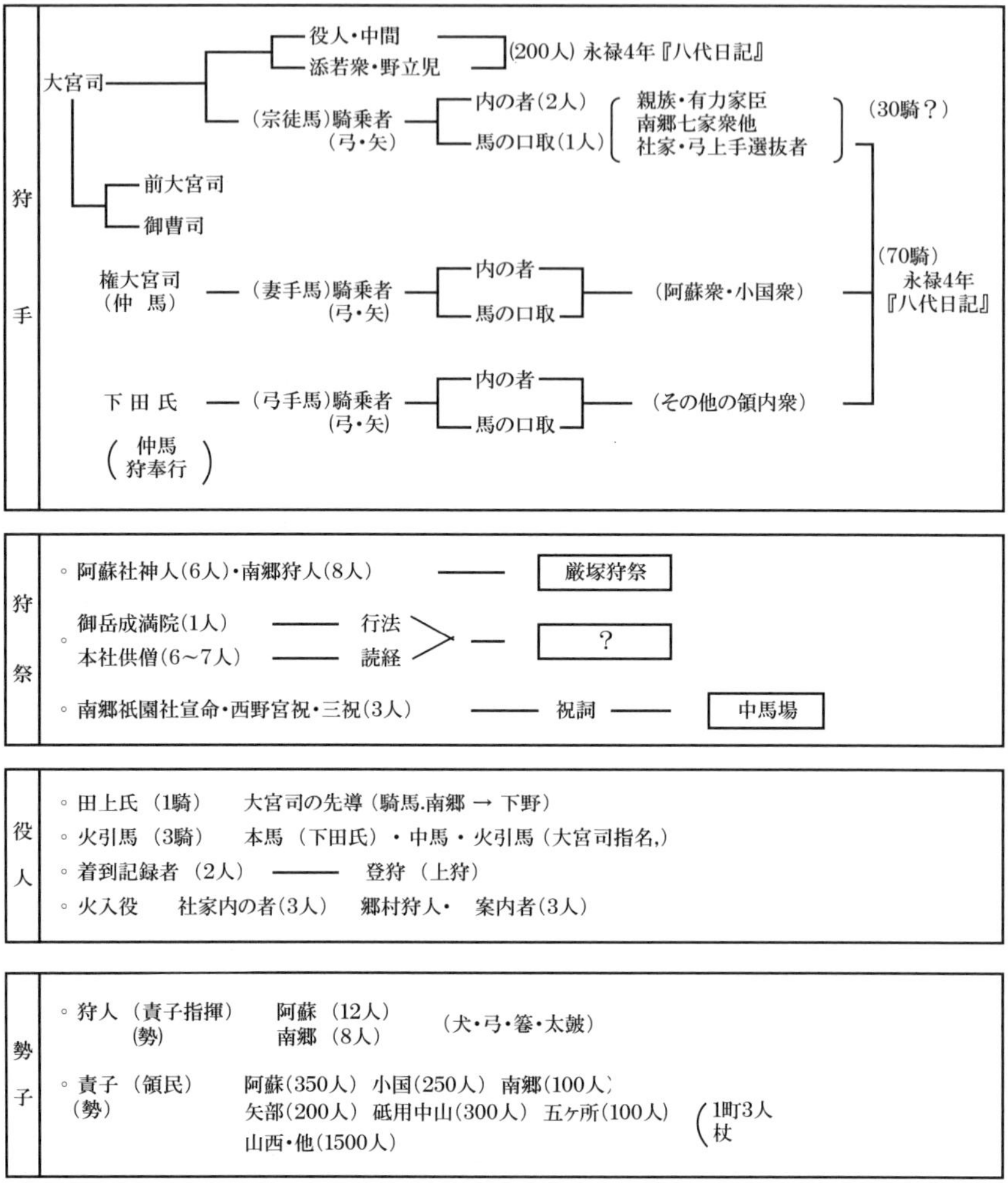

一方、狩は公開され、領内・領外の見物人の来場が認められる。

以上、図表16を含め、筆者の下野狩理解は狩史料の大筋と矛盾なく、また狩の実施の年代も見えてくるであろう。狩と仏説については後に付論として述べることにする。

(三) 下野狩実施の証明

①中世文書・記録の下野狩

「狩日記」も「延徳記」も、記録や伝承・記憶をもとにある時期にまとめられたものの伝写本であるが、その間に種々の思惑も加わった加筆も考えられるので、史実の把握には相応の検討が必要であろう。

一方、その当時の文書・記録に、下野狩のことが記されている例はわずかであるが存在する。これらの内容は史実とみてよい。

1. 阿蘇惟歳書状写(『阿蘇文書』二・659頁)

(前欠)申候、御狩過候者、其堺田嶋左衛門可申候、恐々敬白、

二月廿一日　惟歳判

前欠・年欠であるが、阿蘇社供僧筆頭一和尚の本寺とみられる旧太山寺文書かと推定される。下野狩終了後、境界問題は処理するという内容であり、惟歳が大宮司の時とすれば応仁元年(一四六七)~文明八年(一四七六)頃の一五世紀後期とみられる。

2. 阿蘇惟家書状(『西巖殿寺文書』104号)

尚々　明日十一日ニ早々可預御祈念候、憑存候、如何様追而在所より御礼可申候、

明日十一日下野御狩奔走申候、如御存知大儀之御神事にて候間申候、上宮・中宮・下宮并北宮ニ可預御祈念候、仍大般若経三部可有御奔走候、猶々当家安全、御神事輙成就之段可預御祈請候、万吉　恐惶謹言

三月十日　　　惟家判

阿蘇山年行事

惟歳の次の大宮司とされる惟家が、下野狩の無事成就を西巖殿寺に祈祷依頼した文書である。狩場には成満院の下山行法が行われるのであろうが、惟家は狩の成就と大宮司家安全を懸念している。狩の実施は多くの関係者を動員しながら、天候や風向に左右され、その手配と進行は文字通り大儀の神事である。年欠であるが、惟家が大宮司なら文明九年（一四七七）～文明一五年（一四八三）、一五世紀の後半も末期に近い頃であろう。

3．阿蘇惟豊書状（『室原文書』6号）

至入田細々申遣候、為御存知候、

其以後無音、非疎意候、今年下野御狩輙成就候間、祝著候、定而可有其聞候、仍近日親廉在宅之由候、留守中令（府）校量候、雖御辛労千万候、彼帰付之間、以堪忍被相調頼入候、猶重々可申候、恐々謹言

卯月十一日　　　惟豊（花押）

大宮司惟豊が小国衆の一人室原氏に宛てたもので、下野狩無事終了を述べ、「定而可有其聞」とあるのは、室原氏の場合、一名字一人とされる狩参加には宛名の人物は参加せず、代理参加であったことを示す。時期は大友氏加判衆入田親廉の肥後境出向とみて、彼の在任期の享禄元年（一五二八）～天文一八年（一五四九）の一六世紀前期とみられる。

4．（中村）惟冬書状（『室原文書』22号）

尚々両三人乍御辛労彼方御仕立偏御頼之由候、就中此方へ馬なと御事かけ候、馬之事ハ三疋ほと可然候、依仰申候、抑中馬事、下田備前方へ蒙仰候、然者無足之事候間、可有御合力候、此方よりハ遠方候条、無才覚候、両三人御寄合候て、御仕立候ハヽ、可有御悦喜由蒙仰候、御方両三人馬御立御同然及候、偏頼被思食候、備前方之事、必老中被仰合、可有御扶持之由候、当日ハ親宣養性時分候間、更他事をも無御相談候、為御存知候、若彼方難渋候者、御意見専一候、下城方へも毎々此条蒙仰候、下野定日、来廿七日馬場之御狩、廿六日登狩たるへく候、廿五日ニ南郷まて上様可有御出候、備前方も廿五日ニ南郷為参上候様肝要候、其方人数ハ阿蘇までいつも御参候間、遅々御座候へく候、備前方ハ各ヨリ両日ほと先ニ可然候、恐々謹言

三月十九日　　　　惟冬（花押）

室原藤二郎殿

伊佐山殿

北里権左衛門殿　　　東内蔵助

『熊本県史料・中世編一』の編者の文書命題は「中村惟冬」とあるが、「東内蔵助惟冬」のあやまりとみられる。阿蘇氏奉行人の東惟冬が、小国衆三人へ宛てた下野狩協力依頼の書状であり、当時の下野狩の実態を最もくわしく示す史料である。

当年の狩は三月二七日と定められ、二六日に登狩が行われるので、矢部の大宮司は二五日に南郷に出向くとあり、これらは下野狩史料記述と一致する。

この狩に下田備前が大宮司から仲馬役に指名された（これも下野狩史料と一致）。この役は一の馬場の厳塚で狩祭の後、中の馬場で従者と火縄用意の火引三騎がくに木原から馬隠山へ移動する。この三騎は、狩奉行下田氏の本馬、次

を中馬(仲間馬)、三番目を火引馬というが、この中馬と火引馬は大宮司が一族または南郷衆の中から指名する。下田備前は同名字の狩奉行下田氏の一族とみてよいので南郷衆である。

このように、「中(仲)馬」・「馬立」・「馬場之狩」・「登狩」と、下野狩史料の用語とも一致している。

この書状の用件は、指名された下田備前が所領のない身で狩仕度ができないので助けてやって欲しいという依頼である。所領を与えるはずの老者の会議は、大老の甲斐親宣が病気欠席で決定できず、さし迫った対策としての依頼である。

時期は親宣が日向高知尾亡命の惟豊を助け、矢部を回復後、家中の実力者となり、その子親直(宗運)にその地位が引き継がれるまでのことであり、永正一〇年(一五一三)頃から、天文一〇年(一五四一)頃のこととみて、一六世紀前期のことと推定される。

5.『八代日記』(天文一五年)

三月廿八日　阿蘇しも野の御狩定候へ共
　四月ニ延候
四月二日戊子　阿蘇しも野御狩

6.『八代日記』(永禄四年四月)

同十五日甲戌ノ日　阿そ下野御狩　今日馬揃七十騎之由申候、同十七日丙子ノ日成就(阿そ殿これより御出候、御供二百人計)

『八代日記』には、下野狩の情報が一五四六年・一五六一年と二回記録されている。一六世紀中頃の実施例であるが、何故二回だけの伝聞か明らかではない。

天文の狩では四月に延期となり、永禄の狩は更に四月一五日の実施となっている。下野狩史料では四月の狩は不吉とされるが、惟豊の書状も四月であり、現実は理想通りにはできなかったことを示す。また、永禄の狩では馬揃（宗徒馬・妻手馬・弓手馬）は七〇騎であったこと、供揃は二〇〇人とあり、馬立衆（狩手）が七〇騎であったことは、下野狩史料集の「物合せ」等の記述からみて、それ程の差はないと推測される。

②下野狩の上限

当時の文書・記録によって、一五世紀前期から一六世紀中期にかけて、下野狩が催されていたことは証明できた。しかし、これをさかのぼる確かな下野狩を示す文書・記録は確認できていない。

下野狩は惟歳の時代から確認できるが、惟歳の意向で始められたとはいえない。惟歳が大宮司の時代は先代の大宮司惟忠はなお存命しており、実力者惟忠の意向が阿蘇氏と阿蘇領を動かしていたからである。惟歳の代に下野狩があったなら、それは先代惟忠の代から行われていたはずである。惟忠は南北朝後半以降、約一世紀にわたり矢部と南郷を本拠に対立していた両大宮司家の合体を果した大宮司である。

時には合戦にも及んでいた対立時代の大宮司は下野狩を行うことはできない。矢部の大宮司は南郷の大宮司の本拠の向うにある下野で狩はできない。南郷の大宮司は狩を催せば本拠を襲われる危険がある。両大宮司対立下では下野狩を催すその他の条件も揃わない。

宝徳三年（一四五一）、矢部の惟忠は対立してきた南郷の惟兼の子惟歳を養子とすることで南北朝後期以来の両大宮司家の対立を解消し、阿蘇・益城二郡の支配者となった（阿二・291頁）。そして寛正五年（一四六四）、大宮司惟忠は騎馬の供一二騎と側近を従え、北宮と本社の大祭御田植の神事に臨んだが、このことの持つ意味は大きい。従う武士たちは、その名字から二郡領内各地の有力領主たちであり、惟忠は二郡の支配者としての威勢を、かつて及ぼすことのできなかった阿蘇谷の地で示すことができたのである(阿一・271号)。このような先例はかつてなく、惟忠は神輿の座す御田屋形において、出仕の社家・供僧・神人に至るまで盃を与え、惣官として彼らに服従を誓わせたのであった。これは合体後一〇年余の後のことであり、約一世紀間の地域対立関係には、相応の根廻しの時を必要としたとみることができるが、下野狩も、その視点から惟忠の領内把握の手段として解釈できよう。

両大宮司家の合体は勝者も敗者もなく、一方的な強制のできない現状維持の体制である。このような状況の下で、如何に最高主権者としての地位を領内に浸透させるかが惟忠の合体後に腐心した課題であったはずであり、下野狩が行われた理由もそこにあると考えられる。

大宮司惟忠は狩場で自からを神の名代とし、旧対立者の子を養子(御曹司)として従え、旧対立領内下野の領主下田氏、阿蘇本社権大宮司を補佐役とした狩を、誰もさからうことのできない神事の名目で催したのである。この狩では領内の各階層・各職種の者が参加を強制され、それぞれの役割を与えられる。それは内外の見物人を含め、自他共に阿蘇大宮司支配下での自己の位置付けが視覚的にも確認される場となったのである。下野狩は神事の名を借りた極めて政治的意図の強い催しであり、名目の贄狩本来の目的は薄れ、ほしいままに獲物を狩る中世武家の狩猟姿勢が垣間見えるのである。

しかし、何もないところに突然下野狩の発想が生ずるか。たしかに贄狩の伝統はあった。これに何か萌芽的先例が結び付かないかとすれば、下野狩史料にみられる南北朝初期の惟時の伝承であろうが、これを補強できる他の史料は未だ見出せない。

そして、このような狩の仕組みが一挙に成立したはずもない。二〇年・三〇年の経験のまとめが「延徳記」となったのであろう。それは大宮司家合体に内包されていたかつての南朝方の南郷系大宮司家勢力が完全に排除された大宮司惟憲時代の年号名の史料でもあることも示唆的である。

四　下野狩史料の形成

㈠ 小次郎四郎惟次への疑点

「狩日記」の内容を保証する者は、下野狩を相伝し、記録を残したとされる小次郎四郎惟次と、「狩日記」奥書に慶長一二年の年記を記し、署名・花押を加えている村山惟尚である。飯沼説が、「集説秘録」では見えなかった下野狩史料の形成過程が明らかになったとする論拠は、惟次の存在と主張によって支えられている。その存在と主張は確かであるか。

また「狩日記」を書写し、近世につないだのは村山惟尚ということで、「狩日記」の内容が信用されているのである。村山惟尚は中世末から近世初頭にかけて、阿蘇氏を支えた実在の人物であるからである。

史料11は、「延徳記」にない九条と、条文は「延徳記」と共通するが、「狩日記」にあり、「延徳記」にはない記述を持つ惟次に関する史料である。両史料に共通する表現には□枠をつけた。

内容は重複する場合を含むが、㈠惟次が記録したと記すもの　①・②・⑦・⑩・⑪、㈡伝来の理由を推察させるもの　①・⑥・⑫、㈢秘事の指摘　③・⑥・⑦、㈣連署例　④・⑧・⑨、㈤その他(故実の証言)⑤、である。

これらのことから、惟次の役割は、⑴史料入手源の人的信用保証(系譜上の位置)であり、⑵下野狩とのさまざまな関係(連署・故実・記録自称・秘事相伝)であり、⑶下野狩記録・相伝の原点であり、要の位置にある。

惟次なくては、惟国・惟利・惟時ら大宮司と坂梨氏との間の下野狩継承はあり得ず、もちろん村山惟尚の写本にも

① 狩77（狩76）

一、阿蘇大宮司惟國　其實子、
一、阿蘇大宮司惟利(本ノマ)、其家子、
小次郎六(四)郎也、下野狩相傳候、

② 狩83

一、阿蘇大宮司惟時御定時儀共候、少々小次郎四郎惟次首置者也、是ハ近代事也、

③ 狩84

一、十二宮神将本記、阿蘇御宮立候時、此十二神、夜ハ材木を御持候よし承傳候、
「・」弥(二)勒「亥時」(朱書)「・」勢(九)至「戌時」(朱書)「・」阿(七)弥陀「酉時」(朱書)　宮毘羅大将軍　軍代(伐カ)折羅々々

（中略）

真實々々秘事可秘々々惟次

④ 狩　馬場図

（挿図14）①末ハ國中へ流出ル河也、此川の惣名ヲ白川ト云也、口傳、
②大宮司惟國　有判
小次郎四郎惟次
坂梨又太郎惟吉
坂梨又四郎惟兼

⑤ 狩112 延75□

一、かりまた(雁俣)しらみかき(白磨)にかむらすけ(鏑)(挿)す又、
惟次

⑥ 延5□ 狩163

一、此書親子兄弟ニモ見ヘカラス、
神記九年正月廿日贄狩也、三所定也、惟時
既不浄手にも不可所、可秘、惟次ヨリ御本なり、為後日アラワス、
惟秀為子孫露是置也、他言不可他言、

⑩ 延44□　狩318

(A)

一、此御贄かけ候役ハ北宮祝役也、御宮蔵○(虫食)手野迄ハ沙伏者地引・実次郎(内カ)両人鹿をもたせてまいり候、又御出仕候、一社不残候、一大夫・二大夫斗ハそくたふて、その余ハおりゐほし上下ニて候、御神楽一斗二升ニて候、此御酒御惣官より直ニまいり候、御酒料鳥目一貫文、兼日より御遣候、北宮祝所へ御酒用意候、又、二石、おろし物権大宮司方よりも、又御酒、又みこ(巫女)・せんミやう(宣明)のこらすまいり候、神楽ハ、ての(手野)、風追の宣明舞申候、一番ニて候、又その間に國造の祝と北宮祝とし(鹿)、かけ(掛)候木本と御戸の前と行すりかゐて十二度行候、主両人して六度つゝなり、是を禰り男と書(云カ)なり、又當社家奉行も出仕候、

(B)

當時此役を、惟時公方様より承候間、見申通申置候、北(小)次良二郎惟次為後日委申候、各々此條々ゐ入候也、

⑦ 狩275　延288

一、卜野御狩之事、於舊例者、如何程も有奔走、當家初之御贄狩候間、神秘事多候、是も近代「・」惟時御上落(洛)之間、何事も所々相滞率尓候處、惟時有「三」(朱書)直ニ御忠節「二」(朱書)御下候刻、御綸旨「・」御教書ヲ御給御下候て、如前々何事も御定候、就中所々御祭礼沙汰成赦(本ノマヽ)(敗カ)なとも御必定候、殊下野御狩之事、所々老者・代官・役人召寄、数日以御談合御狩如神代時の定給候也、於末世「・」惟時御定之外、何事も法度不可有御座候哉、頗下野御狩責籠・狩人在々所々取分法度之事、於後日可為本哉、兼又惟時様御下候て、始而御馬御立候、三月廿二日御狩祭礼にて候、其日御狩猪鹿之間九十三、此中猪ハ十七、亦馬上獅子廿一、阿蘇宮蔵細(納)候、社人・祝・神人・沙汰之物百余人の神人ゐ(本ノマヽ)、鹿被分候也、供僧十五人(本ノマヽ)者太豆腐を分也、権大宮司役也、阿蘇地下給人、陣ゐ(本ノマヽ)参候方ハ獅子を被食候、権大宮司障及候也、此書可秘候、

宇治朝臣惟國
是ハ古近代之事惟次

（以下略）

⑧ 狩280

一、此書上代之事無是非候、
近代上代之事を書添申候、
各々不可有御不審者也、

惟時　在判
惟國　在判
惟利　在判
小次郎四郎 惟次　在判
坂梨 惟秀　在判
同 惟光　在判
同 惟照　在判
同 惟吉　在判

⑨ 狩285

一、當御曹司さま御誕生之時、引目役ハ、竹崎・松崎・山崎、此三人、如何様一人被仰付候定儀候也、有口傳、

惟國　在判
惟利　在判
惟次　在判
後ハ三河守

⑪ 狩366

一、此書惟時様御代、所々人々御談合候てい目わけられ候、北(此カ)惟次申置候、又行騰の本ハ惟國ニ御申候て、惟利・惟時御代事を書置候、是も惟次頻に申候て書置候、又我々為後代書置申候、
口傳如此、

⑫ 狩398

一、惟次之事、

于時慶長十二年丁未三月四日丁卯具書之

九州肥後國阿蘇郡
村山丹波守宇治惟尚（花押）

つながらない。

図表17は、「狩日記」所収人名の構成関係を作成したもので、内容はA(古代)・B(中世)・C(近世)三群に分けられる。その中心はB群であり、惟次がその要となっていることは明白である。A群は大宮司系図所収人名であるが、系譜の順序と人名の所出には人為性があり、平安時代という古さを示すために利用したと疑われてもやむを得ないものがある。C群は村山惟尚のみであるが、中世と近世の接点としての役割を持っている。この図表中の人名については、実在を他の史料によって確認できるのは、惟国・惟時両大宮司と、惟尚のみである。

図表17 「狩日記」から構成される人名関係

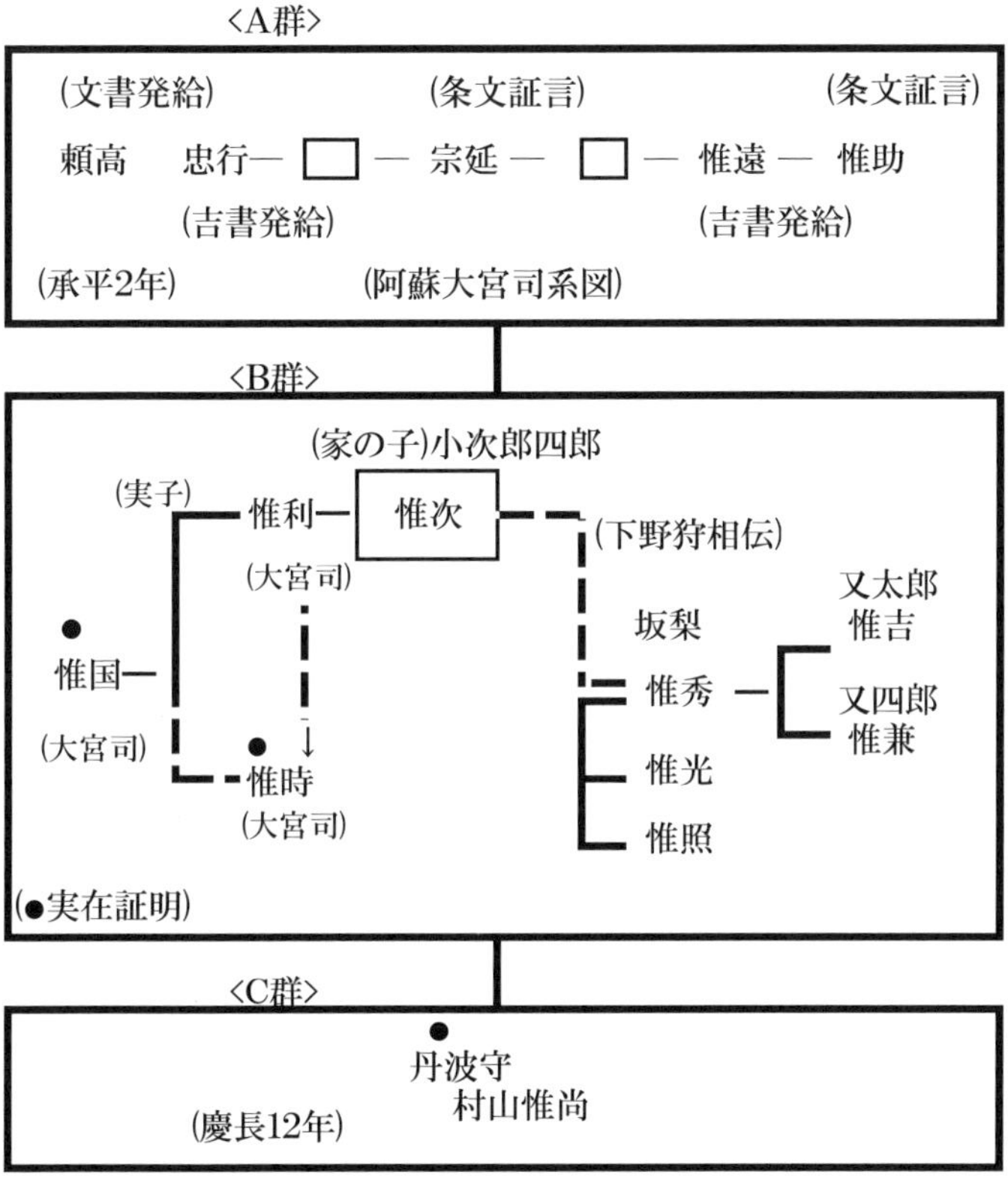

筆者は惟次について次の問題点を指摘する。

その一は、この重要な立場にある惟次について、「狩日記」惟時関係史料には時の表現がないこと、関係する文書にも年記がないこと、推測される時代は鎌倉から南北朝期にかけて余りに幅広い時間である。その二は、惟次の存在について確かな史料がなく、「延徳記」にも全くその名がないことである。このような重要な人物と業績が、仏説とも関係なく削除の対象となったとすればどう理解すべきか。その三は、惟次の通称名の気懸りである。恵良小次郎惟澄の子である可能性は、前後の関係から無理であるが、「小次郎四郎」であるから常識上では父は小次郎、祖父は次郎となる。「狩日記」の系譜では、惟国—惟利—惟次と読み取れるが、祖父にあたる惟国の通称が「八郎」であることは動かせない（阿二・271頁）。

その四は、「狩日記」の条文について、史料11の⑨の惟国、惟利との連署の註記に、「後ハ三河守」とされる表現である。惟国の存在から、時代は鎌倉末期のこととなるが、南北朝期であっても、一族の惣領であればとにかく、無名の庶子クラスでは三河守などの受領名はあり得ないことは文書検討の際述べた通りである。その五は、史料11の⑩の中で、惟次が自から記録したと記している表現の中に「惟時公方様」とあることである。本来、「公方」とは、中世において私的なものと区別される目的で、朝廷・幕府・天皇・将軍を指し、室町期には荘園領主・将軍一族・守護まで指すようになるといわれている。『阿蘇文書』では、南北朝期に「軽公方」（阿一・154号）と公的組織を指す例がみられ、室町期になると「公方御狩倉」（阿一・602頁）と、人格とも組織ともとれる表現が現われるが、確かに公方が人格として、地域公権力の長である大宮司を指すようになるのは室町期も一五世紀後末期の文明頃である。惟歳は惟郷を「菅の公方様」（西61号）と記す一方で、「大上様」とも記しているので、現公方は「大宮司惟忠」のことになる。また同じ頃の奉行も惟歳を「南郷の公方様」（西85号）と呼び、室町後期の阿蘇領では、大宮司は「上様」・「御屋形様」と混用して、「公方様」とも呼ばれている。従って鎌倉・南北朝初期の惟時を惟次が「公方様」と呼ぶことはあり得ない。

その六は、同条文史料11の⑩の性格の検討である。「延徳記」と「狩日記」共通部分(A)と、「狩日記」のみの後に続く記述(B)について、(A)は下野狩の後の北宮における贄備神事の内容であり、(B)は惟時の指示で惟次が神事を見て記録したと記しているもので、「当時此役を惟時公方様より承候間、見申候通申置候（後略）」ある。即ち、「此役」・「見申候通」ということは(A)の北宮神事を指す他は考えられない。(A)は主文であり、(B)は従文であることは動かせない。この(A)と(B)について大宮司の呼び方が異なる。(B)は「惟時公方様」であるが、(A)では、その時の大宮司惟時は「御洒御惣官より」とある。この表現は社家が大宮司に対して用いる表現であり、社家でない一族惟次の表現ではない。

「狩日記」の削除による「集説秘録」（厳密には「延徳記」）の成立説は、(A)＋(B)－(B)＝「延徳記」の図式であろうが、前文(A)と後文(B)の用語は矛盾する上、後文(B)の「惟時公方様」はあり得ないとすれば、(A)＋(B)＝「狩日記」である上、(B)は後人の追加となれば、惟時と惟次の関係は否定される。惟次の記録が否定され、他に惟次の存在を示す史料がなければ、惟次の存在そのものも危いことになろう。

（付）「延徳記」史料源の推測

「狩日記」の原点として、惟次の証言・記録を素直に認めるには疑点ありとすれば、「延徳記」の内容構成要素はどのようなものか。「延徳記」の条文は、「狩日記」のように直接史料源を示さず、秘匿の意向も示さないが、その構成の一部を推測させる手がかりが全くないわけではない。

「延徳記」を通覧する時、大宮司の別称が注目される。「上様」と表現用語のある例が二四条、「惣官」の例が一〇条あり、両者が同条文中に共存することはない。その他、大宮司の別称ではないが、大宮司自称を含めた意味で「当家」と呼ぶ表現も一一条存在する。これらは表現者の相違を示し、「延徳記」には複数の史料が流入していることを示す。

「上様」とは武家が主君に対して用いる表現である。筆者は大宮司家臣であろうが、特に狩にかかわる立場にある。大宮司に近侍し、狩の次第や装束のことを知っている家宰であろう。一六世紀阿蘇家家宰は村山氏である。

「延徳記」に続く「延徳外録」1．の「下野狩法度之事」（文亀四年）の奥書には、

「彼法度状之事、惟乗御代村山美濃守当役之時、書出者也、其後村山刑部大輔書写也、於子孫不可背此旨者也
　永正十五年戌寅(戊)三月廿八日　惟益(村山)判　」

とあり、村山氏の下野狩関与は明らかである。

「惣官」とは阿蘇社の社家が、その統轄者である大宮司に用いる別称である。具体的には下野狩にかかわる権大宮司からの提供史料であろう。同じく「延徳外録」2、「阿蘇鷹山下野御狩之時中馬之規式之事」七条と、同3「下野之御狩之時装束之次第」二一条は、いずれも天文一四年「権大宮司能憲判」とあり、権大宮司作成のものということになる。

　これら史料に類するもっと早い時期のものが「延徳記」編纂において収録されたであろう。一方、狩の現地を管理し、狩奉行として最も史料を蓄積していたはずの下田氏の提供を明示する条文はない。このことは、逆に前二者の史料が下田氏の下に集められ編纂された可能性を示唆する。試みに特定項目で条文を整理した図表18では、前二者の用語がみられない条文が相当認められる。これらが全て下田氏系史料かどうかは分らないが、下田氏側史料は「延徳記」の中では最も大きな部分を占めているのであろう。

　更に、「当家」とは、大宮司、またはその近親使用の表現であり、家臣が使用するなら「御当家」となるであろう。しかし、中世当時、大宮司自からの所見記述は考えられない。この表現は近世の大宮司か、前述の惟次のような近い一族なら可能であろう。この「当家」を含む条文には、多少その文体の堅さと表現内容に狩の権威・評価のある場合があり、他の二者系の実務的表現との差があるようで、後代の増補の可能性も視野に入れるべきである。

図表18　用語からの史料提供源の推測
（「延徳記」記載の大宮司の別称）

項目＼用語	御惣官	上　様	当　家	用語なし
狩　祭	2	3		3
稽　古			4	4
行　騰	3	2	1	18
装　束	3	3	1	9

「狩日記」における惟次の役割も、後代のどこかの時点での業績の反映として理解できるかも知れない。

㈡ 村山惟尚史料の解釈

史料12の「狩日記」上下の村山惟尚、慶長一二年(一六〇七)の奥書(史料A)と、「天保一三年下田能延へ送る抜書写」(史料B)は、いずれも『阿蘇下野狩史料集』所収のもので、「狩日記」の中世成立を保証し、現蔵されていない阿蘇家の「狩日記」の旧蔵を証明する史料ということで、飯沼説の論拠の根幹にかかわるものである。

前者は「村山丹波守惟尚(花押)」とあるので、阿蘇家旧蔵の「狩日記」は、惟尚の自筆自署の写本であること、後者は「狩日記」が天保一三年(一八四二)に存在しており、「集説秘録」はその後削除(選択・改編)されて成立したとする所論を導く前提となるものである。そのような解釈でよいか、まず史料Bから検討する。

「村山美濃守下野狩日記ニ云」とある表現について、飯沼氏は疑問符をつけながら認める形をとっている。本来なら「狩日記」の奥書通り「村山丹波守」と記さねばならぬところである。史料Bは阿蘇惟治の返書との推定は間違いないであろう。しかしなぜ惟治は「美濃守」と記したか。

惟治は村山惟尚の「狩日記」のことは知っており、また内容も見ていたと推測できる。ただ奥書の「丹波守」の官名を忘れていたのである。「狩日記」を確認すれば済むことであるが、それができなかった。「狩日記」は天保七年の阿蘇家火災で焼失していたからである。そこで惟治は他の史料をさがし、美濃守としたのである。『阿蘇文書』二は焼失をまぬがれた写本で構成されているが、その最末編の「阿蘇家書札案写」(『阿蘇文書二』747頁)の奥書には、惟馨とみられる識語で「此一册ハ、天正十三年村山美濃守惟尚カ後代ノ為メニトテ筆記シタル抜書(後略)」とあり、事実その所収文書にも、天正一二年の美濃守惟尚の署名文書が認められる。

この「美濃守」と記す史料Bは、「狩日記」が阿蘇家に所蔵されていたことを証明するとともに、「狩日記」が天保

史料12

A　「下野狩日記（上・下）」奥書

『阿蘇下野狩史料集』

（上巻）

延徳三年辛亥七月六日備後國住侶、、（字不知）書之

于時慶長十二年丁未三月四日丁卯

九刕肥後國阿蘇郡

村山丹波守宇治惟尚（花押）

（下巻）

于時慶長十二年丁未三月四日丁卯具書之

九州肥後國阿蘇郡

村山丹波守宇治惟尚（花押）

B　天保十三年下田能延へ送る抜書写

『阿蘇下野狩史料集』

村山美濃守下野狩日記ニ云、頼朝将軍の御時御使を以て狩の故實を被尋仰、則下田左衛門大夫を以て狩の故實悉被傳之、并行騰の本の（と）（ゝ）鏑矢百被献之、彼御方より吉光御太刀（黒金作）被下賜云云、狩之覚（同人所記候也、今詳ナラズ）云、むかし鎌倉公方の時、御使伊豫まで下向、狩のしき（式）を被尋仰、下田左衛門を以て狩のしき（式）残らす故實せらる、且ゝ下野狩ハ御家美睦（眉目誤歟）天下の水歓（観ノ誤歟）なるを以ヨリ代ゝの御曹司稽（稽）古（ノ誤歟）めされ候なり、（朱書）「かね〳〵」

（朱書）「右天保壬寅（之春）下田能延ニ送り申し候抜書の寫也」

一三年時点では存在していないことを示す。となれば、天保一三年以降、「狩日記」の削除(選択・改編)による「集説秘録」の成立説は認められないことになる。

次いで、史料Aについて、惟尚は天正一三年九月に「美濃守」から「丹後守」に官名を変えている。『上井覚兼日記』天正一三年閏八月から九月にかけての記事にその事情が示されている。九月四日、益城平坦部を攻略した島津陣へ阿蘇方からの和平交渉の使者代表として「村山美濃守」の名が記されるが、交渉解決後の九月八日の条では、

「彼使村山方、名を被下度由申候、頻ニ懇望候間、丹後守ニ被任候」

とあり、その後は「丹後守」と記されている。

更に、後世になっても村山丹後守の名は忘れられていない。元禄二年(一六八九)にまとめられた渡辺玄察の『拾集昔語』(『肥後文献叢書』)は、祖父の代の響ケ原合戦時の村山丹後守城代の対応、肥後天正国一揆の時の佐々方への返り忠の阿蘇家臣団の一人として村山丹後守の名を挙げている。

しかし、「狩日記」上下の両奥書の署名は「丹波守」である。原写本は花押を据えた自筆とすれば、自分の官名を間違うことはあり得ない。更に、同時代に丹波守を称する同族村山丹波守家久(『阿蘇文書二』310頁)も存在し、改称は無理である。また近世初期の肥後では、民間に受領名を与えたり、公式使用が認められることはない(田尻文書20号、『熊本県史料　中世二』)。

この「丹後守」を「丹波守」と誤ったのは他人であり、元禄期の渡辺玄察などより更に後人の所為であろう。

右の検討によって史料A「狩日記」奥書は後世の偽作と考えられる。村山惟尚は阿蘇家の家宰・重臣として、下野狩廃止にもかかわったとみられるので、その名を利用されたのである。

惟尚が自筆で「狩日記」を写したとすれば、旧阿蘇領内最高の識者として、少なくとも下田系図や草部系図は認めなかったであろう。

村山惟尚の名で保証されている「狩日記」の中世成立とその価値は素直には認め難い。

(三)「狩日記」成立仮説――『阿蘇家伝』と「延徳記」――

阿蘇家と阿蘇社の歴史を記す『阿蘇家伝』は、享和元年（一八〇一）阿蘇惟馨によって編纂された。彼が家蔵・社蔵の文書・記録を駆使し、旧記を収録し、注釈を加えた労作は、阿蘇家の正史と評価されている。後年、更に惟治が巻五・巻七を追編している。

巻三は、縁起・関係諸社・社僧・その他を収録しているが、その一つに「阿蘇大明神流記」がある。惟馨は前書きで、「おぼつかなきこと多けれども、寛正三年の奥書ありて」捨て難いので収録したと記し、本文内容に多くの註記を加えている。

史料13の例示は部分に過ぎないが、註記には阿蘇文書や古記録が引用されている。その文書は原本・写本として現存しているが、古記録の多くは失われている。残っているのは「年中祭事記」と記されている「阿蘇社年中神事次第写」（『阿蘇文書』二）と「延徳三年の記」である。しかも、「延徳記」は図表19の通り引用回数は最も多い。

「狩日記」の抄本（削除）とされる「延徳記」を含む「集説秘録」成立説では、その時期を天保一三年（一八四二）以降と推定するが、「延徳記」はそれ以前に享和元年成立の『阿蘇家伝』の「阿蘇大明神流記」の註記引用書名として存在しているのである。一方、「延徳記」より九八条多い「狩日記」

図表19　「阿蘇大明神流記」における惟馨引用註記の家伝史料一覧

		引用記録・文書	回数
記録	1	応永十五年の記	3
	2	文明十七年の記	5
	③	延徳三年の記	6
	4	天文十四年の記	1
	⑤	年中祭事記（阿蘇社年中神事次第写）	1
	6	青龍寺伝記	1
	7	正覚寺伝記	1
文書	①	嘉慶二年の注進状（阿蘇山衆徒等注進状写）	1
	②	山部光房文永十五年九月誓状（山部光房起請文写）	1
	③	正平三年九月の惟澄公申状（恵良惟澄軍忠状）	1
	④	正平十六年の甲佐神宮ノ牒（甲佐社牒写）	1

※ ○現存資料　（ ）阿蘇文書

史料13　阿蘇大明神流記　（『阿蘇家伝』三）

此書はおほつかなきことも多けれとも、寛正三年の奥書ありて、ひたふるに捨かたけれは、此に載つ、流記ノ流字は、若は縁字なとの誤にはあらさるかとも思へとも、此時代(アリカラ)の書には皆流記とありて、さて□□□□にも□□と云ことと見ゆ、又聊思ひよれることは條々にいへり、猶考ふへし、

阿蘇權現健磐龍命大明神者、神武天皇第二太子也、神記三年丙子三月廿日、御歳十七御宮作御座、（按に、一本には大明神十六歳之時、下ニ于阿會ニとあり、）其後神記九十三年丙午八月十五日卯刻、御歳百七御隱御座、（文明十七年の記にも神記九十三年丙午八月十五日卯刻御歳百七ニテ權現ハ御隱御座とあり、）則肥後州一□阿蘇御社□□□健磐龍命阿蘇大明神ト奉ㇾ顯仰一、又阿蘇嶽ノ峯ニ池水ヲ湛、御輿峯ニ御座、頂高山□□□□□□神咸光顯、阿蘇御渡ノ事ハ神記三年二月一日午刻也、（一本にも大明神ハ神記三年丙子二月一日卯日午刻ニ來リ給フとあり、）一王子ハ日向國高知保大明神ト顯御座也、

按に、當時の書みな大神を神八井耳命の御子といはす、神武天皇の御子とす、まつ二巻に掲たる至德・嘉慶の註進狀に、阿蘇大明神者、是則天照太(マヽ)神六代之孫子神武天皇第二之王子也と見え、文明十七年の記に、夫阿蘇大明神ト申者、彥波瀲武鸕鷀草不葺合火と諸尊ノ太子、天照大神ヨリ六代ノ孫子、神武天皇ノ第二ノ王子、奉ㇾ號ニ阿蘇權現一、鎭西肥後國阿蘇大明神ト顯御座ス、阿蘇嶽ノ嶺ニ靈池ヲト、上宮ト號ス、□鄕之內ニ有ニ靈社一、奉ㇾ號ニ下宮一、天文十四年の記に、阿蘇大明神ハ神武天皇之王子ニテ御座、肥後國阿蘇嶺ニ靈池ヲシメオハシマス、又一本ニ、肥後國一宮阿蘇御社者、天照大神六代王孫、神武天皇第二全(王カ)子、奉ㇾ號ニ阿蘇十二宮大明神一、則是也、（延德三年の記なとにハ、神武天皇モ健磐龍命垂迹北宮明神御子孫同儀也(マヽ)、また、神武天皇阿蘇大明神不ㇾ可ㇾ有ニ二とありて、阿蘇悉湖ニテ候ヲ、神武天皇御千(干カ)給候と見え、又、下野狩の條に、神武天皇ト北明神ト西野原ニ御□給フとさへ記して、此記中の神武天皇ハみな大神と申奉れり、）なとありて、神八井耳命の御名をあけさるは、猶、古事記に日子八井耳命を神武の御子として、茨田連なとか彥八井耳命を氏の祖神とす

は引用書名にみられない。

そして惟馨は「狩日記」の内容を知っていた節がある。註記の中に「延徳三年の記なとにハ」とある引用文の「神武天皇阿蘇大明神不可有二」という表現は「延徳記」にはなく、「狩日記」にみられる条文である。惟馨はこの註記内容を使うために、引用書名としての「延徳三年の記」に「なとにハ」の語句を加えたものと推定せざるを得ない。

惟馨はなぜ「狩日記」を引用書名として用いることを忌避したのであろうか。考えられるところは、

①「狩日記」が仏説を多く含むことを排仏思想に共鳴する立場から嫌ったこと。

②「狩日記」の史料的価値に疑問を持ったこと。「阿蘇家書札案写」などの多くの写本作成過程で、「狩日記」への不審を生じたこと。

③「狩日記」は、先々代の真楫が藩に提出し、同年大宮司を罷免されており、公的はばかりある史料であること。

また「狩日記」編纂の裏の事情(「延徳記」より多い史料の性格)も知っていたことが推測される。

いずれも、これらの原因を直接証明する史料はないことは、「狩日記」削除「集説秘録」成立説と同様であるが、筆者は①と②③のいずれも含め惟馨が使わなかった理由であろうと推測している。

程度の差はあれ、社家の立場として仏家・仏説をこころよく思っていなかったことでは、歴代大宮司は共通している。しかし、大宮司は叡山系末寺の西巌殿寺の衆徒・行者を含む形で(あるいは代表する形で)所領を藩から与えられてきた由緒があり(西206号)、仏家・仏説を完全に否定することはできない。①については主因ではないが無視もできない。

②と③はつながっている。永青文庫本の「狩日記」は、宝暦二年(一七五二)藩庁提出が推定されている。なぜ「狩日記」が提出されたか。「延徳記」も存在していたが、「狩日記」は内容が多かったからとみてよい。多いという内容

は「延徳記」に増補した条文や表現であり、どのような性格の内容かは前半で検討したが、藩庁への説得力は大きいという理由であったはずである。そして、同年真楫は大宮司を罷免され、幽閉された。

その間の事情を、吉村豊雄著『藩制下の村と在町』（自然と文化　阿蘇選書3・42～43頁）は次のように述べる。

（略）享保期以降大宮司家は転機を迎えていた。特に真楫の時に大宮司家と阿蘇神社は最大の危機に直面している。

真楫についての『阿蘇家伝』の記述も尋常ではない。

宝暦二年七月事ヲ以テ職を褫（うばわ）レ、大里惟公カ宅ニ幽セラル、後数年阿蘇ニ歸ル、明和二年二月二十六日卒ス、真楫性急剛腹、終ニ禍ヲ得タリト云フ、

宝暦二年七月ごろ阿蘇神社では何が起ったのか。ことの発端は阿蘇神社の「神地」問題である。すなわち、大宮司真楫は宝暦二年三月朔日に口上書を出し、在々の百姓による「神地」への開発・侵入を「神慮を恐れざる」行為であると藩当局に訴え、「阿蘇宮旧記」に所載されているという「御神地の絵図」をもとに、現地をよく知っている老人たち立ち合いの上で、神社独自に「神地」の境界を改めると主張し、問題が勃発する。

大宮司真楫が口上書において「神地」と主張したのは、祖父友隆代に藩当局に提出した「神地」の「指出」にもとづいている。指出によると、阿蘇神社の「神地」は、阿蘇山下の下野・高山・楢尾・坂梨手永内の楢山・一本木・内牧手永内の久具牟田・蒲牟田・明神山の八カ所である。

下野は阿蘇神社祭礼の際の「狩場」で、「大切至極」の神地であり、高山は神事の際に神木を採る所であり、また楢尾は「日本記又ハ阿蘇宮旧記にもこれ有る九百七十丈の大木」があった所、楢山・久具牟田・蒲牟田は阿蘇神社の祭具を採る所であると口上書は記している。

家老中は、大宮司真楫の口上書に対して、論地は田地も入り交っており、藩側から役人を出向させて改めると伝えるが、大宮司側が「所々札境を建」てて独自に「神地」の境界を設定したため、「上を憚らざる我侭なる仕

形」として大宮司に「逼塞」、役人派遣の上での出府を命じる。しかし大宮司真楫は「病気」と称してこれに応じなかったため、家老中は寺社奉行井上求右衛門、目付松野七蔵を派遣し、処分を申し渡す（以上は『御家老中江不時窺之内抜書』による）。

真楫のいう「阿蘇宮の旧記」とは、提出された「狩日記」上下と「旧記抜書」であり、「御神地の絵図」とは、所収の下野狩の「三馬場図」であろう。そして「蘇谷志料抜書」（『神道大系・神社編・阿蘇英彦山』）は、寛政・安政の阿蘇家による下野古跡調査のことを記すとともに、それ以前の「宝暦ノ比ノシラヘアリシ一册」もあると註記する。これが真楫の「絵図をもとに」地元立会いで「神社独自の境界」を定めた時の根拠となった資料であろうと推測される。江戸時代、仮殿のまま復興のかなわぬ阿蘇社で、大宮司・社家・衆徒行者たちは、藩から与えられた千石余の神領からの収入に頼り、その祭祀と組織の維持に苦労を続けていた。

これに加え、中世以来の由緒ある「神地」と呼ばれた山野・沼沢が、急速な開発の進行によって失われて行く状況に危機感を持った大宮司真楫の実力行使が咎められたのである。彼の「性急・剛腹」の性格が、藩の裁定を待たず、事を急ぎ、手段を選ばなかった故に生じた越権行為の結果だったのである。

もちろん、これに先立って真楫から口上書が提出されているのであるが、これに添えられていたのが「阿蘇宮旧記」と記されている「狩日記」上下と「旧記抜書」であったと推定できる。剛腹な真楫の指示により増補されて成立した「狩日記」・「旧記抜書」は、神地の由緒とその権威をできる限り盛り込んで、神地確保の側面援護の役割を担わされたと考えられる。もちろん、大宮司の主張する神地は下野ばかりではなかったが、神地主張の論拠とするに足る多くの内容を持つものは下野狩史料の他になく、真楫は下野狩に焦点をしぼり、神地の価値を説明するため、「延徳記」に増補を加えた「狩日記」を作成したとすれば、「狩日記」の疑点は説明できる。

説明内容の多いことは、その権威を大きく見せることであり、その手段として家司坂梨氏を中心に仏家の協力も求め、利用できるものは何でも利用した。仏説も人名も、無関係なものでもそれらしいものは加え、作者と伝来、系図、筆写者も加え、文末に「口伝」の語を大量に追加、人名の追加を行い、秘事を称して権威付けを行った。また狩の三馬場図も神地説明には必要欠くことのできない材料であった。

このように理解すれば、「狩日記」・「旧記抜書」が、「延徳記」・「延徳外録」(「集説秘録」)より多い部分の史料的性格の意味も納得できようし、仏説・仏語の差も、中世・近世二段階の追加として理解できよう。

「狩日記」の史料的性格と成立の事情は、惟馨はじめ阿蘇家内部では公然の秘密であり、まず、官位執奏公家の鷹司家に披露される『阿蘇家伝』の引用書名としては、「延徳記」の方が適当とされたであろう。

中世の「狩日記」が近世の「集説秘録」となる削除説には現実につながる目的性が見えない。中世神仏習合時代の故に仏説・仏語があり、近世排仏思想流布の故に仏説・仏語の削除では単なる現象論にとどまる。これを、「狩日記」が「延徳記」の、「旧記抜書」が「延徳外録」の増補本と理解するなら、両者の作成目的と性格は明白に説明できる。「延徳記」には秘事・秘伝の主張はない。一五世紀中期以降、下野狩の主宰者たちは、矢部の大宮司、南郷の下田氏、阿蘇宮地の権大宮司と離れた地を本拠としていた。事態の急変、装束や行事進行の不審等に対し、早急の集合、協議判断は難しい。「上様」・「惣官」の用語が条文中に散見されるのは、それぞれの立場の共通理解のために集められ、残されたもので、狩の成就に役立つかも知れぬ配慮であろう。狩の実務内容が相互に理解されて、狩と神事が滞りなく行われ、狩の獲物(贄)が確保できたなら、大宮司の権威は確認され、中世阿蘇下野狩の目的はそれで達せられるのであり、そこには秘事は必要ない。わずかな「口伝」とは、細部の表現を省略する意味と解釈すればよい。

一方、「狩日記」には、狩の価値を主張し、その由緒や秘事が生じ、口伝が多すぎる。狩の由緒や権威がなぜ必要か。それは狩が行われていないからであり、藩を説得し、その理解と協力によって神地を確保し、下野狩の再興を果すことが阿蘇家・阿蘇社の近世における目的であったからである。そのためには、その由緒と内容をくわしく説明し、

図表 20　近世阿蘇大宮司歴代

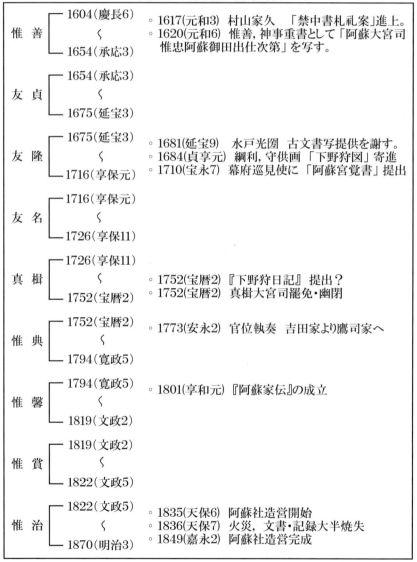

惟　善	1604（慶長6）〜1654（承応3）	◦1617(元和3)　村山家久　「禁中書札礼案」進上。 ◦1620(元和6)　惟善，神事重書として「阿蘇大宮司惟忠阿蘇御田出仕次第」を写す。
友　貞	1654（承応3）〜1675（延宝3）	
友　隆	1675（延宝3）〜1716（享保元）	◦1681(延宝9)　水戸光圀　古文書写提供を謝す。 ◦1684(貞享元)　綱利，守供画「下野狩図」寄進 ◦1710(宝永7)　幕府巡見使に「阿蘇宮覚書」提出
友　名	1716（享保元）〜1726（享保11）	
真　楫	1726（享保11）〜1752（宝暦2）	◦1752(宝暦2)『下野狩日記』提出？ ◦1752(宝暦2)　真楫大宮司罷免・幽閉
惟　典	1752（宝暦2）〜1794（寛政5）	◦1773(安永2)　官位執奏　吉田家より鷹司家へ
惟　馨	1794（寛政5）〜1819（文政2）	◦1801(享和元)『阿蘇家伝』の成立
惟　賞	1819（文政2）〜1822（文政5）	
惟　治	1822（文政5）〜1870（明治3）	◦1835(天保6)　阿蘇社造営開始 ◦1836(天保7)　火災，文書・記録大半焼失 ◦1849(嘉永2)　阿蘇社造営完成

歴史的・全国的視野から下野狩を価値付けて権威を示す必要があり、その目的には論理と解釈力の強い仏説の吸収もいとわなかったのである。山上衆徒・行者坊は祈祷・練行を主とし、学頭坊のみが顕密研学の坊であった。従って学僧育成による坊継承は難しく、中世・近世を通じ、国内外の優秀な天台学僧を招聘するのが例であったから(杉本尚雄・前著394頁)、仏教論理による狩史料協力人材には何の不自由もなかったのである。

「延徳記」は中世の下野狩に即した内容であり、「狩日記」は近世の下野狩復興に有効な内容であったといえよう。

図表20は、近世大宮司歴代の略年譜である。

(付)仏説・仏語と狩の馬場図

中世神仏習合時代の下野狩は、多くの動物を殺生する焼狩の神事であり、殺生禁断の仏教論理に対し、これを正当化する「方便の殺生」という論理で野焼きと結びつけ、阿蘇最大の祭礼化した(『鴨東通信』86号)というのが飯沼説である。

下野狩では、狩祭には阿蘇社供僧らの大般若読経や、坊中衆徒行者筆頭の成満院の行法もあり、狩史料には「神慮の殺生」・「鹿も成仏」をはじめ、仏説・仏語がみられる。

しかし、仏説が狩を動かしていることは証明できない。仏説で狩を説明しているに過ぎない。仏説では俗世の慣行を変えられない故に、「殺生成仏」という妥協説が生じているのである。贄狩・贄供えは古くからの慣行であり、殺生成仏論は後付けの論理である。

神仏習合は仏教側からの日本在来の神信仰の取り込み論理であるが、といって狩と関係ない立場から仏教色が加わるはずはない。殺生成仏論は誰のためにあるか。本来狩を行ってきた主役の大宮司・武家被官、その他の社家や狩人・勢子のためとは考えられない。領主大宮司支配下に所在しているが故に強制され、心ならずも参加・協力せざる

図表 21　下野狩馬場図比較

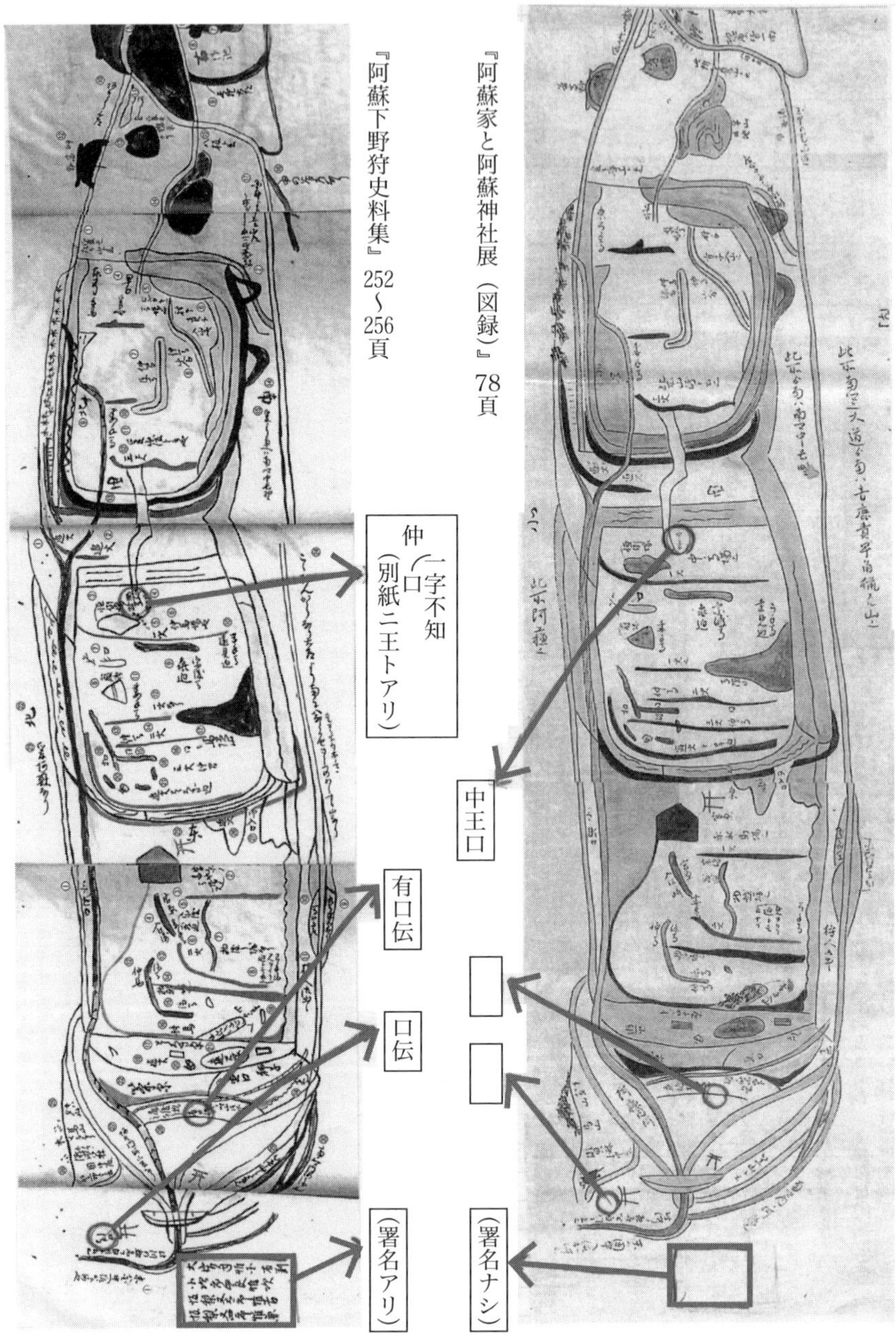

を得ない者、すなわち、不殺生戒を守らねばならぬ山上の衆徒・行者や阿蘇社供僧ら仏徒が、自己の行為を正当化するために必要な論理であり、自己正当化という形を回避するために普遍化された論理であるともいえよう。

この仏説・仏語が狩の実施をさまたげぬ限り、神仏習合時代の狩の主宰者や史料の編者は寛容であり、よりすぐれた論理であれば、仏説・仏語の受け入れにはやぶさかではなかったといえよう。この視点からすれば、「狩日記」削除説では説明できない「延徳記」の仏説・仏語の存在も説明できる。ただし、「旧記抜書」の「下野御狩之時狩装束之次第」に加えられている「三物替」を解釈する「三身・三躰・三毒・三車」などは、教学専門の学僧の協力と考えざるを得ないのであって、「狩日記」・「旧記抜書」の成立と結び付いた真楫時代の本格的増補作業と関係ありとみるのが妥当であろう。仏説・仏語は中世でも近世でも必要に応じ吸収されたのである。

ついでながら、野焼きは焼狩りとだけ結び付くのか。牧野の火入れは「令義解」厩牧令でも定められている。かつて筆者も下野狩と野焼きを安易に結び付けたが、「火振りの神事」と下野狩はつながるか。それよりも「火振りの神事」は北宮の「火迎えの神事」とつながるのではないか。下野狩と現代野焼きとの接点は「火引き」など現場用語などから拾い直してみるべきでなかろうか。

「狩日記」所収の「狩三馬場図」が「延徳記」にないのはおかしいとは、削除論からの見方にすぎない。馬場図は中世後期の「延徳記」の段階では作成されていなかった、という見方も可能である。図表4からすれば、「狩日記」作成の時加えられたとの解釈もできる。神地については、友隆の時代にその由緒の届出があったというが、その時以降の作成であろう。

図表21に示すように「狩三馬場図」については、「狩日記」所収の図の外に、平成二年鶴屋百貨店展覧会図録『阿蘇家と阿蘇神社』所収図がある。前者には「口伝」の文字三ケ所と、惟国・惟次他の連署が末尾にみられるが(史料

図表22

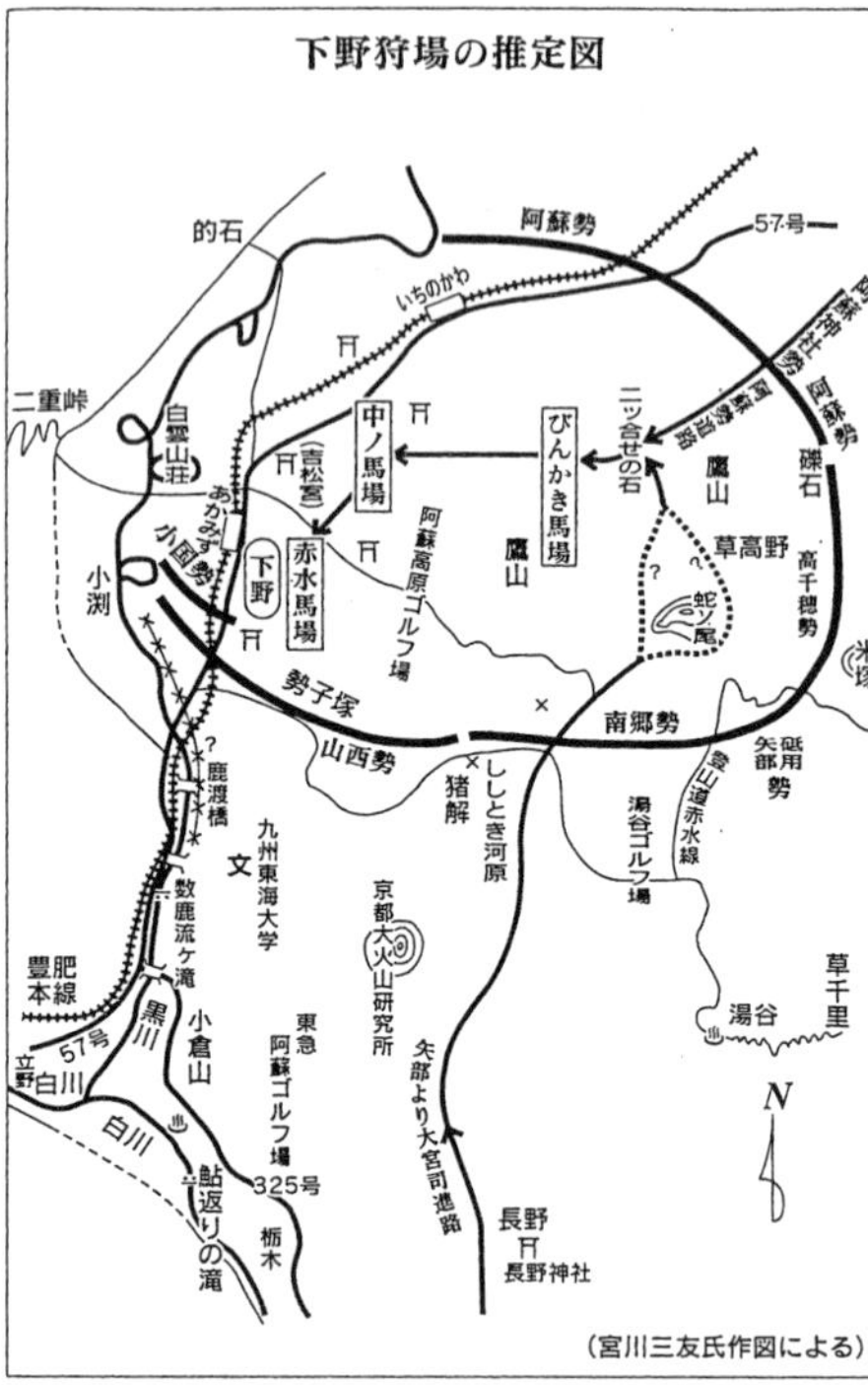

(宮川三友氏作図による)

11の④)、後者にはない。一方、前者が読めないとして別本の読みを加えている一字は後者では読めるので、この図はその別本とみられる。前者の「口伝」や連署は「狩日記」本文と同一スタイルであり、本文と同じ目的を担っているとみえる。神地確保の口上書にとっては「狩三馬場図」は是非とも必要な史料であり、古い由緒を加えることも大切であったはずである。

図は現在の地名からの比定とは異なり、紙面の都合の故か、三馬場が直線的につながっている。そして、三ケ所間はそれぞれかなりの距離がある。下野とは高山麓の地の総称と推測される広大な原野であり、下田氏管理の牧も所在したと狩史料は述べるが、貢納の対象となるような集落は、少なくとも名室町期までの阿蘇社領関係文書には地名として確認できないことは、目上発生していなかったといえる。

中世前期の阿蘇氏には、このような広域の下野での狩を行う組織も動員力も考えられない。阿蘇社膝下ともいえる狩倉でさえ、外来の地頭代の押妨を在地で解決できなかった例もある。下野狩史料のいう下野狩とは、二郡を支配する国人領主権力を背景とした狩であって、従来、その内容を超時代的に解釈してきていることについては再考されるべきである。鎌倉末期と推定させる惟国を含めた連署写を末尾に持つ「狩場図」は時代にそぐわない。「延徳記」の時代には署名を入れて古い時代を強調する必要は認められないのである。

四 「集説秘録」成立仮説

阿蘇家現蔵の『集説秘録』は、下田権大宮司家の写本であり、下田権大宮司家本の親本は阿蘇家本であるという伝承は故宮川三友氏の証言である。阿蘇家には「延徳記」の完本も、村山惟尚筆写の「狩日記」・「旧記抜書」の原本も現蔵されていない。焼失を免かれた下野狩史料は、それらに及ぶべくもない。自分の代に家伝の文書をはじめ、下野狩の主要史料を失った惟治の悔恨は推測に難くない。惟治の下野狩関係写本が多いとされることは、彼が狩史料探求に努力を惜しまなかった証拠であろう。

「狩日記」は真likely秘本と称していたので写本はなかったであろうが、藩庁に口上書とともに提出されたものの残存は推測されたであろう。しかし、すでに八〇年余の過去のことであり、問題を起した事件とかかわる資料の閲覧・筆写は望むべくもない。

ただし、本来下田氏の編纂とみられる「延徳記」は、過去秘本扱いされることなく、下田氏・阿蘇氏間での註記・加筆を含む交流があったと考えられる。条文中に「当家」の用語を含むものは「延徳記」成立後の阿蘇氏側の加筆部分の可能性がある。

下田氏側から惟治に提供されたと考えられる下野狩史料は、後欠の「延徳記」を含む史料群であり、「延徳記」以外の史料も「旧記抜書」以前の加筆を含まない内容であったと推測される。これらには断簡・欠落を推測させる筆写空白の部分もあり、一括筆写された写本であったか、個別の写本であったか分らない。ただし「延徳記」が完本であれば、それは独立した単本として筆写されたであろう。

「延徳記」後欠分と、その他史料群を編年一括して「下野狩集説秘録」と命題したのは惟治の可能性が大きい。焼

図表23　下野狩史料形成試案図

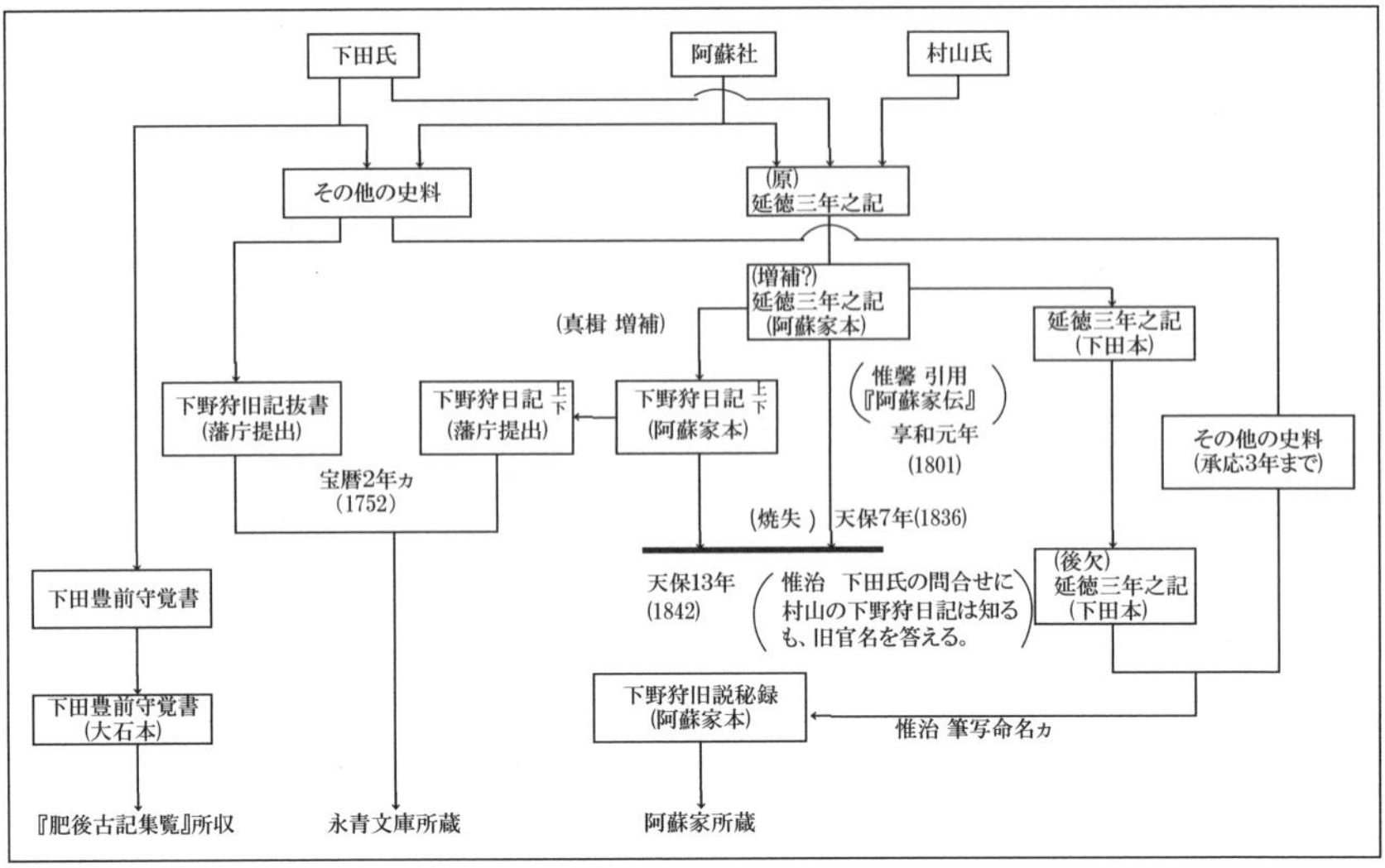

失後の阿蘇家蔵の下野狩史料の中では、「集説秘録」は、最も古態を示す史料価値あるものとして、秘録の名が付けられたのであろう。

この時、惟治が仏説・仏語を削除したとは考えられない。「延徳記」にも仏説・仏語は散見するし、また、天保三年写しの「下野狩根本記」（『阿蘇下野狩史料集』）においても、惟治は「此書一段仏説ニ溺れたる当時の有様相心得はすへし」と朱註（同書201頁）を入れながらも、三物替・三毒・三車論を記す本文を削除していないことが指摘できる。

真楫の加筆はまだしも、史料の削除は史家のすべきことではない。神道優位の立場の惟馨・惟治父子は、仏説史料に手厳しい批判は加えても、史料を削除するような非常識とは一線を画していたということができよう。

ただし、惟治は天保一三年の下田能延の問合せまで、「狩日記」の焼失は伏せていたのではなかろうか。もともと他見を許さぬ秘本ということもあり、口外しても権威を失うだけのことである。それ故に「村山美濃守」の「狩日記」と答えたのであるが、これを機に、下田氏へ「延徳記」その他の古い史料の問合せ、借用・筆写があり、「集説秘録」が成立したという推測が可能である。

「集説秘録」は「延徳記」を含むことで、下野狩史料のより原本に近い内容を伝える結果となり、ほぼ編年に収録されたその他の史料（「延徳外録」）も「延徳記」以後の狩史料であり、これも現在では完全には史料源が把握できない「旧記抜書」に影響を与えた史料の一半をも偲ばせることができると思われる。

ただし、「狩日記」における「延徳記」にない九八条の中には、「延徳記」後欠分が含まれている可能性がある。「狩日記」と「延徳記」の比較検討により、下野狩の史実に迫ることができると理解すべきであろう。図表23は、筆者の下野狩史料形成試案である。

あとがき

最後に、下野狩と下野狩史料を検討した結果を感想を含めて加えておきたい。

その一、下野狩史料の書誌学的比較の前提には、「集説秘録」所収内容を、「延徳記」とその他（「延徳外録」）に分けることで対応関係が明白となり、その性格の相違によって、飯沼説に対し筆者説を提示した。しかし、両説とも決定的証拠に欠ける仮説である。故に現在ではどちらに説得力・妥当性があるかの問題であるので、今後別説の出現もあり得ることである。

その二、下野狩史料は編纂物である。その原型である「延徳記」、またはその素材は中世の所産であろうが、近世の伝写の過程で種々の思惑や解釈による加筆が考えられる。特に「狩日記」には「延徳記」より目的性が強く現われており、「旧記抜書」にも同一の目的と手法が指摘される。従って、下野狩史料の内容、たとえば「狩日記」にみられる人名・証言・伝承・系図・文書などの記述内容を、そのまま中世の史実として受け容れることは危険であろう。

その三、従来の諸論は下野狩を超時代的に把握してきたので、狩発生の上限についてはあいまいであった。具体的には、筆者説の両大宮司家合体を果した室町中期の惟忠の代以外に、現在はその伝承を証明するものは見出せないが、下野狩の定義次第では南北朝初期の惟時の代も今後の検討の対象にはなるであろう。

下野狩は一応贄狩の枠内にとどまってはいるが、本来の贄狩からの変化(神事化)と肥大化がみられる二次的形態であり、そこには国人領主でもある大宮司の武家的狩の側面が指摘できる。下野狩の催しには、下野の地・大宮司主催・郡規模の在地領主と領民の動員が必要条件であろうと筆者は考える。

その四、総じて下野狩に関する史料の史的内容の意味するものは二つある。その表には中世阿蘇地域の支配者大宮司を頂点とする狩の具体相が示されているが、裏には下野狩の再興に中世の栄光を求めた近世歴代の大宮司の意図が秘められている。両者を判別する姿勢が下野狩史料を正確に理解する方向であろう。

それにしても、近世を通じ大宮司家には下野狩への執心は継承されており、中でも真楫の場合には神地問題で大宮司罷免にも及ぶのである。しかし、このことで阿蘇社の窮状に藩も動き、結果的には永年の懸案のいくつかは片付いたとすれば、目的は別としても真楫は以って冥すべしというべきであろうか。

✣コラム✣

「片寄」再考——関東御領永吉荘の存在形態から——

工藤敬一

平家の九州支配のもとで、公田二〇〇〇町の「球磨御領」となった球磨郡は、鎌倉幕府の成立に伴い蓮華王院領人吉荘六〇〇町・鎌倉殿御領五〇〇町・公田九〇〇町に再編された（肥後国図田帳写　史料Ⅰ）。かつて私はこの再編成を、肥後中央部の阿蘇本末社領の場合とともに、片寄の事例として紹介した（「九州における王家領荘園の存在形態」一九八一年）。

史料Ⅰ　肥後国図田帳写（相良家文書）

球摩（ママ）郡二千丁

蓮花王院人吉庄六百丁

領家　八条女院

預所　対馬前司　清業

下司　藤原友永　字人吉次良

政所　藤原高家　字須恵小太良

地頭　藤原季高　字合志九良

藤原茂綱

藤原真宗　字久米三良

尼西妙
鎌倉殿御領五百丁
預所因幡大夫判官
永吉三百丁
地頭良峯師高子息字平
紀平次〈不知実名〉
須恵小太良家基領百五十丁
公田九百丁
豊富五百丁
地頭藤原真家　字久米三良
豊永四百丁
地頭
藤原家基三百丁　字須恵小太良
多良木村百丁　没官領
伊勢弥次良〈不知実名〉
建久八年閏六月日

鎌倉殿御領（関東御領）となった永吉荘については、建久二年（一一九一）五月三日付けの良峯師高所領譲状案（平河文書　**史料Ⅱ**）があり、ここに見える「永吉荘内」の村々を地図に示すと別図のようになる。一〇町以上の水田がある村々は、ほとんどが中球磨の球磨川の周辺部であり、永吉荘の中心がこの地域であったことは明らかである。鎌倉殿御領は、「球磨荘安富領内三善並西村」と呼ばれていた在地勢力平河氏(良峯氏)と須恵氏の拠点地域を中心に設定されたのであった。しかしかなり多くの村が、今日の球磨村・五木村そして人吉市の西方などに散在し、とくに球磨川沿いは、上は横瀬から下は大瀬・神瀬まで盆地の東西両端におよんでいる。そしてこれらの村々は河川沿いにあってほとんど水田はなく、板・漆・鹿皮など林産物が収取対象であったが、むしろ交通上の要衝の感が強い。

史料Ⅱ　良峯師高所領譲状案(平河文書)

平川三郎師高重代所領田数　注文

一所　肥後国求麻郡永吉庄之内横瀬十二町 三十六石

一所　同郡永吉庄之内青山之村田地廿六町八十四石 三十貫

一所　同郡同庄之内目田之村十四町五反三十九石 十貫

一所　同郡同庄之内山田之村田地四十町一反百十石 五十貫

一所　同郡同庄之内黒田之村田地三十九町五反百石 四十貫

一所　同郡同庄之内原田之村田地廿七町四反四十九石 三十貫

一所　同郡同庄之内深水六町三十九石

一所　同郡同庄之内をうかき田地八町二反□□五石 十貫

一所　同郡同庄之内平野之村田地十三町二反四十七石 十二貫

一所　同郡同庄之内永池之村田地八町五反三十五石 十三貫

一所　同郡同庄之内中神之村田地十九町五十六石二斗 三十貫

一所　同郡同庄之内渡之村田地五町十九石 九貫

一所　同郡同庄之内目良生之村田地四十町七反三百三十石 六十貫
一所　同郡同庄之内深田之村之内田地五十町三百石 五十貫
一所　同郡同庄之内河辺之村田地八町五十九 いた三百三十貫
一所　同郡同庄之内尾瀬之村さつし十束 くす五升、いた五十
一所　同郡同庄之内高野瀬之村さつし廿束、あつかミ三帖、 いた百、くす五升
一所　同郡同庄之内五木之村さつし三百束、いた千五百、 うるし三百
一所　同郡同庄之内田代之村鹿かハ三枚、いた千、茶五十斤、 うるしつゝ百五十、
一所　同郡同庄之内はしかミ之村鹿かハ三まい、 いた五百九十、 うるし二百五十、 茶五十斤、

右、於此村者、師高希(ママ)代相伝之私領也、然於譲嫡子師員等訖、於子々孫々
無他、嫡子可為領知、自然沙汰之時者、此目録以可致沙汰之状如件、

于時建久二年五月三日

永吉地頭良峯師高〈在判〉

ところで本史料は、建久二年の年紀を持つ。関東御領の成立に伴う、大江広元の預所補任が、建久三年（一一九二）の球磨御領の再編によるものであったから、平河氏の所領はそれ以前からのものであることを主張するものであったとみられる。永吉荘については、鎌倉時代の後半期、広元のあとをついで預所となった外孫の近衛中将春実およびその後の預所と、平河氏との間で長期にわたる相論があった。弘安六年（一二八三）七月三日の関東下知状案・元亨二年（一三二二）ころと推定される平河道照申状（平河文書）によると、預所側は永吉と西村は平家没官領として広元が「一円拝領」したものといい、道照は、師高はいったん勘気を蒙ったが、文治三年（一一八

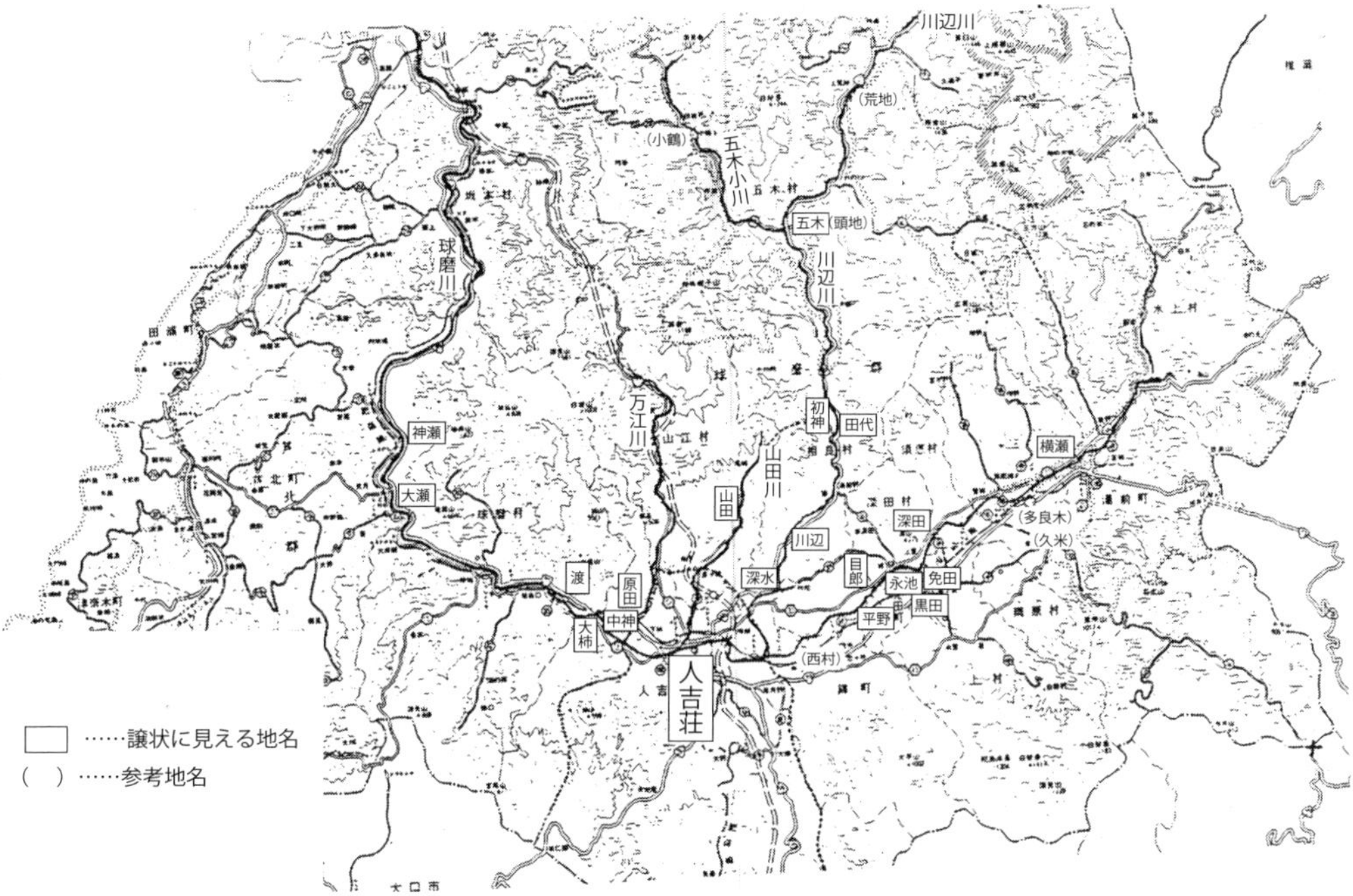

七）頼朝から本領を安堵された、以来九〇余年永吉の地頭名主として、一族で分散知行をしてきたことを主張している。本史料のオリジナルはおそらくその間に作成されたものかと思われる。あるいは道照申状の副進文書の中の「一巻　次第証文及道照所帯譲状等」に含められていたかもしれない。以上のような状況から見て、本史料の記載内容は、おおかた信じうるのではないか。ただ、良峯師高がこれら広範に散在する所領をいかにして確保するに至ったかは、今後の検討を待たねばならないが、永吉などが平頼盛の関与で成立した「球磨荘安富領内」であったことを考えると、師高は広域的な球磨安富領の現地管理者的存在であり、頼盛の処遇に連動して、その身を安堵されたとみられようか。

以上の永吉荘の有様は、球磨郡全体の再編のあり方について、多少の再考を迫る。従来言われてきた下球磨中心の人吉荘、中球磨中心の関東御領、そして上球磨主体の公領、という大まかな区分は間違いないが、はっきり地域や下地を分けたものではなかったと見られるからである。ちなみに公田六〇〇町の人吉荘は、寛元二年(一二四四)の中分注進状(相良家文書)によると、本荘が四六三町六反、東郷が一三六町一反である。主体である本荘が没官された人吉次郎の名字の地である下球磨の人吉市域であったことに異論はないが、全体の四分の一を占めている人吉荘東郷がどの辺りか、具体的に特定することは難しい。おそらくそれは中球磨・上球磨に散在していたのではないか。建久図田帳で人吉荘の荘官として、人吉次郎とともに須恵氏や久米氏など郡内各地の勢力が名を連ねていることはそれを示すものであろう。

このように見てくると、球磨郡の場合、全体として幕府成立当初には、地域を切り分けるような再編はなかったとみられるのである。これを「片寄」といえるかどうか。ちなみに私が「片寄」の概念を用いるもととしたのは、肥後中心部の詫麻・益城・宇土・八代郡にまたがる阿蘇末社健軍・甲佐社領にたいする北条時政の預所職の獲得にかかわる建久年間の再編であった。甲佐社領では「郡郷里坪を差定め、荒田半分・熟田半分に片寄立券」され(阿蘇家文書)、詫麻東郷の健軍社領については、「片寄百四拾二町五反 本家源少将入道・預所北条殿」とある(詫摩文書)。ここでは明らかに地域・下地の切分が行われ、それが「片寄」と呼ばれている。ところが球磨郡の場合、相良家文書や平河文書等関連文書には「片寄」の文字は全く見いだせない。「片寄」の用語を荘園史の概念として初めて使用した者として、いかが考えるべきか愚考しているところである。

座談会　熊本中世史研究会の五〇年を振り返る

熊本中世史研究会

掲載にあたって

創立から五〇周年を迎えるにあたり、熊本中世史研究会では、会の歴史に関する記録を残すために、設立の発起人となった阿蘇品保夫氏と工藤敬一氏に対する聞き取りを企画した。聞き取りは、当会会員有志による座談会という形で、二〇一三(平25)年八月三〇日と二〇一四(平26)年一月二六日に熊本市内で実施した。両日であわせて四時間以上にわたり、会の活動状況や熊本における「日本中世史学史」について語っていただいた。

座談会の参加メンバーは、阿蘇品保夫・工藤敬一両氏と、中村一紀・柳田快明・春田直紀・小川弘和・青木勝士・山田貴司である。

本記録は、座談会の音声をテープおこしした後に、当会の責任で適宜編集を加えたものである。当会に直接関係しない話題については省いた部分もあるが、内容的には当日の模様そのままである。

聞き取りの趣旨と時期区分

小川　今日の集まりは、熊本中世史研究会が五〇周年を迎えるにあたり、会の歩みと活動について工藤敬一先生と阿蘇品保夫先生からお話を伺おうという会です。聞き取りにあたっては、阿蘇品先生がまとめられた会報一〜五〇号(1)と川添昭二先生(九州大学名誉教授)の紹介記事(2)、柳田快明さんに用意していただいた資料やお話を手がかりに、わかる範囲で事前に五〇年を整理してみました。

それによると、会の活動はおよそ四期にわけることができると考えました。一期目は、一九六五(昭40)年に会を立ち上げて史料講読をはじめ、会報を出し、その活動を五〇号で区切って終わらせたという時期です。二期目は、最初の五年は『鷹尾文書』の調査と翻刻に、後の五年は『八代日記』の講読と翻刻に集中していた七〇年代です。

三期は、一九八〇年代から一九九〇年代にかけてのおよそ二〇年間。柳田さんから伺ったところによると、研究発表と並行して中世史年表を作ろうという話が出て、カードを取り始めた。それ自体は直接の形にはならなかった。けれども、その準備作業が平凡社や角川書店の地名辞典執筆に、『新熊本市史』の編纂などに大いに役立ったということでした。この二〇年間くらいが、三期にあたるのかな、と思います。

四期は、一九九〇年代末から二〇〇〇年代にかけての時期で、春田直紀さん、私（小川）、稲葉継陽さんと、たて続けに当時の若手研究者が熊本に赴任し、会に交ぜていただいて、月一回というわけではないけれど、研究発表を中心とした活動が行われるようになっていった時期です。

こういうふうに、この五〇年は、おおよそ四期に区切れるのではないか、と思います。それで、事前に相談した結果、この時期区分に沿ってお話を伺っていくということにしました。よろしくお願いします。

設立の経緯

山田　最初に、会の設立についてお話をお願いします。

阿蘇品　それは、工藤先生が熊本大学に赴任されて一年後の一九六三（昭38）年の、たしか夏過ぎくらいに熊大に伺ったのがきっかけです。私が熊本に帰ってきた時、中世史の専門家は熊大教育学部の杉本尚雄先生しかおられなかった。近世史の人はたくさんいましたけれど。私は大学を出た後で情報は入らないし、出身でもないから熊大に行く縁もなかったんです。それで、研究しようにもどうにもならない状態だった。そういうところに、鹿本高校出身の工藤先生が熊大に来られたことを知りまして。私も鹿本高校におりましたから、同窓の方に紹介していただいて、「とにかく何か研究できるような状況を作りたいので、研究会を立ち上げられないだろうか」と相談したのがはじまりなんです。

工藤　私が赴任したのは、一九六二年五月一六日付です。その年か翌年かに、西日本史学会の大会が熊本で開かれ、その下働きをした覚えがありますが、まだ中世史について何か考えていたわけではありませんでした。

阿蘇品　（手紙を取出し）それで、ここにあるのが工藤先生からいただいた最初の手紙、一九六三年一一月付の手紙です。読んでみると、「杉本先生と相談しまして、中世史の研究会をやろうということで、きたる一六日一三時三〇分に杉本先生の研究室で準備の集まりを持つことにしました。メンバーは、学兄、杉本先生、松本氏、岩本氏、小生の五名です。しかし、その後、杉本先生は学会に出席されるということになり、当日は留守になりました。しかし、とりあえず四名で集まり、今後のプランなどを検討できれば、ということになりましたので、ご多忙のところ恐れ入りますが、出席していただきたく存じます。その際に、いろいろなプランなど考えてきていただけたら幸甚です。場所は、たぶん私の部屋に変更することになります」という手紙です。研究会に向けた動きは、これが最初です。

でも、それから一年間くらいは、すぐにスタートしないんですね。どうしよう、どうしよう、という感じだったんです。一九六五年になってようやく動きだしまして、一月にはじめて案内状を出しました（案内状を取り出す）。研究会をやろうと思いますので、というのを。これが一九六五年の一月なんですよ。これと一緒に、返信用を入れた。こうやって、みなさんに呼びかけたんです。その返信を三～四通ほど見つけ出しましてね、中村一紀さん、松本寿三郎（元熊本大学教授）さん、大城美知信（元大牟田高校教諭、現福岡県地方史研究連絡協議会会長）さんあたりが返信してくれました。これで、やろうや、ってことになったんです。

それから、ちょうど一年たった時には、どこかに集まって、ちょっとした講演会でもやろう、ということになりました。それで手取本町（現熊本市中央区）の小泉八雲記念館に集まったのが、これなんです（写真1）。写っているのは、右から松本寿三郎、工藤先生、森下功（元県立熊本高校教諭、元熊本県文化財保護委員、故人）、大城美知信、中村一紀、古代史の卯野木盈二（元県立第一高校教諭、故人）。これが一年目のことです。

工藤　だから、中世史研究会の発足は一九六五年一月な

写真１　研究会発足
（左から卯野木・中村・大城・森下・工藤・松本。小泉八雲記念館にて。撮影 阿蘇品）

んですよね。

柳田　二〇一五年一月が、ちょうど五〇周年ということですね。

阿蘇品　一九六五年一月三〇日に準備会をやる、という案内状を出していますので。

小川　先ほどの話によると、きっかけは工藤先生と阿蘇品先生の接触、研究会の話自体は、一年前に動き出していた、ということですね。ちなみに、会を立ち上げたころの熊本県の中世史研究は、どういう状況だったのでしょう。

工藤　よく分からないが、ほとんど何もなかった。

柳田　『熊本県史料』の編纂は進められていましたね。

阿蘇品　『熊本県史』の中世を執筆しないといけないということで、一九六二年に杉本先生が人を集めておられました。杉本先生が集められたのが、私と松本寿三郎、岩本税（元県立天草工業高校校長、故人）、堀守雄（元県立荒尾高校教諭、故人）。それから第一高校の先生で、畑本久信という方がおられました（元県立高校教諭、故人）。杉本先生から、私一人ではどうにもできないから、分担して手伝ってくれといわれましてね。私は二七歳くらいで、松本さんでも三〇歳になるかならないかくらいだった。

小川　阿蘇品先生が教員として赴任されたのは、何年くらいですか？

阿蘇品　私は一九五八（昭33）年に芦北高校へ赴任し、一九六〇年からは御船高校におりました。その後、一九六一年の暮れに熊本へ引っ越しました。それで少しは研究しやすくなったけれど、大学を出ただけで、本も手元にあまりない。熊本県立図書館にも行っていましたが、そもそも図書館は空襲で焼けていますからね。

小川　すると、阿蘇品先生が高校教員として先に熊本へ戻っておられて、一人で中世史を勉強しようにも不自由があるところに、工藤先生が中世史の専門教員として大学に赴任された。これは繋がりをつくるべきだ、というのが、研究会発足のきっかけだったわけですね。

一期の活動内容

小川　こうして立ち上がった研究会は、そもそもは史料講読の会としてはじまったわけですよね。最初に読まれたのは「宇佐大鏡」ですが、ちょうど『大分県史料』で出たので、読んでみようということだったんですか？

工藤　たまたま私が古書店でもとめた「宇佐大鏡」の写真を持っていたんですよ。『大分県史料』が出る前から。

小川　先生の研究と史料集の刊行と、うまい具合にリンクしたわけですね[3]。それで、記録によると、「宇佐大鏡」のあとは『相良家文書』、「大内氏掟書」、『八代日記』の講読ということになっていますが。

阿蘇品　ちょうど、『中世法制史料集』が出た時だったので。

小川　とくに活動方針をどうするか、という議論があったわけではなく、自然にそうなったわけですね。

工藤　そもそも、会の名前をどうしようとか、そういう議論もなかったしね。ただ、その間あちこちに史料を見に行っていたなぁ。

阿蘇品　休みなどに、よく行っていた。そしてあの頃は、簡単に史料を見せて頂いていましたね。

工藤　大分県の宇佐に行った時なんかは、所蔵者をいきなり訪ねて「小山田文書」を見せてもらったね。「永弘文書」も見ましたね。お宅に行って「見せてください」と頼んだ。

小川　それは、飛び込み営業みたいなものですね。いつぐらいのことですか?

工藤　「宇佐大鏡」を読んだ後だった。一九六〇年代後半頃かな。「到津文書」は少し難儀したな。

阿蘇品　到津家では首をひねられたけれど、とにかくお願いしていたら、写本は見せてくれた。持っている人は、見せてくれといわれたら見せるのが当たり前だった。

工藤　大分の柞原八幡宮でも見せていただいた。それから、県南では八代市内の「小早川文書」も見に行きましたね。所蔵者は県議さんだったけど、その時は奥さんから「議員はただいま外出しております」と言われ、見られなかったけれど。

阿蘇品　県内も県外も、ずいぶん行きました。大分の帰りには竹田(竹田市)で急に降りて、ここの図書館には文書の写本があるから、ぱっと行って撮らせてもらおうと、訪れた記憶もある。九州の外だと、山口の「阿弥陀寺文書」とか、「松崎天満宮文書」も見に行ったんじゃないでしょうか。

工藤　大分は、宇佐関係でたくさん見に行きましたよね。あと、福岡は……。

阿蘇品　宗像と大宰府、それと立花家の「大友文書」。

工藤　肥前の「河上神社文書」も行きましたよね。

阿蘇品　(会報を見ながら)ここに載せていますけどね、当会採訪文書一覧。「広福寺文書」ネガあり。「舛田文書」ネガあり。「佐方文書」ネガあり。「有吉家文書」ネガあり。「永弘文書」ネガ一部……。

小川　とにかく、九州北部の文書はあらかた見て回った、という感じですね。熊本より南はどうなんでしょう?

阿蘇品　南はあまり……。「松井文書」も見に行ってないでしょう。宮崎と長崎、鹿児島もどうだったかな。

工藤　人吉には行ったかな。個人的には、人吉はたくさん行っているんですよ。種元勝弘(元人吉市文化財保護委員、故人)先生の家に、勉強会に何度も通ったから。人吉は服部英雄(現九州大学大学院比較文化研究院教授)さんの論文が出て、[4] これは納得できないと思って。いつもごちそうになって勉強会をやった。四～五回は行っていますよ。

柳田　大分では、研究報告会もやりましたね。ぜんぜん遊ばない会だなぁ、と思っていました。

阿蘇品　私は大分で「切寄」の話をした気がします。

柳田　それは一九八一(昭56)年ですね。その時は、大分の法華クラブに泊まり、昼は文書見学に行って、夜は勉強会をしていました。

小川　それは、熊本中世史研究会としての活動ですか？

阿蘇品　そうです。この会には、飲む人が少なかったから。村上豊喜(元熊本市立必由館高校長)さんと、中村一紀さんくらいかな。

山田　文書を見に行った時には、撮影もしていたんですか？

阿蘇品　まあ、簡単なもの(機械)でね。

工藤　「阿蘇文書」ですら、当時は重文扱いなんかされていなかったし。

阿蘇品　「詫磨文書」を撮りに行った時などは、日時を間違えてしまったが、先方はハイハイと出してくれた。

工藤　ともかく、そのころの史料調査は気楽に行ったものです。文書を見に行ったことだけはよく覚えていますね。

山田　どうやって調査に行っていたんですか？　車ですか？

阿蘇品　それは、国鉄ですよ、国鉄。汽車でゴトゴトと。

山田　県外だったら、泊りがけになっていたんですか？

阿蘇品　夏休みの一泊が多かったと思います。とくに、遠いところは。

会のメンバーと会員外との関係

小川　会報一号の最初のページ〔図版1〕を見ると、立ち上げメンバーの方々には(　)の中に地名が入っています。これは高校の名前ですよね。高校の先生で、中世史に関心がある方々。立ち上げにあたっては、こういう方々をどのようにして見出されて、お声掛けされたのですか？

阿蘇品　私が知っている限りで、高校でそうしたことに関心のある方々にはだいたい案内を出しました。県史編纂の時に、こういう人がいるというのを知ったし、工藤先生を介して紹介もあったので。それで、返事が返ってきたメンバーです。

工藤　大城さんとは、どういう繋がりだったっけ？

阿蘇品　大城さんは、川添先生からの話で知ったということでした。熊本で中世史研究会がはじまる、あなたも行きなさい、と。会をはじめるまえにいろいろ相談していて、それが工藤先生から大城さんにいっていたのか、川添先生からいっていたのか、それがよくわからないんだけど。とにかく、大城さんは最初からきていて、私ごときが入っていいですかとかおっしゃるので、どうぞどうぞ、と。

工藤　たしかに、大城さんは最初からおられましたね。

山田　じゃあ、会の活動がスタートするまえに、川添先生になんらかの情報が行っていたわけですね。

阿蘇品　最初の話から活動までに、多少の間がありましたからね。川添先生から、あなたは近いから、といわれていたようで。もっとも、あの頃は近いといっても車なんか買えないから、大牟田から汽車でずっと通われていました。

工藤　中村一紀さんは、私の京都時代からの知り合いなんです。立命館の大学院だったから。熊本に戻ってきたら、阿蘇の中学校で教員をしていた。波野（現熊本県阿蘇市）だったかな。それを、私は高校の先生をやってもらうのがいいと思い、私の仲人をしていただいた西尾英一郎先生（元熊本県立高校校長、故人）に中村さんを高校で採用してくれないか、と頼んだんですよ。そしたら、最初は玉名高校の定時制で採用してくれたんです。それから中村さんは、高校に移られました。

小川　九州全体として横の繋がりとかは、当時どういう状況だったんでしょう？

工藤　私が来た時も、よくわからなかった。

小川　確かに、今もあまりないとは思いますが。

中世研究会報（1号）

発行　1965.2.5.　中世史料講読の会
連絡先　阿蘇品保夫　熊本市大江町本381

報告（準備会）

経過　去る1月30日（土）午后3時より、熊大本部図書館3階において、有志9名が会合して中世史料講読会の運営について準備会を持った。出席は工藤（熊大）、大城（大牟田）、鶴上、高木、中村（玉名）、吉永（熊商）、松本（矢部）、阿蘇品（御船）で、開催予定、報告割当、会計等について相談し、テキストの紹介（工藤）、問題点を論議した。以下はその要点である。

運営
1. 世話人を阿蘇品とする。世話人は会計、連絡、会報の仕事を行う。
2. 会合場所は熊大本部図書館3階応接室を借用する。
3. 2月～7月までの会合予定日は別表の通りである。
4. 時間は開始2時50分から、終了5時、乃至5時半までとする。但し、2時50分～3時までは情報交換、新刊書や史料の紹介などを行い、3時から講読をはじめる。
5. 会費は年間300円とする。

例会予定（土曜）	
2月13日	5月8日
3月28日	6月24日
4月24日	7月10日

研究
1. テキストについて（工藤氏解説）―宇佐宮社領については、半不輸領、起請田（免田）、名、在家、別符に注意すること。関聯史料（九州各県史料集）をできるだけさがすこと。地名を地図上に確認すること。
2. 進行について―毎回約4P。4Pを2人で各2P受持ち、解読、解説、問題指摘を行う。（各30分、計1時間）事後討論（1時間）
3. 申合わせ事項―小問題、幼稚な問といえども無視しないこと。思いつきを何でも出し合うこと。

講読分担		
2月	中村	阿蘇品
3月	工藤	
4月	吉永	松本
5月	鶴上	高木
6月	大城	（？）

例会予告

日時　1965.2.13（后2時50分）
場所　熊本大学本部図書館3階（応接室）
テキスト　宇佐大鏡（120～123P）
その他　会費（300）未納は納入下さい。

図版1　会報1号

阿蘇品　大分に、大学の先輩にあたる渡辺澄夫さん（大分大学名誉教授、故人）がおられたことを知っていたくらいですね。

小川　横のつながりが明確になるような状況でもなかったんですね。それでは、そもそも会報はどういう範囲に送られたんですか？　何か明確な基準を設けて送ったんですか？

阿蘇品　初期の会員は、会報の名簿にあるだけなんですよね。大城さんは県外ですが、みな県内。ただし、活動を多少は知らせないといけない、ＰＲしないといけないので、何かにつけて、県外のゆかりの先生には会報を送っていたんですよ。（礼状を取り出す）これは藤木久志さん（立教大学名誉教授）の会報の礼状で、松本さんの抜き刷りが欲しい、という話。これは、桑山浩然さん（東京大学名誉教授、故人）が『高良記紙背文書』の件で、ネガをお貸しいただいてありがとうございました、という礼状。これは瀬野精一郎先生（早稲田大学名誉教授）が、一九六九（昭44）年だったかな、やはり中世史購読会報の四三〜四六号をいただいたという話。これは川添先生からの会報の御礼状。佐藤進一先生（中央大学名誉教授）からの手紙は少し遅くて、一九六九年末に、文書の解読のことで、これはこう読むと思う、という話が書いてある。たまたま残っていた書簡を調べてみたら、こんなものはでてきました。中央の偉い先生に、わりと気楽に送っていました。

工藤　『鷹尾文書』を刊行した時には、いろいろな先生方に推薦文を書いてもらいました（推薦文を取り出す。〔図版２〕）。書いて頂いたのは、最初は竹内理三先生（東京大学名誉教授、故人）。その次が、福尾猛一郎先生（広島大学名誉教授、故人）。これは阿蘇品さんが頼んだ。あと三人は、私が頼んだのかな。一人は豊田武先生（東北大学名誉教授、故人）。東北大学にいらっしゃる頃で、研究論文などを介していろいろと接点はあったんですよ。それと林屋辰三郎先生（京都大学名誉教授・故人）。これは私がお願いした。そして、川添先生。結局は、ずいぶん豪華メンバーになった。

阿蘇品　思い出した、会報は鹿児島の五味さんにも送っていた。五味克夫さん（鹿児島大学名誉教授）。

図版2　『筑後鷹尾文書』チラシ

工藤　五味さんとはしょっちゅうやり取りがあった。鹿児島中世史研究会の会報なんか送ってくれた。

阿蘇品　あちらも研究会を立ち上げられて。いまや会報は、あっちの方が長く続いているんです。

二期の活動、『鷹尾文書』の刊行と竹崎城の調査

小川　だいたいこれで、一期五年についてはお話を伺えました。続いて、二期について伺いたいと思います。会報五〇号を迎えたところで、これを止めて、一区切りを付けるという決断はどういう経緯で出てきたんでしょう？

工藤　（『鷹尾文書』刊本を取出し）それは、『鷹尾文書』のあとがきに書いたとおりです。(5)

小川　『鷹尾文書』の調査をやるぞ、ということになり、活動が切り替わったということですか。

阿蘇品　切り替わらざるを得ない。

工藤　そうです。そもそも『鷹尾文書』の件は、「鷹尾神社文書」を見に行ったことがきっかけでした。こ

れを柳川の三柱神社(現福岡県柳川市)で見せてもらって。その時に、堤さんという地元の郷土史家の人と知り合い、熊本に鷹尾家のご子孫がいることを教えてもらったんです。ただ、その時は熊本におられるということだけで、名前も何もわからなかった。ところが、私が以前住んでいた熊本市清水ヶ丘の自宅、ここは金剛という金庫を作る会社が開発した団地で、バス停から歩いて三〇分くらいかかる山の上だったんですけれど、その土地の購入について販売業者と色々やり取りし、『鷹尾文書』のことなども話していたら、金剛の常務に鷹尾さんという方がおられますよ、と教えてくれたんです。へぇ、というわけで情報を得て、さらには、奥さんが本妙寺のところで洋品店をやっているとわかり、連絡をとってみたんです。

阿蘇品　その後に、三柱神社にある自宅まで文書を見に行きましたよね。

工藤　このあたりのことは、あとがきに書いたとおりです。「堤さんという人から鷹尾家の当主が熊本に在住されておられるというニュースを得て、その方が金剛株式会社の常務取締役の鷹尾顕之助氏であると確認することができた。そして、晩秋の一日、鷹尾氏ご夫妻の案内で、千蔵さんという現地の人と堤さんの案内で、三柱神社内にある鷹尾家の本宅で、われわれは『鷹尾家文書』の全貌に触れることができた」と。『鷹尾文書』は、以前に東大史料編纂所で調べていて、先代の公嘉氏に返却されて以来三五年もの間、人目に触れることはなかった。だから、熊本に持ってきてもらう、ということになったわけです。

阿蘇品　とにかく、あの時は寒くて。それと、柳川で鰻をごちそうになりました。

工藤　結局、鷹尾さんが熊本に文書を持ってきていいと言われたので、熊本の鷹尾氏宅に通って、整理したんです。

小川　それでは、『鷹尾文書』の所在は、たまたま判明したわけですね。まずは「鷹尾神社文書」を見に行くことがあり、その後に工藤先生が土地を買われた際の業者さんとの会話から、「鷹尾神社文書」とは別の文書の所蔵者がわかって……。

工藤　まあ、あとがきに記したような次第で、はじめて『鷹尾文書』を見たのでした。ただ、文書の状態は悪くて、天地の亡失、虫損に加えて、遷宮・祭礼関係の写や鎌倉末の訴陳状案など、数枚にわたる文書は紙継ぎ目がほとんどはずれ、どうにもならない状態でした。

小川　『鷹尾文書』の調査っていうのは、そういうたまたまの縁で、最初からやるぞ、っていうものではなかった。

工藤　こういうものが出てきたわけですから。一番古い文書は、それこそ平安末期からあるわけだから。

小川　こんな文書があるんだったら、ちゃんとやらないといけない、ということになったわけですね。

工藤　到底一日の作業で終わるものではなかった。それで（あとがきを読み）「鷹尾顕之助氏の計らいで、文書は熊本市花園町の自宅に移され、われわれは本格的な整理作業にとりかかった。整理あたってもっとも困難を極めたのは、錯乱した文書を原型に戻す作業であった。写真にもとづき分担して読み取り原稿簿を作るとともに、数回にわたって原本の整理にあたった」わけ。写真を撮って検討した後で、また現地、鷹尾さんの家にいって、原本にあたるというやり方です。

小川　翻刻して刊行しようという話は、どの段階で出てきたのでしょう？

工藤　そのことも、あとがきに書いている。（あとがきを読み）「分担して読み取り原稿をつくると同時に、数回にわたって原本の整理にあたり、これを一紙文書と遷宮文書の二種に分類することにした。そして昭和四七年の夏におおかたの原稿もできたので、「鷹尾神社文書」とあわせて刊行することを計画して、鷹尾顕之助氏と宮総代の承諾を受けるとともに、若干の書肆に打診したけれど、思わしい結果が得られず、自費出版の計画を検討しはじめた。そういう時に、青潮社の高野和人氏から『肥後国誌』及び『肥後国誌補遺』刊行の実績にもとづき、これを刊行してもよいとの好意ある申し出を受けた。[6] われわれは中世文書刊行の困難性をお話しした上で、この好意を受けることにし、四八年秋の刊行を目標に入稿することにした。そして、四八年五月に初校の段階となった。その段階で、竹内理三、福尾猛一郎、豊田武、林屋辰三郎、川添昭二という先生方から、ご多忙の中、推薦文を頂戴した。九月半ばに、赤松俊秀先生（京都大学名誉教授、故人）が熊本大学に来講され、その機会に数度にわたり原本及び写真によって解読や文書の位置づけについてご教示を賜り、われわれの作業の質を高めることができた」という経緯ですね。

柳田　『鷹尾文書』の本を見ると、メンバーが最初の頃の勉強会とは変わり、完全に中世史専門の会になっていますね。

工藤　この時は、私と阿蘇品さん、大城さん、中村さん、森下さんの五人になっていたわけです。

阿蘇品　それだけになってしまった。中世の専門的な仕事をできる人、ということで。

山田　整理の時も、他の方々はまったくこられなかったのですか？

阿蘇品　ここまでくると、ちょっとさすがに。

小川　杉本先生は会の立ち上げにかかわっておられるけれど、会の活動にはかかわれなかった？

阿蘇品　そうそう。そして、やがて病気になられたし。

工藤　学園紛争の最中に、病気になられて亡くなられました。一九六九年のことです。

阿蘇品　森山恒雄先生（熊本大学名誉教授、故人）は、時々は会に来られていましたけれど。

小川　ところで、史料講読の会から熊本中世史研究会への名称変更については、何か話があったんでしょうか？

工藤　それについては、特別に何もやっていない。セレモニーもない。

阿蘇品　それはですね、『鷹尾文書』の本に会の印を打たなければならなかった。それで。

小川　『鷹尾文書』の本を出すために、名前が決まったようなところがあったわけですね。

阿蘇品　そうそう。

小川　ところで、川添先生の紹介記事によると、ちょうど『鷹尾文書』の作業と並行して、熊本県の九州縦貫道にともなう竹崎城（現熊本県宇城市）調査の文献班としての活動も進められていますよね。(7)

阿蘇品　竹崎城の時は、田邉哲夫さん（元県文化財保護委員、故人）が県の文化課長でした。担当は大田幸博さん（元県文化課）です。本格的な中世城郭研究は、これがはじめてだったんですよ。それで、私も大田氏を応援していた関係で、駆り出されました。本当は、中世城郭の研究もこれからなんですけれど。

小川　竹崎城の話がきたのと、『鷹尾文書』の話が動くのとは、ほぼ同じくらいの時期ですか？

工藤　竹崎城は、縦貫道路の工事との関係ですからね。

阿蘇品　『鷹尾文書』の作業は、それはそれで進めながら、竹崎城にも協力するという形で行っていました。

工藤　竹崎城の報告書がでたのは、一九七五年ですからね。

小川　そうです、一九七五年です。『鷹尾文書』の刊行が七四年。まさにこの四〜五年はふたつの作業が並行し、会の活動の柱になっていたわけですね。

『八代日記』の講読と刊行

山田　『鷹尾文書』に次いで、『八代日記』を刊行されていますが、[8] そもそも講読はいつごろスタートしたのですか？

工藤　『八代日記』を読み始めたのは、じつは一九七〇年なんですよ。でも、『鷹尾文書』の問題が出てきたもんだから、中断していたんです。

小川　それでは、会報の中断と『八代日記』の講読開始が、じつは一緒のタイミングだったんですね。なるほど、そうすると『鷹尾文書』が終わったので、もう一度『八代日記』読もうよ、ということになったわけですか。じゃあ、こちらの方は、はじめから刊本を作るような形ではじまったわけではないんですね。

阿蘇品　『八代日記』は、工藤先生が入手されたんですか？　東大かどこかで。

工藤　東大に頼んだような気もしますね。

小川　それでは、もともとの活動の仕切り直しで『八代日記』の講読をはじめた、と。

阿蘇品　『鷹尾文書』の方に緊急性があるのでそれにかかり、それが終わったので『八代日記』を再開しようと。で、それが終わったので、また青潮社に刊行を頼もう、という流れです。

柳田　その頃に、勝俣鎮夫さん(東京大学名誉教授)の論文が出た影響もあったんじゃないですか。相良家法度の論文。(9)それが大きかったように思います。

工藤　それもあって、これは本にした方がいい、ということになったと思います。

小川　『鷹尾文書』が刊行されてから『八代日記』が刊行されるまでの五年間は、ほとんど『八代日記』に集中していたんでしょうか?

阿蘇品　そういうことになります。ただ、その間に多少人の出入りがあってですね、村上豊喜さんとか、吉良国光さん(元大分県立芸術文化短期大学教授)が参加されていましたね。

柳田　吉良さんは、参加されていたんですか?

小川　吉良さんは、何年に入学されたんですか?

工藤　私が来た年から三年後くらいかな。私が最初に教えた学生は、都城高専に行った西山禎一くん(都城工業高等専門学校名誉教授、故人)だった。

柳田　『八代日記』は、奥付を見ると一一人なんですね。でも、たぶん『鷹尾文書』のメンバーに、森山先生が入ったところが中心メンバーです。

小川　最初の一〇年は、工藤先生と阿蘇品先生を中心とした大人の方々の活動で、学生や大学院生はあまり参加されていないんですね。

工藤　最初、熊大には大学院はなかったしね。ただ、学生の中には、吉良くんのように興味を持つ人もいたよ。会に出ていたのかは、なかなか記憶にないんだけれど。ともかく、彼は中世史の卒論を書いた早い学生だった。

柳田　学生で研究会に出ていたのは、たぶん吉良さん以外にはいないと思います。

事務局とメンバー変遷のこと

小川　おおよそ、これで一期と二期の活動内容については、お話しを伺えました。次に、会の運営のあり様もお教えいただければと思います。地方の研究会の多くは、大学の研究室に事務局を置き、学生・院生が底辺を支えて活動を維持しているように思います。しかし、熊本中世史研究会はそうなっていない。以前から、どうしてだろう、と思っていたのですが。

阿蘇品　とにかく研究者が少なかったし、大学でまとまろうにも、大学にも人がいない。

小川　今日のお話で伺った成り立ちの経緯、言葉は悪いですが、一人で勉強されていた阿蘇品先生が、工藤先生が熊本にこられたので、とっつかまえて勉強してやろう、というスタートですと、学生がどうこうっていう余地はなさそうだな、とは思います。

工藤　大城さんや森下先生にはいろいろ教えてもらいましたけれどね。

阿蘇品　結局、みんな系統も違えば学校も違うし、バラバラなんですよ。ただ、熊本にいて、中世をやりたい、というような人で集まったもんですから。だから、集まった人が動けるだけの組織であればいいわけです。

小川　大学の組織とはまったく別のところから生まれてきたので、たまたま工藤先生は熊大に務めてはおられたけれど、熊大の研究室とは関係のないところでの活動だったと。

工藤　まあ、直接にはね。

小川　ただし、時おり学生の中で興味を持った人が出入りすることはあったわけですね。

工藤　ただ、吉良さんのあとは、すぐに柳田さんのところまで行くんだろう？　柳田さん、村上さんの間に誰かいなかったかな？

山田　林文理さん（現福岡市博物館学芸員）は？

工藤　林君は柳田さんの一級下だろう？　それに、田中健二さん（現香川大学教授）。だから、吉良さんの後は、村上・柳田・田中ですよ。そして、林と野田和美。熊大出身の中世史の面々は。

阿蘇品　その方々で、熊本におられた方は参加される、続けられる方もあったけれど、遠くにいかれた方も多いので。結局、この会は、誰か連絡係がいればいいんですよ。

工藤　それで、まあ、阿蘇品さんにやっていただいたわけです。

小川　それじゃあ、ひたすら工藤先生を巻き込んで勉強しよう、という立ち上げの性格が、一期から三期の途中までずっと継承されているんですね？

阿蘇品　それで三期まで行っているんですか？　世話人は、柳田さんに早い時期に受け渡したような……。

柳田　受け渡していただいたのは、一九八〇年代の前半ですね。

小川　なので、一九六五年にスタートして一九八〇年代に入るまでは、ずっと阿蘇品先生が事務局をされているんです、世話人を。ということは、立ち上げ時の性格は二〇年近くずっと続いていた、ということになります。

工藤　阿蘇品さんに、みんなおんぶされていたんですよ。

阿蘇品　おんぶしたといっても、会報五〇号までの手書きのガリ版刷りくらいですよ。その頃も、ガリ版は珍しかった。ただし、私はひとつ(用具一式)持っていた。ワープロもない時代ですから。

小川　今から振り返ると、会の活動内容は一期・二期と分けて考えられるけれど、本来は切れ目のないひとかたまりの活動だったんですね。

阿蘇品　会といっても、ほんの五〜六人ですから。

春田　松本寿三郎さんとか、近世の方が抜けられるころはいつ頃ですか？

工藤　それはわりと早かった。やっぱり、だんだん違うということになっていって。『鷹尾文書』の作業よりも前ですね。

柳田　近世史の会自体が、だんだん活動を活発にしていったという背景もあるんじゃないですか。

工藤　やっぱり、それもある。近世史の会では、永青文庫の史料を用いて『熊本藩年表稿』などをつくる活動が中心になっていましたし。

春田　近世史の会の立ち上げはいつころなんですか？

阿蘇品　中世史研究会より、もっと早いですよ。松本寿三郎さんとか、花岡興輝さん(元熊本県立美術館美術専門員、故人)とかが集まってやりだしたんです。

柳田　そうした関係は、結局のところ県史料編纂の流れから来ているんですかね？

工藤　そうだと思います。

阿蘇品　自然と、ね。

春田　つまりは、一九六五年にこの会を立ち上げた時に、最初は『熊本県史』で中世の執筆をされた近世の方も入っていたんですよ。県史編纂の流れで。でも、しばらくして抜けられた、ということなんでしょう。

小川　中世の専門家が少ないので、近世の人が中世の執筆を手伝っていた。そのために、中世の研究会ができる時にはその人たちもいた。でも、中世史研究会がだんだん中世を専門にする人たちの会になっていき、一方で、近世の活動も活発になっていった。それで、メンバーがはっきり分かれていったんですね。つまり一期は、文書を読みたい人が集まって文書を読んでいるうちに、中世の研究会としての性格がはっきりしていく、という過程といって良いのかもしれません。

三期の活動スタート、中世史年表づくり

（以下、第二回聞き取り。ここから中村一紀も参加）

小川　それでは、次に三期についてお話いただきたいと思います。こちらの整理では、三期は一九八〇年代から一九九〇年代にかけてのおよそ二〇年間。事前に伺った話では、肥後の中世史年表をつくろうということで、データ収集のためにカードをとりはじめた。そして、それがここの時期に重なった角川書店の『角川日本地名辞典　四三　熊本県』や平凡社の『日本歴史地名大系　四三　熊本の地名』、そして『新熊本市史』といった自治体史編纂に資したんだけれども、年表作成自体は、残念ながら形にはなりにくかった、と。そして、そういう多忙さゆえでしょうか、一九九〇年代後半には会の活動が停滞し、休止する時期も迎えています。そもそも、どうして年表をつくろう、という話になったのでしょう。

柳田　『八代日記』の講読と刊行が終わってしばらくして、私に事務局が移ったんですが、一年間に八回から一〇回の研究会を開催するためには、メンバー的に毎回研究発表では続かないんですね。大学の先生は工藤さんと森山さん以外にいなかったわけで。工藤さんと森山さんには、年に一回ご報告いただくとしても、他のメンバーは高校の教員ばかり。どうしても毎年の発表は難しいんですよ。ですので、一方で何か作業をや

りながら、一方で研究発表を並行していこう、という発想が話のはじまりです。それと、文書の見学会なども引き続き行こう、ということを考えていました。そういうことで、年表作成を新しい作業目標とし、それに研究発表を並行しながらやっていこうというのが、一九八〇年代後半から一九九〇年代にかけての方向性でした。

それと、一九八〇年代の後半から熊本県では、教育現場の進学体制が厳しくなってきていました。たとえば、冬休みが短くなったりとか、新学期のはじまりが早くなったり。たしか、そういうことも会の活動に絡んでいました。そういうことが並行しつつ、おっしゃったような角川書店とか平凡社の地名辞典とか、自治体史の執筆とか、それぞれに忙しくなってきていました。

ただし、そのためで会の活動が停滞した、というわけでもないんですよ。回数からいえば、会そのものは年に一〇数回活動している年もあったし。中身はともかく、回数はこなしていたかな、という印象です。停滞うんぬんは、どちらかというと私の個人的な状況によるのでしょう。一時期、事務局の私が病気になったこともあって、九七年くらいから会を開けなかったんです。

小川　そうでしたか。年表をつくろうという話は、『八代日記』の刊行が終わったあたりで、相談されたのですか。

柳田　二・三回は相談しました。今後どういうふうに活動するか、という話し合いがあったと思います。

阿蘇品　柳田さんは、がんばっておられたんですよ。会の仕事は全部されていたし。年表もそうだし。

工藤　この段階で、会の活動は柳田さんにおんぶされていた状態だった。

小川　そうすると、三期というのは、柳田さんが幹事として奔走されていた時期で、だからこそ、皮肉なことに柳田さんの体調如何に会の活動も影響されてしまった、ということでしょうか。

阿蘇品　だけど、体調にかかわらず、仕事を押し付けられて、実務はだいぶしておられた。年表など、私たちはワアワアいうばかりで。仕上げられたのは、全部柳田さんなんだから。

中村　結局、なんもかんも幹事に押しつけてしまったのよね。最初は阿蘇品さんが会報をつくってくれて、その次は柳田さんと、ぜんぶ幹事に仕事をしてもらった。

柳田　そんなことはないんですが。会の活動とは別に、じつは九〇年代なかばに社会科研究会でも役職を持っていて。山田さんはまだ使っていなかったかもしれないけれど、この時期に日本史の副教材をつくろうという動きがあって、福岡の啓隆社という出版社から出すことになったんです。僕は反対したけれど、結果的には編集長みたいになってしまっていて。ただ、この本(『図説 日本史』)は売れたのは売れたんですよ(笑)。万単位で売れて。

工藤　あの副教材の図録は、いい本だよ。

柳田　そういうこともあって、色々とバランスが崩れたところもありました。

中村　あれで、忙しくなったですね。

阿蘇品　この間に、個人個人で色々なところにかかわりができてきて。

小川　柳田さんからいただいた活動年表によると、年表の編纂計画をたてたのは一九八〇年一月ですね。最終的に、これが形になりにくかったというのはどうしてでしょう。

柳田　それはですね、私の印象では、形にするにはみんなの方向性が最初から揃っていなかったのかな、と(笑)。それはちょっとありましたね。

小川　はじめから明確にこれで本をつくるという計画があったわけでもなく、会としての活動を盛りたてるひとつの材料としての意味あいが強かった、ということですか。

柳田　モデルは、それ以前にできていた近世史の『熊本藩年表稿』です。[10]それに、中世史の年表は当時はきちんとしたものもなかったんです。それで、もう一回原典にあたってやろう、ということになったんですけれど。はじめてみたら、『八代日記』などと比べて間口が広すぎて。どこで線引きしていくべきか、というのが難しかったところはあります。

小川　活動記録を見ると、カードとりの作業自体は、一九九〇年の末くらいまでは継続しているわけですよね。一〇年くらいは、年表をつくれるならつくろうという、目標は掲げられていたということですね。

柳田　そのカードをベースにして、できたら今度は史料集までつくろうと。

工藤　それで、史料目録まではほとんど柳田さんひとりでつくってしまった。

柳田　史料目録づくりは、つくってきたカードが役にたって。結局、年表づくりの作業の延長としての史料目録が完成したのは、二〇〇〇年代に入ってからのことでした。

地名辞典の執筆

小川　次に、会の活動からは少しズレるかもしれないんですが、三期の間にメンバーが深くかかわった活動ということで、角川書店の『角川日本地名大辞典』や平凡社の『日本歴史地名大系』の編纂が、地域の現場ではいったいどういう状況でつくられていたのか、ということを伺います。ふたつの地名辞典は、それぞれ研究史上きわめて重要なものですから、それにまつわる思い出話とか、苦労話をお聞きし、記録に残す意味はあると思うんです。

工藤　地名辞典の編纂には、相当時間がかかった。

小川　以前に阿蘇品さんから、ふたつの地名辞典の編纂時期が重なったことで、執筆者の取り合いみたいになって大変だった、と伺いましたが。

阿蘇品　私なんかは、どっちもというわけにはいかないので、角川の方は裏では加勢しますが、名前は出さないで、と。

工藤　私は角川の方にはほとんどかかわっていないんですよ。後になって、半分できあがってから、古代中世の部分を全部読んでくれといわれて、読んで多少の手伝いをしましたけれど。平凡社のほうは、最初からずっとかかわっておりまして、自分としては、荘園のところを全部書くというくらいで、あとはそれぞれ地域に詳しい人に割り当てるという形でやっていましたね。

あの時は、編集委員が何人かいました。松本雅明先生（熊本大学名誉教授、故人）がその長でした。角川の方は、鈴木喬先生（元熊本市文化課長、故人）だったかな、長は。ですから、ふたつの間で執筆者を取り合うことはなかったんだけれど、平凡社の方が編纂時期は早かったですからね。それで、後でつくることになった角川の方は、遠慮するという形になりました、私の場合は。

柳田　角川と平凡社には大きな違いがあって、角川は中世なら中世の地名のことを書けばいいんだけど、平凡社は地名について全時代を書かなくちゃならない。だから、そのぶん平凡社の方が労力はかかったかもしれない。郡単位でやらないといけなかったから、まったく知らないところになると、かなり労力が要ったという印象がありますね。まあ、そのおかげで知らなかったことにも詳しくなりましたけど。

小川　つくる過程を知らないユーザーとしては、それぞれ特徴があって、編集方針があるものですから、同じ時期につくられた地名辞典のどちらにもそれぞれ価値があるな、と思います。しかし、編集方針の違いが、作業のあり方にも影響していたわけですね。

柳田　それと、角川は史料カードを全部くれましたよね。地域ごとの。あれは、のちのちすごく役にたちました。熊本の史料カードをつくるときにも。ただ、最終的にそれを研究会へ提供してくれた執筆者と、書き終えた後にそのまま角川へ返された方とおられて、すべての史料カードが揃わなかったのは残念でしたね。

小川　たまたまなんですが、田村憲美さん（現別府大学教授）が、ちょうど角川の辞典編集の時に、角川に出入りしてその仕事に携わっていたそうです。執筆の現場と出版社の話をあわせてみると、おもしろい全体像がみえたりするのかもしれないですね。カードの話も、田村さんから聞いた記憶があります。

工藤　おそらく、角川の方が後ではじまったということもあって、よりシステマティックな編纂体制をつくっていたんじゃないですか。一方で平凡社の方、『熊本県の地名』は二〜三冊目という、早い段階で出されたものでしたからね。全体のシリーズの中でも、非常に早いんです。

柳田　『福岡県の地名』と『熊本県の地名』には、二〇年くらい差があるんじゃないかな。

阿蘇品　角川から話がきたときには、まだ平凡社の作業をやっているということで、私は遠慮しました。ただ、ここができないから、といわれたら、結局は裏でゴーストライター的に書いてあげた(笑)。

工藤　そんなもんだったよね。角川の場合は、私は本当にわずかしか書いていなくって、後の点検だけが主たるかかわりだった。

青木　平凡社の全時代的に書くという時に、どんなところがご苦労されたところでしたか?

工藤　平凡社は、いわゆる郡を地域として書くという書き方で、地域像が浮かびあがるような書き方を、ということでしたね。

山田　それは、地名項目を一人で古代から中世、近世にわたるまで書くという格好だったんですか?

柳田　そうそう。特段の史料がないところも、時代をまたがっていかに書くか、というところが大変で。基本は近世の村単位で取り上げてあったので、やっぱり現地に行って、ここはどこだ、という作業をせざるをえなかった。村の四至は、必ず書きなさいということになっていたし。私は全部行きましたよ(笑)。

工藤　だから、むしろ平凡社の方が地方史を書く上では直接役にたつよね。

山田　私が平凡社の『福岡県の地名』をお手伝いした時には、時代ごとに担当者は割り振られていましたよ。

柳田　たぶん、それは編纂の時期と原稿提出が遅れていたからじゃないかな。

工藤　福岡の分は最後だもんな。

阿蘇品　山田さんも執筆されているんですか?

山田　大学院生の時に、少しだけ北九州市域の地名を書いています。

小川　世代的には執筆しているはずがない世代なんだけど……。

山田　なにせ、福岡は一番最後ですから。

工藤　平凡社の最初は、長野県あたりだったかな。

柳田　春田さんとかは、まったくかかわっていないですか?

春田　私はまったくかかわってないですね。

工藤　平凡社の方はシリーズ完結までずいぶん長いことかかった。全部できるまで、二〇年以上かかっているんじゃないか。

小川　私や春田さんはまったくかかわることがなかった一方で、この中では最年少の山田さんがかかわっているというのは、ずいぶん長くかかったということなんでしょうね。

青木　熊本の地名辞典は、それぞれ依頼から脱稿までどれくらいの時間がかかったんですか。

工藤　まあ、三年か四年はかかっているのかな。

中村　四年とはいわないんじゃないか。最初の二年間で、とにかく調べるだけ調べていたし。

青木　最終的に、平凡社の方が出たのは一九八七年になっていますね。

自治体史編纂とのかかわり

小川　会の活動年表によると、一見滞ってはいないんですが、八〇年代の活動内容のほとんどは史料検索カードとり作業となっています。それが、一九八八年頃から研究発表が増えはじめ、一九九一年になると、活動記録にカードとりというのが見えなくなります。地名辞典の作業も一段落するちょうどこの頃、活動に区切りをつける何かきっかけがあったのでしょうか。

柳田　それは、おそらく自治体史との関係ですね。平凡社の地名辞典編纂が終わった後に、今度は『新熊本市史』がはじまりましたし。ほとんどのメンバーは、『新熊本市史』にかかわっていきましたからね。

小川　このあたりから、今度はそちらの作業が忙しくなっていったと。

阿蘇品　メンバーはそれぞれひとつやふたつ、どうかすると三つも四つも自治体史にかかわっていました。

小川　一九八八年くらいに会の活動に区切りがあって、それ以降は地域研究に結実するようなタイトルが続いています。お話があったように、ここから『新熊本市史』の方へ流れがシフトして、執筆の下敷きになるような発表、検討が中心になっていったのでしょうか。

地域で地道な活動をされてこられた方々を中心に、いかにも『新熊本市史』に繋がっていくようなタイトルが続いています。地名辞典についてはひとしきり話を伺いましたし、次に『新熊本市史』や自治体史編纂とのかかわりについてもお話をお聞かせください。

工藤　中世史研究会での発表と『新熊本市史』の調査というのは、直接的には連動していなかったと思うよ。『新熊本市史』がはじまったのは一九八八（昭63）年だったかな。終わるまで一五年かかっているから……。とにかく、他の部会に比べて、中世はわりと早くできあがった。最後まで引っかかったのが、近世と近現代だったかな。現代はもう一年延ばせ、という話になったが、結局はやめた経緯もありましたね。

青木　『新熊本市史』には県史と見紛うばかりの史料が掲載されており、全国にわたる史料が集められていますが、どうやって検索し、集められていたのですか？

柳田　ひとつは、会の活動として年表づくりために集めたカードがここで役にたちましたね。それと、角川の史料カードとか、そういうのもベースになりました。『新熊本市史』に書く内容は、この会とはまた別に研究会をやっていたんですけどね。

工藤　それに、この段階では『平安遺文』や『鎌倉遺文』は出ていましたから。瀬野精一郎さんの『南北朝遺文　九州編』も出はじめたころだった。それに、改めて『大分県史料』とか『編年大友史料』とか、そういう史料の検索をみんなでやっていましたよ。

青木　そもそも、何人くらいで編纂していたのですか。膨大な史料を相手に。

柳田　中世の文献の研究者は四人（工藤・阿蘇品・村上・柳田）でした。

阿蘇品　それに、嘱託の高森荘子さん（現熊本県立美術館嘱託職員）が加勢してくれた。

工藤　私の教え子の高森くんが、嘱託としてやってくれていたんです。

柳田　人手が足りないときは、研究会の名前でも作業しましたよ。『鎌倉遺文』とかは、研究会で手分けして一気に検索したような記憶があります。

工藤　それと、東大史料編纂所の黒川高明さん（大正大学名誉教授)からいろんな史料を提供してもらうとか、影写本とかで確認してもらうとか、そういうことをお願いしていました。黒川さんには、正式に熊本市から委託していましたからね。

青木　『新熊本市史　史料編　第二巻古代・中世』(一九九三年)の巻末に載っている史料編年目録の方が掲載史料より多いように思うんですけれど。文書を掲載していない編年目録の方が、情報量が多いと思うんですが。

柳田　史料目録に入っている分は、すべて文書を掲載していたと思います。それと、『新熊本市史　史料編第二巻』には、たとえば小早川関係の「乃美文書」とか、熊本とは直接関係なくても、市に所在するものを含めて全部載せています。そういうことで、熊本関係だけにはなっていない。

工藤　熊本に所在するものと、熊本のことが出てくるものを拾っている。ただし、それは熊本市所属分に限ったことだけれどね。それと、その後に合併した地域は入っていないわけです。後で高森くんが「南郡」の史料とか追加したので、富合町(現熊本市)とかの分は入っていますけどね。しかし、恥ずかしい話だけれど、『新熊本市史　史料編　第二巻』の中だけでも、今からみると二〇〇くらい間違いがあるんですよね。誤植とかなんとか含めてね。

青木　それを把握されているというのもまた、すごい話ですね。

工藤　読み間違いもあるし、それよりも校正の不十分さが多い。

阿蘇品　やっぱりおかしいと思うものは、やはり原本にあたらないといかん、ということだね。

工藤　私なんかも学生には、卒論書くのに史料をたくさん見ないといけないのだけれど、論文の中心になる史料だけは、原本とか、写真版にあたれ、と言ってきた。すべてにあたるのは無理だけれども。

青木　私は大学院を出て一九九四年に熊本へ帰ってきたので、一九八〇年代後半から一九九四年にかけての活動状況はあまり知らないんですけれど、ちょうどその頃は自治体史編纂が華やかなりし頃だったと思います。

『新熊本市史』に加え、『玉名市史』とかもその頃に編纂されています。みなさんも携わっておられたと思うんですが、それらが重複していた頃のことをお教えいただけませんか。

阿蘇品　中世史の研究者は少なかったから、みんな重複して作業していましたよ(笑)。

柳田　そのうえ、工藤先生は大学では図書館長や文学部長でもあったですね。私の場合は、『新熊本市史』をやりながら、『玉名市史』の応援をやっていました。

阿蘇品　玉名は大変だったもんね。

柳田　執筆者に入っていたのは覚えています。短い文章を書いて。書いたことは、もう忘れてしまったけれど(笑)。

阿蘇品　ふたつみっつ同時進行という時期はありましたよ。中世史を研究している人数はとにかく少ないし。町村合併とか、ある時期いろいろ変更があったでしょう。その前倒しで、みんなその前につくりたがるんですよ。それでバタバタやって。でも、なかなか断るに断れない場合もありまして。できるだけ重複するのは避けたかったけれど、ひとりでいくつか抱えざるをえない状況ではあった。

中村　誰かが断ったら、結局それは次の人に回っていくんです(笑)。だから、関係者はやっぱりふたつかみっつか抱え、同時進行という時期もありましたね。

史料調査、中世関係報告書のこと

柳田　ところで、服部英雄さんと大山喬平さん(京都大学名誉教授)の人吉荘の論争に工藤先生が加わったこともあって[11]、一九八〇年代終わりくらいから人吉へ調査に行く機会がずいぶん増えていた気がします。

工藤　人吉は、ずいぶん行きました。

柳田　人吉に会としてはじめて行ったのは、一九八〇年代はじめと書いてあると思うんですけれども。

工藤　大田君が人吉には駐在しておったから、松尾ビジネスホテルによく泊りました。

阿蘇品　そういうところは、一期や二期とちょっと違うよね。一期と二期は県外によく出て行っていた。三期は、人吉がわりと多かった。

工藤　たしかに、一期と二期は史料調査によく行っていた。ただ、鹿児島があまり行っていないんですよね。学生とは、行ったけれども。

山田　人吉には、会として行かれたんですか？

柳田　会として行きましたね。泊りがけでね。あの頃は泊らないといけなかった。まだ高速もなかったし。

山田　どうやって行っていたんですか？

中村　鉄道ですね。肥薩線で行っていましたよ。

阿蘇品　まだディーゼル。とにかく、肥薩線。

柳田　それに、高速道路の工事関係とかもありましたよね。

阿蘇品　一九七二年に熊本県の文化課ができてからは、その報告書を出すたびに引っかかっていましたね。報告書をつくる機会があるたびに、中世は？　といわれて。必ず引っ張り出されていた。人数が少ないのに。

中村　中世だけじゃなくて、近代文化遺産もですね。

工藤　たしかに、そういう仕事もあったね。

三期の頃の参加メンバーの変遷

小川　お話が、ずいぶん多岐にわたってきました。派生する県内でのいろいろな活動のお話を伺うのもありがたいことなんですが、ただ、会の活動を軸に、今までのお話を捉え直した場合、三期として位置づけたこの時代も、じつはその内訳は前半と後半にわかれていて、おおむね一九八〇年代は、カードをとりながらふたつの地名辞典の作業をしていた時期であり、一九九〇年代になると、カードとりが一段落するとともに、『新熊本市史』や自治体史にかかわる時期である、というふうに色分けできると思うんですね。

　それと、一九九〇年代の活動を見ますと、記録の精査の問題もあるのでしょうが、会の回数自体は減っているんです。ただし、研究発表をされた方々を見ると、廣田浩治さん（現歴史館いずみさの学芸員）とか、一九九四年からは青木さんも加わったりして、ある種の多様化と、若返りというとなんですが、それまで顔を見せなかった方が入ってくる。そういうふうに見受けられるんですが。

阿蘇品　一方で、一九八〇年から一九九〇年代にかけては、古い人が亡くなっていかれたこともありますね。種元さんが早かったかな。

工藤　森下功先生が亡くなったのは、いつでしたか。

柳田　二〇〇一年ではなかったですかね。

小川　森下先生には、私はお会いしたことがないですね。

工藤　そうだろうね。いつくらいまで出てこられたかな。結構長く参加されていたと思うけれど。

柳田　森下先生は、一九九九年まで参加されていますね。この年の五月までは、間違いなく。

阿蘇品　近世史とか、書誌学とか、そういうことをされていた。

柳田　小川さんが熊本へ着任された頃から、こられなくなった。ご一緒しているかもしれないが、ほぼ入れ替わりでしょう。

中村　どちらかというと、最後の方では近世を研究されていたんじゃないかな。近世史の会の方に、多く出ておられたような。

工藤　山江村の菖蒲和弘さん（元山江村教育委員会）が参加されていた時期は、大体いつごろでしたか。

小川　菖蒲さんは、一九八八年二月にご報告されています。出席者名簿を見ても、そのあたりくらいからですね。

工藤　しばらく続いた。

阿蘇品　種元先生が亡くなられて、その後くらいですね。

小川　若い人では、廣田さんが報告されています。記録では一回だけなんですが、「鎌倉末～南北朝期の凡下・住人と在地社会」というタイトルは、たしかヒストリアの大会報告と同じですよね。[12]熊本大学から大阪市立大学へ進学された後、帰省の折に準備報告された、という感じでしょうか。

春田　もしかしたら、大会報告の後に、同じ内容でもいいから報告してくれ、という話だったのかもしれないですね。

阿蘇品　そうだったと思う。

柳田　それに、たしか廣田さんはその前にも健軍社領の報告をされていたと思います。記録にはないけれど。

小川　じゃあ、大学院生だった廣田さんが出入りしていた時期もあったんですね。一九九〇年代の初頭くらいでしょうか。

工藤　青木くんが熊大の国史研究室に出入りするようになったのは、九五年くらいからだったかな。

青木　私はまだ東京で学生をしていた頃、一九九二年くらいから熊大にはぼちぼち出入りしていました。前川さんがいましたので。前川修一さん（現明光学園教諭）。福岡大学から来られた方で、今は大牟田市で教師をされています。そして、社会人として熊大大学院に入ったのは、二〇〇二年だったと思います。中世史研究会には一九九四年から参加して、大学院に行ったのは二〇〇二年ですね。事務局を引き継いだのも、その頃でしたでしょうか。

柳田　青木くんに引き継いだのはもう少し後ですね、編年総合史料目録の二〇〇五年版を二〇〇六年に出しているから、それが終わってからです。

工藤　春田さんが熊本にこられたのは何年ですか？

春田　一九九七年、平成九年です。

柳田　ちょうど会の活動が休止状態の頃だったですね。

休止を経て活動再開、第四期へ

小川　三期の後半については、研究発表はやっているんだけれど、どうしても回数は減っていく。そういう状況の中で、いろいろなご都合から、一九九七年から一九九八年にかけて丸二年、会は休止するんですよね。その間に、一九九七年に春田さんが熊大に着任されて、一九九九年に私がきて、二〇〇〇年に稲葉さんがこられた。ちょうどこのあたりが、四期への移り変わりの時期だと思うんですが。

　それと、先日たまたま山川出版社の『熊本県の歴史』を読みなおしていたら、県内の研究状況を記されている中に、本が出された一九九九年の段階で、中世の若手研究者がいないのが悩みの種だ、というふうに書かれておりました(13)（笑）。そう書かれた頃に私たちが入れ替わり立ち替わり着任するという、まさにそういう話で。さきほど、研究者が少ないので、自治体史で執筆者が重なるのはあたりまえだ、とお話があったのですが、そういうたいへんな時期が終わった後に、私たちがやってきたんだ、ということがよくわかりました。

工藤　それは、松本寿三郎さんが書いた文ですね。若手研究者がいない、と。中世も近世も、どちらもです。

柳田　近世は、今もまだそれほどいないんですよね。中世については、青木さん以降に次々とこられて。

小川　古代に至っては、若いとか若くないとか問わず、まったくいなくなっています。『熊本県の歴史』のような企画がまたあった時、今度は誰が書くのだろうと思いますよ。

阿蘇品　地方の研究状況が変わるきっかけは、やはりよそから研究者がこられた時なんですよね。もともと、熊本は研究基礎が弱いところだから。会のはじまりも、工藤先生がこられたので、私たちが助かるという具合だった。新知識を吸収したい、というところではじまった会だし。そうした会が停滞した時に、みなさんがこられて、また盛り返そうということになった。

小川　活動記録を見ると、私が最初に参加して研究報告をしたのは二〇〇〇年一月なんですよ。私の記憶では、前年末の熊本史学会で工藤先生からお声掛けがあって、まあ、自己紹介がてら報告しなさい、ということになって。報告タイトルを見ると、おそらく熊本史学会で報告した話を、中世史研究会というのがあるから、そこでも報告しないか、という話の流れだったと思うんですよね。まさに一九九九年から、この会は研究報告を中心にしつつ再開していく。ここから現在に至る十数年間が、四期と考えていいんです。

村崎真智子さんのこと

小川　九九年を画期に参加者も増えていって、若がえりも進んで、研究報告を中心に、比較的コンスタントに会が行われるようになっています。ここで、せっかくですので伺っておきたいのは、亡くなった村崎真智子さん（元鎮西高校講師、故人）のことなんです。記録によると、村崎さんはこの時期から参加されていくんですね。村崎さんが進められていた阿蘇の祭礼関係の研究は、研究史上においても重要なものだと思うんですが、ただ、高校の先生をされていたこともあり、必ずしも広く知られているわけでもないところがあって。でも、会のメンバーがなされた重要な仕事として、会の歴史の中に位置づけ、記録に残すべきだと思うのですが。

春田　彼女は熊大に社会文化研究科ができるまえに、国文の方の大学院におられたんですよ。法政大学出版局から『阿蘇神社祭祀の研究』を出された後ですよね。(14) 書誌学的な研究を国文の方でやるということで大学院に入られて。中世史研究会にこられるようになったのも、その時期でしょうか。

中村　熊大では異端の存在だとか、自分ではおっしゃってておられたね。

柳田　村崎さんの会での活動自体は、それほど長くはないでしょう。

小川　亡くなったのは、二〇〇六年一月でしたね。

柳田　こられたのは、高野茂さん（元県立熊本商業高校校長）の阿蘇関係の報告の時だったのかな。何かのきっかけで、声をかけて。

小川　二〇〇五年までは参加されておられて、具合が悪くなるまでは、わりとコンスタントに参加されていたんですよね。この時期の主要メンバーではあった。

中村　ちょうどあの頃、ぼくが鎮西高校で講師をしていた時に、一緒の職場におられたんです。で、ちょっと顔色がすぐれないな、と思っていたんですが。まさかそんなに悪くなっているとは知らず、突然休みはじめたからどうしたんだろう、と。

柳田　最初の参加は、一九九九年一月になっていますね。きっかけは、なんだったのか……。ご自身が報告されて、参加されはじめたわけではないみたいですね。

小川　だから、一九九七〜一九九八年の活動休止のあとから村崎さんはいらっしゃったんですね。私の参加よりも少し早いんですよ。春田さんとほぼ同時、再開とともに、というところですよね。つまりは、一九九九年に休止をはさんで四期がはじまり、その頃には村崎さんという方が主要なメンバーとしておられ、重要な業績を残されていた、というわけです。

阿蘇品　あの人も早かったですよね。まだ四〇代でした。

四期の一〇年あまりについて

小川　さて、もっとも直近である四期ともなると、私どもも実際に参加していますから、聞き取りの具合も、思い出話を伺うという内容ではなくなるように思います。たしかに、四期は研究報告を中心に活発にはなっているんだけれども、創立から今まで五〇年支えられてきた先生方から見た時には、当初のお考えとか、活動のあり方とは異なってきていると思うんですよね。立ち上げから参加されてきたみなさんは、四期にあたるここ一〇年くらいの活動を、どのように見ておられるのでしょうか。そして、それを踏まえて、五〇年という節目を迎えた後のことを、いまはどのようにお考えなのでしょうか。このあたりのことをお聞きして、この聞き取りの締めにしたいと思いますが。

柳田　中世史研究会としては、いい代替わりが出来てきたんじゃないかな、と思います。県内にある近世史とか近代史の研究会でも、なかなかうまいこと代替わりはできていませんし。

工藤　いい後継ができて(笑)。

中村　ただし、高校の教員は、いまはなかなか研究できていないんですね。できないというか、しない人が多くなってきている。だから、いまの会には、そういう広がりはなくなってきているような気がします。

柳田　それは、確かにある。

工藤　高校の先生が歴史を研究するような時代から、受験指導などへ急激に展開した、この間には、そういう社会的転換の時期があったように思います。

中村　そうせざるをえない時期があったんです、ある時期に。研究するくらいなら、課外をしろ、どうして課外をしないのか、という時期が。

小川　研究者としても、私などは制度化が進んだ中で育っていますから。以前に工藤先生から、最近この研究会は真面目に研究発表をやりすぎる、というお叱りを受けたことがあるんですが、私の世代だと、研究会でやることは、きっちり研究発表をやることだ、と思ってしまっているんですよ。ただし、お話を伺う限りでは、それ以前に情報交換の場だったんだ、ということなんですね。

工藤　まあ、われわれの大学院時代というのは、日本史研究会の中世史部会の委員をやっていたわけですが、私と戸田芳実さん（神戸大学名誉教授、故人）がやっていた時代は、当分は興行師に徹しよう、誰に報告させるか、参加者を何人くらい集められるか、そういう調子でやっていましたね（笑）。だから、報告にあたって立派なレジュメをつくるようなことはほとんどなくて、ただ、基本的な史料だけを持ってきて報告するという。そういうものがほとんど。いまみたいな、膨大な史料やレジュメなんてほとんどなくて。レジュメがあっても、用紙一枚に項目だけ書いて、それに史料を二～三点持ってくるという、これが報告の基本的な形でしたね。

春田　『日本史研究』についていうと、研究会の後に彙報が出ますよね。彙報に報告要旨と討論の要旨が載る、しかも討論要旨をまとめた人の名前も出る、あれがはじまったのが大きいと思いますよ。業績主義の若手なんかにとっては、報告の記録が、研究の先鞭を付けたというとりあえずの証明になって。オリジナルの研究であると、こういう論旨は、日本史研究会のいつの報告でやりましたから、という意味あいも出てくるので。論文を公表する前に、自分の説は口頭報告でも出しましたよ、と。そういう意識が、いわゆる制度化ですよね。そうなってくると、おいそれと不十分な思いつきは出せなくなってしまう。それがいつからはじまったのかはわかりませんけれど、少なくとも私たちの頃にはそういう意識が多少働いていたと思います。

工藤　われわれの頃は、ぜんぜんそういう意識はなかったな。

小川　このあたり、文系でも課程で博士論文を出せという、あえていえば圧力が強まってきている時代なので、制度化された業績主義になってしまっているんですよね。

春田　でも、熊本中世史研究会は、そういう記録は五〇号で途絶えていて、その後は証拠残らないわけですから。ある意味、思いつきでも報告できる場ではあるんですが、どうしても世代感覚の違いはありますね。

五〇年の歩みを振り返って

阿蘇品　私たちがはじめた時代なんていうのは、それこそ熊本で中世のことをやろうと思っても、情報は少ない、書籍はどこにあるのかわからない、とにかくみんな集まって、知識と情報を共有しよう、そういう気持ちが非常に強かった。だけど、今になると、そういう情報はデータでなんでも出てくるようになった。むしろ、今度はいろいろ出過ぎて、私たちは追いつかないという状態になっていますが。

工藤　やっぱりね、熊本に着任してから、ほとんど熊本のことしか書かなくなったのは、やはり史料が得られないというのが決定的でした。とにかく史料を得やすい範囲内で研究しよう、ということにならざるを得なかったですね。全国的なものも書きましたが、それは、それこそ本をつくるときに、こういうテーマで書け、と言われてやったことであって。自発的には、結局は史料を得られる範囲でしかオリジナルなものはやっぱりやれないんじゃないか、ということが決定的でしたね。だんだんと史料の活字化が進んでいく状況にはありましたけれど。

小川　『平安遺文』ができて、『鎌倉遺文』ができて。

工藤　そうそう。われわれが学生の頃には『平安遺文』が三巻まで出ていた。その後、大学院に入った年あたりに四巻目が出て、それが京大の赤松俊秀先生の演習に使われていたわけですよ。それから『平安遺文』も完結することになり、『鎌倉遺文』はさらにその後ということになります。ただ、熊本にきてみれば、それより先に『佐賀県史料集成』とか、『大分県史料』とかがある程度は出ているという状況で。『熊本県史料』は、まだほとんどできていなかったんですけれど。そういう状況で、熊本での研究をはじめたので。結局、研究の対象はなんといっても史料ですよ。それが得られるかどうかがすべてだった、そういってもいいような状況でした。

阿蘇品　一九六二年かな、まだ二七歳でしたが、その時に『熊本県史』の総説編を分担執筆せよと、杉本先生は私におっしゃったんですよ。私とか、松本寿三郎さんとかで手分けしてやったんですが、その時に『熊本県史料』は一巻しかない。それだけで書かないといけない。そういう時代でしたね。

写真２　座談会風景
（左から堀・春田・中村・工藤・阿蘇品・小川・柳田）

中村　僕はもう、中世をやる時には刊本になったものしか使わない（笑）。京都の大学にいる時に工藤先生にお会いして、その後に熊本へきてから『吾妻鏡』を読んだりしていたけれど、結局史料ってどういうものかわからない。そういう時に工藤先生から手紙がきて。中世史の研究会をつくるから参加しなさい、ということで。その時に、阿蘇品さんなんかとはじめて会ったんです。

阿蘇品　だから、やはり私たちは同類を求めていたわけです。いろいろな情報を聞きたいという。

小川　お互いがお互いを必要としていたわけですね。

青木　知識と情報を共有化するためのガリ版刷り会報だったわけですね。

阿蘇品　まあ、何か残しておいたほうがいいだろう、と。あれは謄写版刷りというやつで、たまたま私がその機械を持っていたので。今なら、もっとてっとり早い方法があるんでしょうが。

工藤　すべては、阿蘇品さんの努力です。

中村　でも、あれが五〇号まで続いたでしょう。

小川　なんとか中世史研究会という、地名を冠に付けた研究会は全国にいくつもあるんですが、そのほとんどが、大学の日本史研究室の下部組織みたいなのが実態で、この会のように、そういうところとは別の成り立ちをしていて、なおかつ、会として史料集まで出版した会というのは、全国的に見ても他にないかもしれないですよね。

阿蘇品　まあ、結局は熊大にお世話になっているんですけれどね。とにかく、熊本には中世をやる人が少ないということで、私たちは集まったわけなんです。

今後の活動について

小川　最後に、五〇年の節目を迎えて、この後をどうお考えになっているのか、ということをお聞きして、締めたいと思いますが。

工藤　しかし、それは次世代の人たちが、これからどうやっていうという方針を出してもらわないとしようがない。

春田　出してもらうと、批判できると(笑)。

小川　本音のところ、五〇年の歩みを記録しようと論集と聞き取りを企画したわけですが、以前も申し上げましたように、人的資源の問題などを考えた時、会が今後も意味ある形で続けられるのかどうかを、そろそろ真剣に考えなければならない、と思っています。惰性で無理やり続けるのは、志に反しますし。そういうことを見据え、形がどう続くかではなくて、会の精神をどう受け継いでいくのか、ということを問題にしてですね。この五〇年、私なりに勉強してトレースすると、工藤先生や阿蘇品先生の、史料的な制約からやり様がなかったんだというお話はともかく、会の歩みというのは、郷土史に陥ることなく、それでいて地域に根ざした仕事を厚みをもってやってきたということだと思うんです。だから、今後はそれを意識したうえで、どう批判的に、発展的に継承していくのか、なんですよね。そして、議論をしつつ、時には無責任なこともいいあえるような、業績主義に陥らない場としてこの会を続けていければな、と思います。

阿蘇品　私たちが会を立ち上げた時には、必要に応じて集まったんですよね。だから、必要な人たちが、必要な形を工夫されるというのが、これからの問題でしょう。必要がないというのであれば、そこまでです。

工藤　必要に迫られるような事態も起こるんですよ。

阿蘇品　何かあった時に、組織があるというのは、ちょっとした連絡でも、問合せひとつでも役にたつんですよ。電話ひとつで聞けるし。そういう組織があるというのは、便利なことではあると思います。

工藤　図書館や美術館の仕事もそうだと思うけれど、結局ネットワークをつくらないといけないわけでしょう。そういう中のひとつの機能、あるいはそれを支えていくような機能を会は持たないといけない。

小川　極論をすると、例会をやらなくなっても、会の名前さえあれば、何かの時にひっかかりになったりするわけですよね。

阿蘇品　何かをやる時、受け入れる時は、それがいいんですよ。

青木　会員同士ということであれば、色々相談もしやすいし、話もしやすいですよね。そういう意味では、会は紐帯をつくる大事な結節点だと思います。

柳田　話は少し変るけれど、歴史学の発展とか、歴史研究の成果を広めるためには、高校の教員あたりにもっと呼びかけした方がいいですね。どちらかというと、だんだん専門職の方ばかりの会になりつつあるのでと思うんです。教員レベルから見たら、今の会は多分入りにくいと思うんです。一方で、なかなか歴史の研究成果に触れる機会はないからですね。それに、どうなっているかわかりませんが、春田さんや小川さんには、社会科研究会あたりから講演依頼があっていいはずなんだけど。ありませんか。

小川・春田　まったくないですね。

柳田　少なくとも日本史と世界史の部会が毎年やっているわけで、そういう時には、意識して大学の先生に依頼することが多かったんです。それが交流の場にもなっていくので。

小川　私は熊本に来て一五年になりますが、文学部の史学科にいないこともあって、県内の人には日本史の研究者とあまり思われていないのかもしれません(笑)。

中村　研究者情報をあまり知ろうとしていない感じだな。自分たちのことだけでやっている。今大事なことは、いかに授業を受けさせて、点をとらせるか、という技術的なことばかりで、研究的な学問をしようという雰囲気はない気がする。

春田　高大連繋そのものはいまも頻繁にあって、出前授業という形で大学から行く機会は増えていますけどね。

小川　もっとも、高大連繋といっても、学生を青田買いしたい大学と、学生を少しでも大学に行かせたい高校の利害関係という側面があって、実態としては高校教育と大学教育の橋渡しにはなっていない。この五〇年で、大学と高校の間には、ずいぶん距離が生まれてしまっているのでしょう。

阿蘇品　そういう意味でも、この会はやっぱりあっていい。会を通じて研究者情報やその成果を知っていただければ、教育にも地域にも役にたちます。

熊本からの情報発信を目指して

小川　研究成果の発信という意味では、これまでの、そしてこれからの熊本のポジションはどうなんでしょう。

春田　中世でいうと、東国史とか、あるいは東北・北方史とか、それらに比べると、九州の発信力はそれほど強くないですよね。しかも、これまでそれを福岡に任せてきたから。

小川　ここ二〇年間、福岡でとくに進められてきた研究は、博多をテーマとしたものが中心になっていますよね。ただし、そうして個別具体的に積み上げられてきた研究成果の厚みを、九州という視点でくくり、全国の動向と繋げていく作業は、福岡でどれほど進められてきたんでしょう。そういう視点や捉え方は、むしろ熊本の方がしやすいのかもしれません。全国に九州の視点を発信できるのは、むしろいまは熊本だと思うんですよ。

阿蘇品　ちょうど地理的にも真ん中におりますしね。

春田　そのためにも、私などは、いろいろな人に声をかけて報告してもらったり、史料調査で九州にこられた人なんかをどんどん会に呼んで、熊本で話題提供してもらえばいいと思っています。若くて活きのいい研究者を呼んだりして、状況を変えていけばいい。それこそ興行師としては、私と小川さんがいますから(笑)。

小川　南九州の研究動向も、どちらかというと南西諸島を向いて九州の方は向いていないでしょう。ともすれば南九州南西諸島史になってしまっていて、内と外の緊張感は薄れているところがあるように思います。柳原敏昭さん(現東北大学教授)が鹿児島にいたころは、その緊張感を念頭にやっていたんだけれど。そういう状況に待ったをかけられるのも、熊本のポジションだと思います。

春田　以前に都市流通史懇話会を熊本で開催した時には、青木さんに現地案内をやってもらい、文書の見学会もやりましたが、結果的に参加者にすごく関心を持っていただけましたよね。皆さん、来るまでは関心なかったけれど、すごく面白い地域なんだと。高瀬とか、反応が良かったですよ。

小川　結局、熊本という位置取りに戦略性はあるんだと思います。東京にいる四〇代に手がかかるような若い連中が、いまでも二〇〇二年の熊本サマーセミナーは楽しかった、という話をしているんですよ。

工藤　あの時はたくさん来ましたよね。お歴々の先生方にも、たくさん来ていただけました。

小川　とにかく、こういう九州の研究状況を変えるためには、熊本からどう仕かけられるかですよ。で、その仕かけを考える時に、この会の存在はとても意味がありますし、何よりこの五〇周年記念論集は、まさにその仕かけだと思っているところもあるんです!

阿蘇品　たいへんだ、これは(笑)。

山田　やっぱり、ちゃんと成果をまとめた研究書があると、仕かけの説得力も違うと思います。

小川　ずっと会を五〇年支え続けてこられた阿蘇品先生が論文をお書きになるし、工藤先生も、みんなが書くのを見てムズムズされているようだし(笑)。このお二人の文章があって、そのうえで、大学にポストを持っている中堅の三人の論文があって、図書館や美術館のような、行政サイドの研究部門でやっている学芸員の論文もあるというのは、熊本ってこれだけ仕事しているんだぞ、っていういいアピールになると思います。特定の教員が、研究者ががんばっているだけではないという。

青木　研究資源や対象は、永青文庫だけじゃないぞ、というのもありますよね。

熊本中世史研究会として継承していくべきこと

春田　会の五〇年を振り返ってみても、基本はやっぱり史料をきちんと見て、とにかく写真を撮って、というところからはじまっていますよね。文書は写して手で覚えたという世代の方々と、その後に遺文が出て、データベース化されて、それを最初から使っている世代もいますが。私個人としては、生で史料を見ないとできないような議論を改めてやりたいと考えています。何か史料集をつくるためというより、史料論として、つまり研究内容として会の活動スタンスを引き継いでいくというところで。小川さんと僕には、そういうスタンスがあります。そういう形で、若い世代にも真面目に原文書も見なさいと、伝えていければ。

工藤　そうそう、表ばっかりつくる論文ではなくてね。

小川　僕の場合、自戒の念なんですが、出身の東北大学には古文書が少なかったし、『鎌倉遺文』など刊本が整備されていた状況もあったので、博論まではほとんど原文書を見ず、活字史料に頼って研究してきたんですよ。でも、教員になって改めて考えると、それじゃだめなんだな、と反省するところもあって。自分より若い人には、まずは原文書を見よう、と伝えたいんですよね。最近は熊大で古文書学の演習をやらせてもらっているんですが、ここ一～二年ね、学生にはまず文書のグラビアを、写真を見よう、って言っています。でも、なかなかグラビアを見ないんですね。やっぱり活字になっている教科書があって、まずはそれでと思っちゃっているところがある。そもそも、『古文書学入門』を「テキスト」と呼ばず「教科書」呼ぶところから、いまの学生はどうかと思うんですが(笑)。そういう、なんだか制度化された勉強になりつつある状況を、やっぱり生の文書はこれなんだ、というところに引き戻す、そういうことが必要なんだろうと思いますね。

青木　いまの職場に異動してから、ようやく仕事として文書が見られるようになりました。やっぱり幸せです。印影ひとつにしても、力がどこに入ったんだとか、木版のどこが擦れているんだとか、文書を見ないとわからないことがあるんだな、と思って。そういうことが直に目で見られるというのが、幸せですね。この幸せを、私より若い方に是非ともわかってほしいな、と思います。

工藤　そうだね。それと、やはりもうちょっと若い人たち、大学院生だとかが、あまりしゃちほこばって話す必要のないような会にしないといけないな。

小川　教員が学生を出し惜しみしているところもあるんでしょう。ゼミ以外の研究会で報告させるには、水準が低くて恥ずかしいから出せない、と。ただ、そんなこというのも良し悪しですよね。ちょっと怪我してこい、くらいで放りこんでくれてもいいと思います。

工藤　トレーニングの場としても、研究会を活用していいんじゃないかと思いますね。

春田　耳学問も必要ですからね。それと、地方国立大学は、どうしても師匠の教員が絶対になりがちでしょう。よそとの交流がないから。それは、こういう場にくれば、多少は解消できるかもしれません。

小川　結局、この会というのは、史料に向き合うのが出発点なんですよね。最近は研究発表が中心になっているけれども、もう一度史料に向き合うところから、これから先のことを考えていく。当面の方向性は、そういうことなるんだろうと思います。

註

(1)『会報』は、一九六五年から一九七五年にかけて五〇号発行され、会員及び県内外の研究者に配布された。

(2)川添昭二「中世史研究」(『歴史公論』二―八、一九七六年)。のちに同著『中世九州の政治と文化』(文献出版、一九八一年)に再録。

(3)　この後、工藤敬一氏は宇佐宮領関係論文を次々と発表し、最終的にその成果は同著『九州庄園の研究』(塙書房、一九六九年)にまとめられることとなる。
(4)　人吉荘の地頭領主制理解について、大山喬平「地頭領主制と在家支配」(日本史研究会史料研究部会編『中世社会の基本構造』御茶の水書房、一九五八年)を服部英雄「空から見た人吉荘・交通と新田開発」(『史学雑誌』八七―九、一九七八年)が批判したことで、両氏間で活発な論争が展開した。工藤敬一氏も「鎌倉時代の肥後国人吉荘―大山・服部論争によせて―」(同『荘園公領制の成立と内乱』思文閣出版、一九九二年。初出一九八〇年)でこの論争に参入する。詳細は同書参照。
(5)　熊本中世史研究会編『筑後鷹尾文書』(青潮社、一九七四年)。あとがきは、工藤敬一氏執筆。
(6)　青潮社は、熊本県を中心とする九州の歴史資料を一五〇冊あまり刊行した地方出版社。熊本中世史研究会が編集した『鷹尾文書』と『八代日記』は、いずれも同社から刊行された。
(7)　熊本県教育委員会編・発行『熊本県文化財調査報告第一七集　城跡調査と竹崎季長』(一九七五年)
(8)　熊本中世史研究会編『八代日記』(青潮社、一九八〇年)。
(9)　勝俣鎮夫「相良氏法度の一考察」(『日本社会経済史研究　中世編』吉川弘文館、一九六七年)。初出の時期は『八代日記』刊行時期よりもずいぶん早いが、ちょうどこの頃に、発表以降寄せられた批判にコメントを付す形で同著『戦国法成立史論』(東京大学出版会、一九七九年)に再録され、ふたたび注目されていた。
(10)　熊本藩政史研究会編・発行『熊本藩年表稿』(一九七四年)。
(11)　この論争については、前掲註(3)を参照。
(12)　廣田浩治「鎌倉末~南北朝期の凡下・住人と在地社会」(『ヒストリア』一四一、一九九三年)。
(13)　松本寿三郎・板楠和子・工藤敬一・猪飼隆明『熊本県の歴史』(山川出版社、一九九九年)。
(14)　村崎真智子『阿蘇神社祭祀の研究』(法政大学出版局、一九九三年)。

熊本中世史研究会50年の歩み略年表

年度	月日	おもな活動	事務局・会員数など	備考
一九六五（昭40）	一月	熊本中世史研究会、「中世史料講読の会」として発足（小泉八雲記念館にて）。『宇佐大鏡』『相良家文書』、『大内氏掟書』、『八代日記』などの講読や各地の文書調査見学を行う。阿蘇品保夫編集「会報」発行	事務局（阿蘇品保夫）	年会費三〇〇円
一九六九（昭44）	八月十二日	柳川市三柱神社にて鷹尾文書調査		
一九七〇（昭45）	八月十二日	柳川市および熊本市の鷹尾氏宅にて鷹尾家文書調査。以後、整理調査、原稿作成。一九七三年入稿		
一九七四（昭49）	三月十日	熊本中世史研究会編『筑後鷹尾文書』を熊本市青潮社から刊行（編者：阿蘇品保夫・大城美知信・工藤敬一・中村一紀・森下功）	五名	A５判・二八〇頁・上製本・定価三〇〇〇円
一九七四（昭49）	三月	「八代日記」の講読を再開し解読原稿作成するとともに、異本の調査、「歴代参考」の解読、未収録関係中世史料の調査をはじめる	十〜十一名	
一九八〇（昭55）	五月一日	熊本中世史研究会編『八代日記』を熊本市青潮社から刊行（編者：阿蘇品保夫・大城美知信・工藤敬一・高野茂・種元勝弘・津田麻子・中村一紀・村上豊喜・森下功・森山恒雄・柳田快明）。年内に完売	十一名	A５判・四四〇頁・上製本・クロス装箱入・定価五八〇〇円
一九八二（昭57）	一月十五日	研究発表・文書調査と並行して、「熊本中世史年表」（仮題）の史料調査・作成をはじめる	事務局移動（柳田快明）十名	年会費一〇〇〇円
一九八五（昭60）	三月二十五日	会員、『日本歴史地名大系44　熊本県の地名』（平凡社）の出版に関わる		
一九八七（昭62）	十二月八日	会員、『角川日本地名大辞典43　熊本県』（角川書店）の出版に関わる		
一九八八（昭63）	四月	会員、『新熊本市史』（熊本市）などの編纂に関わる		

一九九八（平10）〜二〇〇二（平14）		活動やや停滞（事務局柳田体調不良など）	十五名	
二〇〇三（平15）	一月二十六日	熊本県総務部文化企画課から「肥後国中世関係編年史料目録」作成依頼（3年間）		
二〇〇四（平16）	三月三十日	「肥後国中世関係編年史料総合目録」二〇〇三年版を熊本県総務部文化企画課へ提出		年会費なし
二〇〇五（平17）	三月三十日	「肥後国中世関係編年史料総合目録」二〇〇四年版を熊本県総務部文化企画課へ提出		
二〇〇六（平18）	三月三十日	「肥後国中世関係編年史料総合目録」二〇〇五年版を熊本県総務部文化企画課へ提出	二十名	
二〇〇六（平18）	四月一日	「肥後国中世関係編年史料総合目録」は、現在に至るまで増補補訂作業を継続中	六月事務局移動（青木勝士）	
二〇一三（平25）	十月	熊本中世史研究会50周年記念論文集に向けての研究報告や座談会をはじめる	十八名	
二〇一四（平26）	一月	熊本中世史研究会50周年記念論文集に向けての研究報告をおこなう	十八名	
二〇一五（平27）	二月	工藤敬一編『熊本中世史研究会50周年記念論文集』発刊（執筆者：青木勝士・阿蘇品保夫・有木芳隆・稲葉継陽・小川弘和・工藤敬一・中村一紀・春田直紀・柳田快明・山田貴司）		

あとがき

熊本中世史研究会と本書の性格については、「はじめに」や座談会に詳しいので、ここでは発刊にいたる実務的な経緯を簡単に記しておきたい。本書の企画は、二〇一二年に入る頃に話題になりはじめた。そこで同年十月の日本史研究会大会の折、高志書院の濱久年氏に、小川が相談。数度のやりとりを経て、翌年四月には執筆予定者と各論文の仮タイトルを確定、七月には執筆要綱の作成にいたり、出版に向けて具体的に動きだすこととなった。

論文については、十月から八回にわたってほぼ全員が準備報告を行い、工藤をはじめ相互の批評を経て、質の向上に努めた。また座談会は、同年八月と翌年一月の二度にわけて実施された。かくして、二〇一四年の後半には順次入稿をみ、この度の出版実現にいたった。この間、濱氏との連絡・折衝には主に小川があたり、また座談会の原稿化では山田が中心となった。なお、本書の準備は順調に進んだ部類だろうが、部分的な遅延・変更は避けられず、その度に、濱氏にはご迷惑をかけつつも適切に対応していただいた。記して謝意に代えたい。

ところで、今回は現在の活動メンバーでという方針で臨んだが、本会所縁の方々は各地におられる。そのご協力も仰いで、次の展開を考え、実現することができれば、これに過ぎることはない。本会が今後も、しかるべき役割を果たしつつ、いっそうの発展を遂げていくことを祈念し、また諸方面よりのご助力をお願いして、この「あとがき」を終えたい。

二〇一五年一月

小川 弘和

執筆者一覧

工藤敬一　奥付上掲載

小川弘和（おがわ ひろかず）　一九六八年生れ、熊本学園大学経済学部准教授。［主な著書論文］『古代・中世国家と領主支配』（吉川弘文館）、「荘園制と『日本』社会」（東北芸術工科大学東北文化研究センター編『北から生まれた中世日本』高志書院）、「院政期の肥前社会と荘園制」（『熊本史学』95・96）

柳田快明（やなぎだ よしあき）　一九五一年生れ。元熊本市立必由館高等学校教諭。［主な著書論文］「室町幕府権力の北九州支配」（『九州大名の研究』吉川弘文館）、「河尻幸俊の足利直冬との『出会い』をめぐって」（『地域史研究と歴史教育』熊本出版文化会館）、「南北朝期の阿蘇文書について」（『阿蘇の文化遺産』熊本大学・熊本県立美術館）

山田貴司（やまだ たかし）　一九七六年生れ、熊本県立美術館主任学芸員。［主な著書論文］『織豊大名の研究　第二巻　加藤清正』（共編著・戎光祥出版）、「西国の地域権力と室町幕府」（川岡勉編『中世の西国と東国』（戎光祥出版）、「和泉上守護細川家ゆかりの文化財と肥後細川家における系譜認識」（森正人・稲葉継陽編『細川家の歴史資料と書籍　永青文庫資料論』吉川弘文館）

稲葉継陽（いなば つぐはる）　一九六七年生れ、熊本大学文学部附属永青文庫研究センター教授、同センター長。［主な著書論文］『戦国時代の荘園制と村落』（校倉書房）、『日本近世社会形成史論』（校倉書房）、『日本近世の領国地域社会』（共編著、吉川弘文館）、「中世の社会体制と国家」（『日本史研究』六〇〇）

中村一紀（なかむら かずき）　一九三七年生れ、元熊本県立高等学校教諭。［主な著書論文］「地頭の反体制的性格について」（『中世の権力と民衆』創元社）、「蒙古襲来絵詞について」（『竹崎城』熊本県教育委員会）、「肥後国山本荘の鎌倉室町期における本家・領家・地頭職について」（『熊本史学』59号）

春田直紀（はるた なおき）　一九六五年生れ、熊本大学教育学部教授。［主な著書論文］「モノからみた一五世紀の社会」（『日本史研究』五四六号）、『日英中世史料論』（共編著、日本経済評論社）、『阿蘇カルデラの地域社会と宗教』（共編著、清文堂出版）

青木勝士（あおき かつし）　一九六九年生れ、熊本県立図書館学芸参事。［主な著書論文］「肥後菊池氏の対朝交易」（『戦国史研究』26）、「肥後菊池氏の守護町「隈府」」（『熊本史学』63）、「戦国期菊池氏の統治領域と「隈部老中」について」（『九州史学』一六二）

有木芳隆（ありき よしたか）一九六〇年生れ、熊本県立美術館学芸課主幹。［主な著書論文］『仏像集成8　日本の仏像《中国・四国・九州》』（共著・学生社）、「肥後・寒巌義尹の造像活動について」（『美術史』一四二号）、「九州の室町彫刻」（『日本の美術　室町時代の彫刻』四九四号、至文堂）

阿蘇品保夫（あそしな やすお）　一九三五年生れ、犬飼記念美術館理事。［主な著書論文］『菊池一族』（新人物往来社）、『阿蘇社と大宮司』（阿蘇選書2・一の宮町史）、「中世における橋の諸相と架橋」（『熊本県立美術館紀要』7号）

【編者略歴】
工藤 敬一(くどう けいいち)
1934年生れ　熊本大学名誉教授

主な著書
『九州庄園の研究』(塙書房　1968年)
『荘園の人々』(教育社　1978年)
『荘園公領制の成立と内乱』(思文閣出版　1992年)
『中世古文書を読み解く』(吉川弘文館　2000年)
『荘園制社会の基本構造』(校倉書房　2002年)

中世熊本の地域権力と社会

2015年2月15日第1刷発行

編　者　工藤敬一
発行者　濱　久年
発行所　高志書院

〒101-0051 東京都千代田区神田神保町 2-28-201
TEL03(5275)5591　FAX03(5275)5592
振替口座　00140-5-170436
http://www.koshi-s.jp

印刷・製本／亜細亜印刷株式会社

ISBN978-4-86215-144-5